Lastenausgleich

Rechtshistorische Reihe

Band 450

Zur Qualitätssicherung und Peer Review der vorliegenden Publikation

Die Qualität der in dieser Reihe erscheinenden Arbeiten wird vor der Publikation durch den einen Herausgeber der Reihe geprüft.

Notes on the quality assurance and peer review of this publication

Prior to publication, the quality of the work published in this series is reviewed by one of the editors of the series.

Thomas Habbe

Lastenausgleich

Die rechtliche Behandlung von Kriegsschäden in Deutschland seit dem 30jährigen Krieg

PL ACADEMIC RESEARCH

Bibliografische Information der Deutschen Nationalbibliothek
Die Deutsche Nationalbibliothek verzeichnet diese Publikation in der Deutschen Nationalbibliografie; detaillierte bibliografische Daten sind im Internet über http://dnb.d-nb.de abrufbar.

Zugl.: Potsdam, Univ., Diss., 2012

Die vorliegende Arbeit wurde von
Prof. Dr. Stefan Saar
zur Aufnahme in die Reihe empfohlen.

Umschlagabbildung:
Justitia. Allegorie der Gerechtigkeit.
Druck aus dem 17. Jahrhundert.

D 517
ISSN 1615-0344-290X
ISBN 978-3-631-62733-4 (Print)
E-ISBN 978-3-653-02601-6 (E-Book)
DOI 10.3726/978-3-653-02601-6

PL Academic Research ist ein Imprint der Peter Lang GmbH.

Peter Lang – Frankfurt am Main · Bern · Bruxelles · New York · Oxford · Warszawa · Wien

Diese Publikation wurde begutachtet.

www.peterlang.com

Vorwort

Die vorliegende Arbeit wurde 2012 von der Juristischen Fakultät der Universität Potsdam als Dissertation angenommen.

Mein besonderer Dank gilt meinem Doktorvater, Herrn Professor *Stefan Chr. Saar* für die Betreuung der Arbeit. Er hat mir in zahlreichen Gesprächen wertvolle Hinweise gegeben und mich geduldig angeleitet. Herrn Professor *Hartmut Bauer* danke ich für die zügige Erstellung der Zweitkorrektur, die er trotz seiner Verpflichtungen als Dekan übernommen hat.

Danken möchte ich auch meiner Schwester *Mareike Habbe* sowie *Julia von Normann*, *Franziska Strecker* und *Tim Stadelmann.* Sie haben sich die Mühe gemacht, diese Arbeit in unterschiedlichen Teilen und Stadien Korrektur zu lesen und haben mir dabei manch sprachliche Anregung gegeben.

Die Bibliothekarinnen und Bibliothekare der Universitätsbibliothek Potsdam und der Staatsbibliothek zu Berlin haben mir bei den umfangreichen Literaturrecherchen in Altbeständen sehr geholfen. Auch dafür möchte ich mich herzlich bedanken.

Meine Eltern *Doris* und *Dieter Habbe* haben mich in allen Belangen während des Studiums und des Referendariats sowie in der Promotionszeit unterstützt. Ohne diesen Beitrag hätte diese Arbeit nicht zustande kommen können. Ihnen gehört weit mehr als mein Dank.

Meine Mutter hat diesen Weg stets mit Anerkennung und Sorge begleitet. Selbst als Kind im Januar 1945 aus Lötzen in Ostpreußen über Dresden und Weißenhasel geflüchtet, konnte und musste sie in Bad Wildungen die Leistungen des Lastenausgleichs in Empfang nehmen. Mich betrübt, dass sie das Ergebnis dieser Untersuchung nicht mehr erleben durfte.

Ihrem Andenken sei diese Arbeit gewidmet.

Inhaltsverzeichnis

Der Friedenszustand unter Menschen, die neben einander leben, ist kein Naturstand (*status naturalis*), der vielmehr ein Zustand des Krieges ist, d. i. wenn gleich nicht immer ein Ausbruch der Feindseligkeiten, doch immerwährende Bedrohung mit denselben. Er muss also gestiftet werden; denn die Unterlassung der letzteren ist noch nicht Sicherheit dafür und, ohne dass sie einem Nachbar von dem andern geleistet wird (welches aber nur in einem gesetzlichen Zustande geschehen kann), kann jener diesen, welchen er dazu aufgefordert hat, als einen Feind behandeln.

Immanuel Kant
Zum Ewigen Frieden

A. Einleitung

Als am 8. Mai 1945 der Zweite Weltkrieg in der bedingungslosen Gesamtkapitulation des Deutschen Reiches in Europa endet, hat fast sechs Jahre lang ein bis heute beispielloser Krieg gewütet. Viele europäische Städte sind Trümmerwüsten. In den vormals von Deutschland besetzten oder zu Deutschland gehörenden Gebieten im Osten werden viele Städte durch unmittelbare Kampfhandlungen beim Zurückweichen der deutschen Armee in Mitleidenschaft gezogen oder bewusst verwüstet. Gleichzeitig ist es erklärtes Ziel insbesondere der Westalliierten, auf deutschem Gebiet nicht nur kriegswichtige Ziele, also Fabriken und Infrastruktur, zu zerstören, sondern auch die Bevölkerung zu treffen, als man erkennt, dass fehlender Wohnraum den Kampf- und Durchhaltewillen eher beeinträchtigt als eine zerstörte Arbeitsstätte.[1] Daher geht ab dem Frühjahr des Jahres

1 Diese Strategie geht im Wesentlichen auf eine Überlegung von Arthur Harris zurück, dem Kommandanten der britischen Bomberflotte. Der Angriff auf unverteidigte Städte und Dörfer ist nach Art. 25 des 2. „Abkommen[s], betreffend die Gesetze und Gebräuche des Landkrieges“ vom 18.10.1907, RGBl. 1910, S. 107 (im Folgenden: Haager Ordnung) verboten. Die Haager Juristenkonferenz von 1923 will zusätzlich Flächen-

1942 zunächst die britische und ab dem Jahr 1943 auch die US-amerikanische Luftwaffe dazu über, im sogenannten *area bombing* ganze Städte zu zerstören. Bei diesen Operationen kommen gleichzeitig bis zu 1 000 Bomber pro Stadt zum Einsatz.[2]

Am 8. Mai 1945 sind im Gebiet der späteren Bundesrepublik Deutschland[3] etwa 2 ½ Millionen Wohnungen zerstört; etwa 2 ½ Millionen Menschen haben dort aus diesem Grund ihre Heimatstädte verlassen müssen.[4] Ab Januar 1945 kommen Flüchtlinge und Vertriebene aus den Gebieten östlich von Oder und Neiße: Etwa zwölf Millionen Personen registrieren die Behörden bis Jahresende 1950; etwa acht Millionen werden im Gebiet der Westalliierten aufgenommen, die übrigen vier Millionen kommen zumindest zunächst in der sowjetischen Besatzungszone unter.[5] Vermutet wird, dass die Vertriebenen und Flüchtlinge in ihrer Heimat Vermögen in Höhe von etwa 75 Milliarden RM zurücklassen. Der Verlust der circa acht Millionen Kriegssachgeschädigten[6] wird auf einen Wert von ca. 27 Milliarden RM geschätzt. Die Währungsreform betrifft am 21. Juni 1948 außerdem rund 20 Millionen Sparer, deren Geldvermögen von etwa 28,6 Milliarden RM abgewertet wird.[7]

Vermuten offizielle Stellen noch bis in das Jahr 1941 hinein, dass Kriegsfolgen nur einen geringen Teil der Deutschen treffen würden,[8] haben sich die Vermögensverhältnisse bis Kriegsende, verglichen mit den Vorkriegszeiten und

---

bombardements und den Angriff auf Gebiete, in denen sich überwiegend Zivilbevölkerung aufhält, verbieten (Art. 23 des Entwurfs). Obwohl die Staaten den Entwurf nicht ratifizieren, setzt sich das Verbot als bindendes Recht durch (vgl. Detter, S. 284). Gleichwohl halten sich im 2. Weltkrieg zunächst die Deutschen (bei der Zerstörung Londons mit den sog. V1-Geschossen und V2-Raketen) und später vor allem die Westalliierten nicht an diese Vereinbarung. Moralische Bedenken treten nach der deutschen Bombardierung der Zivilbevölkerung Londons in den Hintergrund (vgl. Wiegand, S. 18).

2 Eine kurze Darstellung der Situation findet sich bei Wiegand, S. 17 ff.

3 Mit „Bundesgebiet" ist hier, soweit nicht anders bezeichnet, das Gebiet der Bundesrepublik Deutschland in den Grenzen vom 23.5.1949 (zusammen mit dem Saargebiet) bis zum 2.10.1990 gemeint.

4 Zahlen nach Bundesausgleichsamt (1959), S. 15 f.

5 Zahlen nach Krumper, S. 3.

6 Die Zahl bezieht sich allein auf Sachgeschädigte im späteren Gebiet der Bundesrepublik Deutschland.

7 Zahlen nach Waldeck, S. 73. Waldeck bemerkt zum Vermögen der Flüchtlinge und Vertriebenen, dass die Angaben im Einzelnen stark differierten.

8 So noch Stuckart, DV 1941, S. 6 (8); anders (und für die Zeit erstaunlich offen) äußert sich im Juli 1944 Fuhrmann (S. 3), der davon ausgeht, dass das Kriegsschädenrecht eine Bedeutung erlangt habe „wie nie zuvor" und dies für „jeden Volksgenossen, ob er bereits von einem Schaden betroffen ist oder nicht."

der Weimarer Republik, vielfach umgekehrt. Verlieren die Ausgebombten in den Städten häufig ihren Sachbesitz, können aber wenigstens ihr persönliches Umfeld retten, werden viele Flüchtlinge und Vertriebene aus ihrem Sozialgefüge herausgerissen. Die Verhältnisse der sie aufnehmenden Besatzungszonen lassen zunächst weder eine soziale Aufnahme noch eine gerechte Verteilung der Flüchtlinge zu. Ihnen droht daher das Schicksal, binnen kürzester Zeit zu verelenden.[9] Nur ein kleiner Bevölkerungsteil ist ohne größere materielle Verluste durch den Krieg gekommen; eine noch kleinere Gruppe hat während des Krieges Gewinne erzielen können. Die wegen der Differenz zwischen Geldmenge und Kaufkraft notwendige Währungsreform droht die Spaltung zwischen Sachwert- und Geldwertbesitzern zu verstärken, sollte der Sachbesitz nicht in die Reform einbezogen werden.[10]

Spätestens das Kriegsende offenbart die Notwendigkeit eines gerechten und sozialen Neuanfangs, um die durch den Krieg entstandene Schieflage in der Sozialstruktur zu beseitigen. Bis zu diesem Zeitpunkt verspricht der von der Reichsführung propagierte „Endsieg" den Wiederaufbau der Städte und die Entschädigung der Bevölkerung aus den Reparationsleistungen der Gegner. Staatliche Entschädigung oder Unterstützung während des Krieges hat nur vorläufigen Charakter.[11] Nach der Kapitulation kann und muss dagegen offen die Frage gestellt werden, wie die Kriegsfolgen aus eigenen Mitteln ausgeglichen werden können. Dass ein Ausgleich geschehen muss, wird nicht bezweifelt;[12] umstritten ist nur, wie er zu erfolgen hat. Kaum größer können die materiellen und sozialen Gegensätze in der Bevölkerung sein, die während des Krieges und in der unmit-

---

9 Giersch vermutet im Jahr 1948, dass sich unter den ca. 20–25 Millionen Personen, die überdurchschnittlich geschädigt sind, ca. 12–14 Millionen Ostausgewiesene befinden, „die kaum das notwendigste zum Leben besitzen", während andere Teile des Volkes ihr Vermögen durch die Kriegsereignisse fast ungeschmälert hindurchretten oder durch geschicktes Handeln während des Krieges oder unmittelbar nach dem Krieg sogar noch vermehren können. Giersch, S. 7 f.

10 Vgl. Giersch, S. 8.

11 Das ist in der Literatur nicht unwidersprochen. Zwar spricht z. B. Goebbels in seinen Reden davon, dass die zerstörten oder beschädigten deutschen Städte „schöner als je zuvor" wieder aufgebaut werden sollten, „und der Staat wird dazu seine helfende Hand leihen" (Goebbels (Reden), Nr. 228 (S. 200)), abgesehen von § 1 Abs. 1 S. 1 der Kriegssachschädenverordnung vom 30.11.1940 (RGBl. I 1940, S. 1547), der dem Wortlaut nach vollen Ersatz der Kriegsschäden vorsieht, wird aber nie von einer staatlichen Stelle der Bevölkerung versprochen, dass die Opfer von Kriegsschäden einen vollen, persönlichen Ersatz erhalten sollten. Ebenso Hughes, S. 9 f.

12 Ebenso Möller, S. 10. Gegenansichten sind in der geschichtlichen, wirtschaftswissenschaftlichen und juristischen Literatur nach 1945 nicht nachzuweisen.

telbaren Nachkriegszeit durch Kriegswirtschaft, Zerstörung, Flucht und Vertreibung, Schwarzmarkt und fehlende staatliche Kontrollen entstanden sind.

I. Der Lastenausgleich in der Bundesrepublik Deutschland ab 1952

Bereits kurz nach Kriegsende wird folglich vermutet, dass der notwendige Ausgleich einen bedeutenden Teil des zu schaffenden Rechts darstellen werde.[13] Bei der Währungsreform 1948 verpflichten die Westalliierten die Deutschen in den westlichen Besatzungszonen mit der Präambel des ersten Gesetzes zur Neuordnung des Geldwesens (WährungsG)[14], den Ausgleich umgehend zu regeln. Die zentralen Fragen, die der jungen Bundesrepublik Deutschland im Jahr 1949 gestellt werden, sind: Wie können die Geschädigten Hilfe beanspruchen, und wer hat mit welchem Anteil die Kriegslasten zu schultern?

1. Leistungen aus dem LAG

Das Lastenausgleichsgesetz (LAG)[15] hat die Fragen dahingehend beantwortet, dass die Kriegsgeschädigten, seien sie nun Flüchtlinge, Vertriebene oder einfache Sach- und Währungsgeschädigte, in der Bundesrepublik Deutschland einen sozialen Ausgleich ihrer Verluste – „Lastenausgleich“ – erhalten. Nach §§ 243, 246 Abs. 2 LAG[16] erhalten die Geschädigten eine volle sog. Hauptentschädigung bis zu einer Schadenshöhe von insgesamt 4 800 RM.[17] Verluste darüber hinaus werden anteilig entschädigt, wobei die Höhe des Anteils mit zunehmen-

---

13 Cahn, S. 3, formuliert 1948 im Hinblick auf das Rechtsinstitut: „Kriegsschadenrecht ist die staatliche Organisation des Wiederaufbaus. Damit fällt ihm eine Bedeutung zu, die kaum überschätzt werden kann.“

14 Nach der Präambel des „Erste[n] Gesetz[es] zur Neuordnung des Geldwesens (Währungsgesetz)“ vom 20.6.1948 (Gesetz Nr. 61 / Verordnung Nr. 158 der Militärregierung Deutschlands), Abs. 5, ist der Lastenausgleich durch die Deutschen bis zum 31.12.1948 zu regeln.

15 „Gesetz über den Lastenausgleich (Lastenausgleichsgesetz – LAG)“ vom 14.8.1952, BGBl. I 1952, S. 446.

16 Soweit nicht anders bezeichnet, sind die Normen des LAG in der ursprünglich geltenden Fassung zitiert.

17 Nach § 246 Abs. 2 LAG in der Fassung vom 16.5.2008; ursprünglich ist ein voller Schadensausgleich (Schadensbetrag in Reichsmark entspricht dem Grundbetrag in Deutscher Mark 1:1) nur bis zu einem Schadensbetrag von 800 RM vorgesehen. Bereits von Anfang an sieht § 246 Abs. 3 LAG vor, die Grundbeträge ggf. zu erhöhen.

der Schadenshöhe abnimmt (sog. soziale Degression); er beträgt minimal 6,5 % des Wertes des erlittenen Verlustes. Flüchtlinge und Vertriebene, die regelmäßig kaum Vermögen retten können, erhalten nach § 246 LAG auf die Entschädigungssumme einen sog. Entwurzelungszuschlag in Höhe von 10 %,[18] so dass ihnen wenigstens 7,15 % des erlittenen Schadens ersetzt wird. Nur natürliche Personen können Ansprüche aus dem Lastenausgleich geltend machen. Den Ausschluss juristischer Personen ordnet das LAG an, indem es nur natürliche Personen als Geschädigte ansieht (§ 229 Abs. 2 LAG[19]), die Ausgleichszahlungen erhalten können (§ 229 Abs. 1 LAG).

Die Hauptentschädigung gehört, wie die Kriegsschadenrente, die Hausratsentschädigung und Entschädigung für Sparguthaben Vertriebener, zu den Ausgleichsleistungen, auf die ein Rechtsanspruch besteht (§ 232 LAG). Kriegsschadenrente wird gezahlt, wenn der Geschädigte in fortgeschrittenem Alter oder aufgrund von Krankheit oder Gebrechen dauernd erwerbsunfähig ist (§ 261 Abs. 1 Nr. 1 LAG) oder wenn ihm aufgrund seiner allgemeinen Einkunfts- und Vermögensverhältnisse die Bestreitung des Lebensunterhalts nicht möglich ist (§ 261 Abs. 1 Nr. 2 LAG). Die Hausratsentschädigung wird unabhängig von der Hauptentschädigung pauschal gewährt (§§ 293 ff. LAG).[20] Außerdem wird Vertriebenen durch das Währungsausgleichsgesetz (WährungsausgleichsG)[21] ein Ausgleich für den Verlust von Sparguthaben gewährt, weil bei der Währungsreform nur Spareinlagen umgestellt werden, die bei Instituten im Währungsgebiet geführt werden. Dieser sog. Währungsausgleich ist Gegenstand eigener Gesetzgebung.

Die Hauptentschädigung kann mangels Masse im Entschädigungsfonds nicht mit Inkrafttreten des LAG ausgezahlt werden. § 252 Abs. 1 LAG sieht daher die Erfüllung nach sozialen und volkswirtschaftlichen Notwendigkeiten vor. Der Gesetzgeber verpflichtet sich in § 246 Abs. 3 LAG, bis zum 31. März 1957 die Höhe der Hauptentschädigung durch Gesetz festzulegen und die Entschädigung ab Januar 1953 nach § 251 Abs. 1 LAG zu verzinsen. Bis zum 31. März 1957 wird die Hauptentschädigung nur in Form von sog. Eingliederungsdarlehen ausgezahlt (§§ 252 Abs. 2, 285 LAG). Die Darlehen ermöglichen den Ge-

---

18 In den Genuss dieses Zuschlags kommen auch diejenigen Sachgeschädigten, die aufgrund eines Sachschadens nicht in ihre Heimat zurückkehren können und bis zum 1.4.1952 „eine angemessene Lebensgrundlage nicht wieder haben finden können".

19 In der Fassung des LAG vom 23.7.2013: § 229 Abs. 3 LAG.

20 Die Höhe des Pauschalbetrags ist nach § 295 LAG lediglich abhängig vom Gesamtvermögen oder den Jahreseinkünften des Geschädigten und dem Familienstand, auf die Größe des tatsächlich entstandenen Hausratsverlusts kommt es nicht an.

21 Vgl. das „Gesetz über einen Währungsausgleich für Sparguthaben Vertriebener", vom 27.3.1952, BGBl. I 1952, S. 213.

schädigten, sofort eine neue Lebensgrundlage aufzubauen (§ 253 Abs. 1 LAG); sie werden auf die Hauptentschädigung angerechnet (§ 258 LAG). Sie gehören, wie auch Wohnraumhilfen (§ 298 ff. LAG) und Leistungen aus einem Härtefonds sowie weitere Fördermaßnahmen (§§ 301–303 LAG) zu Übergangsleistungen, auf die kein Rechtsanspruch besteht (§ 233 LAG). Die Wohnraumhilfe hat einen ähnlichen Zweck wie das Eingliederungsdarlehen, denn sie soll den Geschädigten Gelegenheit zum Bezug einer Wohnung geben, deren Bau durch Darlehen des Ausgleichsfonds ermöglicht wird (§ 299 Abs. 1 LAG). Die Wohnraumhilfe muss also nicht an den Geschädigten gezahlt werden, sondern ist eine Form sozialer Wohnungsbauförderung. Anders als die Eingliederungshilfe wird sie nicht als Kredit vergeben.

Eine Zwischenposition nimmt die Kriegsschadenrente ein, die in Unterhaltshilfe und Entschädigungsrente differenziert wird. Auf die Kriegsschadenrente besteht ein Rechtsanspruch, obwohl sie eine Vorleistung auf die Hauptentschädigung ist: Ist der Geschädigte zugleich Berechtigter einer Hauptentschädigung, wird die Unterhaltshilfe angerechnet (§ 273 Abs. 2 LAG)[22] bzw. wird ein Teil der Entschädigungsrente als Vorausleistung angesehen (§ 283 LAG).

Bis zum Jahr 2001 werden durch den Lastenausgleich insgesamt mehr als 135 Milliarden DM an die Geschädigten ausgezahlt. Den größten Anteil hat die Kriegsschadenrente (über 59 Milliarden DM), gefolgt von der Hauptentschädigung (über 28 Milliarden DM). Die Eingliederungsdarlehen betragen etwa 19 Milliarden DM, die Hausratsentschädigung mehr als 10 Milliarden DM.[23] Die Leistungen vergüten den Geschädigten im Durchschnitt etwa 22 % des Schadens.[24] Zu berücksichtigen ist, dass die Hauptentschädigung frühestens zwölf Jahre nach dem Schadenseintritt gewährt wird und der Schaden, soweit Immobilien betroffen sind, gemäß §§ 12 ff. Feststellungsgesetz (FestG)[25] nach den steuerlichen Einheitswerten berechnet wird, die im Moment des Schadenseintritts häufig überholt sein dürften.[26] So wird im Ergebnis eine wesentlich geringere Quote ersetzt.

22 Dies gilt nicht, wenn die Unterhaltshilfe auf Lebenszeit gewährt wird (§ 272 LAG).

23 Zahlen nach Bundesausgleichsamt (2002), Anhang S. 19.

24 Zahlen nach Kossert, S. 101, ebenso Görtemaker, S. 172.

25 „Gesetz über die Feststellung von Vertreibungsschäden und Kriegssachschäden – Feststellungsgesetz", vom 21.4.1952, BGBl. I 1952, S. 237.

26 Noch Bundesausgleichsamt (2002), S. 33, kritisiert nicht, dass dem ursprünglichen Gesetzgeber des LAG zufolge nur die Einheitsbewertung ein „objektives und annähernd gerechtes Ergebnis" erbringt.

2. Abgabepflichten nach dem LAG

Die Leistungen an die Geschädigten werden aus dem Lastenausgleichsfonds bestritten: Nach § 5 LAG ist der Ausgleichsfonds ein Sondervermögen des Bundes, dem die sog. Ausgleichsabgaben (§ 3 LAG) zugeführt werden. Es handelt sich um eine allgemeine Vermögensabgabe (§ 3 Nr. 1 LAG) sowie um Sonderabgaben auf Hypotheken- und Betriebsgewinne (§ 3 Nr. 2, 3 LAG), die entsprechende Abgaben nach dem Hypothekensicherungsgesetz (HypSiG)[27] fortführen.

Die allgemeine Vermögensabgabe nach §§ 3 Nr. 1, 16 ff. LAG belastet das Vermögen in der Bundesrepublik Deutschland mit einer Sonderabgabe in Höhe von 50 % des Vermögenswertes (§ 31 LAG); sie ist nach § 34 LAG in Vierteljahresbeträgen bis zum 31. März 1979 zu entrichten. Bemessungsgrundlage für die Abgabe ist gemäß § 21 Abs. 1 LAG der Vermögenswert am 21. Juni 1948, also am Tag nach der Währungsreform; bei Immobilien gilt ebenfalls der steuerliche Einheitswert (§ 21 LAG). Die Vermögensabgabe nach dem LAG verlängert die Abgaben aus den Soforthilfegesetzen (SHG).[28] Diese belegen bereits im Jahr 1949 das Vermögen mit einer Sonderabgabe in Höhe von 3 % des Nennwertes,[29] die ebenfalls zugunsten der Flüchtlinge, Vertriebenen[30] und Sachge-

---

27 Das „Gesetz zur Sicherung von Forderungen für den Lastenausgleich" vom 2.9.1948, WiGBl. S. 87, belastet diejenigen Grundstücke mit einer weiteren Grundschuld, bei denen der Nennbetrag einer Hypothek, einer Grund- oder Rentenschuld in Reichsmark den Umstellungsbetrag in Deutscher Mark übersteigt (§ 1 HypSiG), ohne dass diese Grundschuld fällig gestellt werden kann.

28 Das „Gesetz zur Milderung dringender sozialer Notstände" vom 8.8.1949, WiGBl. S. 205, gilt zunächst nur in der amerikanischen und britischen Besatzungszone. In den Ländern der französischen Besatzungszone treten im September 1949 entsprechende Gesetze in Kraft, für Baden das „Landesgesetz zur Milderung dringender sozialer Notstände (Soforthilfegesetz – SHG)" vom 20.9.1949, GVBl. S. 323, für Rheinland-Pfalz das „Landesgesetz zur Milderung dringender sozialer Notstände (Soforthilfegesetz – SHG)" vom 6.9.1949, GVBl. I S. 457, für Württemberg-Hohenzollern das „Gesetz zur Milderung dringender sozialer Notstände (Soforthilfegesetz – SHG)" vom 22.7.1949, RegBl. S. 323. Diese drei Gesetze entsprechen dem SHG inhaltlich in den wesentlichen Punkten, vgl. die Übersicht bei Kühne-Wolff (SHG), Anhang I, S. 418. Im Folgenden wird das zuerst genannte Gesetz zitiert.

29 § 16 Abs. 1 SHG statuiert eine Abgabepflicht auf 3 % bzw. 2 % des abgabepflichtigen Vermögens.

30 Die Begriffe „Flüchtlinge" und „Vertriebene" werden nicht einheitlich verwendet. Die Legaldefinition des Flüchtlings in § 31 Nr. 1 SHG entspricht in weiten Teilen der Definition des „Vertriebenen" in § 1 Abs. 1 BVFG („Gesetz über die Angelegenheiten der Vertriebenen und Flüchtlinge (Bundesvertriebenengesetz – BVFG –)", vom 22.5.1953, BGBl. I 1953, S. 201. § 1 BVFG nennt ausdrücklich die Flucht als Grund für die Vertriebeneneigenschaft; §§ 2, 3 BVFG definieren zusätzlich „Heimatvertriebene" und

schädigten verwendet wird. So beträgt das Aufkommen der Soforthilfeabgaben schon in den ersten drei Jahren (April 1949–März 1952) insgesamt 4,1 Milliarden D-Mark.[31] Weil die Abgabeschuld auch nach dem LAG nicht sofort, sondern nach § 34 LAG in vierteljährlichen Teilbeträgen zu entrichten ist, wird das Vermögen über einen Zeitraum von insgesamt 30 Jahren ab der Währungsreform mit Sonderabgaben belegt. Die letzte Rate ist zum 31. März 1979 fällig (§ 34 Abs. 1 LAG).

Betrifft die Vermögensabgabe das allgemeine Vermögen, beziehen sich die Hypotheken- und Kreditgewinnabgabe nur auf Gewinne, die durch die Währungsreform entstehen. So belastet das HypSiG bereits im Jahr 1948 Grundvermögen mittels einer Grundschuld zugunsten einer Treuhandstelle in Höhe des Betrages, um die der Nennbetrag einer Grundschuld in Reichsmark bei der Währungsreform durch das Umstellungsgesetz (UmstG)[32] den Umstellungsbetrag in Deutscher Mark übersteigt (§ 16 UmstG),[33] ohne dass die Grundschuld fällig gestellt werden kann.[34] Diese Verpflichtungen führen §§ 91 ff. LAG fort; ähnlich schöpft die Kreditgewinnabgabe nach §§ 161 ff. LAG die Gewinne gewerblicher Schuldner aus der Währungsreform ab. Gleichzeitig treten die SHGe (§ 373 Nr. 1 LAG) und die HypSiGe (§ 373 Nr. 2 LAG) der Länder außer Kraft. Die Abgaben summieren sich bis März 1979 auf insgesamt 53 Mrd. DM.[35]

3. Verteilung der Kriegslasten über den Zeitraum einer Generation

Mit einer Belastung des Vermögens in Höhe von 50 %, der Abschöpfung von Gewinnen aus der Währungsreform und Verteilung dieses Vermögens an die Geschädigten findet in der Bundesrepublik Deutschland über den Zeitraum einer

„Sowjetzonenflüchtlinge". Die Normen entsprechen § 2 LAG. Die Selbstwahrnehmung der Betroffenen ist nicht entscheidend. Zutreffend dürfte der sprachliche Unterschied sein, bei Vertreibung eine behördlichen Ausweisung vorauszusetzen. Im Folgenden werden die Begriffe gemeinsam verwendet, wenn sie nicht ausdrücklich auf einen Personenkreis beschränkt sind, wie bspw. bei den Flüchtlingen innerhalb Ostpreußens im 1. Weltkrieg (dazu siehe unten, E.I.2.d) (S. 126)).

31 Zahlen nach LAG III, S. 27.

32 „Drittes Gesetz zur Neuordnung des Geldwesens (Umstellungsgesetz)" vom 20.6.1948 (Gesetz Nr. 63 / Verordnung Nr. 160 der Militärregierung Deutschlands).

33 Nach § 16 UmstG werden Reichsmarkverbindlichkeiten ebenfalls im Verhältnis 1:10 abgewertet, dies gilt ebenfalls für im Grundbuch abgesicherte Verbindlichkeiten.

34 § 1 Abs. 1 FSG.

35 Zahlen nach Gallenkamp, NJW 1999, S. 2486 (2487).

Generation nach 1952 ein sozialer Ausgleich der Kriegslasten des 2. Weltkrieges statt.

Sozial einerseits, weil das LAG die Entschädigung degressiv staffelt, so dass kleinere Vermögensverluste in relativ größerem Umfang entschädigt werden als große und weil Eingliederungsmaßnahmen zumindest am Anfang im Vordergrund stehen; sozial andererseits, weil die Abgabepflichten auf einen ebenso langen Zeitraum erstreckt. Die Inhaber von Vermögen sind folglich nicht zur Übertragung an Geschädigte oder den Lastenausgleichsfonds verpflichtet: Meistens ist es möglich, die Abgabeschuld aus dem Vermögensertrag zu erbringen. Eine kurzfristige Umschichtung von Vermögen an die Geschädigten findet nicht statt. Dem sozialen Ausgleich stehen Forderungen nach höheren und einheitlichen Ersatzquoten gegenüber und Anstrengungen, die Vermögensabgabe sofort fällig zu stellen. Beides lässt sich in der Diskussion bis 1952 nicht durchsetzen.[36]

II. Entschädigungspraxis in der sowjetischen Besatzungszone und in der DDR

Die DDR leistet keine dem Lastenausgleich vergleichbare Entschädigung oder Unterstützung. Schon kurz nach der Kapitulation und noch vor der Staatsgründung wird angenommen, das Reich sei durch die alliierte Besetzung völkerrechtlich untergegangen. Der neugeschaffene Staat habe aufgrund seiner neuen Klassenordnung keine Gemeinsamkeit mit dem Vorgänger und hafte daher nicht für Reichsschulden.[37] Diese Auffassung setzt sich auch durch, wenn Gebietskörperschaften des Reiches, die über den 8. Mai 1945 auch in der DDR Bestand haben, in Anspruch genommen werden.[38] Dagegen wird nur wenig Kritik geäußert.[39]

---

36 Zu den einzelnen Vorschlägen siehe unten, Kapitel G (S. 201).

37 Vgl. Abendroth, NJ 1947, S. 73 (74); Löwenthal, NJ 1947, S. 184 (185); Kaiser, NJ 1947, S. 186 (186), mit unterschiedlichen Begründungsansätzen.

38 Das Urteil des Obersten Gerichts der DDR, NJ 1952, S. 222 (222), geht davon aus, dass das Reich mit der Besetzung durch Rote Armee und Westalliierte aufgehört habe zu bestehen und die „grundlegende Veränderung der Klassenstruktur“ in der DDR im Verhältnis zum Reich dazu geführt habe, dass man keine Rechtsnachfolge annehmen könne. Eine solche Annahme führe zu einer unerträglichen Diffamierung der neuen antifaschistisch-demokratischen Staatsordnung (S. 223). Daher hafteten weder die DDR noch andere Gebietskörperschaften auf dem Boden der DDR, weder vertraglich noch aus anderen Gründen, für Verbindlichkeiten des Reiches oder dessen Untergliederungen (S. 225). Entsprechend in der Literatur Standtke / Tillmann / Wünsche, NJ 1952, S. 293 (passim).

Zu beachten ist, dass sich die Entschädigung für verlorenes Eigentum oder sonstiges Vermögen auch nicht mit dem Gedanken der sozialistischen Eigentumsordnung verträgt. Es ist das Ziel, kein Privateigentum zuzulassen, das nicht dem persönlichen Gebrauch gewidmet ist. Aus diesem Grund erscheint jede weitergehende Entschädigung für Kriegsschäden in der DDR verfehlt. Dennoch erhalten insbesondere geflüchtete oder vertriebene[40] Bauern als sog. Neubauern Land im Zuge der sowjetischen Bodenreform.[41] Das kann kaum als Entschädigung für erlittene Verluste, sondern muss vielmehr als Wiederansiedlungshilfe verstanden werden, zumal die Kollektivierung der Landwirtschaft die meisten Neubauern wieder enteignet.[42] Außerdem hat die Rechtsprechung in der DDR die Rechte am Bodenreformland so weit beschränkt, dass von einer Eigentümerposition im Sinne eines Grundrechtes nicht ausgegangen werden kann.[43] Erst nach der Revolution im Herbst 1989 beschließt die Volkskammer der DDR ein Gesetz, das den Inhabern von Neubauernland eine Eigentümerposition im Sinne eines Grundrechts zuweist.[44]

---

39 Kritisch betrachtet Meyer, NJ 1949, S. 30 (31 f.), den Schluss insbesondere sächsischer Gerichte, statt des Reiches nunmehr den Grundeigentümer in Anspruch zu nehmen, wenn das Reich oder eine andere Gebietskörperschaft Reparaturaufträge erteilt hat.

40 Die zeitgenössische Literatur der DDR bezeichnet Flüchtlinge und Vertriebene meist euphemistisch als Umsiedler, vgl. Rechtsgeschichte der DDR, S. 40. Kossert, S. 200 f., hat zuletzt nachgewiesen, dass durch die Bodenreform nur 2–8 % der Flüchtlinge und Vertriebenen zu Landbesitz gekommen sind.

41 Nach der Bodenreform wird in Mecklenburg die Frage gestellt, ob es sich bei diesen Landzuweisungen um Eigentum der Neubauern handele; vgl. Radloff, NJ 1947, S. 85 (85).

42 Brodesser / Fehn / Franosch / Wirth, S. 49. Auf die Frage, ob es sich bei Neubauernland um Eigentum im Rechtssinne gehandelt hat, soll daher nicht näher eingegangen werden.

43 Vgl. das Urteil des Obersten Gerichts der DDR, NJ 1951, S. 508. Das Gericht geht zwar davon aus, dass das durch die Bodenreform erworbene Land (aufgrund Art. 1 Abs. 1 Ziff. 2 VO der Landesverwaltung Sachsen über die landwirtschaftliche Bodenreform vom 10.9.1945, Amtl. Nachrichten der Landesverwaltung Sachsen 1945, S. 27) Privateigentum darstelle und als solches durch die DDR-Verfassung gewährleistet sei (ebenda, S. 508). Entgegen Art. 6 der VO, der nur ausdrücklich Teilung, Verkauf, Verpachtung und Verpfändung dieses Geländes untersage, sei das Land so stark an die Person des Neubauern gebunden, dass jede freie rechtsgeschäftliche Verfügung darüber mit den Zielen der Bodenreform unvereinbar und damit unzulässig sei (ebenda, S. 509). Anders Brodesser / Fehn / Franosch / Wirth, S. 49.

44 „Gesetz über die Rechte der Eigentümer von Grundstücken aus der Bodenreform" vom 6.3.1990, GBl. I 1990, S. 134.

III. Aufgabe

Dieser Befund wirft die Frage auf, ob ein Staat oder, allgemeiner, ein Gemeinwesen die Rechtspflicht hat, für Sach- und Vermögensschäden der Zivilbevölkerung, die ihre Ursache in kriegerischen Ereignissen gefunden haben, Ersatz zu leisten.

Der Lastenausgleich nach 1952 in der Bundesrepublik Deutschland ist nicht der erste Kriegsschädenausgleich in Deutschland. Die Diskussion darüber ist älter: Kurz nach Beginn des 1. Weltkrieges stellt eine umfangreiche Monographie die Frage, ob Kriegsschadenausgleich eine Rechtspflicht oder nur ein Gebot politischer Klugheit sei,[45] ohne sie bis Kriegsende zu beantworten. Dieselbe Frage stellt sich den Deutschen während des 2. Weltkriegs, als die Alliierten im Luftkrieg ab Mitte 1940 die westlichen Reichsteile erreichen: Jetzt sichert § 1 Abs. 1 Kriegssachschädenverordnung (KSSchVO)[46] vollen Schadenersatz zu, ohne den Zeitpunkt der Erfüllung zu nennen (§ 9 KSSchVO).

Bei der Untersuchung der Entwicklung des Ausgleichs von Kriegssachschäden kann auf mehrere Monographien aus der Zeit um ca. 1760 bis etwa 1800 zum Kriegsschadensrecht sowie auf Literatur zum Staatshaftungsrecht aus der Zeit nach der Reichsgründung zurückgegriffen werden. In der Zeit zwischen 1871 und dem Beginn des 1. Weltkrieges ist ein Diskurs zum Kriegsschädenrecht nicht nachzuweisen. Bei der Betrachtung fällt auf, dass bestimmte Begründungsansätze wiederkehren, ohne dass Urheber zu erkennen sind. Außerdem fehlt auch systematischen Darstellungen des Kriegsschädenrechts eine Untersuchung zur Herkunft des Rechtsinstitutes. Schließlich stellt sich die Frage, ob es in der Geschichte Beispiele für den mit dem Lastenausgleich gewählten sozialen Ausgleich gibt.

Für jede untersuchte Epoche wird zuerst die Frage gestellt, ob eine ausdrückliche oder wenigstens anerkannte gesetzliche Grundlage für die Regulierung von Kriegsschäden besteht. Ist dies nicht der Fall, wird weiter untersucht, ob in der Literatur andere positive Normen als Grundlage für Kriegsschädenersatz oder als Grundlage für seine Ablehnung herangezogen werden. Die zweite Frage ist, wie die Frage der Kriegsschäden in der Literatur behandelt wird. Erkennbar ist der Diskurs dort am reichhaltigsten, wo die Gesetzeslage undeutlich ist oder der Kriegsschädenersatz durch den Staat ausgeschlossen wird, so im deutschen Raum in der Zeit um die französische Revolution, in Preußen nach den Befreiungskriegen und im Deutschen Reich zu Beginn des 1. Weltkrieges. Die Literatur ist auf die Frage hin zu untersuchen, ob und aus welchen Gründen

45 Heilfron I, S. VI.

46 „Kriegssachschädenverordnung“ vom 30.11.1940, RGBl. I 1940, S. 1547.

Kriegsschädenersatz als staatliche Pflicht angesehen wird; zuletzt ist zu fragen, nach welchen Kriterien der Ersatz oder Ausgleich stattfinden soll.

Diese Fragen werden auf die Entwicklung des Lastenausgleichs nach 1945 projiziert: Die KSSchVO bewertet Kriegsschäden differenziert und gilt über das Kriegsende hinaus bis zur Ablösung durch das LAG. Selbst wenn die KSSchVO für einen Ausgleich herangezogen werden könnte, ist zu fragen, ob sie angesichts der gewaltigen Zerstörungen und Verluste Geltung haben kann, oder ob nicht der Kriegsschädenausgleich neu zu überdenken ist. Die Diskussion um das Lastenausgleichsgesetz ist finanzwissenschaftlich erschlossen,[47] ohne dass sich erkennen lässt, ob auch ohne die Lastenausgleichsgesetzgebung ein Anspruch der Geschädigten besteht.

Das Bundesverfassungsgericht entscheidet vor Inkrafttreten des Lastenausgleichsgesetzes, Unterstützung in Notzeiten sei nicht mit einem Schadenersatzanspruch zu vergleichen;[48] später erklärt das Gericht, erst das LAG begründe Rechtsansprüche.[49] Die Frage stellt sich, ob die Gerichte einen Schadenersatzanspruch außerhalb von Spezialgesetzen grundsätzlich zu jeder Zeit ablehnen oder nur aufgrund zwingender gesetzlicher Regelungen. Die Diskussion über den Ersatz von Kriegsschäden in der Nachkriegszeit lässt erwarten, dass auch zu anderen Zeiten in der Literatur ein Anspruch anerkannt wird.[50]

---

47 Vgl. Schillinger aus volkswirtschaftlicher Sicht, Krumper aus vorwiegend finanzwissenschaftlicher Sicht, zuletzt hat Wenzel die Entstehungsgeschichte des Lastenausgleichs beleuchtet.

48 BVerfGE 1, 97 (106).

49 BVerfGE 11, 50 (56).

50 So hat nach Detter, S. 416, der zivile Geschädigte in den USA Anspruch auf vollständigen Ersatz seiner erlittenen Kriegsschäden.

B. Grundbegriffe des Lastenausgleichsrechts

Das LAG erwähnt den Begriff Kriegsschäden nur am Rande.[51] Vorgängergesetze, Rechtsprechung und Literatur nutzen ihn, ohne dass eine einheitliche Terminologie auszumachen ist. Der vom Allgemeinen Kriegsfolgengesetz (AKfG)[52] ausschließlich im amtlichen Titel verwendete Begriff „Kriegsfolgen" erfasst sämtliche Ereignisse, die kausal auf einen Krieg zurückgehen. Weil das AKfG alle Ansprüche gegen das Reich erlöschen lässt (§ 1 AKfG),[53] soweit sie nicht gesondert geregelt sind (§§ 3 ff. AKfG), ist eine Definition entbehrlich, obwohl das AKfG auch Ansprüche vernichtet, die ihren Entstehungsgrund nicht im 2. Weltkrieg haben. Die Ausnahmen in §§ 5, 7, 9 AKfG zeigen, dass überwiegend im 2. Weltkrieg begründete Pflichten des Reiches gelöscht werden sollen.

Aus der Tatsache, dass das AKfG den Begriff Kriegsfolgen nicht definiert und es grundsätzlich sämtliche Ansprüche gegen das Reich erlöschen lässt, ist zu erkennen, dass dieser Begriff rechtlich nicht fruchtbar gemacht werden kann. Rechtsprechung und Literatur verwenden ihn wohl aus diesem Grund nur als allgemeinen Oberbegriff[54] und unterscheiden insbesondere zwischen Kriegsleistungen und Kriegsschäden.

I. Kriegsleistungen

Kriegsleistungen sind traditionell Abgaben und Leistungen für den Güterbedarf der Streitmächte. Die Einwohner der vom Krieg betroffenen Landstriche sind verpflichtet, auf Anforderung die Versorgung der durchziehenden Truppen zu sichern, indem sie Lebensmittel (Fourage), Kleidung, Holz und für die Kriegsführung benötigte Gerätschaften liefern, Hand- und Spanndienste leisten und das

51 Der Begriff wird nur in § 259 Abs. 2 Nr. 1 LAG („Kriegsschäden nicht unwesentlichen Umfangs") verwendet.

52 „Gesetz zur allgemeinen Regelung durch den Krieg und den Zusammenbruch des Deutschen Reiches entstandener Schäden (Allgemeines Kriegsfolgengesetz)" vom 5.11.1957, BGBl. I 1957, S. 1747.

53 BVerfGE 15, 126 (149) hat den Begriff „Erlöschen" des AKfG geltungserhaltend als lediglich „nachdrückliche Leistungsverweigerung " interpretiert, dazu im Einzelnen unten, H.I.2 (S. 248).

54 Nicht einmal das BVerfG definiert den Begriff, vgl. BVerfGE 15, 126 (149).

durchziehende Heer einquartieren,[55] unabhängig davon, ob es sich um eigene oder gegnerische Truppen handelt.

Besonderes Merkmal der Kriegsleistungen ist, dass sie durch oder aufgrund eines Gesetzes angefordert werden; sie sind demnach vorherbestimmt und in gewisser Weise auch vorhersehbar. Die Kriegsleistungspflicht besteht auch in Friedenszeiten während Manövern und Übungen. Sie ist kein Schaden, sondern eine Sondersteuer, sofern die Leistungen nicht, wie regelmäßig geschehend, dem Betroffenen vergütet werden.[56] Schaden ist unter diesen Umständen nur, dass der Leistungspflichtige die Ware nicht frei veräußern kann.

II. Kriegsschäden

1. Sachschäden

Kriegssachschäden sind Sachschäden, die aufgrund des Kampfgeschehens an Sachen oder Gebäuden entstehen. Sie weisen eine gewisse Nähe zum Frontgeschehen auf und werden daher bis zum 1. Weltkrieg auch als Frontschäden bezeichnet.[57]

2. Vermögensschäden

Vermögensschäden, die keine Sachschäden sind, können als Folge von Sachschäden entstehen, wenn Vermögen nicht mehr genutzt werden kann; dabei müssen Sach- und Vermögensgeschädigter nicht notwendig dieselbe Person sein.

Ohne Kampfmaßnahme kann bereits der Kriegszustand Vermögensschäden verursachen, weil er meistens den Außenhandel einschränkt, wenn nicht sogar

55 Ein Beispiel für allgemeine Kriegsleistungen gibt das „Allgemeine Regulativ über das Servis- und Einquartierungs-Wesen, de dato Berlin den 17.3.1810“ des preußischen Königs Friedrich Wilhelm.

56 So vorgesehen bspw. von § 16 des Speyerer Reichsabschieds von 1570, der auf die gleichzeitig neu erlassenen §§ 85, 86 Reichskriegsordnung verweist. Ritter, S. 215, beschreibt, dass die Bevölkerung zwar zur Leistung verpflichtet sei, diese aber vergütet erhalte. Sofern die sofortige Vergütung nicht möglich sei, solle eine Quittung für die spätere Bezahlung ausgestellt werden. Für den 1. Weltkrieg vgl. die „Bekanntmachung, betreffend die Vergütung von Furage und Landlieferungen“ vom 24.5.1915, RGBl. 1915, S. 301.

57 Zu beachten ist, dass der Begriff Front als gedachte Linie zwischen zwei gegnerischen Heeren erst im 19. Jahrhundert geprägt wird, bis dahin bezeichnet er den Kampfplatz als solchen, Salm, S. 21.

verbietet.[58] Bereits 1734 bitten die Hansestädte Lübeck, Bremen und Hamburg das Reich um kaiserliche Befreiungen von Handelsverboten, weil die Seemächte auch in Kriegszeiten neutral seien.[59] Andere Handelsstädte verlangen daraufhin ähnliche Privilegien.[60] Die napoleonische Kontinentalsperre unterbricht dem norddeutschen Seehandel,[61] ohne dass Sachschäden entstehen.[62] Ähnliches gilt für die Seebäder: Obwohl nicht in das Kriegsgeschehen einbezogen, verursacht ihre Sperrung für den Urlaubsverkehr zu Beginn des 1. Weltkrieges empfindliche Verluste bei den Bewohnern.[63]

Die Zwangsbewirtschaftung von Verbrauchsgütern beeinträchtigt im 1. Weltkrieg die Wirtschaft,[64] hinzu kommt der Entzug von Arbeitskraft infolge der allgemeinen Mobilmachung: In Deutschland werden nach 1914 etwa 80 % der erwachsenen Männer und damit gut 20 % der Zivilbevölkerung eingezogen, die bis dahin größtenteils Teil erwerbstätig gewesen waren. Die Umstellung der zivilen Wirtschaft auf eine (staatlich) gesteuerte Kriegswirtschaft wird daher als wichtiges Instrument der Kriegsführung angesehen.[65]

Weil sie in vielfältiger Art entstehen und eine Kette von Folgebeeinträchtigungen nach sich ziehen, sind kriegsbedingte Vermögensschäden faktisch nicht zu messen und können kaum vom Begriff Kriegsfolgen unterschieden werden, wenn man davon absieht, dass die Vermögensschäden im Kriegsschadensrecht

---

58 So Moser, S. 777.

59 Moser, S. 785.

60 Nach den Hansestädten Lübeck, Bremen und Hamburg im Deutsch-Französischen Krieg 1734 erbitten sich Glückstadt, Altona und Oldenburg ein Handelsprivileg während des Krieges, ihnen folgen die Städte Nürnberg, Augsburg und Cölln, Moser, S. 785. Der Kaiser entspricht einer ähnlichen Bitte von Hansestädten bereits im Jahr 1702 und teilt mit, er wolle darüber mit den anderen Seemächten sprechen, so Moser, S. 784.

61 Die Kontinentalsperre, durch ein Dekret Napoleons in Berlin vom 21.11.1806 eingeführt, dauert bis zur französischen Niederlage und wird am 14.1.1814 aufgehoben. Sie unterbindet den Handelsverkehr und Briefwechsel des (französisch besetzten) Festlandes mit England; kein britisches Schiff kann in dieser Zeit einen Hafen Festlandeuropas anlaufen.

62 Zur Idee und Ausführung des französischen Wirtschaftskrieges der Jahre 1793–1815 vgl. die Darstellung bei Crowhurst, S. 30 ff.

63 Vgl. die Berichte über die Probleme der Nord- und Ostseebäder im Gesetzgebungsprozess zum KFG, Verhandlungen RT Bd. 318, Nr. 384, S. 799 (808).

64 Vgl. nur die Zwangsbewirtschaftungsmaßnahmen, soweit sie nach der Erklärung des Kriegszustandes am 31.7.1914 (RGBl. 1914, S. 263) noch mit Wirkung für denselben Tage angeordnet werden (RGBl. 1914, S. 264–270).

65 Vgl. die Darstellung zur wirtschaftlichen Lage zu den Arbeitslosen im 1. Weltkrieg bei Bade, S. 233 ff.

keine Personenschäden umfassen.[66] Bereits im 18. Jahrhundert wird angenommen, dass die Berechnung aller durch den Krieg verursachten Vermögensbeeinträchtigungen nicht möglich sei, weshalb der Begriff nicht fruchtbar gemacht werden könne.[67]

III. Differenzierungsansätze zum Sachschaden

1. Nachweise im geschriebenen Recht

a) Zeit bis zu den Napoleonischen Kriegen

Bis in das 18. Jahrhundert ist keine Definition des Kriegsschadens nachzuweisen, unabhängig davon, ob der Begriff sich auf Kriegsleistungen, Sach- oder Vermögensschäden bezieht. Dabei ist der Begriff spätestens im 17. Jahrhundert bekannt, was sich anhand von Beihilfen des Reiches zugunsten betroffener Städte ausmachen lässt.[68] Erstmals erwähnt eine preußische Verordnung von 1759 Schäden an Feldfrüchten, die das durchziehende Heer verursacht. Sie werden ebenso wie die Verluste an Vieh und Obstbäumen „wie Kontributionen" behandelt. Außerdem nennt die Verordnung Verluste an Kleidung und Hausrat.[69]

Das preußische Allgemeine Landrecht (ALR)[70] von 1794 behandelt den Kriegsschaden im Verhältnis zwischen Pächter und Verpächter, § 553 ff. Teil I, 21. Titel ALR, anhand eines genauen Katalogs, indem es Beschädigungen an der Substanz des Pachtgutes und des Inventars (§ 560), Beschädigung der Früchte

66 Soweit ersichtlich, werden Personenschäden nie in die Diskussion um Kriegsschädenersatz einbezogen. Sie sind traditionell Gegenstand der Militärversorgung, vgl. die Darstellung bei Koropatnicki, S. 9. Ausnahmsweise nennt Haus, S. 20, den Schäden, die durch Geiselhaft entstehen.

67 Weber, G. M., S. 153, bezeichnet das plastisch als „Herumschwimmen … in einem unendlichen Meer ohne Anker." Heute dürfte dafür der ebenfalls nicht definierte Begriff des volkswirtschaftlichen Schadens verwendet werden.

68 Vgl. z. B. § 26 des Regensburger Reichsabschieds aus dem Jahr 1641. Im Jahr 1705 wird die Stadt Augsburg für mehrere Jahre von den Reichssteuern befreit, weil sie durch Kriege gegen Frankreich und Kurbayern Schäden erlitten hat, vgl. Moser, S. 1002. Beachtet werden muss, dass die Stadt und nicht der Bürger eine Vergünstigung erhält.

69 Das „Extrakt aus dem Reglement de dato Berlin den 14.2.1787, welcher Gestalt in Schlesien bei den königlichen Ämtern und Kämmereigütern die sich ereignende Unglücksfälle untersucht und aus den dazu ausgesetzten Fonds den Generalpächtern vergütet werden sollen, publiziert durch die Cirkularien d. d. Glogau und Breslau den 27.4.1787" ist abgedruckt bei Grattenauer, Beilage I, S. 263. Das Extrakt übernimmt die Regelung von 1759 im Wortlaut, ein Abdruck des Originals war nicht aufzufinden.

70 „Allgemeines Landrecht für die Preußischen Staaten" vom 5.2.1794.

(§ 561), Brandschatzungen und Kontributionen (§ 562) und Naturallieferungen (§ 563) auflistet; hinzu kommen Fouragierungen (§ 571) und Einquartierungen (§ 572). In Österreich werden nur die Folgen der Brandschatzung in Betracht gezogen,[71] das österreichische allgemeine Bürgerliche Gesetzbuch (ABGB)[72] nennt bis heute den Begriff Kriegsschäden ohne Definition.[73] Sachsen erlässt nach der französischen Besetzung im Januar 1807 eine Verordnung, die „Kriegslasten" regelt. Sie zählt Kontributionen, Requisitionen und Plünderungen auf, sonstige Schäden werden nicht erwähnt, obwohl der Titel der Verordnung den Begriff Kriegsschäden enthält.[74] Nach seiner Präambel behandelt ein Reglement des Kreises Sachsen-Coburg vom November 1806 „sämtliche Kriegslasten"; im Wesentlichen handelt es sich um Leistungen an das Heer (§ 2 Reglement). Kriegssachschäden erkennt es nur in Form von Brandschäden an, andere Schäden an persönlichem Eigentum fallen nicht darunter (§ 3 Reglement).

b) Preußische Kabinettsorder von 1831

In Preußen schließt eine als Gesetz veröffentlichte Kabinettsorder vom 4. Dezember 1831[75] den Ersatz von Kriegsschäden der Befreiungskriege aus. Die Order entzieht den Gerichten die Kompetenz zur Entscheidung über Klagen gegen den Fiskus auf Ersatz „aus den Zufällen des Krieges" und definiert erstmals Kriegsschäden legal in einem weiten Umfang: Der Begriff erfasst alle Kriegsschäden, soweit sie nicht infolge militärischer oder ziviler Anordnungen entstanden sind. Ausgenommen sind also insbesondere Kriegsleistungen.

c) Kriegsschädengesetz 1871

Das Deutsche Reich definiert 1871 im „Gesetz, betreffend die Kriegsschäden und Kriegsleistungen" (KSG)[76] den Begriff ebenfalls nicht genau. Art. 1 KSG

---

71 Vgl. den Entwurf zum „Codex Theresianus" aus den Jahren 1753–1771; der Gesetzesentwurf ist nie in Kraft getreten, vgl. Harrasowski, Bd. 1, S. 13.

72 „Allgemeines Bürgerliches Gesetzbuch" vom 1.6.1811, JGS 946.

73 § 1044 ABGB regelt die „Verteilung der Kriegsschäden" nach besonderen Vorschriften der Behörden.

74 „Publikandum an sämmtliche Bewohner des Erzgebirgischen Kreises, de dato Freyberg den 27.1.1807, betreffend die Ausgleichung der Verpflegungskosten, Spannungen, Requisitionen und anderer Kriegsschäden, durch den ganzen Kreis", abgedruckt bei Grattenauer, Beilage I, S. 71 ff.

75 „Kabinettsordre, betreffend die genauere Beobachtung der Grenzen zwischen landeshoheitlichen und fiskalischen Rechtsverhältnissen" vom 4.12.1831, PrGesS. 1831, S. 255.

76 „Gesetz, betreffend den Ersatz von Kriegsschäden und Kriegsleistungen" vom 14.6.1871, RGBl. 1871, S. 247.

meint nur Sachschäden, die das französische oder deutsche Heer durch Beschießung oder Brandlegung zu militärischen Zwecken verursachen, also Frontschäden mit Bezug zu Kampfhandlungen. Für die Entschädigung legt Art. 1 Nr. 2 KSG den Wert der Sache bei Schadenseintritt zugrunde; andere Vermögensbeeinträchtigungen sind keine Schäden im Sinne des KSG. Der Kriegsschädenbegriff ist also deutlich enger als der der preußischen Kabinettsorder von 1831. Beachtet werden muss, dass die Kabinettsorder Klagen gegen den Fiskus ausschließt, während das KSG Schäden erstattet. Die Berechnung der Entschädigung erfordert eine differenzierte Definition.

d) Kriegsleistungsgesetz 1873

Weil das KSG ein Spezialgesetz für den Deutsch-Französischen Krieg von 1870–1871 ist (Art. 1 Abs. 1 KSG), definiert zwei Jahre später § 35 Kriegsleistungsgesetzes (KLG)[77] den Kriegsschaden allgemein für die Zukunft: „Für Leistungen, durch welche einzelne Bezirke, Gemeinden und Personen außergewöhnlich belastet werden, sowie durch alle durch den Krieg verursachten Beschädigungen an beweglichem und unbeweglichem Eigentum wird der Umfang und die Höhe der zu gewährenden Entschädigung und das Verfahren bei Feststellung derselben durch jedesmaliges Spezialgesetz des Reiches bestimmt.“ Dadurch, dass das KLG alle Sachbeschädigungen als Kriegsschäden anerkennt, ist der Begriff weiter als der des KSG von 1871, das eine Beschießung oder Brandlegung zu militärischen Zwecken verlangt. Offen bleiben der Maßstab der Kausalität[78] und die Definition der außergewöhnlichen Belastung. Ersichtlich sollen nur reine Sachschäden und keine weitergehenden Vermögensschäden erfasst sein. Auch entgangener Gewinn ist wegen der Verwendung des Begriffs „Eigentum“ vom Schadensbegriff ausgeschlossen.

Auffallend ist, dass § 35 KLG Kriegsleistungen und Kriegsschäden in derselben Norm behandelt. Es ist nicht zu erkennen, weshalb § 35 1. HS KLG für „Leistungen, durch welche einzelne Bezirke, Gemeinden oder Personen außergewöhnlich belastet werden“ eine besondere Entschädigung anordnet, denn das KLG regelt gerade den Ersatz von Kriegsleistungen. Primär müssen die Gemeinden die Leistungen erbringen (§ 3 KLG). Die Gemeinden können Reichsangehörige zur Erfüllung der Verpflichtung in Anspruch nehmen (§ 6 KLG), müssen die Leistung aber vergüten (§ 7 KLG). Das Reich ersetzt über das KLG alle Auslagen (§§ 7–34 KLG). Zu einer „außergewöhnlichen“ Belastung dürfte es folglich kaum kommen. Das spricht dafür, dass „außergewöhnliche Belastun-

---

77 „Gesetz über die Kriegsleistungen“ vom 13.6.1873, RGBl. 1873, S. 129.

78 Ebenso Heilfron I, S. 36; Dageförde, S. 11.

gen“ keine Kriegsleistungen, sondern Schäden sind, die durch den Aufenthalt der Truppen in den Gemeinden entstehen können.

e) Kriegsschädenfeststellungsgesetz 1916

§ 1 Abs. 1 des Kriegsschädenfeststellungsgesetzes von 1916 (KFG)[79] greift die Definition des § 35 KLG auf und listet mögliche Kriegsschäden auf: § 2 Nr. 1 KFG erfasst von eigenen, verbündeten oder feindlichen Truppen verursachte Schäden. Sonstige Schäden aufgrund von Zerstörung, Diebstahl oder Plünderung in vom Feind besetzten oder bedrohten Gebieten schließt § 2 Nr. 2 KFG ein. Hinzu kommen Schäden aufgrund von Flucht, Abschiebung oder Verschleppung oder bei Wegschaffung beweglichen Eigentums („Habe“) aus vom Feind besetzten oder bedrohten Gebieten (§ 2 Nr. 3 KFG).

Mittels eines genauen Katalogtatbestandes definiert das KFG erstmals für den deutschen Rechtsraum den Kriegsschaden und begrenzt ihn auf Sachschäden und Sachverluste. Erforderlich ist ferner eine gewisse Frontnähe, auch wenn keine direkte militärische Aktion den Schaden hervorgerufen haben muss, wie der Einschluss der infolge Flucht entstehenden Schäden zeigt. Vermögensschäden sind selbst dann keine Kriegsschäden, wenn sie zum Existenzverlust führen.[80] Derartige Einbußen werden ausgeschlossen, weil man wegen der im Reich bis zum Jahr 1916 aufgetretenen Kriegsbeeinträchtigungen befürchtet, dass die Feststellung uferlose Ausmaße annehme.[81] Ausnahmsweise ermöglicht § 3 Abs. 2 KFG aus Billigkeitsgründen die Veranschlagung eines höheren Sachschadens, wenn Ersatz oder Reparatur höhere Kosten verursachen.[82] Im Übrigen ist nach § 3 Abs. 1 KFG der Wert maßgebend, den die Sache vor dem Kriege hat.

---

79 „Gesetz über die Feststellung von Kriegsschäden im Reichsgebiete“ vom 11.07.1916, RGBl. 1916, S. 675 ff.

80 So Verhandlungen RT Bd. 318, Nr. 384, S. 799 (807 f.). Im Gesetzgebungsverfahren werden Erwerbsschäden ausführlich beraten, aufgrund ihrer Unberechenbarkeit aber nicht mit in den Katalog des KFG aufgenommen (ebenda, S. 809). Problematisiert wird insbesondere der Vergleich zwischen den Nordseebädern, die aufgrund einer militärischen Sperre nicht besucht werden dürfen (ggf. Kriegsschaden), und den Ostseebädern, die aufgrund der allgemeinen Kriegssituation nicht besucht werden (S. 808).

81 So die Regierungsbegründung zum Gesetzentwurf (Verhandlungen RT Bd. 317, Nr. 275, S. 8 (zu § 2), die Erwerbsschäden behandelt. bspw. Schwandt, S. 26.

82 Diese Vorschrift wird vor allem dazu genutzt, ostpreußischen Instfamilien (Gesindefamilien), deren Hausrat nach zeitgenössischer Darstellung zumeist nur aus „Gerümpel“ besteht, neues, zwangsläufig höherwertiges Mobiliar zu verschaffen, vgl. Popitz, PrVBl. 38 (1917), S. 605 (611).

Mit der Festlegung dieses sog. Friedenswertes[83] bei zugleich möglicher Erhöhung nach § 3 KFG steht das KFG im Gegensatz zum KSG, das grundsätzlich den Wert einer Sache bei Schadenseintritt zugrunde legt; zugleich findet mit der Feststellung des Wiederbeschaffungswertes ein Vermögensschaden Eingang in das KFG. Ähnliches wird man für die Werterhöhung aus Billigkeitsgründen sagen können. Bis Kriegsende wird das KFG nicht geändert.

f) Regelungen nach Kriegsende 1918

Die Definitionen des KFG bleiben für die endgültige Regelung der Kriegsschäden nach 1918 bestehen. Weil das KFG nur Kriegsschäden im Reichsgebiet behandelt,[84] erfassen nach Abschluss des Versailler Vertrages (VV)[85] das Auslandsschädengesetz (AuslSchG)[86] und das Kolonialschädengesetz (KolG)[87] zusätzlich Sachschäden außerhalb der Reichsgrenzen oder in den Kolonien. In das Verdrängungsschädengesetz (VerdrG)[88] werden Verluste aufgenommen, die Deutschen infolge der Abtretung von Reichsgebiet nach dem Versailler Vertrag entstehen. Zusammen werden die drei Gesetze als „Gewaltschädengesetze" bezeichnet.

Für die Kolonien und das Ausland sind Kriegssachschäden ähnlich § 2 KFG definiert (§ 2 Abs. 1 Nr. 1–3 KolG, § 2 Abs. 1 Nr. 1–3 AuslSchG). Das VerdrG

---

83 Stichtag ist stets, zuletzt nach § 7 Abs. 2 Gewaltschädenverordnung, der 25.7.1914 („Verordnung zur Abänderung des Reichsentlastungsgesetzes und des Liquidationsschädengesetzes vom 4. Juni 1923 – RGBl. I, S. 305 – und der Gewaltschädengesetze (Verdrängungs-, Kolonial- und Auslandsschädengesetz) vom 28. Juli 1921 – RGBl. I, S. 1021 ff. – in der Fassung der Bekanntmachung vom 10. Juli 1923 – RGBl. I, S. 591 – (Kriegsschädenverordnung)" vom 28.10.1923, RGBl. I 1923, S. 1015. Die „Verordnung über den Ersatz der durch die Abtretung deutscher Reichsgebiete entstandenen Schäden sowie der Kriegsschäden in den ehemaligen deutschen Schutzgebieten und im Ausland (Gewaltschädenverordnung)" (im Folgenden: GewaltschädenVO) ist Anlage zu dieser Verordnung. Der Tag soll der letzte gewesen sein, an dem die Preise noch nicht durch den drohenden Krieg beeinflusst sind, vgl. Dageförde, S. 22.

84 In der Begründung zum Regierungsentwurf wird auf die Dringlichkeit der Regelung verwiesen, weshalb zunächst nur die Schäden im Reichsgebiet festgestellt werden sollen, vgl. Verhandlungen RT, Bd. 317, Nr. 275, S. 8.

85 „Gesetz über den Friedensschluss zwischen Deutschland und den Alliierten und Assoziierten Mächten" vom 16.7.1919, RGBl. 1919, S. 687.

86 „Gesetz über den Ersatz von Kriegsschäden im Ausland (Auslandsschädengesetz)" vom 28.7.1921, RGBl. 1921, S. 1038.

87 „Gesetz über den Ersatz von Kriegsschäden in den ehemaligen deutschen Schutzgebieten (Kolonialschädengesetz)" vom 28.7.1921, RGBl. 1921, S. 1031.

88 „Gesetz über den Ersatz der durch die Abtretung deutscher Reichsgebiete entstandenen Schäden (Verdrängungsschädengesetz)" vom 28.7.1921, RGBl. 1921, S. 1021.

erfasst zusätzlich Sachschäden, die nach Kriegsende[89] in den später abgetretenen oder an diese grenzenden Gebieten entstanden sind (§ 2 Abs. 1 Nr. 5 VerdrG). Im Ausland gelten außerdem Kriegsleistungen an feindliche Streitkräfte als Schäden (§ 2 Abs. 1 Nr. 2 AuslSchG).

Zusätzlich werden Schäden geregelt, die Deutschen dadurch entstehen, dass sie das Land verlassen müssen: Die Gewaltschädengesetze nennen Schäden, die aufgrund von notwendiger Verschleuderung des Vermögens entstehen (§ 2 Abs. 1 Nr. 4 VerdrG, AuslSchG, KolG). Zugunsten der Verdrängten erfasst § 2 Nr. 1 VerdrG außerdem Schäden, die in abgetretenen Gebieten durch Verurteilung oder andere behördliche Maßnahmen entstehen, sofern diese widerrechtlich sind, ferner Schäden, die aufgrund der Ausweisung aus dem bisherigen Reichsgebiet entstehen (§ 2 Abs. 1 Nr. 2–3 VerdrG).

Das KFG von 1916 und die Gewaltschädengesetze von 1921 bleiben bei einer engen Definition von Kriegsschäden, die ausschließlich Sachschäden erfasst. Auch die in § 2 Abs. 1 Nr. 2 AuslSchG genannten Kriegsleistungen sind keine Ausnahme, denn es handelt sich um Sachen, die an feindliche Behörden geliefert werden oder diesen zur Verfügung gestellt werden und für die, anders als innerhalb des Deutschen Reiches, nach dem KLG keine Vergütung gewährt wird. Auch der Verschleuderungsschaden kann nicht als reiner Vermögensschaden begriffen werden: Bei der Verschleuderung werden nur Sachwerte erfasst, die aufgrund der im Gesetz genannten Umstände zu einem wesentlich geringeren Preis als dem wahren Sachwert veräußert werden müssen – als Alternative bliebe dem Geschädigten nur, die Sache zu verschenken oder verkommen zu lassen. Damit wird auch insoweit nur der tatsächliche Sachwert berücksichtigt. Einzige Ausnahme sind Schäden, die in den Abtretungsgebieten dadurch entstehen, dass die Verdrängten rechtswidrige Maßnahmen durch neue Machthaber erleiden oder bei der Ausreise an der Ausfuhr ihres Eigentums behindert werden (§ 2 Abs. 1 Nr. 1–3, 6 VerdrG). Es handelt sich um reine Vermögensschäden. Bemerkenswert ist, dass die in den Gewaltschädengesetzen erwähnten Schäden zu einem großen Teil erst nach Kriegsende eintreten.

Mit der Währungsreform 1923 werden die Gewaltschädengesetze in der Gewaltschädenverordnung (GewaltschädenVO)[90] zusammengefasst und im

---

89 § 2 Abs. 1 Nr. 5 VerdrG nennt als Stichtag den 20.10.1918, weil es ab diesem Zeitpunkt vorwiegend an den Grenzen zu Polen zu ersten Kämpfen mit „regulären oder irregulären" Truppen kommt, obwohl sich das Reich mit Polen nicht im Kriegszustand befindet (so die Begründung zum Regierungsentwurf des VerdrG, Verhandlungen RT Bd. 365, Nr. 1021, S. 15 (zu § 2)).

90 Vgl. oben, Anm. 83 (S. 20).

Kriegsschädenschlußgesetz (KSSG) aus dem Jahr 1928[91] endgültig geregelt. Die ursprünglichen Definitionen der Gewaltschädengesetze bleiben;[92] sämtliche späteren Regelungen setzen die Feststellung der Kriegsschäden voraus.

g) Gesetzliche Regelungen 1939–1945

Die Sachschädenfeststellungsverordnung (SSchFVO)[93] von 1939, die kurz nach dem deutschen Überfall auf Polen erlassen wird, sieht eine amtliche Feststellung der Kriegsschäden vor. Wie das KFG von 1916 knüpft die SSchFVO an die Feststellung keine Rechtsfolge. § 2 SSchFVO definiert den Kriegsschaden inhaltlich entsprechend § 2 KFG; ebenso stellt § 3 SSchFVO für die Berechnung der Schadenshöhe auf den Zeitpunkt des Wertes vor Kriegsbeginn ab. Das „Gesetz über Sachleistungen für Reichsaufgaben" (RLG)[94] ist Nachfolger des Kriegsleistungsgesetzes von 1873. Schäden werden, anders als noch nach § 35 KLG, ausschließlich an Sachen erfasst, die zum Zwecke des Krieges an das Reich geleistet werden müssen (§ 26 Abs. 3 RLG). Im November 1940 wird die SSchFVO durch die KSSchVO ersetzt, ohne dass die Definition wesentlich geändert wird.[95]

Unabhängig davon werden durch Runderlass (sog. Fliegerschädenerlaß)[96] ab Oktober 1940 bei der Feststellung von Schäden durch Bombenangriffe und Abstürze von Flugzeugen durch die Behörden auch Einnahmeverluste und Mehraufwendungen der Geschädigten (z. B. bei Miet- und Gewerbeobjekten) als Kriegsschäden erfasst. Ausreichend ist eine bloße Besitzstörung,[97] so dass erstmals auch reine Vermögensschäden amtlich als Kriegsschäden anerkannt werden, während die nur einen Monat später erlassene KSSchVO diese Praxis nicht erwähnt.

---

91 „Gesetz zur endgültigen Regelung der Liquidations- und Gewaltschäden (Kriegsschädenschlußgesetz)" vom 30.3.1928, RGBl. I 1928, S. 120.

92 Vgl. die Definition zuletzt in §§ 5 ff. GewaltschädenVO.

93 „Verordnung über die Feststellung von Sachschäden (Sachschädenfeststellungsverordnung)" vom 8.9.1939, RGBl. I 1939, S. 1754.

94 Gesetz über Sachleistungen für Reichszwecke (Reichsleistungsgesetz) v. 1.9.1939, RGBl. I 1939, S. 1645.

95 Zusätzlich erfasst § 2 Abs. 1 Nr. 5, 6 KSSchVO noch die Schäden, die ein Schiffseigner durch Entziehung des Schiffes durch den Gegner erleidet oder die ihm durch Selbstversenkung entstehen, wenn er damit einer Aufbringung des Schiffes durch den Gegner zuvorkommen will.

96 Vgl. den Runderlass des RMdJ vom 5.10.1940 – I RA 5547 III/40-245, abgedruckt bei Schulze, Kriegsschädenregelung, S. 238.

97 So nach dem erläuternden RdErl. d. RMdJ vom 21.11.1940, RMBliV 1940, S. 2139, abgedruckt bei Büchner-Hoffmann[1], S. 166 (167).

h) Definition des LAG

aa) Kriegsschäden

Die Lastenausgleichsgesetzgebung nach Gründung der Bundesrepublik Deutschland folgt der Vorgängergesetzgebung und definiert Kriegsschäden zunächst in einem Feststellungsgesetz.[98] Den Katalog übernimmt § 13 LAG unverändert und erfasst nur Sachschäden, die unmittelbar durch Kampfhandlungen verursacht sind; allgemeine Vermögensschäden sind nur als Existenzverlust erwähnt (§ 13 Abs. 1 Nr. 4 LAG).[99] Der Verlust ideeller Werte wird nicht erfasst.[100] Der Begriff der Unmittelbarkeit wird erweitert, indem als Kriegsschaden auch behördliche Handlungen zur Beschädigung, Zerstörung oder Wegnahme gelten (§ 13 Abs. 3 LAG). Die „Wegnahme“ erfasst auch wieder Kriegsleistungen; sie führen zu denselben Verlusten wie Sachschäden.

bb) Weitere Schadensgattungen nach dem LAG

Das LAG benennt drei weitere Schadensgattungen: Vertreibungsschäden (§ 12), Ostschäden (§ 14) und Sparerschäden (§ 15).

Vertreibungsschäden sind Schäden, die Vertriebenen im Zusammenhang mit einer Vertreibung in den sog. Vertreibungsgebieten[101] am dort belegenen Vermögen entstanden sind. Auch Sachschäden, die während des Krieges in den Vertreibungsgebieten entstanden sind, sind nach § 12 Abs. 4 LAG Vertreibungsschäden. Nimmt man diese Schäden, die nur zur vereinfachten Berechnung Vertreibungsschäden sind, heraus, handelt es sich durchweg um Schäden, die erst nach der Kapitulation auftreten. Indem § 12 Abs. 1 Nr. 2 lit. c, d, e LAG auch Forderungen z. B. gegen Banken und Sparkassen sowie Anteile an Kapitalgesellschaften mit Sitz in den Vertreibungsgebieten zulässt, werden bestimmte Vermögensschäden als Kriegsschäden zugelassen.

Weil nur Vertriebene Vertreibungsschäden geltend machen können, fasst § 14 LAG alle Schäden als Ostschäden zusammen, die Nichtvertriebenen durch

---

98 „Gesetz über die Feststellung von Vertreibungsschäden und Kriegssachschäden“ vom 21.4.1952, BGBl. I 1952, S. 237.

99 Die Rspr. setzt an die Kausalität strenge Maßstäbe, vgl. BVerwGE 1, 215 (216, LS 1).

100 Das § 13 LAG setzt Schäden an „Wirtschaftsgütern“ voraus. LAG und Kommentierung erläutern den Begriff nicht, vgl. Kühne-Wolff, § 13 (passim) und Harmening, § 13 (passim).

101 § 12 Abs. 1 LAG bezeichnet damit die „derzeit unter fremder Verwaltung stehenden Ostgebiete“ sowie Gebiete, die außerhalb der Grenzen des Deutschen Reiches vom 31.12.1937 liegen.

Vermögensentzug in Gebieten östlich der Oder-Neiße-Linie entstehen; darunter fallen mit verloren gegangenen Realsicherungen auch Vermögensschäden.[102]

Als Sparerschaden bezeichnet § 15 LAG die Abwertung einer Spareinlage, soweit sie bei der Neuordnung des Geldwesens nach §§ 2 Abs. 1, 16 UmstG lediglich im Verhältnis von 10:1 oder nach § 14 UmstG nicht umgestellt worden ist; dadurch sind Inhaber von Sachwerten bei der Geldreform im Vergleich mit Inhabern von Buchwerten begünstigt. Diese Schäden lassen sich kaum als Kriegsschäden begreifen; sie hängen weniger vom Krieg als von der von den Nationalsozialisten verursachten Überschuldung des Staatshaushaltes ab. Diese und nicht der Krieg als solcher führt zur Inflation nach Kriegsende, obwohl die Schulden des Reiches zu einem erheblichen Teil ihre Ursache in der Kriegsfinanzierung haben. Auch im Rechtssinne kann man die Sparerschäden kaum als Schäden bezeichnen, weil die Geldreform einheitlich alle Sparguthaben abwertet und die Kaufkraft des Geldvermögens dadurch nicht ändert. Eine Vermögenseinbuße tritt nur ein, weil Sachwerte parallel nicht abgewertet werden (können); es tritt also ein nur relativer Vermögensverlust auf.

2. Nachweise in der Literatur

Auch in der Literatur finden sich kaum Definitionen, insbesondere wird nur selten zwischen Kriegsleistungen und Kriegsschäden unterschieden. *Vasquez Menchaca* spricht 1572 nur Verluste an, die vom Feind verursacht werden,[103] *Grotius* untersucht 1625 die Schäden des Einzelnen, ohne Rücksicht auf den Verursacher zu nehmen.[104] *Rövestrunck* nennt 1633 an erster Stelle die Einquartierungs- und Versorgungslasten der Bevölkerung, bevor er die Zerstörungen von Ortschaften anspricht.[105] *Pufendorf* definiert den Schaden, indem er auf die Auswirkungen schaut; der Schaden muss zum „gemeinen Besten“ erlitten sein.[106] Erstmals im 18. Jahrhundert wird der Begriff des Schadens anhand der Verluste genau definiert: *Moser* (1786) nennt Sachschäden, Kriegsleistungen und Brandschatzungen.[107] Wenig später verlangt *Bodmann* (1789), dass der Schaden auf Befehl eines Heerführers eingetreten sein muss, differenziert also nach der Entstehung. Diese Argumentation rückt den Kriegsschaden, obwohl er

102 § 14 LAG wird mehrfach geändert und in seinen Voraussetzungen, auch rückwirkend, „objektiviert“, vgl. dazu die Nachweise bei Kühne-Wolff, § 14, 26. Erglfg., S. 64b.

103 Vasquez Menchaca, Partis Primae, l. 1 C 4, § 11 (zitiert ist die Frankfurter Ausgabe von 1606), für die Ausgabe 1572 vgl. Cahn, S. 200.

104 Grotius, L. III C. 20 § VIII.

105 Rövestrunck, S. 26.

106 Pufendorf, L. VIII, Kap. V, § 7 (Bd. II S. 913).

107 Moser, S. 993.

an Sachwerten des Geschädigten eintritt, in die Nähe der Kriegsleistungen, die eine Anforderung der Truppen voraussetzen. Inhaltlich differenzieren auch *Hatzfeld* (1798), der nur Kriegsleistungen anerkennt,[108] und *von Dalwigk* (1789), der mit einem Klassensystem ausgleichspflichtige von den selbst zu tragenden Kriegsfolgen trennt.[109]

Erkennen die bislang genannten Autoren lediglich den Sachverlust als Schaden an, untersucht *G. M. Weber* (1798), ob nicht jede Vermögensbeeinträchtigung einen Kriegsschaden darstellt, und nimmt damit den Vermögensbegriff in seine Untersuchung auf.[110] Vermögensschäden erkennt erstmals *von Berg* (1796), der die Definition vom Ergebnis her sucht und nur Sonderopfer, die durch eine unmittelbare Beeinträchtigung verursacht werden, anerkennt.[111] Ähnlich argumentiert *Haus* (1801), der jeden schätzbaren Verlust anerkennt, sich im Wesentlichen aber auf Sachschäden beschränkt.[112] Letzte Vertreter dieser Zeit sind *Thibaut* (1805) und *Grattenauer* (1810), die ebenfalls nur Sachschäden anerkennen.[113] Später sind kaum Definitionsversuche zu erkennen; mit Ausnahme der Untersuchung *v. Sensburgs* (1821) ist bis zum Beginn des 1. Weltkrieges kein Diskurs zum Kriegsschaden nachzuweisen. Gelegentlich wird der Kriegsschaden in Untersuchungen zum Eigentumsschutz kurz aufgegriffen.[114]

Parallel sind ab Mitte des 19. Jahrhunderts Hinweise darauf zu finden, dass nur diejenigen Schäden berücksichtigt werden können, die völkerrechtlich zulässig von eigenen oder verbündeten Truppen auf Veranlassung ihrer Heerführer verursacht worden seien.[115] Das nimmt Zufallsschäden und alle vom Gegner

---

108 Hatzfeld, S. 18: „§ 22 Die Kriegsschäden entstehen a) durch Einquartierungen, b) durch Holz-, c) durch Fourage, Vieh und andere Naturalienlieferungen, d) durch Kriegsfuhren, e) durch Brandschatzungen und Bezahlung anderer Redemptions-Gelder, f) durch die Erbauung oder g) die Demolierung der Festungs- und Vertheidigungswerke, h) durch Bezahlung der Sauvegarden, i) durch Emigration und Flüchten, sodann, h) durch die Plünderungen."

109 Für von Dalwigk, S. 18, ist daher jeder „durch den Krieg eingetretene Verlust, welcher einer gemeinen Schätzung unterworfen werden kann", ein Kriegsschaden.

110 Weber, G. M., S. 140, lehnt eine so weite Definition aber im Ergebnis ab.

111 Von Berg, Band II, Heft 2, S. 308.

112 Haus, S. 18 ff., unterscheidet Wegnahmen, Fouragierungen, Plünderungen und Kontributionen von Steuern und Zinsen.

113 Thibaut, § 985 (S. 367), Grattenauer, S. 87.

114 Vgl. bspw. Zachariä, S. 203 f., der 1845 im Rahmen der Behandlung des Kriegsführungsrechts kurz zwischen Kriegslasten und -schäden differenziert; Meyer (Staatsrecht), S. 700, der noch 1894 den Kriegsschaden nicht erwähnt (m. w. N.).

115 So bereits 1845 Zachariä, S. 203 f.; Mayer (Verwaltungsrecht II), S. 365; das Gegenteil (nur vom Feind zugefügte Schäden seien zu beachten) erklärt ein anonymer Verfasser 1807, dargestellt bei Grattenauer, S. 90.

verursachte Schaden aus. Ziel ist, den Staat nur für planmäßiges Handeln haften zu lassen. Mit dieser Argumentation entgeht der Staat der Gefahr, die vom Gegner verursachten Schäden zu rechtfertigen.[116]

Die Literatur zum 1. Weltkrieg greift die dargestellten Vorschläge auf und grenzt, von § 35 KLG beeinflusst, den Kriegsschaden zunächst von der Kriegsleistung ab.[117] Häufig wird vertreten, dass der Krieg alle Staatsbürger treffe; daher dürften nur Schäden, die sich angesichts ihrer Höhe als Sonderopfer darstellten, erfasst werden.[118] Dadurch können auch bspw. durch Betriebsstillegungen verursachte Vermögensschäden als Kriegsschäden bezeichnet werden. Damit wird der Kriegsschaden von der Auswirkung her definiert. Zumeist wird nur der Sachschaden behandelt;[119] erst nach Erlass des KFG wird die Nichtberücksichtigung von Erwerbsschäden problematisiert.[120]

Ähnliche Überlegungen finden sich während des 2. Weltkrieges. Nach nationalsozialistischer Weltanschauung ist der Krieg eine Angelegenheit des „Volksganzen", dessen Folgen alle Volksgenossen tragen. Folglich sind Sachschäden zu ersetzen, weil sie Eingriffe in die Vermögenssubstanz darstellen, deren Bewältigung dem Einzelnen nicht zuzumuten ist, solange der überwiegende Teil des Volkes verschont bleibt.[121] Der Schaden wird also mittels einer Gegenüberstellung von Geschädigten zu Nichtgeschädigten festgestellt.[122] Mit fortschreitender Dauer des Krieges wird der erlittene Schaden zu den Frontsoldaten ins Verhältnis gesetzt, die ihr Leben opfern.[123] Hinzu kommen volkswirtschaftliche Überlegungen: Die Entschädigung soll insbesondere sichern, dass der Betroffene „seiner Aufgabe in der Volksgemeinschaft" wieder nachkommen könne.[124] Dem entspricht, dass Schäden ausländischer Betriebe und von Ausländern

116 Lux, DJZ 1914, Sp. 1346 (1347).

117 So bspw. Lux, DJZ 1914, Sp. 1346 (1346); Arndt, Das Recht 1914, Sp. 573 (573);

118 So Koropatnicki, S. 7 und Weber, Eugen, S. 13.

119 Langrod, Österreichische Rundschau 1914, S. 152 (153), bezeichnet die Vermögensschäden als durch den Krieg hervorgerufene „universale wirtschaftliche Depression"; diesen stellt er die eigentlichen Kriegsschäden als am Privateigentum begangene Gewaltakte entgegen. Lux, DJZ 1914, Sp. 1346 ff. behandelt nur Sachschäden, ebenfalls Arndt, Das Recht 1914, S. 573 ff.; Laband, DJZ 1915, Sp. 441 ff. Heilfron, DJZ 1916, Sp. 1027 (1030) hält die Nichtberücksichtigung von mittelbaren Schäden für „bislang unangefochten."

120 Heilfron, DJZ 1916, Sp. 1027 (1030 f.).

121 Danckelmann, DV 1940, S. 385 (385 f.).

122 Danckelmann, DV 1940, S. 385 (388).

123 Ritgen, DV 1943, S. 190 (190).

124 Muttray, DV 1942, S. 277 (277).

ab 1942 restriktiver behandelt werden[125] und bspw. die Zerstörung „gehamsterter“ Ware nicht mehr als Schaden begriffen werden soll.[126] Ab 1943 bestimmt die Dringlichkeit die Diskussion und der Wohnraumersatz erlangt größte Bedeutung.[127] Die Entschädigungsfrage rückt in den Hintergrund. Ein Kriegsschaden liegt demnach vor, wenn die Volkswirtschaft, oder enger die Kriegswirtschaft, geschädigt wird.

IV. Würdigung der Definitionen

1. Zeitlicher Wandel

Die Definitionsansätze zeigen, dass bis in die Zeit der Befreiungskriege nicht der durch Kampfhandlungen bewirkte Sachschaden die Geißel des Krieges ist, sondern die Zivilbevölkerung insbesondere unter den von den durchziehenden Truppen auferlegten Kontributionen, Requisitionen und Einquartierungen leidet. Andernfalls wären diese Beeinträchtigungen in den Diskurs eingeflossen, unabhängig davon, ob die Schäden ersetzt werden oder nicht. Diese Hypothese bestätigt z. B. das Hessische Mannschaftsregister, das die Landgräfin *Amalie Elisabeth* in Kassel im Jahr 1639 aufstellen lässt, um einen Einblick in den Zustand ihrer im Dreißigjährigen Krieg zerstörten Grafschaft zu erhalten.[128] Registriert sind die Zahl und der Zerstörungsgrad von Gebäuden sowie der Viehbestand und die Möglichkeit zur landwirtschaftlichen Arbeit. Die Aufstellung belegt, dass die Landbevölkerung während des Krieges kaum nachhaltig wirtschaften kann, weil der Güterverbrauch der Truppen auch den Grundstock an Vieh und Getreide angreift, während die Zahl der nutzbaren Feuerstellen[129] nahezu konstant bleibt.

Auch *Rövestrunck* nennt 1633, mitten im Dreißigjährigen Krieg, zunächst die Leistungspflichten, bevor er Zerstörungen von Ortschaften, Häusern und Kirchen und danach Schäden des Handels anspricht.[130] Die Nennung an erster

125 Vgl. die Mitteilungen des Präsidenten des Reichsverwaltungsgerichts in Kriegsschädensachen, DV 1942, S. 442.

126 Kritisch dazu allerdings Danckelmann, DV 1943, S. 223 (223), weil Warenlager auch für Luftkriegsbetroffene vorgehalten würden.

127 So bspw. Haegele, DV 1943, S. 159 (159).

128 Vgl. Milbradt, passim. Franz, S. 5, hält das Mannschaftsregister für einen einzigartigen Einblick in die Bevölkerung noch während des Krieges.

129 Unabhängig davon, was genau mit dem Begriff bezeichnet wird, ist zu erwarten, dass sich die Zahl nutzbarer Wohnräume proportional zur Zahl der nutzbaren Feuerstellen verhält.

130 Rövestrunck, S. 26.

Stelle spricht dafür, dass die Leistungen das größte Übel sind. Der eigentliche Kriegssachschaden, also Schaden, der verursacht wird, um die Bevölkerung des Gegners zu treffen; oder der um der Kriegsführung Willen hingenommen wird, ist folglich jüngeren Ursprungs, jedenfalls im Verhältnis zu den Belastungen der Bevölkerung durch Kontributionen und Requisitionen. Die Kriegsparteien haben kein Interesse, die Häuser zu zerstören, die ihnen zugleich als wetterfeste Schlafstatt dienen.[131] Aufgrund der Bezahlung führen die Requisitionen nicht unbedingt zu einem Verlust an materiellem Wohlstand; ein Großteil des Vermögens bleibt im Land.[132] Größere Gefahr ist die Pest, die sich aufgrund der kriegsbedingt schlechten Nahrungsversorgung gut ausbreiten kann.[133] Nach dem Krieg kommt die Gefahr durch abziehende Soldaten und entlassene Söldnertruppen hinzu, die sich vielfach als Räuberbanden den nötigen Unterhalt beschaffen.[134]

Die Geschichtsschreibung bezeichnet die Kriege in Mitteleuropa in der Zeit zwischen dem Ende des Dreißigjährigen Krieges und den Koalitionskriegen auch als Kabinettskriege. Merkmal ist im Verhältnis zu vorangegangenen und nachfolgenden Heerzügen die Schonung von Menschen und Sachwerten.[135] Die juristische Literatur spiegelt das, indem sie vorwiegend die Kriegsleistungen rechtlich würdigt. Denselben Eindruck hinterlassen spätere Berichte: Während des preußisch-französischen Krieges in den Jahren 1806 und 1807 (4. Koalitionskrieg) sind die Leistungspflichten, die das französische Heer in Preußen der Bevölkerung auferlegt, die größte Kriegslast;[136] Sachschäden treten dagegen nur in geringem Umfang auf.[137] Erst die Schäden, welche die abziehen-

131 Vgl. die Darstellung bei Lorenz, S. 155 ff (168), die zugleich die unterschiedlichen Formen von Gewalthandlungen gegenüber der Bevölkerung darstellt.

132 Wedgwood, S. 445 f., zeigt, dass vor allem Geld als Zahlung für die Bedürfnisse der Soldaten im Land geblieben sei und dass zugleich mit den Heeren Geld aus dem Ausland ins Land kam.

133 Franz, S. 5, tritt der Behauptung entgegen, dass der Dreißigjährige Krieg mehr zu einer Sachwertverschiebung denn zu einer Sachwertvernichtung geführt habe, und belegt, dass die Kriegsverluste an der Bevölkerung verhältnismäßig gering gewesen seien. Dies habe zur Verödung ganzer Landstriche geführt.

134 Wedgwood, S. 438 ff,

135 Vgl. Ortenburg, S. 86.

136 So Cahn, S. 222, ohne Nachweise.

137 Grattenauer, S. 57, bezeichnet die Zerstörungen einzelner Dörfer, der Schlachtfelder von Eylau und Friedland sowie einiger Festungsvorstädte „insgesamt unbedeutend“. Der Krieg habe den Nationalwohlstand kaum betroffen; von den an die französische Armee zu leistenden Kontributionen sei mehr als die Hälfte über die Fabrikationskosten im eigenen Land geblieben. Ähnlich behauptet v. Sensburg, S. 3, im Jahr 1821, dass der Krieg den Wohlstand eines Landes nicht beeinträchtige, sofern nicht die Brandschat-

den französischen Truppen nach dem Tilsiter Frieden vom 9. Juli 1807 durch „Mutwillen und Unachtsamkeit“ verursachen, erörtern die Zeitgenossen ausführlich.[138] Auch dies ist ein Zeichen dafür, dass Sachschäden, wären sie in erheblichem Umfang bereits während des Krieges entstanden, in der juristischen Auseinandersetzung zu finden sein müssten.[139]

Sind es also im Dreißigjährigen Krieg die Lieferverpflichtungen, welche die Lebensgrundlage der Bevölkerung ruinieren, sind es in den Koalitionskriegen die Inbrandsetzungen aus Unachtsamkeit und in den Befreiungskriegen strategische Zerstörungen. Der 1. Weltkrieg wird noch weitgehend konventionell geführt: Der kämpfende Soldat, der erstmals aus der Luft unterstützt wird, prägt das Geschehen; Sachschäden sind zumeist Brandschäden.[140] Der Luftkrieg, der primär um der Zerstörung willen geführt wird, ist ein Produkt des 2. Weltkrieges; er beginnt mit Luftangriffen auf Warschau und erfährt mit den Atombombenabwürfen auf Hiroshima und Nagasaki einen Höhepunkt. Damit erleidet die Zivilbevölkerung immer größere Sachschäden. Das erkennt bereits 1899 die 1. Haager Friedenskonferenz und verbietet den Abwurf von Geschossen und Sprengstoffen aus Luftschiffen für fünf Jahre, um Unbeteiligte zu schützen.[141] Die systematische Zerstörung von Privateigentum, die spätestens den

---

zung als Kriegsmittel eingesetzt werde. Das Nationalvermögen bleibe im Land und komme nur (nämlich durch die Kriegsleistungen) in andere Hände. Wird nach v. Sensburg Vermögen im Krieg nur umgeschichtet, kommen Schäden nicht in Betracht.

138 Vgl. die Darstellung bei Schickert, S. 73.

139 Deutlich wird dies bei v. Sensburg, S. 6 f., der noch im Jahr 1821 sämtliche Kriegslasten auf folgende Definitionen konzentriert sehen will: „Contributionen (Brandschatzungen) – Requisitionen an Kleidungsstücken – Requisitionen an Lebensmitteln – Requisitionen an Brennholz – Requisitionen an Schiff- und Schanz-Gerätschaften – Requisitionen an Spitalrequisiten – Hand- und Spann-Frohnden – Einquartierungen – Abfouragierungen – Haus- und Feld-Devastationen – Beschädigungen an Häusern, Feldern und Wäldern – Plünderungen.“ Sachschäden nennt v. Sensburg zuletzt – anscheinend machen sie neben den „Haus- und Feld-Devastationen“ (Verwüstungen) den geringsten Teil aus.

140 Darauf weist bspw. auch die „Bekanntmachung über die Zahlung von Brandentschädigungen in der Preußischen Provinz Ostpreußen und dem Kreise Rosenberg in Westpreußen“ vom 13.10.1914 (RGBl. 1914, S. 431) hin, die ausschließlich Brandschäden behandelt.

141 Vgl. die „Erklärung, betreffend das Verbot des Werfens von Geschossen und Sprengstoffen aus Luftschiffen oder auf anderen ähnlichen neuen Wegen vom 29.7.1899“, abgedruckt in der „Bekanntmachung, betreffend die Ratifikation der auf der Haager Friedenskonferenz am 29. Juli 1899 unterzeichneten Abkommen und Erklärungen und die Hinterlegung der Ratifikationsurkunden, sowie die von den Vereinigten Staaten von Amerika, von Rumänien und von Serbien bei der Unterzeichnung und der Ratifikation

1. und 2. Weltkrieg charakterisiert, spielt also bis zum 1. Weltkrieg eine untergeordnete Rolle.

Reine Vermögensschäden sind bis in das 20. Jahrhundert anscheinend so selten, dass die zeitgenössische Literatur sie nicht behandelt. Die frühe Forderung der Hanse- und Handelsstädte nach Befreiung von Handelsverboten und die Reaktion darauf zeigen, dass sie dennoch punktuell erhebliche Auswirkungen haben.[142] Noch nach Kriegsbeginn 1914 werden die Vermögensschäden, die durch die Sperrung der Nordseebäder für den Urlaubsverkehr entstehen, vom Gesetzgeber nur beraten, aber nicht berücksichtigt.[143] Diese Schäden, die für die Betroffenen bis zum Existenzverlust führen können, wird man schwerlich nur deshalb nicht als Kriegsschäden begreifen können, weil ihnen kein Sachschaden vorausgeht. Ähnliches dürfte für das „Zonenrandgebiet“ der Bundesrepublik Deutschland gelten; Unternehmen sind aufgrund der Nähe zur DDR-Grenze von 1949–1990 in diesem Gebiet wirtschaftlich benachteiligt, obwohl keine Kriegserklärung vorliegt – die Kriegsfolgen wirken nach.[144]

Erstmals erfassen die Gewaltschädengesetze Vermögensschäden nach dem 1. Weltkrieg, obwohl es sich häufig um Schäden handelt, denen keine Kriegshandlung vorausgeht, sondern Maßnahmen ausländischer Behörden. Kurz nach Beginn des 2. Weltkrieges finden Vermögensschäden Eingang bspw. im Fliegerschädenerlaß,[145] werden mit fortschreitendem Kriegsgeschehen aber nur noch ansatzweise erfasst. Wegen ihres Ausmaßes kann sich die Lastenausgleichsgesetzgebung der Erfassung von Vermögensschäden nicht entgegenstellen und erfasst Vermögensschäden, die zur Existenzvernichtung geführt haben (§ 13 Abs. 1 Nr. 4 LAG).

2. Kriegsschäden – ein konturloser Begriff?

Beim Kriegsschaden handelt es sich um einen Begriff, dessen Inhalt von der Kriegsführung beeinflusst ist. Der Sachschaden ist Grundlage aller Definitionen;

---

des Abkommens zur friedlichen Erledigung internationaler Streitfälle gemachten Vorbehalte“ vom 10.9.1901, RGBl. 1901, S. 482; zur Begründung Traeger, DJZ 1916, Sp. 929 (930).

142 Vgl. oben, B.II.2 (S. 14).

143 Vgl. die Nachweise oben, Anm. 80 (S. 19). Die Vermögensschäden der Nordseebäder sind immer wieder Gegenstand von Anfragen im Reichstag, vgl. die Darstellung bei Heilfron, DJZ 1918, Sp. 418 (418).

144 Vgl. die sog. Zonenrandförderung in der Bundesrepublik Deutschland nach § 2 Abs. 1 Nr. 4 Raumordnungsgesetz vom 8.4.1965 (BGBl. I 1965, S. 306). Einwenden könnte man, dass mangels Friedensvertrags bis 1990 kein Frieden herrscht.

145 Vgl. oben, B.III.1.g) (S. 22) sowie im Einzelnen unten, F.I.1.c)bb) (S. 172).

er wird (abgesehen von der Zeit des 2. Weltkrieges) stets nach dem Wert bestimmt, den die Sache für den Betroffenen hat. Die Diskussion um den Kriegsschaden beginnt erst, als er die Last der Kriegsleistung übertrifft, die für den Betroffenen nur dann dieselbe Auswirkung hat, wenn sie nicht ersetzt wird. Nutzungsausfall- und reine Vermögensschäden werden erst diskutiert, als sie existenzvernichtende Ausmaße erreichen, und dann Sachschäden gleichgestellt.

Die konturlos wirkende Definition des Kriegsschadens hat also von Anfang an zwei Bestandteile: zum einen bestimmbare Sachschäden, zum anderen kaum messbare Vermögensschäden. Weil Letztere nur in der Form des Existenzverlusts beachtet werden, wird die Existenz wie eine Sache behandelt.

Die Definition des Kriegsschadens erscheint als Folge eines Prozesses, der weniger auf rechtlicher als auf tatsächlicher Ebene stattfindet. Kriegsleistung und Kriegssachschaden sind nicht voneinander zu trennende Formen der Vermögenseinbuße; vielmehr erscheint der Kriegsschaden als Kriegsleistung in neuem Gewand. Beide Formen der Vermögenseinbuße erleidet die Zivilbevölkerung aus strategischen Gründen: Kriegsleistungen zur Versorgung, Schäden als Folge strategischer Maßnahmen.[146] Der Unterschied liegt in der Inanspruchnahme: Kriegsleistungen werden angefordert, Schäden sind hinzunehmen.

Auch Vermögensschäden sind für den Kriegszweck hinzunehmen, wie die Situation der Handelsstädte, die französische Kontinentalsperre oder die Sperrung der deutschen Seebäder im 1. Weltkrieg verdeutlicht, selbst wenn sie nicht direkte Folge des Kriegszustandes sind. Folglich sind auch die Vermögensbeeinträchtigungen, die durch die abseitige Lage der Ortschaften an der innerdeutschen Grenze in der Nachkriegszeit bis in das Jahr 1990 entstehen, Kriegsschäden.

Zugleich werden die Kriegsleistungen abgebaut: Im Deutsch-Französischen Krieg 1870/1871 werden sie nicht eingefordert;[147] zwei Jahre später erklärt § 2 KLG, dass die Bürger nur für Kriegsleistungen in Anspruch genommen werden sollen, wenn der Bedarf nicht durch freien Ankauf gedeckt werden kann. Aufgrund ihres gemeinsamen Ausgangspunktes kann man Kriegsleistungen und Kriegsschäden folglich nicht unterschiedlich beurteilen.

---

146 Auch der Reichstag differenziert noch im 1. Weltkrieg nicht : So schlägt die Kommission für den Reichshaushaltsetat 1916 vor, von Reichstruppen verursachte Gebäudeschäden als Kriegsleistungen zu entschädigen (Verhandlungen RT Bd. 318, Nr. 293, S. 468 (469), Resolution II i).

147 So nach dem Redebeitrag des Abgeordneten von Winter im Reichstag, Verhandlungen RT Bd. 27, S. 161 (161).

C. Die Behandlung von Kriegsschäden im deutschen Raum bis zur Reichsgründung 1871

I. Vorbemerkung

Seit jeher scheint der Mensch Kriege zu führen. Bereits antike Schriftsteller berichten von Schäden, die Belagerungen und Kriege anrichten. Beispielhaft ist die Beschreibung der Zerstörung Jerichos im Alten Testament:[148] *Polybios* berichtet von der systematischen Vernichtung Carthagos durch *Scipio den Jüngeren* im 3. Punischen Krieg (149–146 v. Chr.).[149] Auch Schriftsteller außerhalb des Abendlandes benennen bereits vor der Zeitenwende die Zerstörung als taktisches Kriegsmittel.[150]

Die Frage, ob und inwieweit ein Staat seinen Angehörigen für die Inanspruchnahme zu Kriegsleistungen Ersatz zu leisten hat und ob Ansprüche bestehen, wenn Kriegsmaßnahmen das Privatvermögen in Mitleidenschaft ziehen, wird erst später gestellt: Nachweisen lässt sie sich erstmals für den Dreißigjährigen Krieg, dessen Verwüstungen *Hugo Grotius* veranlassen, den Umgang mit Kriegsfolgen zu betrachten: Plastisch beschreibt *Grotius*, er habe in den christlichen Ländern eine entartete Kriegsführung gesehen, derer sich selbst rohe Völker geschämt hätten.[151] Anhand dieses Krieges taucht die Frage auf, ob ein Landesherr rechtlich oder moralisch verpflichtet ist, betroffene Landesteile oder die Bevölkerung zu unterstützen oder Schadenersatz zu leisten.

---

148 Jos. 6, 24.

149 Vgl. die fragmentarisch erhaltene Darstellung bei Polybios, Historien, Lib. 38, Kap. 22; ausführlich Mommsen, Bd. 3, S. 44 f.

150 Im asiatischen Raum spricht Sunzi bereits ca. im 5.–3. Jhd. v. Chr. die Plünderung gegnerischer Städte als taktisches Mittel an (Abschnitt II) und warnt zugleich vor den Gefahren zu langer Kriegsführung für das eigene Volk.

151 So Grotius, Vorrede, Sub. 28, S. 37. Vgl. zur Situation im Land auch das oben, Anm. 128 (S. 27), genannte Hessische Mannschaftsregister.

II. Behandlung von Kriegsschäden bis zur Französischen Revolution

1. Normative Grundlagen

Infolge der Rezeption in Europa wird bei Überlegungen zur rechtlichen Behandlung von Kriegsschäden regelmäßig römisches Recht als Ausgangspunkt herangezogen.

a) Römisches Recht im römischen Staat

Für *Cicero* ist es das höchste Gut, einen Staat (*civitas*) zu schaffen oder zu unterhalten, weil dadurch menschliche am meisten göttlichen Handlungen ähnelten.[152] Hat das Gemeinwohl den höchsten Wert,[153] so treten Rechte des Einzelnen zurück. Das schließt aus, bei kriegsbedingten Einbußen an Ersatz zu denken; das Individuum hat keine Rechte gegenüber Amtsträgern.[154] Weil nach römischem Recht ein Schadenersatzanspruch nur aufgrund eines Vertrages oder Unrechts entstehen kann,[155] müssten Kriegsschäden rechtswidrig verursacht sein. Ist der Kaiser zur Kriegsführung berechtigt, sind dadurch verursachte Schäden nicht rechtswidrig. Das bedeutet, dass eine Inanspruchnahme des Staates jedenfalls für von eigenen Truppen verursachte Schäden nicht möglich ist.[156]

Das römische Recht der Antike kennt also keinen Ausgleichsanspruch, den ein kriegsgeschädigter Römer erfolgreich geltend machen könnte. Daher sind auch keine Anzeichen dafür zu finden, dass der römische Staat Bürger für Kriegsverluste entschädigt haben könnte. Obwohl der wesentliche Teil der römischen Kriege bis zur Völkerwanderung außerhalb Roms stattfindet, hätten doch zum Beispiel die Zerstörungen, die der Feldzug *Hannibals* im 2. Punischen Krieg auf römischem Territorium verursacht, Gegenstand einer rechtlichen Würdigung sein können. Dazu sind jedoch keine Quellen zu finden.[157]

---

152 Cicero, De re publica 1, 7: „Neque est ulla res, in qua proprius ad deorum numen virtus accedat humana, quam civitates aut condere aut conservare iam conditas."

153 Cicero, De legibus 3, 3: „Salus rei publicae suprema lex esto."

154 Die Stellung des römischen Kaisers z. B. während des Principats beschreibt Söllner, § 14; Stern, Staatsrecht III/1, § 59 II 1 a) α) (S. 58 f.), stellt treffend fest: Das Denken des Einzelnen in Rom kreiste um die „Freiheit im Staat, aber nicht vom Staat."

155 So Honsell, § 27 I (S. 88).

156 Gegen die Haftung des römischen Staates aus jeglicher Anwendung von Hoheitsrechten vgl. die Erkenntnisse der Juristenfakultät zu Jena, in: Seuffert's Archiv 37 (N.F. 7), Nr. 224, S. 312 (314).

157 Ebenso Dageförde, S. 3.

b) Deutscher Rechtsraum bis zum Ende des Mittelalters

Anders ist die Situation bis zum Ende des Mittelalters in Mitteleuropa, das von unzähligen Auseinandersetzungen heimgesucht wird. Vor allem die Fehde[158] führt dazu, dass Gegner auf jede erdenkliche Art geschädigt und Ortschaften niedergebrannt werden;[159] ganze Landstriche werden zerstört und die Bewohner mittellos zurückgelassen.[160]

Mit dem Ende der Fehde beruht ab der Frühen Neuzeit ein großer Teil kriegerischer Verluste nicht auf Sachschäden, sondern auf Requisitionen der Kriegsparteien.[161] Zugleich erscheint mit der Rezeption der Idee des „gerechten Krieges“ die Frage nach einer Wiedergutmachung für im Krieg erlittene Schäden der Zivilbevölkerung. Zuvor dienen Krieg und insbesondere die Fehde dazu, Ausgleich für erlittene Schädigungen zu erlangen;[162] das lässt die Idee von einem Ersatz dieser Schäden gerade nicht aufkommen.

c) Reichsabschiede des Heiligen Römischen Reiches ab dem 16. Jahrhundert

Ab dem 16. Jahrhundert regelt das Reich in Reichsabschieden die Versorgung des Reichsheeres. Auf dem Reichstag zu Regensburg werden im Jahr 1471 Hilfeleistungen gegen die Türkengefahr angesprochen.[163] Der Speyerer Reichsabschied von 1542 statuiert die gleichmäßige Inanspruchnahme aller Stände (§ 49), nachdem zunächst die Einigkeit des Heeres unabhängig von Nation und Konfession bekräftigt wird (§ 41). Für den Fall eines türkischen Sieges ordnet der Abschied die gleichmäßige Verteilung der Kostenlast an (§ 43). Der Speyerer Reichsabschied von 1544 regelt die Stundung der Abgaben bei Armen (§ 67). Ähnlich werden in weiteren Reichsabschieden die Lasten verteilt; stets handelt es sich um die Kosten des Krieges, insbesondere die Ausstattung der Söldner.[164]

---

158 Thorau, Sp. 1525 (1526) bezeichnet den (Klein-) Krieg und die Fehde mit ihren Verheerungen und Plünderungen als fast alltägliche Plage wie Missernten und Hungernöte.

159 Vgl. die von Boockmann, Sp. 331 (333) genannten Auswirkungen der Fehde.

160 Vgl. die Darstellung bei Cahn, S. 199.

161 Siehe oben, B.IV.1 (S. 27). Die Situation und das Verhältnis zur Pest im Dreißigjährigen Krieg beschreibt Franz, S. 5; für die Verpflichtungen der Bevölkerung Rövestrunck, S. 26, und zum Vorgehen der Truppen vor allem die Darstellung von Delbrück, 3. Teil, 4. Buch, und 4. Teil.

162 So Ziegler, Sp. 1198 (1198 f.).

163 So Pausch, S. 15.

164 So die Abschiede von 1548 (Augsburg, § 95), 1551 (§ 102–105, wieder um der „Türkengefahr“ zu begegnen), 1551 (§§ 24, 25 wegen der Belagerung Magdeburgs).

Der Regensburger Reichsabschied von 1557 erwähnt erstmals Schäden: Zur Unterstützung der „bedrängten Christen“ vor den Türken bewilligt der Reichstag weitere Hilfen (§ 46), die von den Ständen zur „Erhaltung Unsers noch inhabenden Theils der Cron Hungarn“ aufzubringen sind (§ 47). Zugleich soll „unwiederbringlicher Schaden, Nachtheil und Verderben“ abgehalten werden, der entstünde, wenn die Türken weitere Teile Ungarns besetzten (§ 43). Daher werden alle mit Steuern belegt, „niemand ausgenommen“, um Hilfen zu ermöglichen (§§ 49, 50). Ähnlich ordnen die Reichsabschiede von 1576 (§§ 11, 12) und nahezu wortgleich 1582 (§§ 10, 11) die Besteuerung an. In den Reichsabschieden von 1594 (§ 10) und 1598 (§ 11) wird darauf Wert gelegt, dass das Reich freiwillig die Hilfen erbringt, zu deren Finanzierung die Steuer auferlegt wird.

Bis 1551 sind ausschließlich die Finanzierung und Versorgung des Heeres Gegenstand der Reichsabschiede, also Kriegsleistungen. Weil sie den weitaus größten Teil der Beeinträchtigungen ausmachen und in Einzelfällen die Belastungen gemildert werden, handelt es sich um eine erste Form von Kriegslastenausgleich. Wohl deshalb wird später auch vermutet, dass die genannten Reichsabschiede auch die Pflicht des Reiches begründet hätten, zumindest die vom eigenen Heer verursachten Kriegsschäden zu ersetzen,[165] obwohl der Wortlaut der Abschiede das nicht bestätigt. So werden die Reichsabschiede noch Ende des 18. Jahrhunderts gewürdigt: „Jene Reichsabschiede sind Zeugen davon, welch reiche Verordnungen über die Polizei und insbesondere über die Mittel, den durch Krieg Verunglückten wieder aufzuhelfen, enthalten.“[166]

Explizit regelt § 26 des Regensburger Reichsabschieds von 1641 nach dem Prager Frieden bestimmte Vermögensschäden des Dreißigjährigen Krieges. Nach der Verpflichtung, in Zukunft die Einquartierungs- und Verpflegungslast gleichmäßig zu verteilen (§§ 19–25), wird zugunsten der Reichskreise und Gemeinden, die beim Durchmarsch von Armeen gegen Frankreich besonders belastet worden sind, eine Beihilfe gezahlt (§ 26).[167] Außerdem ist in Zukunft bei der Einquartierung und Verpflegung nicht nur auf die Soldaten, sondern auch auf die Untertanen zu achten (§ 24). Eine ähnliche Regelung ergeht nach *Moser*

---

165 So bspw. Haus, S. 46, im Jahr 1801 unter Verweis auf die soeben genannten Reichsabschiede.

166 So Weber, G. M., S. 590.

167 Im Wortlaut: „§ 26. Demnach aber vernünftig zu ermessen, dass diejenigen Quartiere und Einlogierungen, zu welchen des Feindes wirklicher Ein- und Vorbruch Ursache giebt, mit durchgehender Gleichheit nicht vorgenommen werden können, als erklären wir uns dahin, dass denen also beschwerten Kreisen von den anderen, so dergleichen Beschwerden nicht tragen, eine erkleckliche Beyhülfe geschehen und wiederfahren solle.“ Haus, S. 47 f., unterstellt, dass diese Regelung nur für durch eigene und verbündete Heere verursachte Schäden gelte.

1705 für Augsburg; die Stadt wird als Ausgleich für die durch Frankreich und Kurbayern erlittenen Schäden für mehrere Jahre von den Reichssteuern befreit.[168] Beide Erlasse regeln wie die zuvor genannten Abschiede nur den Ausgleich der Kreise und Stände untereinander. Personen sind Gegenstand der Regelung, indem ihre eigene Versorgung in Zukunft bei der Berechnung der Quartiers- und Verpflegungslast zu berücksichtigen ist. Die Abschiede zeigen daher, dass eine ungleichmäßige Verteilung der Kriegslasten als Problem erkannt ist.

d) Preußen 1759

Das Königreich Preußen reguliert 1759 Schäden, die durch Kriegseinwirkungen den Pächtern königlicher Kämmereigüter entstehen.[169] Das Reglement behandelt Schäden an Feldfrüchten ab einem bestimmten Umfang (§ 7 – wenigstens ein Malter Aussaat) wie Kontributionen und vergütet sie wie Kriegsleistungen, sofern sie durch „Märsche, Campierungen, Bataillen oder sonsten" entstehen (§ 7). Entsprechendes gilt für Schäden an Heu und Stroh (§§ 8, 9). Verluste an Inventargütern des gepachteten Gutes werden ersetzt (Vieh, § 10), abgeschrieben (Obstbäume, § 13) oder in natura ersetzt (Brennholz, § 14; Zäune, § 15). Schäden an Kleidung und Hausrat muss der Betroffene als *„calamitates belli"* selbst tragen (§ 11).

Obwohl die Regelungen über die Märsche und Campierungen (§ 7) auf den Ausgleich von Kriegsleistungen hindeuten, ergibt sich aus den Entschädigungsanordnungen für zerstörte Zäune und dem Hinweis auf die *calamitates belli,* dass in Wahrheit Kriegssachschäden gemeint sind. Soweit ersichtlich, ist die Verordnung von 1759 die älteste im deutschen Rechtsraum, die Kriegssachschäden differenziert behandelt. Zu beachten ist, dass das Reglement ausschließlich für Pächter *königlicher* Kämmereigüter gilt; ein allgemeiner Ausgleich von Schäden an Feld und Flur erfolgt nicht. Bemerkenswert ist ferner, dass der Ersatz einen Mindestschaden voraussetzt und dass Sachen betroffen sind, die zum Pachtgut gehören (Inventar und Früchte). Private Gegenstände des Pächters (Kleidung und Hausrat) werden nicht ersetzt. Der Ersatz dient also dem Erhalt

---

168 So nach Moser, S. 1002 f., und mit Verweis auf Moser Cahn, S. 211; ein Original dazu war nicht aufzufinden.

169 Das „Extrakt aus dem Reglement de dato Berlin den 14.2.1787, welcher Gestalt in Schlesien bei den königlichen Ämtern und Kämmereigütern die sich ereignende Unglücksfälle untersucht und aus den dazu ausgesetzten Fonds den Generalpächtern vergütet werden sollen, publiziert durch die Cirkularien d. d. Glogau und Breslau den 27.4.1787" ist abgedruckt bei Grattenauer, Beilage I, S. 263. Es übernimmt seinem eigenen Wortlaut nach die genannte Regelung von 1759 wortgemäß. Ein Abdruck der ursprünglichen Verordnung war nicht aufzufinden.

des Pachtgutes; darüber hinaus gibt es keine Ersatzansprüche des Pächters. Der Mindestschaden dürfte der Verwaltungsvereinfachung dienen. Interessant ist außerdem die Wendung *calamitates belli* bezüglich des Hausrats und der Kleidung: Als „Unglücksfälle des Krieges“ entstehen sie für den Verordnungsgeber zufällig, während die übrigen Verluste zu erwarten sind.

2. Überlegungen in der Literatur

Die bereits erwähnte landesfürstliche Macht ist Initialzündung für die neuzeitliche Kriegsschadensdiskussion: Im Jahr 1572 fragt *Ferdinand Vasquez Menchaca*, ob ein Herrscher bei Abschluss eines Friedensvertrages auf eine Entschädigung der Verluste verzichten dürfe, die der Feind seinen Untertanen zugefügt habe. Obwohl *Vasquez Menchaca* zu dem Ergebnis kommt, dass das Kriegsrecht zur Schadensverursachung berechtige und die Allmacht der Landesfürsten zum Verzicht auf Schadenersatz,[170] gebührt ihm das Verdienst, erstmals die Frage gestellt zu haben. Damit steht er an der Spitze der neuzeitlichen Diskussion um den Kriegsschädenersatz.[171]

In der Folgezeit werden unterschiedliche Ansätze untersucht. Vor allem wird die Frage gestellt, ob sich ein Anspruch des Geschädigten gegen den Souverän, den Staat oder die Gemeinschaft aus römischen Rechtsgrundsätzen ergeben kann.

a) Schadenersatz nach römischen Rechtsgrundsätzen

Römisches Recht wird bei der Untersuchung von Ersatzansprüchen bei Kriegsschäden herangezogen,[172] obwohl das *Corpus Iuris* keinen Hinweis auf Kriegsschäden enthält.[173] Nach *Cahn* lassen im 14. Jahrhundert *Bartolus*[174] und *Jason Magnus*[175] Entschädigung bei sog. Kriegszweckschäden zu; es handelt sich um Leistungen an die Truppen des eigenen Staates. Für andere durch Kriege entstehende Schäden sehen sie keinen Ersatzanspruch vor.[176] Mit Beginn des 18. Jahrhunderts werden auf Basis des rezipierten römischen Privatrechts drei Ansätze zu Kriegsschäden in Erwägung gezogen: Regelungen über die Haftung

170 Vasquez Menchaca, Partis Primae, l. 1 C 4, § 11.

171 Cahn, S. 200, bezeichnet Vasquez Menchaca daher als „Vater des Kriegsschadensrechts.“

172 Vgl. die Darstellung bei Heilfron II, S. 54 ff.

173 Vgl. oben, C.II.1.a) (S. 34).

174 Nach Cahn, S. 198, zu D. 13, 7, 43, 1.

175 Nach Cahn, S. 198, zu D. 1, 14, 3 (sic!).

176 So Cahn, S. 198, ohne Quellenangabe.

bei Zufallsschäden, aufgrund vertraglicher Haftung und nach allgemeinen Schadenersatzvorschriften.

aa) Kriegsschäden als Zufallsfolge

Mitunter werden Kriegsschäden als Zufallsfolge angesehen, weil sich weder der Krieg noch einzelne Operationen und Schlachten planen ließen.[177] Die Betrachtungsweise vergleicht den Krieg mit Naturereignissen.[178] Weil das römische Recht keine Rechtsfolge für zufällig entstandene Schäden kennt, muss der durch Zufall Geschädigte seinen Schaden selbst tragen und hat keine Möglichkeit, diesen bei anderen zu liquidieren (*casum sentit dominus*). Dagegen führt *G. M. Weber* bereits 1798 an, dass Kriegsschäden notwendige Folgen eines Krieges seien; abgesehen vom Ort, an dem sie eintreten, seien sie gerade nicht Folge unvorhersehbarer Ereignisse.[179]

Haus sieht im Jahr 1801 nur die von den Gegnern verursachten Schäden als zufällig entstanden an und lehnt daher eine Ersatzpflicht des eigenen Landes für solche Schäden ab.[180] Bei *Haus* tritt die Überlegung hinzu, dass Staaten ihren Bürgern von Dritten verursachte Schäden grundsätzlich nicht ersetzen dürften: Diese seien rechtswidrig verursacht.[181] Ersetzt der Staat solche Schäden, so legitimiert er das Verhalten seines Gegners.[182] Noch 1851 erklärt das Oberappellationsgericht Dresden ohne Begründung, dass vom Feind verursachte Schäden nicht zu ersetzen seien.[183] Von eigenen Truppen verursachte Schäden seien rechtmäßig verursacht, folglich bestehe auch insofern kein Schadenersatzanspruch.[184]

---

177 So im Ergebnis bspw. eine Entscheidung des Oberappellationsgerichts Dresden, dargestellt in Seuffert's Archiv 5, Nr. 288, S. 390 (392 f.); ebenso Bodmann, S. 89.

178 So Bodmann, S. 89 und (später) Weber, Eugen, S. 19. Den Kriegsschaden als zufällig entstanden anzusehen, ist, geht man den von Grattenauer genannten Schriftstellern nach, eine vor allem um das Jahr 1800 herum sehr populäre Ansicht.

179 Weber, G. M., S. 21.

180 Haus, S. 35.

181 Haus, S. 34.

182 Haus, S. 32.

183 Nach der Darstellung der Entscheidung in Seuffert's Archiv 5, Nr. 288, S. 390 (392), bedarf es dafür „keines besonderen Nachweises."

184 So die Entscheidung des OAG Dresden, dargestellt in Seuffert's Archiv 5, Nr. 288, S. 390 (392 f.).

bb) Schadenersatz aus vertraglicher oder vertragsähnlicher Haftung

Das römische Recht bietet weitere Institute, die als Grundlage für Kriegsschädenersatz herangezogen werden. Genannt werden vor allem die *lex rhodia de iactu* und die Regeln des Gesellschaftsrechts. Voraussetzung für die Anwendung ist, dass ein Vertrag zwischen den Geschädigten und den Nichtgeschädigten oder dem Souverän konstruiert werden kann. Außerdem wird ein Anspruch aus Geschäftsführung ohne Auftrag angesprochen.[185]

(1) Anwendung der *lex rhodia de iactu*

Die *lex rhodia de iactu* (D. 14, 2) begründet für den Eigentümer einer Schiffsladung (Frachtführer), die bei einer Seegefahr zur Rettung des Schiffes (und seiner Ladung) über Bord geworfen wird (Seewurf), gegen den Schiffer einen Ausgleichsanspruch. Die Höhe des Anspruchs ergibt sich aus dem Schaden des Eigentümers im Verhältnis zum Wert der Waren Dritter, die nicht über Bord geworfen werden.[186] Der Frachtführer muss sich wegen seines Schadens an den Schiffer halten, der bei anderen Frachtführern Regress nehmen kann. Folglich kann der Geschädigte seinen Schaden anteilig auf diejenigen abwälzen, deren Waren aufgrund des Seewurfs gerettet werden.

Die Mithaftung nach der *lex rhodia* beruht auf dem Gedanken der Gefahrgemeinschaft: Jede Schiffsladung unterliegt der Gefahr, zur Rettung des Schiffes und der Besatzung im Notfall über Bord geworfen zu werden. Reicht es aus, nur einen Teil der Fracht zu opfern, müssen sich die dadurch Begünstigten an dem Sonderopfer beteiligen, weil regelmäßig vom Zufall abhängig ist, wessen Ware zuerst geopfert wird. Bereits zu Zeiten *Iustinians* wird die *lex rhodia* auf ähnliche Fälle angewendet,[187] nicht aber allgemein für Gefahrgemeinschaften.[188]

Der Anspruch des Geschädigten in der von Frachtführern begründeten Gefahrgemeinschaft wird ab Mitte des 17. Jahrhunderts in der Literatur zur Grundlage für einen Ausgleichsanspruch des Kriegssachgeschädigten gegen seine Mitbürger: *Lauterbach* meint 1671, dass eine gemeine Gefahr einen Quasivertrag zwischen den Beteiligten begründe,[189] der zu einer Schadensverteilung ent-

---

185 So von Glafey, II. Buch, 1. Kapitel, § 58 (S. 465), der an dieser Stelle nicht explizit den Kriegsschaden erwähnt, ihn aber im Kontext bespricht.

186 Eine entsprechende Regelung findet sich bis heute in § 700 HGB.

187 So nach D. 14, 2, 2, 3 auf den Fall, wenn ein Schiff mit Teilen der Fracht von Seeräubern freigekauft wird.

188 So findet nach D. 14, 2, 7 im Falle des Untergangs oder einer Strandung des Schiffes wie bei einer Feuersbrunst kein Ausgleich statt. Das Gleiche gilt für die Ware, die auf See geraubt wird, sie verliert derjenige, dem sie gehört (D 14, 2, 2, 3).

189 Lauterbach, Kapitel II (S. 4): „societem aliquam contrahere videntur".

sprechend der *lex rhodia* führe.[190] Das begründe bei Kriegsschäden einen Schadenersatzanspruch.[191]

Dem wird entgegengehalten, dass die Anwendung der *lex rhodia* Kausalität zwischen eigenem Verlust und Rettung der Rechtsgüter Dritter voraussetzt – der Dritte muss Nutzen aus dem Schaden ziehen. Das sei bei Kriegsschäden kaum der Fall.[192] Zusätzlich müsse der Anspruchsteller mehr aufgewendet haben als die anderen.[193]

(2) Anwendung römischen Gesellschaftsrechts

Die Gesellschafter der *societas* haften gemeinsam für Verluste, die den Gesellschaftern bei der Verfolgung des Gesellschaftszwecks entstehen;[194] Ansprüche können sie mit der *actio pro socio* geltend machen.[195] Begreift man die Einwohner eines Gemeinwesens als zivilrechtliche Gesellschaft mit dem Ziel der Verteidigung gegen Feinde, lässt sich der Anspruch auf Kriegsschäden übertragen.

Dann müssen Miteinwohner Schäden mittragen, die ein Einzelner ohne eigene Schuld im Krieg erleidet, wenn der Schaden wenigstens die Verteidigung unterstützt hat. Das wird für Kriegsleistungen diskutiert, aber schon im 17. Jahrhundert abgelehnt, weil der Unterschied zwischen einem geschädigten Gesellschafter zum Einwohner, der zu Kriegsleistungen verpflichtet wird, zu groß ist.[196] Der Staat sei keine zivilrechtliche Gesellschaft zur Erreichung eines Kriegszweckes im Sinne der *actio pro socio*.[197]

---

190 Lauterbach, Kapitel XXVI (S. 22).

191 Lauterbach, Kapitel XXIX (S. 24). Auch Stryck, Bd. II, S. 92 f., verweist darauf, dass das Prinzip der lex rhodia „heute“ für die Lösung weiterer Fälle in Betracht gezogen werde.

192 So verlangt z. B. Thibaut, § 985 (S. 367), dass eine Entschädigung nur in dem Fall gezahlt werden dürfe, wenn jemand „durch das Verderben seiner Sache wirklich einen auszumittelnden Schaden von anderen abgewandt hat.“

193 Struben, Bedenken LXXXIV (S. 197 ff.), behauptet, zwar seien in einen Staate alle Mitglieder verpflichtet, sich gegenseitig gegen den Feind Hilfe zu leisten, das gelte aber nicht für Schäden, die den einzelnen treffen. Nur dann, wenn jemand mehr aufgewendet habe als die anderen, sei er zur Schadloshaltung berechtigt.

194 Inst. 3, 25, 1.

195 Nach D. 17, 2, 65, 15.

196 So ein Gutachten der Marburger Juristenfakultät von 1631 zur Frage, wie Kriegslasten verteilt werden können, als Anlage abgedruckt bei Rövestrunck, S. 173 ff. (301 f.).

197 So bspw. Struben, Bedenken LXXXIV (S. 197 f.), ebenso (später) ein unbekannter Rezensent in der Allgemeinen Literatur-Zeitung, Nr. 80 (1799), Sp. 638 (639) zu Überlegungen von Weber, G. M.

cc) *Allgemeines Schadensrecht*

Darüber hinaus wird über die Anwendung der *lex aquilia*[198] nachgedacht,[199] die eine Schadenersatzpflicht bei deliktischem Handeln begründet.

Die *lex aquilia* begründet einen Schadenersatzanspruch bei widerrechtlichen und schuldhaften Sachbeschädigungen durch „Brennen, Brechen oder Verderben".[200] Das schließt einen Ersatzanspruch bei Kriegsschäden meistens aus, weil die Kriegsführung regelmäßig als ein allgemeines Recht des Staates angesehen wird.[201] Kriegshandlungen und daraus resultierende Schäden sind daher rechtmäßig verursacht. Ausnahmen können Kompetenzüberschreitungen darstellen, weil diese zu unrechtmäßigem staatlichen Handeln führen.[202]

Gelegentlich wird der Schadenersatzanspruch mit der *versio ob rem* begründet.[203] Auch dieser Anspruch setzt voraus, dass ein Dritter aus dem Schaden eines Anderen einen Vorteil erlangt, so dass die *versio ob rem* nur einen kleinen Teil von Kriegsschäden regeln kann. Einen großzügigen Ausgleich bewirkt auch die *versio ob rem* nicht.

dd) *Ergebnis*

Das bedeutet, dass das römische Recht abgesehen von Einzelfällen, in denen die Kausalität zwischen Schaden und Rettung anderer Güter nachzuweisen ist, keinen Schadenersatzanspruch zur Verfügung stellt. Hinzu kommt die Frage, ob ein zivilrechtlich begründeter Anspruch auch im Verhältnis zwischen Bürger und Reich bzw. Landesherren wirkt, also ob und mit welchen Auswirkungen das römische Privatrecht in das Staatsrecht des Heiligen Römischen Reiches rezipiert ist. Dafür spricht, dass das österreichische Recht (§ 1044 AGBG) Kriegsschäden bis heute im Rahmen der Vorschriften über die Geschäftsführung ohne Auftrag regelt, direkt nach § 1043 AGBG, der weitgehend der *lex rhodia* entspricht. Damit werden Kriegsschäden bei der Bekanntmachung des AGBG im Jahr 1811 im Zivilrecht geregelt und zugleich dem Staatsrecht zugewiesen, in-

---

198 D. 9, 2, 1.

199 So Heilfron II, S. 52.

200 D. 9, 2, 5.

201 Noch Zachariä, S. 202, geht 1845 davon aus, dass in der Souveränität der deutschen Bundesstaaten „das Kriegsrecht … unzweifelhaft enthalten" sei.

202 So ein Gutachten der Juristenfakultät zu Jena, zit. in Seuffert's Archiv 37 (N.F. 7), Nr. 224, S. 312 (313): In allen anderen Fällen liege ein Handeln *pleno iure* vor.

203 So ein nicht genanntes Appelationsgericht im Prozess der Stadt Glogau gegen Preußen, zit. nach Anschütz, VerwA V, S. 67 (74).

dem die Verteilung der Schäden nach besonderen Vorschriften durch die Behörden zu erfolgen hat.[204]

b) Schadenersatz nach anderen Rechtsgrundsätzen

Die Naturrechtler, allen voran *Grotius*, begründen eine Ausgleichspflicht bei Kriegsschäden aus dem Verhältnis des Einzelnen zur Staatsgesamtheit und zum Souverän: Nach *Grotius* (1625) darf der Souverän grundsätzlich in die wohlerworbenen Rechte des Untertanen eingreifen (folglich im Krieg Schäden zufügen), muss aber aus öffentlichen Mitteln vollen Ausgleich gewähren.[205] *Grotius* begründet den Ausgleich mit dem Eingriff des Souveräns in das wohlerworbene Recht des Untertans. Obwohl der Souverän zum Eingriff berechtigt sei, ist Schadenersatz leisten, weil das Recht aus dem Eigentum quasivertraglich vereinbart ist. Daher reicht, anders als nach römischem Recht, der Eingriff in das Recht des Bürgers zur Begründung des Anspruchs aus; rechtswidrig muss er nicht sein.[206] *Grotius* fürchtet, dass die aus dem Naturrecht begründete Ersatzpflicht bei Kriegsschäden den Verteidigungswillen der Bürger beim Einfall von Feinden hemme und hält es daher für statthaft, durch Gesetz die Klage auf Ersatz von Kriegsschäden gegen den eigenen Staat nicht zuzulassen.[207]

Während *Grotius* als Anspruchsgegner den Souverän sieht, erwartet *Pufendorf* (1711) die Ausgleichung der Lasten von der Gemeinschaft. *Pufendorf* greift nicht mehr auf die wohlerworbenen Rechte des Untertanen zurück, sondern stellt fest, dass alle die Staatslasten gleichmäßig tragen müssen. Wird dieser Grundsatz im Notfall nicht eingehalten, sei die Gleichheit nachträglich wiederherzustellen. Daher müsse, wer im Notfall nicht zu den Staatslasten beiträgt, später einen Ausgleich zahlen.[208] Ausdrücklich nennt *Pufendorf* die Kriegslasten, von deren Ausgleich er nur dann eine Ausnahme vorsieht, wenn Häuser im Schutzraum vor befestigten Städten im Krieg eingerissen werden, um die dahinter liegenden Städte zu schützen: Die Geschädigten können von der Gemeinschaft keinen Ersatz beanspruchen, weil sie vor der Errichtung der Häuser vor der Stadtmauer bereits gewusst hätten, dass diese in der Not wegzureißen seien,

---

204 Heute wird § 1044 ABGB nur noch als Verweisungsnorm auf öffentlich-rechtliche Bestimmungen angesehen, vgl. Apathy in Schwimann, ABGB § 1044 Rdn. 1.

205 Grotius, L. II, Kap. XIV, VII; L. III, Kap. XIX, VII.

206 Grotius, L. II, Kap. XIV, VIII.

207 Grotius, L. III Kap. XX, VIII – ein Argument, das nur die Rechtsfolge betrifft.

208 Pufendorf, L. VIII, Kap. V, § 7 (Bd. II S. 913).

um die Verteidigung der Stadt zu erleichtern; damit hätten sie in den Abriss quasi im Voraus eingewilligt.[209]

Glafey wird nachgesagt, er halte den Krieg für eine gemeinsame Unternehmung zur Erhaltung des Staatszwecks, weshalb alle Nutzen und Schaden gleichermaßen tragen müssten.[210] Tatsächlich verpflichtet der Staatsvertrag nach *Glafey* (1746) lediglich „die übrigen Glieder eines Staates", dem Geschädigten bei einem zufälligen Unglück Steuern zu erlassen und ihn zu unterstützen, nicht aber, ihm jeden Schaden zu ersetzen.[211] Die Situation bei Kriegen gleiche der bei Missernten, Bränden und Überschwemmungen.[212] Vollständiger Schadenersatz könne nur verlangt werden, wenn Dritte aus dem Schaden einen Nutzen erlangten (*negotiorum gestio*)[213] oder wenn im Vorfeld, beispielsweise eines Kriegs, Schadenersatz versprochen werde.[214] Die Bewohner der Vorstädte befestigter Städte (Festungen) könnten aus Gründen der Billigkeit einen Beitrag zum Wiederaufbau verlangen, wenn ihre Häuser zum Schutz der Festung niedergebrannt würden.[215] Aus dem Vergleich mit Missernten und Überschwemmungen folgt, dass *Glafey* Kriegsschäden als Zufallsschäden ansieht[216] und sie daher in Rechtsfolge entsprechend behandelt. Nur wenn der Schaden Dritten nutzt, sei er nach den Regeln der Geschäftsführung ohne Auftrag (*negotiorum gestio*) zu ersetzen. Dies scheint auch der Grund dafür zu sein, dass *Glafey* den Bewohnern der Festungsvorstädte Ersatz zubilligt. Um den Geschädigten auch dann einen Anspruch zu geben, wenn das Niederbrennen der Vorstädte keinen Nutzen erbringt, greift für *Glafey* ein Anspruch aus Billigkeitsgründen.[217] Eine Einwilligung in den Abriss erkennt *Glafey* im Gegenzug zu *Pufendorf* nicht.

---

209 Pufendorf, L. VIII, Kap. V, § 7 (Bd. II, S. 913). Streng betrachtet greift Pufendorf damit die Frage der Rechtswidrigkeit der Verursachung eines Kriegsschadens wieder auf.

210 So G. M. Weber, S. 88, der sich auf Struben, Bedenken LXXXIV (S. 197), stützt.

211 Glafey, I. Buch, 3. Kapitel, § 18 (S. 263). Im Original „Fatalität", was eher dem Begriff Schicksal entspricht.

212 Glafey, II. Buch, 1. Kapitel, §§ 55, 56 (S. 464).

213 Glafey, II. Buch, 1. Kapitel, § 58. (S. 465).

214 Glafey, I. Buch, 3. Kapitel, § 18 (S. 263 f.), nennt als Beispiel den Einfall der Schweden in Chursachsen 1702, als das Reich zuvor die dort stationierten Reichstruppen wegbeordert und versprochen hatte, im Kriegsfalle zur Hilfe zu eilen.

215 Glafey, II. Buch, 1. Kapitel, § 57 (S. 465).

216 Glafey, I. Buch, 3. Kapitel, § 18 (S. 263).

217 Glafey, II. Buch, 1. Kapitel, § 57 (S. 465) verlangt nur, dass die Vorstadt für die Festung oder das ganze Landes geopfert wird.

Vermittelnd geht *von Cocceji* davon aus, dass der Staat nicht gehalten sei, vom Feind verursachte Schäden zu ersetzen: Diese habe der Eigentümer zu tragen.[218]

Mit ihrer nur im Detail unterschiedlichen Ansicht stehen *Grotius* und *Pufendorf* zunächst allein, während die Praxis an den Grundsätzen des römischen Rechts festzuhalten scheint: So behauptet *Struben* noch 1772, er habe nirgendwo gesehen, dass Kriegsschädenausgleich gewährt würde; ein Ausgleich laufe „dem Gebrauch aller Völker zuwider". Auf *Grotius* und *Pufendorf* geht *Struben* nicht ein.[219]

Moser verlangt 1768 einen allgemeinen Ausgleich aus Billigkeit. Schaden müsse dem ersetzt werden, der für das ganze Reich leide.[220] Zur Begründung nennt *Moser* Reichsabschiede, die für Kriegsschäden eine Vergütung vorsehen, auch wenn diese nicht immer durchgesetzt worden seien.[221] Ferner hätte das Reich gelegentlich zugunsten der Kreise und Stände, die während eines Krieges erhöhte Aufwendungen für das Reich gehabt hätten, eine Entschädigung angeordnet.[222]

c) Kriegsschadenersatz als spezifisch privatrechtliches Problem

Im Übrigen taucht in rechtswissenschaftlichen Schriften um das Jahr 1750 die Frage auf, ob der Verpächter oder der Pächter Kriegsschäden an Pachtland zu tragen hat. Dazu lässt sich umfänglich Literatur nachweisen, während die Frage des Kriegsschädenersatzes durch oder über den Staat einen verhältnismäßig geringen Anteil ausmacht.[223]

Die Untersuchung, wer im Verhältnis zwischen Pächter und Verpächter den Kriegsschaden zu tragen hat, setzt voraus, dass kein Anspruch auf Ersatz gegen

---

218 Von Cocceji, S. 391, § 8 Anm. a): „civitas non tenetur resarcire, quod … ab hostibus illatum est" („Die Gemeinschaft muss nicht ersetzen, was … vom Feinde zugefügt ist.").

219 So Struben, Bedenken LXXXIV (S. 197 f.).

220 Moser, S. 995.

221 Dazu vgl. oben, C.II.1.c) (S. 35); Moser, S. 995 f., stellt resignierend fest, dass den Opfern meist nur die Ehre der Tugend bleibe.

222 Moser, S. 997. Demnach sei u. a. am 2.5.1776 vom Reich beschlossen worden, dass übermäßige Aufwendungen eines Kreises oder Standes vom Reich und den übrigen Kreisen zu ersetzen seien.

223 Vgl. die Literaturauswertung von Grattenauer, S. 8, 9, 11, 13. Grattenauer stellt seinen Angaben nach sämtliche Literatur zum Kriegsschadenrecht zusammen und referiert bei kurzer Wertung ihren Inhalt.

den Staat oder das Gemeinwesen angenommen wird. Würde Ersatz geleistet, verbliebe kein Schaden und fraglich wäre nur, wer ihn geltend machen muss.[224]

3. Würdigung der Situation

Mit *Vasquez Menchaca* und *Grotius* beginnt die Diskussion über die Frage des Kriegsschädenersatzes in der Neuzeit. Auf die Landesfürsten haben die Schriften keine Auswirkungen. Das zeigt das Hessische Mannschaftsregister von 1639, in dem die Sorge um den Zustand der Bevölkerung ausgedrückt und dennoch keine Hilfe für die Betroffenen angesprochen wird.[225] Auch die soeben genannten Schriften zur Verteilung der Kriegslasten zwischen Verpächter und Pächter bestätigen diese Annahme.

Davon abgesehen ist die Quellenlage schwach; sie erstarkt erst im letzten Drittel des 18. Jahrhunderts.[226] Hintergrund sind der Siebenjährige Krieg der Jahre 1756–1763 (3. Schlesischer Krieg) zwischen Preußen und Österreich und der 1. Koalitionskrieg zwischen Frankreich und Preußen bis zum Basler Frieden von 1795.[227] Der Siebenjährige Krieg, den Österreich zusammen mit den meisten europäischen Mächten gegen Preußen um die Wiedergewinnung Schlesiens führt, belastet die Bevölkerung in Preußen, Sachsen, dem Königreich Hannover und Österreich, insbesondere in Schlesien.[228] Der 1. Koalitionskrieg nimmt vor allem die Einwohner der Ortschaften, die an ausgebauten Straßen im Grenzgebiet liegen, so stark in Anspruch, dass sie Kapital aufnehmen müssen, um nach Kriegsende wieder wirtschaften zu können.[229]

Zugleich ändert sich die Auswirkung des Kriegs auf die Zivilbevölkerung: Bislang entscheiden taktische Bewegungen (Manöver) den Krieg. Die Truppen marschieren langsam und führen Proviant mit sich, so dass außer den Gemein-

---

224 Das untersucht bspw. Hagemann, S. 25 f, allerdings bezüglich der Verteilung von Kriegsleistungen zwischen Mieter und Vermieter eines Hauses.

225 Siehe oben, Anm. 128 (S. 27).

226 Davon muss ausgegangen werden, wenn man der Aussage Grattenauers von 1810 glauben darf, dass er „sämtliche“ bisher gemachten Vorschläge in sein Repertorium aufgenommen habe.

227 Streng genommen wird der Krieg gegen Frankreich nach der Französischen Revolution geführt. Dabei muss aber beachtet werden, dass dieser Krieg von Preußen und seinen Verbündeten deshalb geführt wird, um die Ideen und Ideale der Französischen Revolution zu unterdrücken. Für die preußisch-deutsche Seite wird man daher die Fragen des Kriegsschädenersatzes noch als „vorrevolutionär“ bezeichnen müssen.

228 Vgl. die Situationsbeschreibung der schlesischen Badekurorte bei Grattenauer (Schlesien), passim.

229 So Dalwigk, S. 1 f.

den, die die Einquartierungs- und Versorgungslast trifft, kaum jemand Schäden erleidet.[230] Jetzt nehmen große strategische Operationen das Land in Anspruch und zugleich operieren die Truppen in größeren Gebieten.[231] Der „Kabinettskrieg“, der die Zivilbevölkerung weitgehend schont, endet. Dadurch besteht die Gefahr der Verarmung ganzer Landstriche, während Nichtbetroffene ggf. noch von den Kriegsereignissen und der wirtschaftlichen Erstarkung Preußens nach den Siegen über Österreich und Frankreich profitieren. Damit steht die Frage, ob nicht gerade deshalb zwischen Betroffenen und Nichtgeschädigten oder den Kreisen und Gemeinden ein Ausgleich stattfinden muss, erneut im Raum.[232]

III. Einwirkungen der Französischen Revolution auf die Bewertung von Kriegsschäden und deren Behandlung bis zu den Freiheitskriegen

Eine weitere Ursache für die Frage nach einem Ersatz von Kriegsschäden ist die Stellung des Einzelnen und seine Rechte gegenüber dem Souverän ab dem Ende des 18. Jahrhunderts. Aufbauend auf die Naturrechtslehre setzt sich seit der amerikanischen Unabhängigkeitserklärung von 1776 und der französischen Revolution von 1789 die Auffassung durch, dass der Souverän seine Legitimation nicht von Gottes Gnaden, sondern aus einem Vertrag mit seinen Untertanen erhält. Die Verfassung begründet den Vertrag; sie ist Rechtsgrund und Maßstab staatlicher Gewalt. In ihr sind die Pflichten des Untertanen gegenüber dem Souverän verbürgt, ebenso die Rechte des Untertanen und die Pflichten des Souveräns, dessen Aufgabe es ist, die Rechte der Bürger zu sichern.[233] Das wirft die Frage auf, ob die Verfassung dem Souverän die Möglichkeit gibt, in die durch die Verfassung garantierten Rechte des Untertanen (hier: Rechte auf Schutz und

230 Eichmann, S. 77. In Sachsen weist ein Gesetz von 1807 ausdrücklich auf die neue Situation hin: „Bekanntlich ist die neueste Art, Krieg zu führen und Armeen zu verpflegen, gänzlich von der älteren verschieden.“ Das „Publikandum an sämmtliche Bewohner des Erzgebirgischen Kreises, de dato Freyberg den 27.1.1807, betreffend die Ausgleichung der Verpflegungskosten, Spannungen, Requisitionen und anderer Kriegsschäden, durch den ganzen Kreis“ ist abgedruckt bei Grattenauer, Beilage I, S. 71.

231 Eichmann, S. 78.

232 Dalwigk schreibt im Januar 1795: „... Die hier geprüften Materien ... beschäftigen gegenwärtig, aber gewiss doch noch künftig, die Kabinetter und Landesdikasterien der Fürsten. Welcher Werth ihnen beyzulegen sey, wird Kennern und Sachkundigen überlassen, von welchen ich überzeugt bin, dass sie meinen Wunsch nützlich zu seyn, nicht verkennen werden.“ (Vorerinnerung, S. 1 und 2).

233 Grimm, S. 12.

Achtung des Eigentums) einzugreifen, und ob der Untertan einen solchen Eingriff ohne Ausgleich dulden muss.[234]

Art. 17 der Pariser Erklärung der Menschen- und Bürgerrechte vom 26. August 1789[235] nennt Eigentum als zentrales Menschenrecht, ohne das eine freie Entfaltung der Person nicht möglich ist. Aus dem Eigentum wird ein Abwehrrecht, das vor den Interessen des Souveräns schützt. Ein staatlicher Eingriff ist daher nur noch gegen eine Entschädigung möglich. Das führt dazu, dass der Ersatz beim staatlichen Eingriff in das Eigentum, sei er enteignender oder nur schädigender Art, neu zu bewerten ist. Die Garantie des Eigentums wäre inhaltslos, könnte der Souverän weiterhin schrankenlos darauf zugreifen. Es stellt sich die Frage, wie bei Eingriffen zum Beispiel durch kriegerische Ereignisse in das geschützte Recht zu verfahren ist. Die Umgestaltung des Verhältnisses zwischen Staat und Bürger durch die Revolution von 1789 in Frankreich bleibt auch nicht ohne Einfluss auf die Nachbarstaaten.

1. Normative Grundlagen

a) Koalitionskriege gegen Frankreich

Dennoch können der Eigentumsschutz und das Staat-Bürger-Verhältnis in Frankreich nicht ohne Weiteres auf den deutschen Raum übertragen werden. Die vier Koalitionskriege gegen Frankreich von 1792–1807 werden vor allem geführt, um die revolutionären Ideen in Europa zu stoppen. Das Eigentum wird, beginnend mit Bestrebungen in Süddeutschland, erst weit nach den Befreiungskriegen in den Verfassungen verankert. Trotzdem sind auch in Deutschland naturrechtliche und aufklärerische Gedanken bekannt. Das Naturrecht kennt den Begriff des wohlerworbenen Rechtes, in das der Souverän nur eingreifen darf, wenn er die Beeinträchtigung entschädigt. Obwohl er sein Eigentum nicht gegen einen Eingriff verteidigen kann, ist der Bürger nicht schutzlos, weil ihm der Schaden ersetzt wird.

---

234 Die Problematik der Stellung des Souveräns lässt sich noch gut erkennen anhand der „Verfassungs-Urkunde für den preußischen Staat“ vom 31.1.1850, PrGesS. S. 17, die von Friedrich Wilhelm, „von Gottes Gnaden, König …“ erlassen wird. Die Zentralabteilung sieht in diesem Titel „von Gottes Gnaden“ lediglich einen „durch die Jahrhunderte geheiligten Gebrauch ohne praktische Bedeutung“, der aus diesem Grunde beibehalten werden konnte. Hingegen ist das Plenum der Nationalversammlung gegen diese Bezeichnung, da es sich dabei um ein Zeichen des Absolutismus handele, das unverträglich sei mit konstitutionellen Systemen. Trotzdem (bzw. gerade deshalb) erscheint diese Bezeichnung in der – oktroyierten – Verfassung von 1850. Vgl. Anschütz, VU I, S. 63.

235 Zit. nach Lautemann/Schlenke, Nr. 150.

aa) Preußen während der französischen Besatzungszeit

Eine allgemein den Eingriff in Rechte des Bürgers regelnde Norm wird in Preußen erstmals in §§ 74, 75 der Einleitung zum ALR vom 1. Juni 1794 kodifiziert.[236] Demnach muss der Bürger grundsätzlich allgemeine Lasten zugunsten des Gemeinwesens auf sich nehmen und für diese sein privates Vermögen zur Verfügung stellen. Ist die Belastung ein Sonderopfer, ist der Staat dem Betroffenen zur Entschädigung verpflichtet. Die Entschädigungspflicht besteht auch bei rechtmäßiger Belastung, der schlichte Eingriff reicht aus.

Die Staatshaftung bei Schädigung des Einzelnen zugunsten des Gemeinwesens geht einer grundrechtlichen Verbürgung des Eigentums in Preußen voraus, die erst durch die oktroyierte Verfassung von 1850 erfolgt.[237] Sie entspricht dem zur Zeit des Erlasses des ALR vorherrschenden naturrechtlichen Gedanken, dass die Verwaltung nicht ohne Weiteres in die *iura quaesita*, die *wohlerworbenen Rechte* des Einzelnen, eingreifen darf.[238]

Sonderrecht, das die Eingriffsbefugnis des Staates in die *iura quaesita* des Bürgers im Krieg regelt, ist zu Beginn des Einmarsches der französischen Truppen im 4. Koalitionskrieg in das preußische Territorium im Oktober 1806 nicht vorhanden[239] und wird bis zum Frieden von Tilsit am 9. Juli 1807 nicht erlassen. Folglich können §§ 74, 75 der Einleitung zum ALR eine Anspruchsgrundlage auf Ersatz von Kriegsschäden sein, jedenfalls bei durch preußische (bzw. ggf. verbündete) Truppen verursachten Schäden.

(1) Kriegsschädenersatz mittels Feuerversicherung

Die Kriegsschäden des 4. Koalitionskriegs in Preußen entstehen vor allem im Königsberger Raum und im ostpreußischen Ermland und sind hauptsächlich Brandschäden.[240] Nach zeitgenössischen Berichten entsteht ihr größter Teil nicht durch Kampfhandlungen, sondern erst beim Abzug der französischen Truppen

236 Im Wortlaut: „§. 74. Einzelne Rechte und Vortheile der Mitglieder des Staates müssen den Rechten und Pflichten zur Beförderung des gemeinschaftlichen Wohls, wenn zwischen beyden ein wirklicher Widerspruch (Collision) besteht, nachstehen.
§. 75. Dagegen ist der Staat denjenigen, welcher seine besondern Rechte und Vortheile dem Wohle des gemeinsamen Wesens aufzuopfern genöthigt wird, zu entschädigen gehalten."

237 Trotz der Verbürgung in Art. 9 PrVerf muss der Bürger eine entschädigungsfreie Beschränkung des Eigentums durch den Staat akzeptieren, da es als „polizeipflichtig" angesehen wird. Vgl. v. Brünneck, S. 23.

238 Anschütz, VerwA V, S. 67 (70).

239 So nach Heilfron I, S. 37.

240 Schickert, S. 72 f.

nach dem Tilsiter Frieden.[241] Da Gebäude in dieser Region Ostpreußens seit Beginn des 18. Jahrhunderts gegen Brand pflichtversichert sind,[242] versuchen die Geschädigten zunächst, ihre Schäden dort zu liquidieren, anstatt direkt den Staat in Anspruch zu nehmen. Weil die Versicherungsbedingungen regelmäßig Kriegsschäden von der Ersatzpflicht ausnehmen, gelingt das bei Brandschäden, die auf Kriegshandlungen beruhen, kaum.[243] Für nach dem Friedensschluss entstandene Schäden stellt sich die Frage, ob es sich um Kriegsschäden im Sinne der Versicherungsbedingungen handelt, ob für die Schäden eine Haftpflicht der Versicherer besteht oder ob es weitere Gründe gibt, die Versicherer von ihrer Ersatzpflicht zu befreien.[244]

Auch soweit Kriegsschäden nicht von der Versicherung ausgeschlossen sind, ist das Vorgehen gegen die Brandversicherer nicht erfolgreich. Der für das Feuerversicherungswesen zuständige Staats- und Finanzminister von Altpreußen und Neuostpreußen *von Schrötter*[245] erklärt zu den Kriegsschäden des 4. Koalitionskrieges, dass keine Ersatzpflicht der Versicherungen bestehe, wenn

241 Schickert, S. 73, stellt die Situation anhand von Berichten über einzelne Ortschaften und Gehöfte dar. Seine Auffassung bestätigt Heilfron I, S. 40, der die Belastungen der Bevölkerung beim Abzug der französischen Truppen als größer als zu Kriegszeiten bezeichnet. Im „Fernerweiten Edikt über die Finanzen des Staates und das Abgaben-System vom 7.9.1811" (PrGesS. 1811, S. 253) stellt auch der preußische König fest, dass die Provinzen Ostpreußen und Litauen (wozu der Königsberger Raum und das Ermland gehören) sowie Westpreußen am meisten durch den Krieg gelitten haben (§ 13 b III).

242 Ab 1.6.1707 ist die Feuerversicherung nach dem Reglement der „General-Land- und Stadt-Feuerkasse" vom 1.6.1706 in diesen Gebieten Preußens eine Pflichtversicherung, in die alle Häuser, Höfe und sonstige Gebäude einzuschreiben sind, so Schickert, S. 14, und Schaefer (Feuerversicherung), S. 147. Die Verpflichtung kann sich jedoch nicht halten, so dass der preußische König sie am 14.1.1711 wieder aufhebt, vgl. Schickert, S. 21. Ein Reglement vom 25.7.1723, abgedruckt bei Schickert, Anlage I, verpflichtet die Bürger erneut zur Feuerversicherung, stellt ihnen aber frei, den vollen Bauwert abzusichern.

243 Schickert, S. 73, exemplarisch für die im Ermland tätige Domänenfeuersozietät im Königreich Preußen. Demgegenüber fehlen Regelungen zu Kriegsbrandschäden in den Bedingungen der preußischen Städtesozietäten; die Adlige Feuersozietät schließt nur vom Feind verursachte Schäden aus, vgl. Schickert, S. 74. Um 1870 herum versichern staatliche Versicherer Kriegsschäden zu etwa 50 %, während private Unternehmen Kriegsschäden zumeist von der Versicherungspflicht ausnehmen, vgl. die Aufstellung bei Koerner, S. 4–10.

244 Schickert, S. 73. Schickert beschreibt die Schäden und stellt fest, dass es in Teilen des Ermlandes noch 1810 Orte gebe, in denen kein Gebäude wieder aufgebaut worden sei.

245 Die Bezeichnung des Ministeriums variiert, auch wenn derselbe Zeitraum genannt wird. Hier zit. nach Schickert, S. 62, dort Anm. 41.

der Feind während des Krieges den Schaden aus reinem Schädigungswillen zufügt habe oder diesem feindliche Maßregeln zugrunde lägen, „deren Grund man eigentlich nicht einsieht."[246] Eine Ersatzpflicht der Feuerversicherer bestehe nur, wenn Schäden aus „Nach- und Ruchlosigkeit" entstanden seien.[247] Dem pflichtet der preußische König bei. Er lässt am 21. Mai 1808 verkünden, „dass [...] solche Feuerschäden, welche durch den Krieg oder durch die Kriegs-Operationen vom Feinde oder Freunde veranlasst wurden, nicht *ad casus societatis* gehören [folglich keinen Anspruch gegen die Versicherung begründen], wohl aber diejenigen Schäden, welche [...] bloß durch Fahrlässigkeit, Mutwillen oder Vorsatz der Truppen entstanden sind."[248] Die Versicherungsbedingungen der Feuerversicherer schließen danach Feuerschäden „aus militärischer Absicht und kriegerischen Maßnahmen" vom Ersatz aus. Ersatzpflicht besteht nur, wenn Feuerschäden im Krieg „durch Verwahrlosung oder sonstige Zufälle", die keinen Bezug zu militärischen Operationen haben, verursacht werden.[249]

Dadurch werden alle Schäden von einer Ersatzpflicht der Versicherer ausgeschlossen, die Kriegsoperationen befreundeter oder feindlicher Truppen verursachen; die Ersatzpflicht besteht nur, wenn sich die typische Feuergefahr eines Gebäudes verwirklicht. Die Feuerversicherer leisten für Kriegsbrandschäden des 4. Koalitionskriegs keinen Ersatz.

(2) Kriegsschädenersatz durch den Staat

Eine Entschädigung der operativ durch eigene wie fremde Heere verursachten Schäden durch den Staat lehnt der preußische König ebenso ab: Nach einem Reglement vom 23. Februar 1808 für Königsberg findet keine „allgemeine Ausgleichung aller Kriegsschäden unter den Einwohnern" statt,[250] sondern staatli-

246 Zit. nach Schickert, S. 74.

247 Dies gelte, weil kein feindlicher General solche Schäden bei seinem eigenen Heer ungeahndet lasse und Kriege aus diesem Grund eigentlich auch ohne solche Schäden ablaufen könnten, Schickert, S. 74. Schickert definiert die Begriffe „Nach- und Ruchlosigkeit" nicht; aus dem Kontext ist zu schließen, dass es sich um Schäden handelt, die außerhalb der Kriegshandlungen durch Mutwillen der Soldaten vorsätzlich oder fahrlässig verursacht werden.

248 Zit. nach Schickert, S. 74.

249 Vgl. z. B. das „Reglement der vereinigten Land-Feuer-Societät im Bezirk der ostpreußischen Landschaft", insb. § 20, ausgegeben durch den preußischen König Friedrich Wilhelm, Königsberg, 22.4.1809, zit. nach Schickert, S. 76.

250 Vgl. § 19 des „Reglement des Kriegsschuldenwesens der Provinz Ostpreußen und Lithauen und der Stadt Königsberg insbesondere betreffend" vom 23.2.1808, abgedruckt bei Grattenauer, Beilage I, S. 185 (194). Die Formulierung „unter den Einwohnern" meint den preußischen Staat, der die Aufgabe zur Verteilung hat.

cher Ersatz kann nur für förmliche Requisitionen kaiserlich-französischer Behörden und sonstiger Befehlshaber gefordert werden.

Ein Finanzedikt von 1810 lässt aber vermuten, dass zwischen unterschiedlich vom Krieg betroffenen Provinzen und Kreisen Preußens ein Ausgleich stattfindet.[251] Dem tritt der König anlässlich der Schäden, die im Jahr 1812 beim Durchmarsch französischer Truppen durch Preußen zum Feldzug gegen Russland entstehen, ausdrücklich entgegen: Nach den Ausführungsbestimmungen zum Edikt von 1810 sind „alle anderen Ansprüche, die aus Kriegsbeschädigungen und Lasten aller Art hervorgehen, [...] als Kriegszufälle von der Vergütung ausgeschlossen.“ Schäden werden nur ersetzt, wenn sie im Auftrag einer zuständigen Behörde entstehen oder eine nützliche Verwendung für den Kreis, die Kommune oder die Provinz darstellen.[252] Der Begriff „nützliche Verwendungen“ rückt die von den Behörden zu beachtenden Schäden in die Nähe von Kriegsleistungen; man kann in ihnen auch das Kausalitätserfordernis der *lex rhodia* erkennen.[253]

(3) Ergebnis für Preußen

Spätestens in den Erläuterungen zum Edikt von 1810 ist das Ziel des preußischen Königs zu erkennen: Der Befehlshaber haftet nicht für Schäden, die er bei verantwortungsvoller Kriegsführung verursacht oder anordnet. Nur wenn eine Maßnahme keinen Sinn für die Kriegsführung hat, soll ein Ausgleich ausnahmsweise stattfinden (bei Schäden, „deren Grund man eigentlich nicht einsieht“[254]) oder wenn Truppen ohne Befehl handeln (Nachlässigkeit, Ruchlosigkeit). Und in diesen Fällen leisten die Versicherungen und nicht der Staat Ersatz; der Staatshaushalt wird nicht beschränkt. Die Versicherungsfonds sind aber nicht für Kriegsfälle, sondern für allgemeine Brandschäden angelegt, so dass die bei den Feuerversicherungen eingezahlten Beiträge nicht ausreichen, um sämtli-

---

251 Finanzedikt vom 27.10.1810, PrGesS. 1810, S. 25 (insbesondere sub 3), S. 30). Cahn (S. 223) geht davon aus, dass das Edikt vom 27.10.1810 diejenigen Gemeinden entlasten soll, die den Forderungen der Bürger aus §§ 74, 75 Einl. ALR nachkommen müssen. Damit geht Cahn davon aus, dass §§ 74, 75 Einl. ALR tatsächlich auf Kriegsschäden angewandt werden, was aufgrund des preußischen Edikts vom 23.2.1808 (oben, Anm. 250 (S. 51) eher zweifelhaft ist.

252 Dies in der „Instruktion für die durch die Edikte vom 27.10.1810 und 7.9.1811 angekündigte Generalkommission zur Liquidierung, Ausgleichung und Regulierung des Provinzial- und Kommunal-Krieges-Schuldenwesens in den Preußischen Staaten“ vom 9.7.1812, § 9 (PrGesS. 1812, S. 130 ff.).

253 Zu den Voraussetzungen siehe oben, C.II.2.a)bb)(1) (S.40).

254 Vgl. oben, Anm. 246 (S. 51).

che Brandvergütungen auszahlen zu können.[255] Aufgrund der regionalen Tätigkeit der Feuerversicherer nehmen außerdem nur diejenige die Fonds in Anspruch, die auch eingezahlt haben (insbesondere im Ermland und in Königsberg). Soweit man überhaupt von einem Ausgleich sprechen kann, findet dieser dadurch ausschließlich zwischen den Geschädigten statt.

Im Ergebnis kommen für den größten Teil der Schäden, die während des 4. Koalitionskriegs entstehen, weder Versicherungen noch der preußische Staat auf. Die Versicherungen haften nur für Schäden, die französische Truppen bei ihrem Abzug nach dem Frieden von Tilsit durch „Nach- und Ruchlosigkeit" verursachen. Gleiches gilt für die Schäden, die vier Jahre später, im Jahr 1812, beim Durchmarsch des französischen Heeres durch Preußen beim Krieg Frankreichs gegen Russland entstehen, soweit sie Folge einer Unachtsamkeit der französischen Truppen sind. Auch diese Schäden müssen die Feuerversicherer den Betroffenen vergüten.[256] Einen möglichen Regress beim Staat verweigert Preußen, weil es Frankreich nicht in Rückregress nehmen kann: Nach einem Abkommen zwischen beiden Staaten darf Preußen nur solche Forderungen gegen Frankreich abrechnen, denen entsprechende Verträge zugrunde liegen. Dies ist bei Schäden, die Truppen nach Friedensschluss beim Durchmarsch durch das Land verursachen, nicht der Fall.[257]

Die beim französischen Durchmarsch geschädigten Bürger aus eigenen staatlichen Mitteln zu entschädigen, lehnt Preußen erneut ab.[258] Damit haben die Geschädigten sowohl bei Schäden, die bis zum Frieden von Tilsit (Kriegsschäden) entstehen, als auch bei Schäden, die französische Truppen beim Abzug und beim Durchmarsch fünf Jahre später gen Russland verursachen, nur unter engen Voraussetzungen („Nach- und Ruchlosigkeit") einen Anspruch gegen die Feuerversicherer; also dann, wenn die Feuerversicherer auch außerhalb von Kriegshandlungen haften. Der nach §§ 74, 75 Einl. ALR prinzipiell mögliche Anspruch wird nicht in Betracht gezogen, weder zugunsten der Einwohner noch zugunsten der Feuerversicherungen.

Parallele Regelungen gibt es auf der Ebene der Kommunen und Kreise; auch insoweit findet in Preußen kein Ausgleich zwischen den Kommunen hinsichtlich der Kriegslasten statt. Ausdrücklich erklärt der König in einem Edikt von 1811, dass „es keineswegs unsere Absicht sei, dass eine Provinz oder Kommune für

255 Schickert, S. 79.

256 Schickert, S. 80.

257 Das Abkommen zwischen Frankreich und Preußen vom 20.11.1815 ist dargestellt bei Schickert, S. 80.

258 Schickert, S. 80 und S. 92.

andere Provinzen oder Kommunen Lasten übernehmen ..." (§ 13),[259] ebenso fast wortgleich § 1 einer Instruktion von 1812.[260] Zugleich behält sich der preußische König vor, dort Mittel aus dem Staatshaushalt zur Hilfe einzusetzen, wo er es „für gut und nötig" erachtet. Der König wünscht zugleich, dass durch die Einzelförderung keine Zwietracht im Lande entstehe.[261]

bb) Sachsen

In anderen deutschen Ländern gibt es keine den §§ 74, 75 Einl. ALR entsprechende Regelungen als Anspruchsgrundlagen. Statt dessen regeln Einzelverordnungen den Umgang mit den Kriegsschäden der Koalitionskriege.

Weil Sachsen während des 4. Koalitionskrieges vorwiegend Aufmarsch- und weniger Kampfgebiet ist, entsteht der größte Teil der materiellen Verluste durch Requisitionen der Truppen,[262] also durch Kriegsleistungen, die nach einem Generale vom 6. November 1807 auszugleichen sind.[263] Das Gesetz nennt den unbestimmten Begriff „Kriegslasten", zu seiner Konkretisierung wird eine Landeskommission eingesetzt. Diese erstellt noch im Dezember 1807 eine Liste aller Kriegslasten,[264] die ausschließlich Kriegsleistungen enthält.[265] Demnach werden Sachschäden weder erstattet noch ausgeglichen.

259 Fernerweites Edikt über die Finanzen des Staates und das Abgaben-System vom 7.9.1811, PrGesS. 1811, S. 253.

260 Instruktion für die durch die Edikte vom 27.10.1810 und 7.9.1811 angekündigte Generalkommission zur Liquidierung, Ausgleichung und Regulierung des Provinzial- und Kommunal-Kriegs-Schuldenwesens in den Preußischen Staaten, vom 9.7.1812, PrGesS. 1812, S. 130.

261 Vgl. § 13 b I des Edikts von 1811, PrGesS. 1811, S. 253. Die ausdrückliche Erwähnung im Edikt dürfte dem Umstand geschuldet sein, dass die punktuelle Unterstützung von den Zeitgenossen als ungerecht empfunden werden dürfte.

262 So Cahn, S. 228.

263 „Königl. sächsisches Generale, betreffend die Niedersetzung einer Landeskommission, zur Besorgung aller auf den vor Kurzem beendigten Krieg und dessen Folgen sich beziehenden Angelegenheiten, de dato Dresden den 6ten November 1807", abgedruckt bei Grattenauer, Beilage I, S. 37 ff.

264 „Regulativ der königl. sächsischen Landeskommission, wie es mit der Liquidierung und Vergütung des von ganzen Kreisen und Distrikten, imgleichen von Kommunen und Individuen, zu militärischen Bedürfnissen der kaiserl. königl. französischen und der mit ihnen verbündeten fremden Truppen seit dem 1ten Junius dieses Jahres gemachten und etwa noch ferner zu machenden Aufwandes gelten soll, de dato Dresden den 14ten November 1807", abgedruckt bei Grattenauer, Beilage I, S. 42 ff.

265 Vergütet werden nach § 1 des Regulativs Naturallieferungen, Spannfuhren, Botenlöhne, Ausgaben für Kranke, Verpflegungsaufwand für eigene wie fremde Truppen, Einquar-

cc) Sachsen-Coburg

Für Sachsen-Coburg wird im Jahr 1806 hinsichtlich der im 4. Koalitionskrieg verursachten Schäden verordnet, „dass alle Kriegslasten ohne Ausnahme stets als eine allgemeine Staatslast anzusehen sind, zu welcher alle Staatsglieder verhältnismäßig beitragen müssen, um jede unbillige Beschwerung vor anderen möglichst zu beseitigen."[266] Nach § 1 der Verordnung soll der „wirkliche[r] Verlust", welcher im Krieg am Eigentum erlitten wird, als „Kriegsschaden Gegenstand der allgemeinen Repartition" sein. Den Kriegsschaden definiert § 2 des Reglements; aufgezählt werden Kriegsleistungen, aber auch Plünderungen (§ 2 S. 2 Nr. 3) und Kriegsbrandschäden (§ 2 S. 2 Nr. 5). Schäden, die der Katalog nicht erwähnt, muss nach § 3 die jeweilige Gemeinde oder der Einzelne selber tragen. Unberücksichtigt bleiben Schäden, wenn der Eigentümer Haus und Hof ohne Not unbeaufsichtigt gelassen hat (§ 4).[267]

Entgegen dem Wortlaut des § 2 S. 1 („Insbesondere sind … zur Entschädigung geeigenschaftet") stellt § 3 klar, dass ausschließlich die im Katalog erwähnten Schäden erstattet werden; Kriegssachschäden, die nicht durch Plünderungen oder Brände entstehen, sind von der Entschädigung ausgenommen. Eine Präambel verdeutlicht die Hintergründe: Es liege nur am schnellen Gang der Kriegsereignisse, dass einzelne Familien oder Gemeinden höheren Belastungen ausgesetzt seien; jeder billig denkende Untertan müsse überzeugt sein, dass diese Last eine gemeinschaftliche sei, an der alle ohne Ausnahme gemeinschaftlichen und verhältnismäßigen Anteil haben müssten. Diese Pflicht ergebe sich aus der Natur der Staatsverbindung. Daher handele es sich bei der Regelung nicht um eine neue Steuer, sondern um die Verteilung bereits bestehender Lasten, weshalb auch nicht die Finanzverwaltung, sondern die allgemeine Staatsverwaltung („Polizeigewalt") die Verteilung übernehme.

---

tierungskosten, Versorgung der Pferde und der Aufwand zur Unterhaltung der Kommandanten.

266 Aus der Präambel zum „Reglement zur Entschädigung der Kriegslasten für die Sachsen-Coburg Saalfeldischen Lande, de dato Coburg den 16. November 1806", abgedruckt bei Grattenauer, Beilage I, S. 18 ff.

267 Eine Überlegung, die auf Grotius zurückzuführen sein dürfte (vgl. oben, Anm. 207 (S. 43)).

dd) Erzgebirgischer Kreis

Im Erzgebirgischen Kreis[268] wird nach dem Einmarsch der zunächst feindlichen, dann – nach der Doppelschlacht von Jena und Auerstedt – verbündeten französischen Truppen, „der ganze Erzgebirgische Kreis als ein ganzes, als eine einzige einträchtige Familie an[ge]sehen, die sich zu allgemeiner Tragung sämtlicher durch Durchmärsche, Einquartierungen, Spannungen, Bothenlöhne und Requisitionen verbunden hat."[269]

Die erzgebirgische Verordnung regelt den Ersatz von Kriegsleistungen (§ 1);[270] Kriegssachschäden werden nicht erwähnt[271] und Plünderungen ausdrücklich vom Ersatz ausgeschlossen (§ 6). Die amtliche Begründung verweist darauf, dass Plünderungen nicht durch eine entsprechende Behörde auf der Gegnerseite veranlasst seien (§ 6 sub a), der Ausschluss erfolgt also bereits im Tatbestand. Schwerer wiegt auf der Rechtsfolgenseite, dass kaum bewertet werden könne, was geplündert worden sei (§ 6 sub c).[272] Daher könne der Schaden nicht anders bewiesen werden als durch den Eid, der aber kein brauchbares Beweismittel sei (§ 6 sub d).[273] Dies verkompliziere und verzögere den Ausgleich, womit das Ziel einer schnellen Hilfe vereitelt werde (§ 6 sub. a). Trotz des Ausschlusses von Plünderungsschäden schafft § 6 a. E. die Möglichkeit, in schweren Fällen Unterstützung zu gewähren, „um den Gefühlen der Menschlichkeit und des Mitleids zu folgen."

Die Vermutung, dass im erzgebirgischen Kreis auch sonstige Kriegsschäden (mit Ausnahme der Plünderungsschäden) ersetzt werden, beruht auf dem Satz, dass die einzurichtenden Kriegskasse „sämtliche durch den Krieg entstandenen Kosten, mögen sie durch Kriegsleistungen oder auf sonstige Weise entstehen",

268 Der Erzgebirgische Kreis ist bis 1835 einer der vier erbländischen Kreise des Königreichs Sachsen, vgl. Stichwort „Erzgebirgischer Kreis" in Pierer (Hrsg.), Pierer's Universal-Lexikon.

269 Nach dem „Publikandum an sämmtliche Bewohner des Erzgebirgischen Kreises, de dato Freyberg den 27.1.1807, betreffend die Ausgleichung der Verpflegungskosten, Spannungen, Requisitionen und anderer Kriegsschäden, durch den ganzen Kreis", abgedruckt bei Grattenauer, Beilage I, S. 71 ff.

270 Nach § 1: Kriegslasten, die durch Durchmärsche, Einquartierungen, Spannungen, Botenlöhne und Requisitionen entstehen.

271 Der Begriff „Kriegsschäden" wird nur in § 6 erwähnt, „in die … auszugleichenden … Kriegsschäden … gehören nicht die Plünderungen"; aufgrund der Struktur des Publikandums ist davon auszugehen, dass insoweit die Einbußen gemeint sind, die durch die Kriegsleistungspflicht entstehen.

272 Nach dem „Publikandum" (Anm. 269), abgedruckt bei Grattenauer, Beilage I, S. 78.

273 Dies deshalb, weil „die Moralität der niederen Volksklassen unendlich gesunken, die wahre Religiosität selten und die Macht des Geldes mächtig" sei, so das „Publikandum" (Anm. 269), abgedruckt bei Grattenauer, Beilage I, S. 78.

ersetzen soll.[274] Dafür spricht auch, dass Plünderungsschäden explizit vom Ersatz ausgenommen werden, während sonstige Kriegsschäden in der Verordnung nicht geregelt werden, obwohl sie in der Überschrift „betreffend die Ausgleichung … [der] Kriegsschäden“ erwähnt werden.

ee) Bayern

Während des 2. Koalitionskrieges besetzt die französische Armee Teile Bayerns sowie München. Weil der bayerische König die von den Franzosen auferlegten Kontributionen nicht (alleine) tragen kann, erlässt er am 30. Dezember 1800 eine Kriegssteuerverordnung,[275] die den Bewohnern der französisch besetzten Gebiete auferlegt, sich progressiv nach ihrem Vermögen gestaffelt an den Kontributionen zu beteiligen. Kriegsleistungen oder Kriegsschäden regelt die Verordnung nicht. Auffällig ist, dass die Kriegssteuer nur in den französisch besetzten Gebieten erhoben wird und sie lediglich als Vorschuss dient, bis „eine vollkommene Peräquation aller Kriegskosten in unseren herrobern Staaten … nach dem Beispiel anderer Länder“ stattfindet.

Der 3. Koalitionskrieg (1805–1807) wird im Jahr 1805 im Wesentlichen auf bayerischem Boden geführt. Durch eine Verordnung vom 3. Januar 1807 wird der ordentliche Rechtsweg für Streitigkeiten ausgeschlossen, die Kriegslasten betreffen.[276] Ein Regulativ vom 23. Februar 1809[277] gleicht die Kosten für Einquartierungen und Kriegsfrohnen[278] aus, indem die Gesamtsumme errechnet und sodann anteilig als Steuer von den Untertanen eingefordert wird (§ 40), wobei die Untertanen die direkt erbrachten Kriegsleistungen abziehen können (§ 41). Dieser Ausgleich soll wegen der Verarmung des größten Teils des Landes nach den Feldzügen von 1809 gescheitert sein, weil es nicht möglich gewesen sei, in den weniger betroffenen Landesteilen die Steuern zu erhöhen.[279] 1811 beschränkt sich das Land daher darauf, Naturallieferungen, die eigene Behörden

274 Nach dem „Publikandum“ (oben, Anm. 269 (S. 56)), abgedruckt bei Grattenauer, Beilage I, S. 80.

275 „Kurpfalz-Baierische und Neuburgsche Kriegssteuer-Verordnung, de dato München, den 30ten Dezember“, abgedruckt bei Grattenauer, Beilage I, S. 6 ff. Nach der vorausgeschickten Präambel hat der König die Steuerverordnung zunächst zurückgehalten, um die Untertanen zu schonen.

276 „Gesetz betreffend die Gerichtsbarkeit für Kriegslasten“ vom 3.1.1807, RegBl. 1807, S. 53, zit. nach Cahn, S. 230, XLVII (Nr. 111).

277 „Allgemeines, durch die königl. baierische Verordnung d. d. München, d. 23. Febr. 1809 bestimmtes Regulativ der Konkurrenz zu den Kriegslasten“, Kameralkorrespondent, März 1809, Nr. 31, S. 135, abgedruckt bei Grattenauer, Beilage I, S. 266 ff.

278 Es handelt sich um Spanndienste, Handfrohnen und Naturallieferungen.

279 So Cahn, S. 231.

zwischen Februar 1809 und September 1811 anfordern, zu ersetzen.[280] Kriegssachschäden erfassen die bayerischen Regelungen nicht.

ff) Weitere Länder

In anderen Ländern scheint ein Kriegsschädenausgleich nicht oder nur in sehr geringem Maße stattgefunden zu haben. Jedenfalls sind, wenn auch mitunter für einzelne Kriegsleistungen Ersatz gewährt wird, Vernichtungs- und Plünderungsschäden ausgenommen.[281] In Baden z. B. gilt seit 1810 als Landrecht der französische *Code Civil*, der bei Gemeinschäden die Rechtsfolge der sprachlich leicht modifizierten *lex rhodia* vorsieht.[282]

b) Umgang mit den Schäden aus den Befreiungskriegen

aa) Preußen

Die französische Besatzungszeit endet für den größten Teil Preußens nach der sog. Völkerschlacht bei Leipzig 1813. Ihr folgen zahllose Kriegsschädenprozesse, in denen Untertanen wie nach dem 4. Koalitionskrieg versuchen, für ihre während der Besatzungszeit entstandenen Kriegslasten und -schäden Regress zu nehmen.

Anlässlich des Friedensschlusses in Paris ordnet der preußische König an, alle Kriegsleistungen des 4. Koalitionskriegs und der Befreiungskriege zu vergüten, um zu ersetzen, was die Untertanen „aus eigenem Vermögen [zum Sieg über Frankreich] beigetragen haben.“ Zugleich lehnt der König einen allgemei-

---

280 Königliche Verordnung über die allgemeine Verteilung der Kriegslasten vom 13.4.1811, GesBl. 1811, S. 489, zit. nach Cahn, S. 231, XLVIII.

281 Heilfron stellt für Hannover fest, dass Kriegsschäden nicht ausgeglichen wurden (Heilfron II, S. 125 ff.) und vermutet das ebenso für Württemberg (Heilfron II, S. 127 f.). Baden scheint nach Heilfron II, S. 128, zumindest in einzelnen Kreisen Kriegsschäden auszugleichen. Kurhessen, das Großherzogtum Hessen und Braunschweig lehnen einen Ausgleich ab (Heilfron II, S. 133, 134, 136).

282 Vgl. den ausdrücklichen Wortlaut der §§ 1381a und 1831b Code Civil:
§ 1831a: Wo in einer gemeinschaftlichen Gefahr durch Aufopferung einiger Sachen, welche in dieser Gefahr sich mit befinden, die übrigen gerettet werden, da müssen die Besitzer der geretteten Sachen, den Besitzern der hingegebenen nach dem Verhältnis der letzteren zu den ersteren einen Anteil am Wert der geretteten ersetzen.
§ 1381b: Der Umstand allein, dass einige Sachen einer gemeinschaftlichen Gefahr entgehen, indeß andere darin zugrunde gehen, begründet für die Eigentümer der letzteren keine Ansprüche an erstere, solange nicht eine vernünftig berechnete und wirksam gewesene Hingabe der zugrunde gegangenen Sachen für Rettung der übrigen erwiesen wird.

nen Schadensausgleich ab: Denn „nicht allein der durch den bisherigen außerordentlichen Kriegszustand so sehr veränderte Wert aller Gegenstände [macht] die Ausmittlung des Schadens unmöglich [...], sondern es [würde] auch ganz der Gerechtigkeit zuwider sein [...], einem Teile unserer Untertanen neue und beträchtliche Lasten aufzulegen, um dadurch einen Entschädigungsfonds für den anderen, der durch Zufall und Unglück mehr gelitten hat, zu gewinnen.“[283] Explizit schließt daher § 6 S. 1 des Edikts „alle Kriegsschäden, verursacht durch Brand, Plünderung, Fouragierung in Feldern und Scheunen, Wegtreibung des Viehes und dergleichen“ von der Entschädigung aus. Der König behält sich vor, Unterstützung zu gewähren, wenn ein Wiederaufbau aus eigener Kraft nicht möglich ist (§ 6 S. 2 des Edikts). Ein Anspruch darauf besteht nicht.

Angeordnet wird der Ersatz aller Einquartierungen und Naturalleistungen (§§ 20 S. 2, 21 des Edikts); dies gilt auch für Requisitionen der abziehenden französischen Truppen. Schäden, die die Franzosen dabei noch verursachen könnten, werden nicht erwähnt.[284]

Der Ausschluss vom Ersatz von Kriegsschäden durch das Pariser Edikt gilt nicht uneingeschränkt: Die Festungsstädte Küstrin und Spandau erhalten für die während der Befreiungskriege entstandenen Brandschäden Ersatz. Der preußische König sieht den Ersatz „unzweifelhaft als eine Schuld des Staates“ an, weil die Schäden nicht zufällig entstanden seien, sondern „hier vielmehr der Staat alle Kräfte daran setzen musste, die für sein Bestehen wichtigen festen Plätze wieder zu gewinnen.“ Diese Schäden müssten folglich alle Staatsbürger gemeinsam tragen.[285] Auch die Schäden der Festung Magdeburg werden ausgeglichen,[286] weitere Provinzstädte in Schlesien erhalten Beihilfen[287] und Teltow wird für außergewöhnliche Opfer bei der Truppenversorgung entschädigt.[288] Außerdem ordnet der König eine Entschädigung der Einwohner der Vorstädte

283 Edikt wegen Vergütungen der Leistungen während des jetzt beendigten Krieges vom 3.6.1814, PrGesS. 1814, S. 49, Präambel (im Folgenden: „Pariser Edikt“).

284 Das ist erstaunlich, weil nach dem Tilsiter Frieden eine gesonderte Regelung erforderlich ist, vgl. oben, C.III.1.a)aa)(1) (S. 49).

285 Kabinettsorder des preußischen Königs vom 6.2.1815, zit. nach Heilfron I, S. 148, dort Anm. 5. Zugleich erklärt der König, dass aus diesem Grund die Brandschäden nicht von den Feuerversicherungen als Seperatverbindung der Bürger zu tragen seien, und übernimmt den Betrag von 472 200 Rth.

286 Vgl. Heilfron I, S. 148.

287 So nach Heilfron I, S. 164.

288 Der Stadt Teltow weist der König durch eine Kabinettsorder vom 22.5.1817 eine Entschädigung ihrer „außergewöhnlichen Opfer“ bei der Verpflegung von Truppen zu. Dabei handelt es sich nach dem von Weber, Eugen, S. 35, zitiertem Wortlaut um Kriegsleistungen. Aufgrund der Einmaligkeit dieses Vorgehens bezeichnet Weber (a. a. O.) diese Order treffend als einen „Akt der Milde.“

von Festungen dafür an, dass sie ihre Gebäude im Umkreis der Festung nicht mehr aufbauen dürfen.[289]

Warum der Ausgleich von Kriegsschäden der „Gerechtigkeit zuwider“ ist, indem bspw. eine Sondersteuer eingeführt wird, erklärt das Pariser Edikt von 1814 nicht. Beweisschwierigkeiten hinsichtlich der Schäden sind nicht gemeint, sie dienen nur als Nebenargument. Augenfällig ist die Diskrepanz zwischen dem Pariser Edikt und der Kabinettsorder von 1815 zugunsten der Festungen Küstrin, Spandau und Magdeburg: Nur die Wiedereroberung der im Edikt von 1815 genannten Festungen ist demnach für den Erhalt des Staates wichtig gewesen. Fraglich ist, ob nicht insbesondere die im Pariser Edikt vom Ersatz ausgeschlossene Fouragierung von Nahrungsmitteln ebenso der Aufrechterhaltung des Staates gedient hat; Gleiches wird man von anderen Schäden sagen können.

(1) Breslauer Kriegsschädenprozesse

Andere Festungsstädte wie Breslau erhalten keinen Ersatz, obwohl ihre Schäden vergleichbar sind:[290] Der preußische Festungskommandant lässt im 4. Koalitionskrieg die der Festung Breslau vorgelagerten Stadtteile niederbrennen, um die Festung besser zu verteidigen. Der von den Franzosen bei der Belagerung verursachte Schaden ist im Verhältnis geringer; der größte Teil der Kriegssachschäden entsteht aufgrund von Befehlen preußischer Militärbefehlshaber.[291] Weil die Zerstörung der Vorstädte die Stadt Breslau schützt und die Bewohner durch die Zerstörung ihrer Häuser einen über das Übliche hinausgehenden Beitrag für das Gemeinwesen leisten, liegt ein Anspruch aus §§ 74, 75 Einl. ALR nahe.

---

289 Allerhöchste Kabinettsorder vom 12.3.1815, betreffend den Wiederaufbau der zerstörten Vorstädte und Gebäude außerhalb der Festungen oder ihren Außenwerken, PrGesS. 1814, S. 25. Nach Abs. 2 soll das Kriegs-Department „das erforderliche sogleich verfügen.“

290 Die Stadt Breslau beziffert ihre Schadenschätzung auf 520.620 Rth. (Zahlen nach Heilfron I, S. 155). Allerdings weist der König durch Kabinettsorder vom 22.9.1819 einen Vorschuss zugunsten der Geschädigten in Höhe von ca. 162 000 Rth. an, der nicht zurückgefordert werden sollte, sofern die Geschädigten ihren Prozess gegen die Feuerversicherer (dazu sogleich) verlieren sollten. Die Kabinettsorder ist abgedruckt bei Heilfron I, S. 154.

291 Zu den Zerstörungen Breslaus im 4. Koalitionskrieg zuletzt Davies / Moorhouse, S. 268.

Die schlesischen Städte sind seit 1743 in einer Feuersozietät verbunden. Brandschäden trägt die Sozietät mittels Umlagen auf alle Städte.[292] Als die Feuerversicherer die Ersatzzahlung verweigern, klagen die Geschädigten gegen die Feuersozietät und beide Parteien verkünden dem preußischen Fiskus den Streit. Weil er keine Ersatzpflicht anerkennt, tritt der Fiskus dem Prozess nicht bei.[293]

Nachdem das OLG die Klage der Vorstädter gegen die Versicherer in 1. Instanz abgewiesen hat,[294] spricht der Appellationssenat des OLG den geschädigten Bürgern Schadenersatz zu, weil der Feuerversicherer nach 2. Teil ALR, 8. Titel, § 2235 unabhängig vom Verursacher für alle Feuerschäden hafte. Unerheblich sei auch, dass die Häuser innerhalb eines Festungsbereichs liegen, weil es den Versicherern freistehe, diese nicht zu versichern. Auch eine Staatshaftung beschränke nicht den Anspruch der Geschädigten, vielmehr sei der Versicherer gehalten, ggf. Regress zu nehmen.[295]

Nach Rechtskraft des Urteils[296] weist die Regierung in Breslau die Feuersozietät im Jahre 1823 an, ihre Schuld in Jahresraten abzutragen. Eine Übernahme der Schuld lehnt der König ab. Daher erheben zunächst 26 schlesische Provinzstädte unter dem 1. Juni 1824 Klage gegen den Fiskus auf Ersatz der Brandschädenvergütung.[297] Dem schließen sich 48 weitere in der Städtefeuersozietät vereinigte schlesische Städte mit einer zweiten Klage an.[298] In erster Instanz gewinnen die 26 Provinzstädte gegen den Fiskus.[299]

Gegen dieses Urteil ruft der Fiskus die Appellationsinstanz an. Weil das Finanzministerium befürchtet, dass der Prozess zum Präzedenzfall werden und das Gericht der Klage stattgeben könnte,[300] erlässt der preußische König am 10. Juli 1828 eine Kabinettsorder, die den Rechtsweg bei Kriegsschäden ausschließt. Die Begründung verweist auf eine Kabinettsorder von 1825: Staatlicher Ausgleich von Kriegsschäden sei technisch nicht durchführbar, weil der Krieg das

---

292 „Deklaration, dass die in den Städten zu errichtenden Feuersozietäten keinen anderen Zweck haben, als die Untertanen in ihrem Eigentum vor aller Gefahr zu versichern", de dato Breslau, den 19.2.1743, teilweise abgedruckt bei Heilfron I, S. 150.

293 Heilfron I, S. 150 f.

294 OLG Breslau, Urteil vom 15.7.1817 (1. Senat), zit. nach Heilfron I, S. 151. Inhaltlich ist das Urteil nach Heilfron unhaltbar.

295 OLG Breslau, Urteil vom 14.10.1817 (2. Appellationssenat), zusammengefasst dargestellt bei Heilfron I, S. 152 f.

296 Das Urteil wird auf die Revision der Feuerversicherung durch das Obertribunal am 26.4.1822 bestätigt und erwächst dadurch in Rechtskraft, so Heilfron I, S. 154.

297 Heilfron I, S. 155.

298 Heilfron I, S. 159.

299 Bereits Heilfron I, S. 159, bezeichnet das Urteil vom 13.6.1828 als unauffindbar.

300 So Anschütz, VerwA V, S. 67 (71 f.).

Vermögen aller Untertanen treffe (Abs. 1).[301] Rechtlich wird argumentiert, dass die Zerstörungen durch Kriegshandlungen, also durch Ausübung von Majestätsrechten, zugefügt seien. Weil die Ausübung von Majestätsrechten keiner Gerichtsbarkeit unterliege, dürften auch ihre Folgen nicht judiziert werden (Abs. 2).

Der König wirft den Gerichten vor, den Unterschied zwischen Fiskus und Regierung nicht zu erkennen. Bemerkenswert ist, dass die Kabinettsorder § 75 Einl. ALR nicht erwähnt. Ein Grund kann sein, dass innerhalb der preußischen Regierung bereits umstritten ist, ob ein Anspruch besteht: Der preußische Justizminister spricht sich in der auf die Kabinettsorder folgenden Diskussion im Kabinett für einen Anspruch aus § 75 Einl. ALR aus und verwehrt sich dagegen, den Anspruch durch eine formelle Kabinettsorder zu versagen. Dies sei nur durch ein neues Gesetz möglich.[302]

Beide Prozesse werden aufgrund der Kabinettsorder beendet, auch ein Wiederaufnahmeverfahren einiger Städte gegen den Fiskus wird wegen Aussichtslosigkeit abgelehnt.[303] Damit werden die Kriegsschäden, auch soweit sie von Versicherern übernommen werden, zum Teil unter den Geschädigten aufgeteilt, die über die Feuerversicherungsumlage in Anspruch genommen werden.

(2) Stettiner Kriegsschädenprozesse

Das Stettiner OLG stellt im Jahr 1830 fest, dass weder das ALR noch sonstige Gesetze Vorschriften darüber enthielten, ob und wie Untertanen vom Staat einen Ersatz der in den Napoleonischen Kriegen erlittenen Schäden erhalten können. Weder das Pariser Edikt von 1814 noch die Kabinettsorder von 1828 wird angesprochen. Das Gericht greift stattdessen auf den „allgemeinen Kriegsgebrauch“ zurück, den die französische (sic!) Kriegsführung herausgebildet habe. Dieser könne zu einem Anspruch gegen den preußischen Staat führen.[304] Andere Ge-

---

301 Die Kabinettsorder vom 10.7.1828, an das Staatsministerium gerichtet und dort unter Nr. 657/28 registriert, findet sich in den Akten des Geh. Zivilkabinetts XXII Justizsachen Nr. 29, abgedruckt bei Heilfron I, S. 165 f. Die Kabinettsorder vom 23.2.1825, GStA Rep. 90, Tit. 35, D. 5 Bl. 29), ist ebenfalls abgedruckt bei Heilfron I, S. 149.

302 Aus den Akten des Königl. Preuß. Justizministerium: Acta, betreffend das Verfahren in fiskalischen Civilprozessen, f. 40, Bd. II, Bl. 44 ff., zit. nach Anschütz, VerwA V, S. 67 (73, 75).

303 So nach Heilfron I, S. 164.

304 So der I. Senat des Stettiner OLG in einer Entscheidung vom 16.12.1830, dargestellt bei Heilfron I, S. 182 f. Das Stettiner OLG behandelt Holzlieferungen, für die noch die französischen Militärmachthaber Ersatz zugesprochen hatten, und die Frage war, ob Preußen Rechtsnachfolger der französischen Militärregierung ist. Das OLG meint, dass

richte entscheiden ebenfalls zu Lasten des Fiskus, indem sie allgemeine Ersatzgedanken heranziehen[305] und das Pariser Edikt vom 3. Juni 1814 außer Acht lassen: Der Staatsfiskus hafte, wenn er Schaden anrichte.[306]

(3) Die Kabinettsorder vom 4. Dezember 1831

Wie nach den Koalitionskriegen leistet Preußen nur Ersatz, wenn die Bürger die Einbuße wenigstens in letzter Konsequenz freiwillig, nämlich durch Leistung an den Staat, erleiden. Das zeigt vor allem die Formulierung des Pariser Edikts, der König ersetze den Bürgern dasjenige, was sie aus „ihrem eigenen Vermögen beigetragen“ hätten, um den Sieg über Frankreich zu ermöglichen.[307] Auch bei Zwangslieferungen hat der Untertan die Möglichkeit zur Einwirkung. Zwangslieferungen werden, sofern sie auf Befehl dazu autorisierter Stellen unentgeltlich geschehen, als Vorschuss an die königlichen Kassen angesehen und erstattet.[308] Schaden, der ohne Einwirkungsmöglichkeit des Geschädigten entsteht, also schlichte Folge einer Kampfhandlung ist, wird hingegen nicht erstattet.

Folgert die Kabinettsorder von 1825 aus dem Fehlen des Anspruchs den Rechtswegausschluss,[309] differenziert die Kabinettsorder von 1828 zwischen dem Anspruch und seiner Geltendmachung. Der König weist darauf hin, dass Majestätsrechte nicht der Gerichtsbarkeit unterliegen, so dass ein Urteil des OLG Breslau bereits aus diesem Grunde keine Wirkung habe.[310] Bedenklich ist ebenfalls der Rückgriff des Stettiner Gerichts auf den französischen Kriegsgebrauch: Unabhängig davon, dass das Pariser Edikt von 1814 die Ersatzpflicht für Kriegsschäden ausschließt, berücksichtigt es nicht, dass die Koalitionskriege

---

die Nichtbezahlung der Lieferung an die Franzosen (durch die Franzosen) Kriegsschaden sei. Das Urteil ist zusammengefasst bei Heilfron I, S. 182 f., ohne Quellenangabe.

305 So begründet das Gericht zugunsten der Stadt Glogau, die den Fiskus für die von ihr erbrachte Verpflegung für den französischen Festungsgouverneur in Anspruch nimmt, das Urteil mit der *versio ob rem*, zit. nach Anschütz, VerwA V, S. 67 (74). In der Appelationsinstanz wird der Fiskus verurteilt, weil er die klagende Stadt ohne deren Schuld an Frankreich ausgeliefert habe (zit. nach Anschütz, VerwA V, ebenda, ohne Quellenangabe).

306 Zit. nach Anschütz, VerwA V, S. 67 (74). Anschütz zitiert das Urteil wörtlich ohne Quelle und Datum. Aus dem Zusammenhang ist ersichtlich, dass die letztgenannten Urteile (Anm. 305) zeitlich nach der Kabinettsorder betreffend den Breslauer Prozess (oben, Anm. 301 (S. 62)) gefällt werden.

307 Präambel des Edikts von 1814, vgl. oben, Anm. 283 (S. 59).

308 Präambel des Edikts von 1814, vgl. oben, Anm. 283 (S. 59).

309 Kabinettsorder von 1825: „Da es … rechtlich feststeht, dass aus einer Kriegsbeschädigung ein Anspruch wider den Staat nicht stattfindet, so kann … ein Rechtsverfahren nicht gestattet werden“ (vgl. oben, Anm. 301 (S. 62)).

310 Zur Kabinettsorder von 1828 siehe oben, Anm. 301 (S. 62)

auch gegen die französischen Ideen und das französische Staatsverständnis geführt werden. Bezeichnend ist die Präambel des Pariser Edikts: Man habe der französischen Nation die Gelegenheit gegeben, ihre rechtmäßigen Regenten wieder auf den Thron zu berufen.[311]

Die mit der Frage befassten Gerichte entscheiden also mit unterschiedlichsten Begründungen. Weil sie weder auf das Pariser Edikt von 1814 noch auf die Kabinettsorder von 1828 eingehen, scheint es, als könne die weite Formulierung des § 75 Einl. ALR den preußischen Staat verpflichten, die Kriegsschäden der Napoleonischen und der Freiheitskriege zu ersetzen.

Um die Situation zu klären, beauftragt der preußische König parallel zum Erlass der Kabinettsorder von 1828 das Staatsministerium mit der Vorbereitung eines Gesetzes, das die Folgen der Ausübung von Staatshoheitsrechten regelt.[312] Der geltende Rechtszustand ist in der preußischen Regierung umstritten: Während der Justizminister von einem Anspruch ohne Rücksicht auf die Natur der Schädigung aus § 75 Einl. ALR ausgeht,[313] ist der Staatsminister der Ansicht, das Allgemeine Landrechts begründe keine Ersatzansprüche bei hoheitlichem Handeln, das bedürfe lediglich der Klarstellung.[314]

Die vom König einberufene Kommission und das Staatsministerium kommen zum Ergebnis, dass § 75 Einl. ALR nur Schädigungen durch Verwaltungshandeln regele, nicht aber die Folgen einer Handlung des Souveräns, und folglich auf Kriegsschäden keine Anwendung finde. Den Schlussbericht des Staatsministeriums erlässt der König am 4. Dezember 1831 als Kabinettsorder und veranlasst den Abdruck mit Gesetzesrang in der Preußischen Gesetzessammlung. Der Abschlussbericht soll den Gerichten verdeutlichen, dass hoheitliches Handeln des Souveräns, welches in Rechte der Untertanen eingreift, keinen Anspruch gegen die Staatskasse begründe und daher kein Rechtsweg gegen die Ausübung von Hoheitsrechten bestehe. Namentlich die Beurteilung von Schäden, die sich „aus den Zufällen des Krieges" ergeben, wird der Kompetenz der Gerichte entzogen. Das begründet die Kabinettsorder mit §§ 74, 75 Einl. ALR: Die Normen verpflichteten nicht für jede Beeinträchtigung von Privatvermögen durch die Ausübung von Hoheitsrechten zum Schadenersatz. Schäden aufgrund von gesetzlichen Anordnungen (wenn der „Landesherr zu seinen Untertanen spricht") würden spezialgesetzlich geregelt. §§ 74, 75 Einl. ALR seien nur anzuwenden, wenn das Interesse der Allgemeinheit eine *Verwaltungshandlung* erfordere, die das Privateigentum eines Einzelnen beeinträchtige, nicht aber, wenn

---

311 Präambel des Edikts von 1814, vgl. oben, Anm. 283 (S. 59).

312 Die Kabinettsorder vom 10.7.1828 ist abgedruckt bei Heilfron I, S. 211 f.

313 So das Votum des preußischen Justizministers, zit. nach Anschütz, VerwA V, S. 67 (73), dort Anm. 19.

314 So Anschütz, VerwA V, S. 67 (73).

der *Souverän* handele.[315] Der preußische König betrachtet die Kriegsführung als sein Hoheitsrecht, dessen Ausübung keine Ansprüche begründe; andernfalls würden Souveränitätsrechte des Königs beschnitten.

Der preußische König erlässt die Kabinettsorder von 1831 als authentische Interpretation im Sinne von § 15 Einl. ALR und nicht als neues Gesetz. Mangels Begründung wird vermutet, dass die Interpretation das Rückwirkungsverbot von Gesetzen nach § 14 Einl. ALR umgehen soll.[316] Die authentische Interpretation deutet den Wortlaut einer strittigen Stelle im ALR durch Entscheidung des Königs mit Gesetzeskraft und gilt nach § 15 Einl. ALR für alle noch zu entscheidenden Rechtsfälle. Der allgemeine Entschädigungsanspruch nach §§ 74, 75 Einl. ALR gilt also nur bei Staatseingriffen im Verwaltungswege; Eingriffe durch Gesetz oder den Souverän begründen einen Ersatzanspruch nur, wenn ein Gesetz das ausdrücklich vorsieht. Die königliche Interpretation der §§ 74, 75 Einl. ALR bindet die Gerichte nach § 15 Einl. ALR; sie müssen die gegen den preußischen Staat gerichteten Klagen auf Ersatz von Kriegsschäden abweisen. Interpretiert durch die Kabinettsorder ist § 75 Einl. ALR um folgenden Satz zu ergänzen: „Für Kriegsschäden haftet der Staat auch dann nicht, wenn er von einem Untertanen für Kriegszwecke die Aufopferung besonderer Rechte und Vorteile verlangt hat."[317]

Damit besteht in Preußen kein Rechtsanspruch auf Ersatz von Kriegsschäden. Obgleich sowohl die formelle als auch materielle Wirksamkeit der Kabinettsorder bestritten wird, besteht für die Gerichte wegen § 15 Einl. ALR kein Interpretationsspielraum mehr, so dass sie noch anhängige Klagen auf Kriegsschädenersatz abweisen.[318]

bb) Sachsen

Sachsen weist 1819 durch eine Bekanntmachung alle bis zum 5. Juni 1815 aus Kriegsschäden entstandene Ansprüche zurück, während später entstehende Kriegsschäden gesondert geregelt werden sollen. Auch diese werden nach einem Gesetz vom 20. September 1834 nicht entschädigt. Das Gesetz bezeichnet mög-

---

315 Der Bericht des Staatsministeriums an den preußischen König vom 16.11.1831 ist abgedruckt in der „Kabinettsordre betreffend die genauere Beobachtung der Grenzen zwischen landeshoheitlichen und fiskalischen Rechtsverhältnissen" vom 4.12.1831, PrGesS. 1831, S. 255 (Hervorhebungen vom Verfasser).

316 Vgl. Loening, VerwA III, S. 94 (109), ebenso wohl Kleeberg, S. 10.

317 Definition nach Heilfron I, S. 257.

318 Abgewiesen werden u. a. die genannten Klagen der Einwohner der Vorstädte Breslaus und ihrer Feuerversicherungen. Vgl. die ausführliche Darstellung bei Heilfron I, S. 236 ff.

licherweise entstandene Ansprüche als erloschen, zugleich wird der Rechtsweg bei Kriegsschäden ausgeschlossen.[319] Damit findet wie in Preußen nach dem Jahr 1831 auch in Sachsen ab 1834 kein Kriegsschädenausgleich statt; der Rechtsweg ist wie in Preußen ausgeschlossen.

Weil nach dem Generale von 1807[320] zunächst ein vollständiger Ausgleich für möglich gehalten wird, ist die Ablehnung mit der geänderten politischen Situation zu erklären. Bis zum Ende der Befreiungskriege mit Frankreich verbündet, steht Sachsen jetzt auf Seiten der Koalition unter Führung Preußens. Daher liegt es nahe, Kriegsschäden der Befreiungskriege in Sachsen wie in Preußen zu behandeln. Dennoch ersetzt Sachen nach dem Deutschen Krieg von 1866 Kriegsschäden, soweit sie Folge einer strategischen Anordnung sächsischer Behörden sind. Unvergütet bleiben sog. Operationsschäden, die Folge eines Kampfes oder einer Marschbewegung sind, sowie Exzesse einzelner Militärangehöriger.[321]

cc) Bayern

Weil die Befreiungskriege bayerisches Staatsgebiet kaum betreffen, kann sich das Land wirtschaftlich erholen, zumal Napoleon verpflichtet wird, bayerische Heeresschulden zu begleichen. Das Königreich kann daher durch Gesetz vom 22. Dezember 1819 bestimmte Kriegsschäden ersetzen, die als „Landeslasten" bezeichnet werden. Diese werden innerhalb Bayerns ausgeglichen, dazu gehören auch Beschädigungen von Grundstücken und Gebäuden, sofern die Beschädigung oder Zerstörung durch bayerische Offiziere angeordnet wird.[322] Zerstörungen werden folglich wie Kriegsleistungen behandelt, die eine oberste Landesbehörde anfordert. Für durch gegnerische Truppen verursachte Zerstörungen wird kein Ersatz gewährleistet, ebenso wenig für Kriegsleistungen, die vom Gegner angefordert wurden. Das Gesetz geht davon aus, dass gegnerische Truppen ihre in Bayern angeforderten Kriegsleistungen vergütet haben.[323] Der staatliche Kriegsschädenersatz ist subsidiär zu Ansprüchen gegen Feuerversicherer, ein Regressanspruch der Versicherer besteht nicht.[324]

---

319 Vgl. Cahn, S. 229 f., ohne weitere Nachweise.

320 Oben, C.III.1.a)bb) (S. 54).

321 So jedenfalls nach Langrodt, Österreichische Rundschau 1914, Bd. 4, S. 152 (155 f.), ohne eine Quelle zu nennen.

322 Vgl. die Darstellung des Gesetzes bei Cahn, S. 232.

323 Vgl. Art. 20 des Gesetzes, zit. nach Cahn, S. 231.

324 Vgl. Art. 4 des Gesetzes, zit. nach Cahn, S. 233. Cahn geht davon aus, dass dieses Gesetz erstmals die Konkurrenz zwischen Feuerversicherungs- und staatlichen Ansprüchen löse, übersieht dabei aber, dass Preußen die Frage bereits im Jahr 1808 – wenn auch ne-

dd) Mecklenburg

Mecklenburg hat eine Sonderstellung inne, weil bereits § 320 des Landesgrundgesetzlichen Erbvergleichs von 1755 einen Ausgleich jeweils innerhalb der Stände garantiert.[325] Dieser Vergleich wird am 28. Oktober 1828 vertraglich zwischen den Ständen bezüglich der Kriegsschäden der napoleonischen Kriege bekräftigt und am 14. Juni 1835 als Gesetz bestätigt.[326]

ee) Weitere Länder

Für Sachsen-Coburg und den Erzgebirgischen Kreis sind nach Beendigung der Kriege keine weiteren Verordnungen ersichtlich, so dass der Kriegsschädenausgleich nach den oben genannten Grundsätzen vorgenommen worden zu sein scheint.[327] In Baden werden an einzelne, besonders durch Kriegsschäden betroffene Gemeinden Unterstützungen gezahlt. Hingegen erfolgen in Württemberg und Hannover keine Vergütungen.[328] Für Neupommern und Rügen gewährt ein Patent des schwedischen Königs vom 8. Januar 1812 nahezu vollständigen Ersatz; nur sog. Exzeßschäden sind ausgenommen. Die Ersatzanordnung wird, nachdem das Land durch den zweiten Pariser Frieden an Preußen fällt, durch eine preußische Kabinettsorder vom 23. Juni 1826 aufgehoben.[329] In Oldenburg werden sog. Invasionsschäden durch Verordnung vom 16. März 1816 als *casus fortuitus* von der Entschädigung ausgeschlossen.[330]

---

gativ – klärt (siehe die Anmerkungen zum Kriegsschädenersatz durch die preußischen Feuerversicherer, oben C.III.1.a)aa)(1) (S. 49)).

325 Vgl. § 320 des Erbvergleichs: „Übrigens soll im ganzen Lande die Billigkeit und Gleichheit zu dreyen gleichen Theilen, zwischen Domainen, Ritterschaft und Städten, beobachtet, keine Gegend für die andere, kein Stand für den anderen, mit Einquartierung, Schatzungen und Marschen beschweret, ein jeder Marsch den geradesten Weg geleitet und den beschwerten Oertern, durch billigen Beytrag von den verschont gebliebenen Vergütung geleistet werden …“, zit. nach Sachsse, Nr. 169.

326 So Cahn, S. 234, ohne Quellenangabe.

327 Siehe für Sachsen-Coburg oben, C.III.1.a)cc) (S. 55), und für den Erzgebirgischen Kreis oben, C.III.1.a)dd) (S. 56).

328 Zur Situation in Hannover und Württemberg vgl. die Darstellung bei Heilfron II, S. 127, zu Baden Heilfron II, S. 129.

329 „Allerhöchste Kabinettsorder vom 23.6.1826, wegen der Kriegslasten in Neuvorpommern“, PrGesS. 1826, S. 63.

330 Vgl. Cahn, S. 235.

c) Zwischenergebnis für die Koalitions- und Befreiungskriege

Insbesondere die Verordnungen aus dem Erzgebirgischen Kreis und für Sachsen-Coburg enthalten vom Naturrecht beeinflusste Gedanken. Dies wird deutlich in den Hinweisen, dass das gesamte Land als organische Einheit zu betrachten sei oder, wie im erzgebirgischen Kreis, „wie eine einträchtige Familie." Der Hinweis auf die „Natur der Staatenverbindung" stellt auf den Gesellschaftsvertrag ab, absolutistische Elemente wie in den Edikten des preußischen Königs sind beiden Verordnungen fremd. Gleichwohl ist der französische Begriff vom Eigentum, das ein Souverän zu achten hat, beiden Verordnungen noch unbekannt.[331] Es ist die Kriegssituation, die die Belastung der Untertanen erfordert; die Rechtsgrundlage für die Belastung wird noch nicht in Frage gestellt. Das wäre erforderlich, hätte der Begriff des Eigentums im Sinne Frankreichs schon Eingang in das staatliche Handeln gefunden, weil dann eine Rechtfertigung des Eingriffs hätte erfolgen müssen.

Gleiches gilt für das preußische ALR, welches ebenfalls nicht die Frage der Zulässigkeit staatlicher Eingriffe in die Rechte der Bürger stellt, sondern nur die Rechtsfolge von Eingriffen begründet. Daher ist der Bürger wehrlos gegen den staatlichen Eingriff, kann aber später den entstandenen Schaden gegen den Staat geltend machen. Das gilt in Sachsen-Coburg sogar für die Plünderungsschäden, die gewöhnlich als Produkte des Zufalls und daher als nicht ersatzfähig gelten: Plünderungen sind nicht durch staatliche Befehlshaber angeordnet und begründen daher keine Ersatzpflicht des Staates.

In Preußen wird der aus naturrechtlichen Überlegungen folgende Anspruch durch die genannten Kabinettordres, ganz besonders durch jene vom Dezember 1831, in sein absolutistisches Gegenteil verkehrt: Schon die Form ihrer Inkraftsetzung folgt nicht den vom ALR vorgesehenen Regeln (§§ 14 ff. Einl. ALR), sondern der König verordnet, was *er* für Recht hält. Gerade das schließt das ALR eigentlich aus. Den Gerichten wird durch die Kabinettsorder von 1831 die rechtliche Kontrolle entzogen, soweit der König sein Handeln auf unmittelbar hoheitliches Recht stützt: „Hier waltet kein Anspruch an die Staatskasse aus einem fiskalischen Rechtsverhältnis, welches gesetzlich wie andere Privatrechtsangelegenheiten zu behandeln ist, sondern ein Anspruch vor, der an mich selbst wegen des Gebrauchs, den ich von Meinen Majestätsrechte gemacht habe, gerichtet ist."[332] Verursacht Majestätshandeln einen Schaden, soll die Verwaltung den Schadenersatz verteilen, so dass die Entscheidung beim Souverän und nicht

331 Zur Definition des Eigentums nach der Pariser Erklärung der Menschen- und Bürgerrechte vgl. oben, C.III (S. 47).

332 Wortlaut der Kabinettsorder vom 10.7.1828, Akten f. 40 Bl. 38 ff., im Wortlaut zitiert bei Anschütz, VerwA V, S. 67 (72).

bei den Gerichten liegt. Der Ersatz von Kriegsschäden ist also ein Entgegenkommen des Souveräns und kein Anspruch des Untertans. Folgte man der naturrechtlichen Idee der wohlerworbenen Rechte oder der französischen vom Eigentumsschutz, bestünde ein Anspruch gegen den Souverän.

Die gelegentlichen Entschädigungszuweisungen an besonders Betroffene in Preußen bestätigen den absolutistischen Ansatz: Sie sind davon abhängig, ob der Souverän eine Ausgleichung oder Unterstützung für erforderlich hält, wie die Unterstützung für Küstrin, Spandau oder Teltow zeigt;[333] in anderen Fällen, wie z. B. in Breslau, wird der Ersatz ausgeschlossen. Handelt der König, weil ihn seine Majestätsrechte dazu ermächtigen, wie es im Krieg der Fall ist, begründet das keinen Anspruch gegen den Staat,[334] weil andernfalls durch die Belastung der Staatskasse das souveräne Handeln des Königs beschränkt würde. Der König braucht bei seinen Handlungen nicht die finanziellen Folgen für die Staatskasse zu beachten.

Trotz der §§ 74, 75 Einl. ALR kann in Preußen kein Kriegsschädenersatz beansprucht werden. Der preußische König beschränkt die fortschrittliche Regelung eines Ersatzes bei übermäßiger Inanspruchnahme für einen Hauptanwendungsfall, um die volle Handlungsfreiheit des Souveräns zu genießen. Die Kabinettsorder von 1831 zur Auslegung des ALR entspricht seiner Methode, Recht zu setzen; Rechtsprechung und Literatur folgen ohne Widerspruch.[335] Eher wird der materielle Gehalt als die formale Wirksamkeit der Kabinettsorder in Frage gestellt.[336]

Auffallend ist ein weiterer Hinweis in den preußischen Kabinettsordres: Der König beruft sich stets auf Hoheitsrechte, die Schadenersatzklagen ausschließen. Dass der Krieg außerhalb der Rechtsordnung stehen könnte und deshalb kein Schadenersatz geleistet werden muss, erwähnt der König nicht. Vielmehr wird

---

333 Vgl. oben, Anm. 288 (S. 59).

334 Das wird ebenso deutlich aus der Überlegung der 1828 eingesetzten Revisionskommission für das Landrecht, den § 75 Einl. ALR aus der Einleitung zu entfernen und der Norm im 2. Teil, 13. Ziffer, folgenden Wortlaut zu geben: „Ist durch eine von den Behörden innerhalb der Grenzen ihrer Befugnisse in Polizei- oder Regierungssachen getroffene Verfügung ein wohlerworbenes Recht aufgehoben oder geschmälert worden, so ist der Berechtigte wegen des für ihn hieraus entstehenden Verlustes, soweit die Schadloshaltung dafür nicht anderen Personen, welche aus jener Anordnung Vorteil ziehen, besonders auferlegt ist, sich an den Staat (Fiskus) zu halten wohlbefugt." Aus den Akten der Reformkommission, R. 28, Bd. II, Bl. 87 ff., zit. nach Anschütz, VerwA V, S. 67 (75). Das soll den Ersatzanspruch für majestätshoheitliche Handlungen ausschließen.

335 Bestätigt wird die Kabinettsorder von 1831 u. a. vom Preußischen Obertribunal, Entscheidungen 32, S. 163, und vom Reichsgericht, RGZ 61, 102 (107). In der Literatur folgt ihr z. B. Anschütz, VerwA V, S. 67 (84) m. w. N.

336 So z. B. von Bülow-Cummerow, Teil II, S. 80.

die Kriegsführung als Recht des Königs bezeichnet, seine politischen Interessen durchzusetzen. Das entspricht dem in Preußen populären Gedanken *Clausewitz*', dass der Krieg eine Fortführung der Politik mit Waffengewalt sei.[337] Ist er eine Fortsetzung, schafft er keinen rechtsfreien Raum.

Gleiches gilt für Sachsen; auch hier werden die zunächst durch Gesetz vom 1. Juni 1807 anerkannten Entschädigungsansprüche der Bürger gegen den Staat durch einzelne Verordnungen eingeschränkt (Einschränkung auf Kriegsleistungen durch Regulativ vom 14. Dezember 1807) und zuletzt ausgeschlossen.[338] Demgegenüber wird im erzgebirgischen Kreis nur die Wirksamkeit des Ausgleichs in Frage gestellt, sofern dieser nicht schnell genug erfolgt.

Man erkennt, dass die vom Naturrecht beeinflussten Regelungen in Preußen, Sachsen, Sachsen-Coburg und dem Erzgebirgischen Kreis mit dem Ende der französischen Besatzungszeit durch Regelungen abgelöst werden, die von der politischen Entwicklung der Reaktion abhängig sind: Die konservative Haltung der Siegermächte verdrängt die französische Geisteshaltung zum Verhältnis Staat – Bürger. Besonders deutlich wird das in der Feststellung des preußischen Königs nach den Befreiungskriegen, man habe die Franzosen in den Stand gesetzt, ihren *rechtmäßigen* Regenten wieder auf den Thron zu berufen.[339]

2. Stellungnahmen in der zeitgenössischen Literatur

Nur vereinzelt machen Autoren Angaben dazu, weshalb sie sich mit dem Kriegsschädenersatz beschäftigen. Aus dem Publikationsjahr kann man folgern, dass Anlass vielfach der 1. Koalitionskrieg ist.

a) Literatur bis zur preußischen Kabinettsorder von 1831

Der in Frankreich populäre Gedanke von Abwehrrechten gegen staatliche Beeinträchtigungen macht sich bereits kurze Zeit nach der Französischen Revolution auch in der deutschen Literatur zur Kriegsschädenregulierung bemerkbar. Grundlegend setzen sich – mit zum Teil entgegengesetzten Ergebnissen – *von Berg* und *von Dalwigk* (1796) sowie *G. M. Weber* (1798) mit dem Thema auseinander. Ihnen folgen nach der Jahrhundertwende *Haus* (1801) und *Eichmann* (1813).

---

337 Clausewitz, Band 1, 1. Kapitel, § 24.

338 Vgl. oben, Anm. 319 (S. 66).

339 So in der Vorrede zum Pariser Edikt von 1814 (oben, Anm. 283 (S. 59)).

aa) Von Berg (1796)

Von Berg geht von einer Ersatzpflicht des Staates bei Schädigung des Bürgers aus. Die Pflicht bestehe unabhängig von der Leistungsfähigkeit des Staates und ergebe sich aus dem Naturrecht.[340] Anderes gelte bei Kriegsschäden, deren Ersatz ohnehin nur problematisch sei, wenn der eigene Staat den Krieg verliere: Erster Kriegszweck sei der Ersatz des Kriegsschadens durch den Feind,[341] worauf bei Friedensverhandlungen Rücksicht zu nehmen sei. Werde hingegen der eigene Staat zum Frieden gezwungen, habe er kaum Möglichkeiten, auf den Schadenersatz Einfluss zu nehmen, weil er sein eigenes Kriegsziel nicht erreicht habe.[342]

V*on Berg* verlangt positive gesetzliche Regelungen für die Gewährung von Kriegsschädenersatz. Gegen die Anwendung römischen Rechts[343] spreche, dass das Reich keine Pflichten aus römischen [Privat-] Recht habe; dieses gelte bestenfalls als allgemeiner Grundsatz des deutschen Staatsrechts.[344] Folglich müssten Reichsgesetze bestehen oder Kaiser und Reich anlässlich von Reichskriegen Kriegsschäden mit Wirkung für die Zukunft geregelt haben. Ist dies nicht der Fall, sei die Rechtsfolge von Kriegsschäden in ihrer Eigenart oder in der „Natur der Staatsverbindung“ zu suchen.[345]

Im positiven deutschen Staatsrecht findet *von Berg* keine Anhaltspunkte für Kriegsschädenersatz. Reichsbeschlüsse mit Verpflichtung zu Schadenersatz seien nur exemplarisch gemeint, weil die Beschlüsse stets nur für einzelne Schäden ergangen seien und niemals im Hinblick auf die Zukunft.[346] Somit begründe das positive Staatsrecht für das Reich keine Verpflichtungen.[347]

---

340 Von Berg, Band I, Heft 2, S. 177 (195), verweist zur Begründung auf die naturrechtlichen Theorien Grotius', Hubers und Strubens.

341 Diese Ansicht scheint um das Jahr 1800 weitverbreitet zu sein, vgl. ebenso von Sensburg, S. 7. Weck, S. 51, bezeichnet die Vorgehensweise, bei der Besetzung des feindlichen Landes durch Auferlegen von Brandschatzungen und sonstigen Kontributionen sowie allgemeinen Plünderungen vom gegnerischen Staat im Voraus eine Kriegsentschädigung zu erhalten, für bis ins 19. Jahrhundert hinein als „gängig“.

342 Damit greift von Berg, Band I, Heft 2, S. 177 (179), die Überlegung auf, die bereits 1572 Ferdinand Vasquez Menchaca aufgestellt hat (vgl. oben, Anm. 170 (S. 38)).

343 Von Berg stellt die dazu genannten Meinungen dar, Band I, Heft 2, S. 177 (182).

344 Von Berg begründet diese These nicht, geht aber anscheinend davon aus, dass römisches Privatrecht nicht in deutsches Staatsrecht rezipiert werden könne.

345 Von Berg, Band I, Heft 2, S. 177 (184), untersucht im Folgenden kurz das Verhältnis der Einzelstaaten zum Reich, ohne daraus Konsequenzen für den möglichen Anspruch des Geschädigten zu ziehen.

346 Von Berg, Band I, Heft 2, S. 177 (200 f.). Im Folgenden nennt von Berg den Westfälischen Frieden (Art. 3 § 1). Der preußische König im habe 18. Jahrhundert für Kriegs-

Entsprechendes gelte für allgemeine Rechtsgrundsätze: Schadenersatz schulde nur, wer durch unbefugte Handlungen Schaden verursache oder durch Vertrag verpflichtet sei. Die Kriegsführung sei rechtmäßig; als Ausübung von Hoheitsrecht unterliege sie keiner gerichtlichen Überprüfung. Dies gelte auch in Staaten mit freieren Verfassungen, sofern die Rechtmäßigkeit der Kriegsführung nicht ausdrücklich gerichtlicher Kontrolle unterworfen sei.[348] Wegen ihrer Rechtmäßigkeit begründeten Kriegshandlungen keine Ansprüche.

Auch der Staatsvertrag begründe keine Ersatzpflicht: Dieser schütze Rechte der Bürger im Ganzen wie im Einzelnen,[349] ein Schutzmittel sei der Krieg. Mit der Kriegsführung komme der Staat der Verpflichtung nach, äußere Gewalt abzuwenden;[350] dies gelte vor allem für die gegenwärtigen[351] Reichskriege.[352] Das erlaube dem Souverän zwar nicht, die Bürger zu schädigen, aber er dürfe in deren Rechte eingreifen, wenn keine andere Möglichkeit bestehe. Daher begründeten Schäden, die bei der Abwehr verursacht würden, keine staatliche Ersatzpflicht.[353] Im Gegenteil hafte der Staat, wenn er seinen Schutzpflichten nicht nachkomme. Das sei aber kaum richtig zu beurteilen. Selbst Fehlverhalten der Truppen führe daher nicht zu Ansprüchen gegen das Reich.[354]

Auch die Bewohner der Grenzländer des Reiches könnten keinen Anspruch geltend machen: Ihrer besonderen Gefahr, Kriegsopfer zu werden, stehe der wirtschaftliche Vorteil der Grenznähe gegenüber.[355] Schließlich ließen sich Kriegsschäden nicht genau feststellen, was ebenfalls gegen den Anspruch spreche.[356]

---

schäden die Anwartschaft auf Ostfriesland erhalten und es (1744) in Besitz genommen (S. 206, 210).

347 Von Berg, Band I, Heft 2, S. 177 (205).

348 Von Berg, Band I, Heft 2, S. 177 (193 f.). Nachweise nennt von Berg nicht.

349 Von Berg, Band I, Heft 2, S. 177 (194).

350 Diese Verpflichtung ergebe sich u. a. aus dem [ewigen] Landfrieden von 1495, von Berg, Band I, Heft 2, S. 177 (199).

351 Damit dürfte der 1. Koalitionskrieg gegen Frankreich gemeint sein, vgl. oben C.III.2 (S. 70).

352 Von Berg, Band I, Heft 2, S. 177 (200).

353 Von Berg, Band I, Heft 2, S. 177 (195 f.).

354 Von Berg, Band I, Heft 2, S. 177 (201). Eine Begründung für diese These liefert von Berg nicht.

355 Von Berg, Band I, Heft 2, S. 177 (203). Noch im Jahr 1917 wird der Mietausfall eines Gebäudes in Gumbinnen (Ostpreußen) nicht als Kriegsschaden gewertet, weil im Krieg alle Grenzgebiete gefährdet seien und ein Krieg mit Russland schon seit Jahren gedroht habe (vgl. DJZ 1917, S. 1014).

356 Ein allgemeiner Kriegsschädenausgleich veranlasse statt dessen zu viele „falsche Zeugnisse und Meineide", von Berg, Band I, Heft 2, S. 177 (204).

Im Ergebnis stellt *von Berg* fest, dass der Einzelne keinen Anspruch gegen den Staat habe; er könne nur Unterstützung ohne Rechtsanspruch fordern.[357] Ausnahmsweise hafte der Staat, wenn er einen Nutzen aus der Beschädigung ziehe. Dies sei der Fall, wenn Gebäude außerhalb von Festungen zerstört würden, um feindliche Angriffe besser abwehren zu können,[358] oder Vorstädte zur Rettung befestigter Städte niedergebrannt würden.[359]

In *von Bergs* Streitschrift sind die Gegensätze unverkennbar. So stellt sich die Frage, warum Kriegsschäden leichter festzustellen sind, wenn der eigene Staat siegreich ist. Schwierigkeiten dürften insbesondere bestehen, wenn ganze Vorstädte niedergebrannt werden: Zerstört werden unter diesen Umständen nicht einzelne Häuser oder Betriebe, sondern Viertel mit eigenen inneren Wirtschaftsbeziehungen, die nach einer Zerstörung wieder aufgebaut werden müssen. Diese Probleme scheinen *von Berg* bewusst zu werden, eine angekündigte Fortsetzung seiner Ausführungen zum Kriegsschaden bleibt aus. Statt dessen revidiert *von Berg* im Jahr 1806 seine Meinung, um sich der Theorie *G. M. Webers*[360] anzuschließen. Zugleich vermutet *von Berg*, dass es für einen allgemeinen Kriegsschädenausgleich keine passende Klageart gegen den Staat gebe, so dass *G. M. Webers* Überlegungen „zu richterlichen Erkenntnissen in einzelnen Streitfällen nicht zu taugen scheinen.“[361]

bb) Von Dalwigk (1796)

Carl von Dalwigk untersucht im Jahr 1796 den Anspruch anhand der Schäden, die 1792 in den an der Grenze zu Frankreich gelegenen Reichskreisen entstehen:[362] Die Reichstruppen nutzen vorwiegend Straßen, die in besserem Zustand sind, so dass die dort gelegenen Städte und Gemeinden stärker in Anspruch ge-

---

357 Von Berg, Band I, Heft 2, S. 177 (205).

358 Von Berg, Band II, Heft 2, S. 297 (308), zitiert an dieser Stelle, ohne sie als solche zu bezeichnen, die *lex rhodia* im lateinischen Original.

359 Von Berg, Band II, Heft 2, S. 297 (312 f.). Das scheint ein Hinweis auf den Prozess der Breslauer Vorstädter zu sein. Ausnahmsweise ist kein Schadenersatz zu leisten, wenn die betroffenen Gebäude außerhalb der Festung nicht angelegt werden durften oder nur unter der Bedingung, dass sie in Notzeiten niedergerissen werden durften (von Berg, Band II, Heft 2, S. 297 (309)).

360 Dazu sogleich unten, C.III.2.a)cc) (S. 75).

361 Von Berg (Beobachtungen III), S. 1 (42 f.).

362 Anhand der Beschreibung ist zu vermuten, dass diese Schäden während des 1. Koalitionskrieges entstehen.

nommen werden.[363] Die Schadenshöhe zwingt die Anrainer, Kapital aufzunehmen, weshalb *von Dalwigk* den Niedergang ganzer Landstriche befürchtet. Er sucht daher nach Grundlagen für eine rechtliche Verpflichtung, andere zu unterstützen.

Diese Grundlagen findet *von Dalwigk* im Recht der Billigkeit, in allgemeinen Grundsätzen des Staatsrechts, in den Grundsätzen des römischen Rechts und im „Geist der deutschen Staatsgesetze:“[364] Alle Gemeinden und Ämter des Reiches seien Teil eines einzigen Staates, weshalb ein Ausgleich stattfinden müsse. Die Sicherheit der Person und der Güter sei die Ursache dafür, dass der Mensch Staaten gebildet habe. Daher sei es Sache aller Einwohner, eine Störung im Staat gemeinsam zu bekämpfen; ebenso sei es Pflicht aller, gegen eine einem Einzelnen drohende Gefahr zu handeln, da diese gegen alle gerichtet sei.[365] Im Übrigen begründeten die Glieder des Staates eine Gesellschaft, die sie verpflichte, Lasten gemeinschaftlich zu tragen. Zu Lasten, die zur Erhaltung des Staates beitragen, aber nur wenige treffen, müssten die Verschonten ihren Teil beitragen.[366]

Diese Folgerungen aus dem allgemeinen deutschen Staatsrecht unterstütze eine Analogie zur *lex rhodia*: „Der Grund dieser analogischen Anwendung liegt in der vollen Ähnlichkeit sowohl seiner Veranlassung als der Billigkeit der von den Römern erlassenen gesetzlichen Vorschriften.“ Nach der *lex rhodia* habe derjenige, der die Vorteile einer Sache genieße, auch ihren Schaden zu tragen.[367] Außerdem seien in einer Gesellschaft, die Vorteile gemeinsam nutze, auch die Lasten gleichmäßig zu verteilen. Die Römer hätten die strikte Gleichheit in der Gesellschaft vorgegeben.[368]

Diese Voraussetzungen seien auch im Kriegsschadenrecht gültig: „Wer die Sicherheit des Landes, dessen Räumung vom Feinde und die Aufrechterhaltung von Verfassung will, der muss auch die *Incommoda*, die Kontribution zur Bestreitung der Einquartierung und Kriegserleidnisse tragen wollen; auch hier treten die Grundsätze des Gesellschaftsrechts, dass in *Onerosis* [Belästigung] keiner mehr als der andere zu belästigen sei, ohne weiteres ein. Auch hier sei es billig, dass diejenigen, welche die Erleidnisse, die einer ganzen Gesellschaft drohen, allein über sich nehmen, auch dafür von den anderen, denen hierdurch Erhaltung, Sicherheit und Vorteil zuwächst, entschädigt werden, dass die Ge-

---

363 Nicht ganz deutlich wird, ob von Dalwigk Sachschäden meint oder (auch) Kriegsleistungen. Der von ihm verwendete Begriff „Inanspruchnahme“ lässt eher auf Kriegsleistungen schließen, demgegenüber steht der zugleich verwendete Begriff Schäden.

364 Von Dalwigk, S. 3 f.

365 Von Dalwigk, S. 4 f.

366 Von Dalwigk, S. 5.

367 Von Dalwigk, S. 8.

368 Von Dalwigk, S. 10.

sellschaft, die ihren Vorteil miteinander theilt, auch ihren Schaden miteinander theilen muss.“[369] Auch auf Kriegsschäden träfen diese Gründe zu, die analoge Anwendung der *lex rhodia* sei daher sachdienlich und geboten.[370] Die Pflicht, Kriegsschäden allgemein auszugleichen, untermauerten die Grundsätze deutschen Reichsrechts, die sich aus dem Regensburger Reichsabschied von 1641 (§ 26) ergeben.[371]

Folglich seien die Landesherren berechtigt, die Kriegslasten auf das ganze Land zu verteilen. Entsprechend werde in den Ländern auch verfahren.[372]

cc) G. M. Weber (1798)

Gegen die Darstellung *von Bergs* wendet sich *G. M. Weber* im Jahr 1798. Er macht die *von Berg'sche* Theorie zur Grundlage einer Streitschrift und untersucht alle Fragen hinsichtlich der durch Krieg verursachten Schäden.[373]

G. M. Weber sucht einen Ausgleichsanspruch primär im deutschen Staatsrecht, weil [römisches] Zivilrecht nur subsidiär angewandt werden könne: Der Krieg sei eine Sache des ganzen Staates, also seien die Folgen nach staatsrechtlichen Grundsätzen zu beurteilen. Auf andere Rechtsquellen, namentlich das römische Recht, könne nur zurückgegriffen werden, wenn das Staatsrecht keinerlei Regelungen setze.[374] Dennoch geht *G. M. Weber* auf Thesen zum römischen Recht ein, um ihnen seine Überlegungen entgegenzustellen:

Die *lex aquilia*[375] begründe Ansprüche nur für *widerrechtlich* zugefügte Schäden; die Kriegsführung sei aber rechtmäßig. Verfehlt sei auch die Anwendung der *lex rhodia*: Einerseits, weil die Juristen immer uneins über die analoge Anwendung dieses Gesetzes gewesen seien,[376] und andererseits, weil sie Beweisfragen schaffe:[377] Während beim Seewurf alles, was auf dem Schiff bliebe, gerettet sei, seien beschädigte und gerettete Immobilien kaum zu vergleichen.[378]

---

369 Von Dalwigk, S. 10; die Zeichensetzung wurde vom Verfasser behutsam angepasst.

370 Von Dalwigk, S. 10 f.

371 Vgl. die Regelung im Wortlaut oben, Anm. 167 (S. 36); von Dalwigk, S. 12.

372 Von Dalwigk, S. 13 verweist auf von Römer, Staatsrecht und Statistik des Kurfürstenthums Sachsen Th. 2ten, S. 250.

373 Dies dürfte die erste vollständige Behandlung des Themas sein. G. M. Weber definiert den Kriegsschaden, geht der Frage nach, ob dieser auszugleichen ist, stellt Kriterien für den Ausgleich in der Praxis auf und scheint dabei auf sämtliche Literatur zum Thema zurückzugreifen.

374 Weber, G. M., S. 15.

375 Siehe oben, C.II.2.a)cc) (S. 42).

376 Weber, G. M., S. 28.

377 Weber, G. M., S. 35.

378 Weber, G. M., S. 38.

Ein politisches Argument trete hinzu: Der Nachweis, ob Schäden zugunsten Dritter erlitten worden seien, sei so schwer zu erbringen, dass es nahezu vom Zufall abhänge, wer Ersatz erlange und wer nicht. Das spalte die Bürger nach dem gemeinsamen Kampf in zwei Lager.[379]

Auch die Absicht des Feindes sei kein Differenzierungskriterium: Den feindlichen Truppen sei gleichgültig, wo und von wem sie etwas verlangten, und nur wichtig, dass sie etwas erhielten.[380] Nur wenn jemand den Feind gereizt habe, könne man eine Absicht erkennen und das mitbewerten.[381]

Gleiches gelte für die Rechtsfigur der allgemeinen Billigkeit, wonach Ersatz vom Dritten verlangen dürfe, wer zugunsten des Dritten Schaden erlitten habe. Die Rechtsfigur sei fraglich, denn sie stehe im Widerspruch zur *lex rhodia*, die einen Schadenersatzanspruch nur gewähre, wenn der Schaden kausal einen Nutzen bei anderen hervorgerufen habe.[382] Es fehle der Beweis dafür, dass derjenige, zu dessen Vorteil ein Schaden erlitten sei, auch die Pflicht habe, diesen Schaden auszugleichen.[383]

Zuletzt weist *G. M. Weber* darauf hin, dass die Beweissicherheit kein Kriterium für den Kriegsschädenersatz sei. Es sei lediglich ein Fehler der Gerichte, nicht deutlich genug vor dem Meineid zu warnen.[384]

Der Schadenersatzanspruch bei Kriegsschäden sei ausschließlich der Tatsache geschuldet, dass Staaten gegeneinander Krieg führten, also nicht gegen einzelnen Bürger. Der Bürger habe an Kriegen nur als Glied seines Staates Anteil.[385] Weil sich alle Bürger im Staat zu einem Zweck zusammengefunden hätten, müsse ein im Zivilrecht angewandter Grundsatz Geltung haben, dass jeder, der an einer gemeinsamen Sache teilnehme und dabei einen Schaden erleide, durch die anderen schadlos zu halten sei.[386] Dieser Grundsatz gelte, weil alle

379 Weber, G. M., S. 42. Damit spricht Weber, G. M., ein wiederkehrendes Motiv an: den Beweis der Schäden. Noch im Lastenausgleichsverfahren zum LAG wird den Geschädigten unterstellt, sie machten mehr Schaden geltend als entstanden sei (vgl. dazu die Nachweise unten, Anm. 1297 (S. 243)).

380 Weber, G. M., S. 54, scheint hier auf Kriegsleistungen einzugehen, ohne dies zu verdeutlichen.

381 Weber, G. M., S. 56.

382 Weber, G. M., S. 69 f., stellt im Folgenden die Frage, wer den Seewurf zu bezahlen habe, wenn ein Mitschiffer seine Waren ohne Anordnung oder Sturm über Bord werfe.

383 Weber, G. M., S. 71.

384 Weber, G. M., S. 175, erkennt, wie schwer bei Verlust der Nachweis zu erbringen sei, was vorher vorhanden gewesen ist (S. 171). Dafür gebe es den Eid, der als religiöses Mittel selbst den Politiker achtenswert mache (S. 176). Im Kontext verblüfft die polemische Argumentation.

385 Weber, G. M., S. 74.

386 Weber, G. M., S. 79, unter Hinweis auf L. 52, § 4 (de pro socio).

Staatsglieder an allen staatlichen Zielen und dem Weg dahin gleichen Anteil erhielten und ihren Beitrag leisteten. Dies begründe weder einen Schadensausgleich nach zivilrechtlichen Grundlagen oder einen zivilrechtlichen Anspruch, sondern ein allgemein für das Zivilrecht geltender Grundsatz werde auf das Staatsrecht übertragen.[387] Daher müssten alle durch den Krieg verursachten Schäden ausgeglichen werden.[388]

Zu den ausgleichspflichtigen Schäden gehörten auch Plünderungen und mutwillige Schädigungen eigener wie fremder Truppen. Obwohl der Staat Plünderungen nicht veranlasse, setze er mit der Kriegserklärung die Truppen in Bewegung und bürge folglich für das Verhalten der Soldaten.[389] Kriegsschäden seien auch keine Zufallsereignisse, sondern notwendige Kriegsfolgen. Nur die Gegenden, die der Krieg treffe, seien vom Zufall abhängig.[390] Zusätzlich begründe das Naturrecht eine allgemeine Staatspflicht, alle Verunglückten zu unterstützen.[391]

dd) Hatzfeld (1798)

Auch *Hatzfeld* findet die Begründung für Kriegsschädenersatz ausschließlich im Staatsrecht; römisches Recht sei subsidiär.[392] Schäden verursachen nach *Hatzfeld* vorwiegend Kriegsleistungen (Einquartierungen, Lieferungen, Brandschatzungen, Transportkosten).[393] Schäden, die durch die Aufstellung der Armee und das Errichten von Befestigungsanlagen verursacht werden, seien zu ersetzen,[394] es sei denn, Gebäude seien nach dem Bau einer Festung in deren Schussfeld an-

---

387 Weber, G. M., S. 82.

388 Weber, G. M., S. 73.

389 Weber, G. M., S. 85, stellt die Frage, wer bei „geöffneten Schleusen dem Meer gebieten [könne], bis hierher und nicht weiter zu gehen."

390 Weber, G. M., S. 21.

391 Dieser Hinweis erfolgt aufgrund der Befürchtung, dass man seine Theorie nicht anerkennen könnte. Weber, G. M., S. 108, weist ausdrücklich darauf hin, dass man die Frage des Anspruchs auf Schadenersatz und die auf Unterstützung nicht verwechseln dürfe. Hinsichtlich der Frage der Unterstützung verweist er, S. 112, auf Paley, der den „Armen" einen „auch nach dem Naturgesetze" gegründeten Anspruch auf Hilfe gebe. Dieser Anspruch besteht, weil von Geburt jeder das gleiche Recht zum Besitz und zum Erwerb habe; Gott die Eigentumsordnung geschaffen habe und daher es auch göttlicher Anspruch sei, dass diese Gleichartigkeit auch beim Eigentum bestehe (Paley, S. 269 f.).

392 Hatzfeld, S. 5.

393 Hatzfeld, S. 18, vgl. auch die Definition Hatzfelds oben, Anm. 108 (S. 25). Als Ausnahme unter den Kriegsleistungen wird man die Demolierung von Festungs- und Verteidigungsbauwerken ansehen müssen.

394 Hatzfeld, S. 46 f.

gelegt worden.[395] Einquartierungen seien nicht auszugleichen, weil sie die Einzelnen zufällig träfen, wenn die Einquartierung nicht geplant stattfinde.[396] Eigentum sei nur zu ersetzen, wenn es zum Vorteil des Staates geopfert werde.[397] Als Beispiel nennt *Hatzfeld* die Situation, dass zunächst zum Vorspann[398] angeforderte Tiere zum Nutzen der Truppen weggenommen würden und deshalb bei Dritten nicht requiriert werden müssten. Gleiches gelte für Plünderungen: Schäden seien zu vergüten, wenn sie eine notwendige Requisition ersetzten.[399]

Hatzfeld setzt die planmäßige Verursachung für einen Ersatzanspruch voraus. Ob dem Schaden eine Leistung zugrunde liegt, ist unerheblich, andernfalls wäre bspw. für Einquartierungen generell Ersatz zu leisten. Weiteres Differenzierungskriterium ist der Nutzen für Dritte; daher ist der Abbruch von Häusern für das Schussfeld zu ersetzen und ebenso eine Plünderung, wenn sie eine planmäßige (also zu ersetzende) Requisition verhindert. Weil Brandschatzungen bezahlt werden, um einer Plünderung oder Besetzung zu entgehen, dienen sie der Sicherung der Personen und des Eigentums. Folglich sind auch sie als allgemeine Landesschuld zu ersetzen.[400] Ausdrücklich weist *Hatzfeld* darauf hin, dass Brandschatzungen nach dem Kriegsrecht erlaubt seien; nur solche Leistungen dürften ersetzt werden.[401]

ee) Haus (1801)

Haus befasst sich mit Kriegsschadenersatz, weil seinerzeit die Kriege „nicht nur Süddeutschland, sondern halb Europa interessierten“ und behauptet, die Frage der Regelung von Kriegsschäden liege den Menschen näher als der Schrecken des Krieges.[402] *Haus* trennt Schäden, die der eigene Staat und seine Verbündeten verursachen, von Schäden, die gegnerische Truppen hervorrufen. Eigenverur-

395 Hatzfeld, S. 47.

396 Hatzfeld, S. 19 f.

397 Hatzfeld, S. 36 f.

398 Vorspannpflichten sind Teil der Hand- und Spanndienste; insbesondere die Eigentümer von Huftieren sind verpflichtet, diese für den Transport von Truppen und Material zur Verfügung zu stellen, ohne dass ein Eigentümerwechsel vorgesehen ist, vgl. die (spätere) Regelung in § 3 Nr. 3 KLG.

399 Hatzfeld, S. 55.

400 Hatzfeld, S. 40 f.

401 Hatzfeld, S. 40.

402 Haus, S. 1. Haus stellt außerdem resigniert fest ist, dass sich viele Autoren „auf das Gefühl einer gewissen Billigkeit“ zurückzögen und dies dann in einem Satz rechtfertigten, Haus, S. 3.

sachte Schäden will *Haus* ersetzen: Die Notwehr in der Kriegssituation befreie nicht davon, die Geschädigten schadlos zu halten.[403]

Die von eigenen und verbündeten Truppen verursachten Schäden differenziert *Haus* nach mittelbaren, unmittelbaren und weiteren Kriegsschäden. Nur wenigstens mittelbar verursachte Schäden sollen eine Ausgleichspflicht begründen. Unmittelbar verursachte Schäden seien ersatzpflichtig, weil der Staat den Krieg zur Wiedererlangung seiner Rechte führe, der Krieg also dem Zweck der bürgerlichen Vereinigung entspreche. Die Ersatzpflicht entstehe verschuldensunabhängig, weil die Untertanen berechtigt seien, Handlungen des Souveräns in Frage zu stellen.[404] Mittelbar durch den eigenen Staat verursachte Schäden seien auszugleichen, weil im Staat alle an allen Staatslasten gleichmäßig zu beteiligen seien. Wer im Kampf und in der Not besonders belastet werde, dürfe sich bei allen anderen Gliedern der Gesellschaft, also beim Staate, schadlos halten.[405] Den Anspruch begründe aber nicht das Gesellschaftsrecht;[406] die Staatsgesellschaft sei nicht auf Gewinn oder auf Versicherung gegen Vermögensverlust gerichtet.[407] Dies gelte erst recht, wenn der Staat Schäden nur mittelbar verursache, denn der Verlust entstehe dann nicht durch eine staatliche Anordnung.[408]

Die allgemeine staatliche Verbindlichkeit zum Ersatz hebe aber nicht die Grundsätze des Schadenersatzrechtes aus, so dass Schäden, die ohne Militärorder entstünden, von demjenigen zu ersetzen seien, der sie verursacht habe; der Staat hafte in solchen Fällen nur subsidiär.[409] Im Übrigen bestehe nur Ersatzpflicht, wenn sich der Staat durch Hingabe des Vermögens eines Dritten von eigenen Verpflichtungen befreie.[410]

---

403 Haus, S. 17.

404 Eines eigenen Kommentars zu dieser Frage enthält sich Haus, S. 23, und verweist nur darauf, dass dies nach „einigen Naturrechtlern“ so sei.

405 Haus, S. 24.

406 Haus meint mit diesem Begriff den römisch-rechtlichen Gesellschaftsbegriff.

407 Haus, S. 15.

408 Haus, S. 16, nennt Außenhandelsverträge als Beispiel. Begründeten diese Verluste bei Kaufleuten, sei der Staat dafür nicht verantwortlich. Kriegsfolgeschäden seien folglich ebenfalls auszuklammern.

409 Haus, S. 26 f.

410 Dies ist nach Haus ein grundlegendes, aus dem Vernunftsrecht abgeleitetes, Prinzip des Zivilrechts. Das Prinzip sei auch die Urquelle der lex rhodia. Demnach ist ein Schaden von denjenigen, „deren bestes dadurch befördert wurde“, nach dem Maße ihres Vorteiles zu tragen. Haus, S. 12 f., 35, bleibt vage, wann diese Situation vorliegt und stellt fest, dass sie nur schwierig zu beweisen sei (S. 151 f.). Als Beispiel nennt Haus die Situation, dass eine Person durch ein Geschenk eine Brandschatzung abwende (S. 154 f.).

Vom Gegner verursachte Schäden seien nicht ausgleichspflichtig.[411] Weil diese Schäden keine Folge einer auf den Staatszweck gerichteten Handlung seien, ergebe sich auch kein Anspruch aus der „bürgerlichen Vereinigung." Außerdem seien vom Gegner angerichtete Schäden stets rechtswidrig verursacht. Weil Schadenersatz die rechtswidrige Verursachung des Schadens voraussetze, führte der Ersatz im Gegenschluss zur Rechtswidrigkeit der Kriegshandlungen des eigenen Staates.[412]

ff) Grattenauer (1810)

Grattenauer stellt die Überlegungen zum Kriegsschädenausgleich gegenüber.[413] Stellung bezieht *Grattenauer* nur zur Berechtigung des Feindes, Schäden zu verursachen: Erlaubt sei alles, was zur Vernichtung der Waffenkraft des Gegners erforderlich sei. Sobald die Streitkräfte des alten Staates vernichtet seien, trete der Souverän des Feindes als neuer Souverän an die Stelle des alten und könne sogar eine neue Verfassung schaffen.[414] *Grattenauer* geht wie *G. M. Weber* davon aus, dass Kriegsschäden ebenso wenig zufällig eintreten wie Kriege, sondern absichtlich. *Grattenauer* tritt deshalb für einen allgemeinen Kriegsschädenausgleich ein, der für jede Beschädigung gezahlt werden müsse, „welche als ein Mittel zur Vernichtung der bewaffneten Macht ausgeübt ist." Zurückhaltend bewertet *Grattenauer* Plünderungen: Sie seien nicht zu ersetzen, weil sie niemandem nützten.[415]

Nach *Grattenauer* ist Kriegsschädenersatz folglich für durch eigene Truppen verursachte Schäden zu leisten, mit Ausnahme von Plünderungen und anderer durch eigene Truppen verursachter Schäden, deren Verursachung durch die Befehlshaber ausdrücklich untersagt seien. Grundlage für den Ersatz scheint das Staatsrecht zu sein.[416] Zur Folge, dass auch Schadenersatz geleistet werden

---

411 Haus, S. 29, begründet dies damit, dass der Staat auch nicht gehalten sei, allgemeine Schäden Dritter zu ersetzen.

412 Haus, S. 32. Eine Ausnahme bestehe nur dann, wenn der Geschädigte einen feindlichen Schaden erlitten und dadurch für Dritte oder den Staat eine Verbindlichkeit getilgt oder den Verlust von Gütern durch die Hingabe eigener abgewendet habe. Gleiches gelte, wenn ein solcher Schadenersatz stillschweigend oder ausdrücklich durch einen Vertrag zugesprochen sei, Haus, S. 35 f.

413 Grattenauer wertet auch anonym erschienene Schriften sowie Flugblätter und ähnliche Schriften aus und vermittelt dadurch ein genaues Bild seiner Zeit.

414 Grattenauer, Band I, S. 90.

415 Grattenauer, Band I, S. 91, meint aber, über solche Schäden müsse noch nachgedacht werden.

416 Grattenauer behauptet dies nicht, sondern nur, dass der Staat die Verpflichtung habe, den Schaden zu ersetzen. Er übernimmt kommentarlos die Behauptung eines „anony-

müsste, wenn nach einem Krieg der ehemals feindliche Souverän an die Stelle des ursprünglichen tritt, sofern die Schäden zur Vernichtung des Gegners hervorgerufen werden, äußert sich *Grattenauer* nicht.

gg) Glück (1813)

Nach *Glück* wird die *lex rhodia* gewöhnlich auf Feuersbrünste und Kriegsschäden ausgedehnt,[417] wenn Häuser abgerissen würden, um eine Ausbreitung des Feuers zu verhindern. Der in Anspruch genommene Dritte müsse Vorteil aus dem Schaden ziehen; nicht ausreichend sei, dass den Gläubiger ein Unglück getroffen habe, das auch den Schuldner hätte treffen können. Damit setzt *Glück* für eine Analogie der *lex rhodia* Kausalität voraus.

hh) Eichmann (1813)

Wie *Grattenauer* will auch *Eichmann* keine neue Theorie über den Umgang mit Kriegsschäden begründen, sondern kritisiert *Glücks* Kommentierung zur *lex rhodia*, weil *Glück* kein präzises Votum abgegeben habe.[418] *Eichmann* untersucht zunächst die Anwendbarkeit des *Corpus Iuris* in Deutschland.[419] Zur *lex rhodia* stellt *Eichmann* fest, dass diese schon von den römischen Juristen auf weitere Fälle der Seegefahr ausgedehnt worden sei.[420] Weil sie aber nicht auf alle Gefahrsituationen, in denen jemand zum Vorteil Dritter sein Eigentum opfere,[421] in das deutsche Recht übernommen sei, könne die Norm folglich nicht ohne weiteres auf Kriegsschäden angewendet werden. Zunächst müsse die Absicht des Gesetzgebers bei Erlass des Gesetzes ermittelt werden. Diese laute: „Wer

---

men Verfassers", abgedruckt bei Grattenauer, Band I, S. 87; beachtenswert ist, dass auch Grattenauer mit dem Erfordernis des „Nutzens" (erkennbar bei Plünderungsschäden) die Voraussetzungen der *lex rhodia* verlangt.

417 Glück, § 890 (S. 233 f.), mit Verweis auf Struben, Püttner, Winkler und Platner.

418 Vgl. Eichmann, Vorwort, S. 3 f.

419 Eichmann, S. 17 f: Zumeist handele es sich um die Wiedergabe von Entscheidungen, die nur selten das Prinzip, welches ihnen zugrunde liege, aussprächen.

420 Eichmann, S. 31 ff., nennt folgende Fälle: wenn zur Erleichterung eines Schiffes ein Teil der Ladung in ein Boot gebracht wurde, das gesunken ist (D. 14, 2, 4); wenn Sachen beim Seewurf mit Salzwasser bespritzt und dadurch verdorben wurden (D. 14, 2, 4, 2); oder den Rückkauf des von Seeräubern erbeuteten Schiffs (D. 14, 2, 2, 3).

421 Eichmann, S. 33, nennt als Beispiel die von den Römern nicht behandelte Frage eines Ersatzes, wenn jemand seine Gesundheit zur Rettung der Güter Dritter schädige. Er vermutet, dass die Römer das Problem nicht sehen konnte, weil nur Sklaven in Rom gefährliche Arbeiten verrichteten. Gleiches gelte für Kriegsschäden; Kriege Roms seihen weitgehend auf fremdem Territorium geführt worden.

bei einer Gefahr, die er nicht selbst, oder wenigstens nicht einzig verursacht, mit Aufopferung seiner Habe oder Gesundheit, einen Schaden von anderen abgewendet hat, kann, insofern er den anderen nützte und er nicht sonst dazu rechtlich verbunden war, eine der Sachlage angemessene Entschädigung verlangen."[422] Der Satz stelle nur Voraussetzungen auf, ohne das Maß der Entschädigung festzulegen.

Eichmann hält das Zivilrecht im Verhältnis Staat – Bürger für unanwendbar[423] und begründet dies mit prozessualen Überlegungen: Der Ausgleich von Kriegsschäden dürfe nicht den „Charakter einer Justizsache" erhalten, also mittels Klage vor Gericht gebracht werden. Dies sei jedoch der Fall, wenn man das Privatrecht als Grundlage für Kriegsschädenersatz anerkenne. Eine Regierung erkenne aber bei staatlichen Handlungen gerade keinen Richter an.[424]

Die Ersatzpflicht des Staates begründet *Eichmann* mit dem Zweck der öffentlichen Verfassung Deutschlands, nämlich dem Schutz des Eigentums und der Sicherheit von innen und nach außen. Der Regent dürfe von den Bürgern für die Wahrung der äußeren Sicherheit Abgaben verlangen.[425] Dabei handelt es sich um Kriegsleistungen. Kriegsschäden hält *Eichmann* nicht für ersatzpflichtig, denn zu hohe Leistungsanforderungen verbündeter Heere („Excesse") sollen ebenfalls nicht ersetzt werden, weil diese keinem Staatszweck nützten.[426] Der Staat sei keine Gesellschaft zu gleichem Gewinn und Verlust; aus demselben Grund verbiete sich die Ausgleichung der von den Feinden verursachen Kriegsschäden.[427]

Gegen den Ersatz von Kriegssachschäden[428] spreche aus rechtlicher Hinsicht, dass dies Jahrhunderte dauern könne, und aus politischer Hinsicht, dass beim Ersatz von z. B. Plünderungsschäden der Staat Gefahr laufe, „dass die Moralität des Volkes verdorben wird; indem unzählige Bestimmungseide müssten geschworen werden."[429] Vom Feind verursachte Schäden seien als „Exzesse" anzusehen und folglich nicht ausgleichspflichtig.[430]

---

422 Eichmann, S. 35.

423 Eichmann lässt aber einen zivilrechtlichen Binnenausgleich zwischen Bürgern zu, vgl. S. 73: „die öffentliche Entschädigung ist von den Ersatzverpflichtungen der Privaten untereinander unabhängig", ebenso S. 93.

424 Eichmann, S. 90 f.

425 Eichmann, S. 106 f., verweist dabei ausdrücklich auf die Definition von Bergs.

426 „... wenn sie nicht eines Staatszweckes wegen zugestanden worden [sind], sondern aus Ohnmacht nicht abgehalten werden [können]", Eichmann, S. 107.

427 Eichmann, S. 107.

428 Eichmann, S. 93, wendet sich dabei ausdrücklich gegen die Ausführungen G. M. Webers.

429 Eichmann, S. 93 f.

430 Eichmann, S. 107.

Eichmann lässt nur in drei Fällen einen zivilrechtlichen Kriegsschädenausgleich zu: wenn jemand widerrechtlich Kriegsschäden zugefügt oder sich durch Vertrag verpflichtet hat, Kriegsschäden zu übernehmen[431] oder wenn die Zivilgesetze einen Kriegsschadenersatzanspruch begründeten.[432] Das ist konsequent, weil es sich um Ersatzansprüche handelt, die auf Gesetz oder Vertrag beruhen. Auch in diesen Fällen hat *Eichmann* mehr einen Ausgleich unter den Bürgern und nicht im Verhältnis Staat – Bürger im Blick, da er bspw. für eine gesetzlich begründete Haftung die „widerrechtliche" Zufügung des Schadens verlangt.

ii) Von Sensburg (1821)

Neben Monographien zum Thema Kriegsschädenersatz finden sich in einzelnen Schriften Hinweise darauf, wie rechtlich mit dem Krieg und den Kriegsschäden umgegangen werden soll. So ist bspw. für *von Sensburg* ein Kriegsschädenausgleich nicht erforderlich, weil der Krieg nur Ungleichheiten ausgleiche: Er treffe diejenigen, die in Friedenszeiten durch ihre geographische Lage begünstigt seien, während diejenigen, die auf den Bergen und in den Tälern wohnten, in Friedenszeiten zwar schlechtere wirtschaftliche Voraussetzungen hätten, dafür aber auch vom Krieg weitaus geringer in Mitleidenschaft gezogen würden. Erreiche der Krieg abgelegene Regionen, forderten die Truppen geringere Kriegsleistungen an,[433] „weil [den Truppen] die Beschränktheit im Geben vor Augen schwebt und lokale Unheimlichkeiten Mäßigung gebieten." Somit stelle jeder Kriegslastenausgleich nur den früheren Zustand der Ungleichheit wieder her.[434] Nicht der Krieg, sondern die spätere Verteilung der Kriegslasten sei das größere Übel.[435] Das Argument ist bereits im Pariser Edikt von 1814[436] und später in der Diskus-

431 Eichmann, S. 116 f.

432 Eichmann, S. 133.

433 Damit spricht von Sensburg, S. 3 f., offensichtlich die sowohl strategisch in Kriegszeiten als auch wirtschaftlich in Friedenszeiten besondere Stellung der Ortschaften an den Grenzen an, ohne sie allerdings tatsächlich zu benennen, eine Idee, die bereits von Berg oben, C.III.2.a)aa) (S. 71)) äußert. Von Sensburg nennt zunächst nur Kriegsleistungen, geht aber in seiner Bearbeitung noch auf bestimmte Formen von Kriegsschäden ein. An dieser Stelle meint von Sensburg erkennbar die Kriegsleistungen.

434 Von Sensburg, S. 4.

435 Von Sensburg, S. 3, begründet dies damit, dass ein Krieg außerhalb des Landes den Nationalwohlstand vermindere werde. Dies deshalb, weil das Vermögen nur in andere Hände gerate, und den kriegsbedingt vergrößerten Konsum erhöhte Preise und verdoppelte Produktion auffingen.

436 Vgl. oben, Anm. 283 (S. 59).

sion um den Lastenausgleich nach 1945 zu finden.[437] Zu beachten ist, dass *von Sensburg* mit Kriegslasten im Wesentlichen Kriegsleistungen meint.

b) Würdigung der Literatur bis zur preußischen Kabinettsorder

Bemerkenswert ist die Vielzahl der Ansätze zum Kriegsschadenausgleich. Problematisch ist die Anwendung römischen Rechts, weshalb bspw. *v. Dalwigk* nur allgemeine Billigkeitserwägungen aus der *lex rhodia* ableiten will und so das Junktim zwischen Rettung und Verlust aufgibt. Zugleich ist zu erkennen, dass zivilrechtliche Institute staatsrechtliche Überlegungen überlagern: Auch diejenigen Autoren, die die Rechtsgrundlage im Staatsrecht sehen, verlangen einen Nutzen des Staates aus dem Schaden des Bürgers[438] oder, dass nur von den eigenen Truppen verursachte Schäden ersetzt werden.[439] Die grundsätzliche Verpflichtung des Staates zum Schadenersatz erkennt erstmals *G. M. Weber*, der den Rückgriff auf zivilrechtliche Institute ablehnt. Beweisfragen sind daher für *G. M. Weber* kein Grund, den Anspruch auszuschließen.[440]

Aufgrund der Vielzahl von Schriften, die differenziert den Kriegsschadensausgleich behandeln, kann man davon ausgehen, dass die ablehnenden Überlegungen *von Sensburgs* keine Beachtung finden; sie werden später nicht zitiert.

Die preußische Kabinettsorder vom 4. Dezember 1831[441] beendet in Preußen die Diskussion um den Anspruch auf Kriegsschädenersatz. Es scheint, als sei die Kabinettsorder für die Juristen der Zeit so eindeutig, dass der Rechtsfolge nicht widersprochen wird. Davon unberücksichtigt bleibt die Diskussion um die formelle Rechtmäßigkeit der Kabinettsorder; sowohl im Hinblick auf ihre Rechtsnatur (Gesetz)[442] als auch auf ihre Verkündung wird sie angegriffen. Äußerungen zum Inhalt[443] sind hingegen selten.[444]

---

437 Zum Vorwurf an die Geschädigten, sie erhielten für ihre Verluste zu viel, vgl. die Nachweise unten, Anm. 1297 (S. 243).

438 So Hatzfeld (oben, C.III.2.a)dd) (S. 77) und Grattenauer (oben, C.III.2.a)ff) (S. 80).

439 So Haus (oben, Anm. 411 (S. 80)) und Grattenauer (oben, Anm. 416 (S. 80)).

440 Das ist zuletzt ein politisches Argument Eichmanns (oben, Anm. 429 (S. 82)).

441 Oben, C.III.1.b)aa)(3) (Anm. 315, S. 65).

442 Klüber (S. 137) vermisst die landesverfassungsmäßige Gesetzesform und fragt, ob die Gerichte nicht ausschließlich an Gesetze im formellen Sinn gebunden seien. Thöne, S. 218, bezeichnet die Kabinettsorder lediglich als Belehrung.

443 Nach Thöne, S. 221 f. (dort Anm. 14) ist die in der Kabinettsorder vorgenommene Differenzierung zwischen Staat und Fiskus „unverkennbar irrig." Speziell zur Wirkung auf Kriegsschäden Klüber, S. 148.

444 Zur Wirkung der preußischen Kabinettsorder vom 4.12.1831 vgl. Heilfron I, S. 236 ff. m. w. N. Die Auffassung, die Kabinettsorder habe Gesetzeskraft, setzt sich binnen kur-

Koerner stellt 1867 in seiner Untersuchung zur Versicherung des Kriegsschadens fest, dass kein Staat Anspruch auf Kriegsschadenersatz gewähre;[445] der moralischen Verpflichtung zum Ersatz kämen die Staaten aber weitgehend nach.[446] *Koerner* begründet diesen Befund mit einem Verweis auf die Kabinettsorder von 1831, auf § 43 des Preußischen Eisenbahngesetzes[447] und die Preußische Verfassung (PrVerf)[448], nach der Kriegsschäden keinen Entschädigungsanspruch begründeten.

Zu berücksichtigen ist die friedliche Zeit nach Regelung der Kriegsschäden der Befreiungskriege, also zwischen der Kabinettsorder von 1831 bis zum Deutsch-Französischen Krieg 1870/1871: Kriege mit Folgen wie die Koalitions- und Befreiungskriege werden in den deutschen Ländern nicht geführt.[449] Mit der Vergütung von Kriegsschäden in Sachsen nach dem Deutschen Krieg von 1866 dürften die wesentlichen Schäden dieses Krieges im deutschen Raum ersetzt worden sein. Das erklärt, warum die Frage des Kriegsschädenersatzes zwischen 1831 bis zum Deutsch-Französischen Krieg in der Literatur nicht nachzuweisen ist. Erst *von Jhering* untersucht im Jahr 1871 wieder die Anwendbarkeit der *lex rhodia* auf Kriegsschäden; ohne auf die Natur des Anspruchs einzugehen, meint *von Jhering*, die Anwendbarkeit sei „kaum Gegenstand eines Zweifels."[450]

IV. Ergebnis für die Zeit bis zur Reichsgründung 1871

Der Anspruch auf Kriegsschadenersatz wird bis zum Deutsch-Französischen Krieg 1870/1871 aus drei Rechtsideen hergeleitet: Aus dem rezipierten römischen Recht als positivem (Staats-) Recht, dem Naturrecht und dem Gesellschaftsvertrag. Auch in der Gesetzgebung sind naturrechtliche Einflüsse zu erkennen, so in Sachsen und Sachsen-Coburg. Sie werden von der preußischen Kabinettsorder vom Dezember 1831 überschattet, durch die der preußische König seine überlegene Position als Souverän nochmals klarstellt.

---

zer Zeit durch. Bis heute wird schlicht von einer wirksamen „authentischen Interpretation" ausgegangen, so bspw. von Huber, S. 19, ihm folgend Ossenbühl, S. 127.

445 Koerner, S. 11.

446 Koerner, S. 13.

447 „Gesetz über die Eisenbahnunternehmungen" vom 3.11.1838, PrGesS. 1838, S. 515, Koerner, S. 14 f.

448 „Verfassungs-Urkunde für den preußischen Staat" vom 31.1.1850, PrGesS. S. 17.

449 Koerner nennt als Vorkommnisse den Badischen Krieg von 1849, die Dänischen Kriege von 1849–1850 und 1864 sowie den Deutschen Krieg von 1866.

450 Von Jhering, Jahrbücher, N.F. X, S. 245 (349).

1. Anwendung römischer Rechtsnormen

Die älteste Überlegung, Kriegsschäden unter der Bevölkerung auszugleichen, gründet auf einer Anwendung römischen Zivilrechts. Dem geht die Frage voraus, ob der Pächter oder Verpächter im Landpachtverhältnis den durch Krieg entstandenen Schaden zu tragen hat.

a) Anwendung der *lex rhodia de iactu*

Die *lex rhodia* bereitet auch den Verfechtern eines zivilrechtlichen Ausgleichs Probleme, weil der Geschädigte die Kausalität zwischen dem Eigentumsverlust und der Rettung der Güter Dritter nachweisen muss. Es stellt sich auf der Tatbestandsseite die Frage, wessen Eigentum als gerettet bezeichnet werden kann,[451] und auf der Rechtsfolgenseite, gegen wen dieser Anspruch, der nach der *lex rhodia* gegen die Mitglieder der Seetransportgemeinschaft gerichtet ist, durchzusetzen ist. Aus diesem Grund wird die Kausalität bei einer analogen Anwendung gemildert. So untermauert *von Dalwigk* mit der der Billigkeit folgenden Grundidee der *lex rhodia* das Reichstaatsrecht und gibt dafür die Kausalität auf.[452] Wer diesen Schritt nicht akzeptiert, weil die Aufgabe der Kausalität gegen den Wortlaut der *lex rhodia* steht, muss ihre Anwendung ablehnen oder ihren Wortlaut als Grundlage nutzen,[453] soweit man sie nicht als beispielhaft verkörpertes Prinzip des römischen Rechts ansieht.[454] Andernfalls ist alles, was die *lex rhodia* nicht erfasst, wie eine zufällige Beschädigung zu behandeln.[455] Daher lehnt *G. M. Weber* den Ausgleich nach der *lex rhodia* ab; die Anwendung verursache mehr Ungerechtigkeit als fände kein Kriegsschädenausgleich statt.[456]

Die Anwendung der *lex rhodia* als beispielhaft verkörpertes Rechtsprinzip ermöglicht es, ihre Voraussetzungen (Kausalität und Rettung fremder Güter) nur als Prinzipien darzustellen. Dafür reicht der Nachweis, dass durch den eigenen

451 Mühlenbruch, § 454 (Band II, S. 481).

452 Vgl. von Dalwigk, S. 11.

453 Von Jhering, Jahrbücher N.F. X, S. 245 (350), stellt dar, dass dies häufig dazu führe, dass der Geschädigte keinen Ausgleich erhalte.

454 Jhering, Jahrbücher N.F. X, S. 245 (348) begründet dies mit der erweiterten Anwendung der lex rhodia bei den Römern und vermutet, dass die jüngere römische Jurisprudenz auch ohne die *lex rhodia* zu denselben Prinzipien gekommen wäre.

455 Weber, Eugen, S. 21.

456 Vgl. Weber, G. M., S. 42, mit der Feststellung: „Das blinde Reich des Zufalls, das wahre Chaos der Ungerechtigkeit … ließ nur geringe Flecken der Herrschaft des Rhodischen Gesetzes über. Bürger, welche ein und dasselbe Interesse gegen den gemeinschaftlichen Feind vereint, werden durch diese trostreiche Theorie getrennt und der Zufall soll die gemeinschaftlichen Lasten auf die Schultern Einiger wälzen, da andere mitten im Kriege wie in den üppigen Zeiten eines langen Friedens dahinleben.“

ein fremder Schaden vermieden wurde und eine Kausalität zwischen beiden Ereignissen zumindest möglich ist.[457] Zugleich entzieht man sich dem Vorwurf, die Analogie zur *lex rhodia* zu überspannen. Diese Argumentation findet in der Zeit des Vernunft- und Naturrechts Anhänger, mit Aufkommen des Rechtspositivismus treten ihre Gegner auf den Plan:[458] Ein ungeschriebenes Rechtsprinzip kann für den Rechtspositivismus keine Anspruchsgrundlage sein. Das gilt insbesondere, wenn – wie mit der *lex rhodia* – eine exakte Norm vorliegt. Den Zeitgenossen misslingt der Beweis, dass die Kausalität zwischen Verlust und Rettung von Gütern keine Voraussetzung der *lex rhodia* ist. Das führt dazu, dass sich die *lex rhodia* als Anspruchsgrundlage für Kriegsschadensersatz in Literatur und Praxis nicht durchsetzt. Zu groß ist der Unterschied zwischen der Gefahrgemeinschaft beim Seewurf und der Situation des Staatsvolks gegenüber seinen Gegnern.

b) Anwendung allgemeiner römischer Schadenersatzvorschriften

Bei der Nutzung römischer Rechtsquellen stellt sich allgemein die Frage, ob diese analogiefähig sind. Bei Kriegsschäden stellt sich die Frage zweifach: einerseits bei der jeweiligen Norm, andererseits bei der Anwendbarkeit römischen Zivilrechts im deutschen Staatsrecht. Gegen die Anwendbarkeit spricht, dass die meisten Autoren die Kriegsführung als Hoheitsrecht des Souveräns ansehen. Deshalb müssen sie die Frage beantworten, ob das römische Recht auch für die Beziehung zwischen dem Souverän mit seinen Untertanen rezipiert ist. Die Kriegsführung als Hoheitsrecht erweist sich damit als ein Hauptargument gegen eine analoge Anwendung der Vorschriften des römischen Privatrechts.

Bestehen bleibt auch die zumeist nicht angesprochene Frage, wer bei der Anwendung zivilrechtlicher Normen im Kriegsschadensrecht Schuldner der Ausgleichszahlung sein soll: Dem Wortlaut nach kommen bei der Geschäftsführung ohne Auftrag, im Auftragsrecht und bei der *lex rhodia* die Miteinwohner

---

457 Das scheint von Jhering, Jahrbücher N.F. X, S. 245 (350 f.), anzusprechen, wenn er meint, man habe es mit den Voraussetzungen der *lex rhodia* „mitunter zu lax genommen" und zugleich darauf hinweist, bei Kriegsschäden liege stets ein „im Interesse der Gesamtheit auferlegtes Opfer" vor.

458 Zur Frage der Analogiefähigkeit allgemein vgl. Seuffert's Archiv 37 (N.F. 7), S. 312 (316): „Ist auch die Iustitia die *ars aequi et boni*, so ist doch die Rechtspflege an den Inhalt des positiv bestehenden Rechts gebunden und darf die Grenzen zwischen dem, was ist und dem, was sein könnte oder sollte, nicht verwischen, wie es freilich die Naturrechtsschule oft genug getan hat." Vgl. auch Anschütz VU I, S. 164, der feststellt: „Ein beträchtlicher Teil dieser Literatur [zur Frage des Schadenersatzes bei rechtmäßig schädigendem Verwaltungshandeln] leidet darunter, dass zu viel von Gerechtigkeit und zu wenig von Recht geredet wird."

oder Nachbarn in Betracht. Dies scheint in der Literatur auch allgemeine Ansicht zu sein.[459] Bedacht werden muss, dass sich das öffentliche Recht, das dem Bürger Freiheitsansprüche wie den Abwehranspruch aus dem Eigentum gegen den Souverän gibt, im Wesentlichen erst mit der Ausformung des Verfassungsstaates ab dem Anfang des 19. Jahrhunderts entwickelt. Für *G. M. Weber* ist das Fehlen der Vorstellung vom „öffentlichen Recht" der Hauptgrund, warum die meisten älteren Autoren römisches Recht anwenden.[460]

Die Überlegung, der Ausgleichsanspruch bei Kriegsschäden ergebe sich aus zivilrechtlichen Regeln des römischen Rechts, hat also im deutschen Raum trotz einer nicht unbedeutenden Verbreitung zahlreiche Gegner. Das führt dazu, dass sich ein Ausgleich nach der *lex rhodia* und anderen zivilrechtlichen Grundlagen nicht durchsetzen kann; allenfalls unterstützen ihre Grundgedanken die Forderungen nach einer gesetzlichen Regelung.

Dass die Idee des Ausgleichs nach der *lex rhodia* zeitweise großen Rückhalt hat, lässt sich bis heute im österreichischen ABGB von 1811 nachvollziehen: Das ABGB nimmt die *lex rhodia* in fast wortgetreuer Übersetzung in § 1043 ABGB[461] und die Kriegsschäden in § 1044 ABGB[462] auf. Beide Normen stehen in Zusammenhang im Abschnitt der „Verwendung einer Sache zum Nutzen des Anderen". Das lässt darauf schließen, dass nach dem Willen des Gesetzgebers Kriegsschäden unter den Bürgern auszugleichen sind.[463] § 1044 ABGB verlangt zwar die Verteilung der Kriegsschäden durch die politischen Behörden, also durch den Staat, aber die Redakteure des ABGB sehen die Grundlage für den Kriegsschadenersatz im Bereich der Verwendungsersatzansprüche. Dafür spricht auch, dass § 1043 ABGB die Seegefahr ausdrücklich nicht regelt (§ 1043 S. 2 ABGB), obwohl die Norm den Wortlaut der *lex rhodia* im Übrigen übernimmt.

---

459 Vgl. Koropatnicki, S. 16. Bspw. weist von Jhering, Jahrbücher N.F. X, S. 245 (350), dem Geschädigten nur dann einen Anspruch aus öffentlichen Mitteln zu, wenn die richterlich nicht festzustellen ist, welcher Kreis von Nachbarn erstattungspflichtig ist.

460 Weber, G. M., S. 14.

461 Die Norm wird nicht auf den Seewurf beschränkt; im Wortlaut: „§ 1043. Hat jemand in einem Notfalle, um einen größeren Schaden von sich und andern abzuwenden, sein Eigentum aufgeopfert; so müssen ihn alle, welche daraus Vorteil zogen, verhältnismäßig entschädigen. Die ausführliche Anwendung dieser Vorschrift auf Seegefahren ist ein Gegenstand der Seegesetze."

462 Die Vorschrift lautet im Wortlaut: „§ 1044. Die Verteilung von Kriegsschäden wird nach besonderen Vorschriften von den politischen Behörden bestimmt."

463 Koropatnicki, S. 16.

2. Staats- und gesellschaftsrechtliche Ausgleichsideen

a) Naturrechtliche Ausgleichsgedanken

Eine umfassende Erklärung für die Ersatzpflicht des Staates können nur die Befürworter eines Ausgleichs nach naturrechtlichen Regeln bieten, indem sie den Ausgleich aus dem Prinzip der Rechtsgleichheit herleiten. Sie begreifen den Staat als eine Einheit und Ämter, Kommunen und Individuen als Teil dieser Einheit. Alle Glieder der Einheit sind bei gemeinsamen Handlungen gleich zu behandeln und müssen gemeinsam Lasten tragen. Sicherheit der Person und der Güter sind für die Naturrechtler die Gründe dafür, dass Menschen Staaten gründen. Störungen sind gemeinschaftlich zu bekämpfen; Gleiches gilt bei Gefahren, die Einzelnen und damit dem Ganzen drohen.[464] Treffen Lasten, die zur Erhaltung des Staates beitragen, zufällig nur wenige, so müssen die Verschonten ihren Teil beitragen.[465]

Diese Ansicht, die das naturrechtliche Pendant zur *lex rhodia* darstellt, umgeht mit der Pflicht zum Beitrag zu den allgemeinen Staatslasten die Trennung zwischen ersatzpflichtigen und nicht ersatzpflichtigen Schäden, die sich bei analoger wie direkter Anwendung aus dem Kausalitätsproblem der *lex rhodia* ergibt. Hier zeigt sich deutlich die Idee von der Lastengleichheit aller Bürger, wie sie z. B. *Achenwall* bereits 1763 fordert: „Da im Staate das Wohle aller gefördert werden muss und allen die gemeinsame Verpflichtung zur Tragung der öffentlichen Lasten obliegt, so ist die Regierung des Gemeinwesens gehalten, denjenigen, denen im Falle der Not … eine besondere Last auferlegt wurde, nach Beendigung der öffentlichen Notlage durch eine Beihilfe einen Ausgleich zu geben, soweit das in ihren Kräften steht; folglich steht ihr das Recht zu, das zu den Majestätsrechten gehört, die übrigen Bürger heranzuziehen, damit sie durch gemeinsame Beiträge an diejenigen einen Ausgleich gewähren, die die besondere Last getragen haben und, ihnen auch den Schaden zu ersetzen, den sie aus der Anwendung des *ius eminens* erfahren haben.“[466]

In naturrechtlicher Form findet der Anspruch Eingang in das preußische ALR von 1793 (§§ 74, 75 Einl.). Erst die preußische Kabinettsorder vom De-

---

464 Dalwigk, S. 5, verweist zur Begründung auf Ulrich Huber, Tr. de iure Civitatis Lib. I Sect. 3 c. 6 § 33: „iniuria non fit civibus, quando res suas non modo vendere, sed et sine pretio quandoque credere coguntur, sic tamen ut respublica cum primum poterit ad restituendum teneatur.“

465 Dalwigk, S. 5 verweist auf Theod. Kretschmann (Abh. aus dem Staats- und Privatrecht), S. 68.

466 Achenwall, Ius Naturae, 5. Auflage 1763 Buch III, § 147 S. 139, zit. nach Scheuner (Verfassungsschutz), S. 81.

zember 1831 nimmt hoheitliche Handlungen des Souveräns davon aus.[467] Die Kabinettsorder klärt zugleich, dass sich der preußische König nicht auf ein *ius eminens* berufen muss, um in Rechte seiner Untertanen eingreifen zu dürfen. Er kann den Eingriff kraft landesherrlicher Macht vornehmen – die naturrechtliche Idee von der Gleichheit aller in der Staatsgesellschaft hat keinen Platz mehr.

b) Ausgleichsanspruch aus dem Gesellschaftsvertrag

Einen ähnlichen Gehalt hat die Argumentation der Verfechter eines Ausgleiches aus dem von Untertan und Souverän geschlossenen Gesellschaftsvertrag. Auch diese Autoren benötigen keinen Rückgriff auf die *lex rhodia* oder ein anderes römisches Institut. Enthält der Staatsvertrag Grundsätze, nach denen Bürger und Souverän verpflichtet sind, die Pflichten und Lasten des Staatswesens gemeinsam zu tragen, folgt daraus die Pflicht des Staates, Kriegsschäden auszugleichen. Dies wird besonders deutlich bei *G. M. Weber*, der sich 1798 an die Spitze der Diskussion um den allgemeinen Kriegsschädenersatz stellt. *G. M. Webers* Behauptung, dass der Krieg den Ersatzanspruch begründet, weil er von Staat zu Staat geführt werde, ist revolutionär. *G. M. Weber* ist der Begründer der Idee vom allgemeinen Ersatz sämtlicher durch den Krieg entstehender Schäden durch den Staat oder die Gemeinschaft. Zwar halten auch frühere Schriftsteller einen allgemeinen Ausgleich für angemessen, aber nicht in der Schärfe und Eindeutigkeit wie *G. M. Weber*. Der Einfluss auf die Zeitgenossen ist bei *von Berg* zu erkennen. Bis dahin Gegner eines Ausgleiches, schließt sich *von Berg* im Jahr 1806 *G. M. Weber* an[468] und bekräftigt diese Haltung im Jahr 1810 ausdrücklich.[469] Mit *G. M. Weber* wird der Einfluss der französischen Revolution deutlich; gilt zuvor noch der unbeschränkte Zugriff des Souveräns auf das Privateigentum, ist der Souverän jetzt wenigstens zur Entschädigung verpflichtet, wenn er einen Krieg führt. Aufgrund der Stellung des Individuums im Gefüge des Gesellschaftsvertrags muss sich *G. M. Weber* auch nicht um eine ausdrückliche positive Rechtsgrundlage bemühen; der Gesellschaftsvertrag reicht aus. Nach *Moser* (1768) muss der geschädigte Bürger noch um eine Unterstützung durch den Souverän *bitten*,[470] nach *G. M. Weber* (1798) besteht ein *Anspruch*.[471]

Damit wandelt sich die Entschädigung von Kriegsschäden von einer Gnadenhandlung in eine Pflicht um, die sich daraus ergibt, dass alle gleichmäßig zu den Staatslasten beizutragen haben. Voraussetzung ist, dass im Krieg eine Erfül-

467 Zur KabO (1831) vgl. oben, C.III.1.b)aa)(3) (S. 63).
468 Vgl. oben, Anm. 361 (S. 73).
469 Von Berg (Beobachtungen III), 1810, S. 58 (62 f.).
470 Vgl. oben, Anm. 220 (S. 45).
471 Vgl. oben, Anm. 388 (S. 77).

lung des Staatszweckes gesehen wird.[472] Wird ein Einzelner besonders geschädigt, trägt er dadurch in höherem Maße zu den Staatslasten als andere bei, so dass ein Ausgleich stattfinden muss.[473] Zu dieser Argumentation passt auch die zögerliche Haltung in der Literatur zum Ausgleich von Schäden, die nicht durch eine staatliche Handlung veranlasst werden. Plünderungen beispielsweise sind regelmäßig verboten; sie verursacht nicht der Staat, sondern einzelne Truppen. Zu den Staatslasten trägt das Plünderungsopfer folglich nicht bei, selbst dann nicht, wenn eigene Truppen im eigenen Land plündern. Nur *G. M. Weber* konstruiert für diese Fällen eine Bürgschaft des Staates für von ihm verursachte Gefahren und begründet damit einen Anspruch des Bürgers. Gleiches gilt für die von gegnerischen Truppen verursachten Schäden; hier können die meisten zeitgenössischen Autoren keinen Anspruch anerkennen, weil ihnen dem gegnerischen Staat gegenüber eine Anspruchsgrundlage fehlt; weder ist sie positiv normiert, noch wird mit dem Gegner ein Gesellschaftsvertrag geschlossen. Insbesondere die Ablehnung *Grattenauers*[474] ist folgerichtig.

472 Jedenfalls für Handlungen des eigenen Staates wird das nicht bestritten, vgl. auch den anonymen Verfasser in Grattenauer, S. 87.

473 So zitiert Grattenauer einen anonymen Verfasser aus dem Kameralkorrespondenten vom Januar 1807, Grattenauer, S. 87 f.

474 Siehe oben, Anm. 414 (S. 80).

D. Die Behandlung von Kriegsschäden im Kaiserreich nach 1871

Nach der Regelung der Schäden der Befreiungskriege kommt es für gut 40 Jahre kaum zu Kriegsschäden. Die Frage wird nicht weiter behandelt; jedenfalls lassen sich keine Quellen nachweisen. Preußen und der Norddeutsche Bund führen ihre Kriege außerhalb der Landesgrenzen, so dass sich auch eine Neuregelung bzw. Neubearbeitung der Frage erübrigt. Erst der Deutsch-Französische Krieg 1870/1871 verursacht nennenswerte Schäden, die das neu gegründete Deutsche Reich veranlassen, die Entschädigung zu regeln.

I. Regelung der Kriegsschäden aus dem Krieg von 1870/1871

1. Die Kriegsschädengesetze

Das Deutsche Reich regelt die Entschädigung der Kriegssachgeschädigten nach dem Deutsch-Französischen Krieg 1870/1871 in zwei Kriegsschädengesetzen. Art. 1 Nr. 1 KSG sieht die Entschädigung für Sachschäden vor, die durch Kampfhandlungen oder das strategische Niederbrennen von Ortschaften entstanden sind. Dies gilt für alle Einwohner ohne Rücksicht auf ihre Nationalität. Schäden, die durch Plünderungen oder allgemeine Truppenbewegungen entstanden sind, werden nicht ersetzt.[475] Zusätzlich regelt das „Gesetz, betreffend die Entschädigung der Deutschen Rhederei“ (ReedereiG)[476] Schäden deutscher Reeder im Krieg: § 1 ReedereiG vergütet den Wert von Schiffen, die Frankreich während des Krieges konfisziert und nach Kriegsende nicht oder beschädigt zurückgibt. Außerdem ersetzt § 3 ReedereiG alle Kosten, die den Reedern durch die Aufbringung ihrer Schiffe oder die Wegnahme der Ladung entstehen.

Interessanterweise vergütet das ReedereiG auch Ausgaben deutscher Schiffseigner dafür, dass ihre Schiffe aufgrund des Kriegszustandes oder französischer Bedrohung außerdeutsche Häfen nicht verlassen können (Art. II). Die Entschädigung umfasst Auslagen für Heuer und Unterhalt der Besatzung. Mit

475 Das KSG erwähnt diese Schäden nicht, so dass nur Schäden durch Kampfhandlungen oder Brandlegung zu militärischen Zwecken ersetzt werden (Art. 1 Abs. 1 KSG); ebenso Weber, Eugen, S. 61.

476 „Gesetz, betreffend die Entschädigung der Deutschen Rhederei“ vom 14.6.1871, RGBl. 1871 S. 249. ff.

den Personalkosten werden erstmals Vermögensschäden ersetzt. Eine vergleichbare Entschädigung für Unternehmer bei Sachschäden fehlt.

Der Ersatz nach KSG und ReedereiG setzt voraus, dass der durch den Krieg verursachte Schaden nicht durch eine Versicherung gedeckt ist (Art. 1 Nr. 3 KSG, Art. 1 § 5 ReedereiG), wobei nach dem KSG eine allgemeine Feuerversicherung ausreicht; bei Schäden der Reeder muss die Versicherung explizit die Kriegsgefahr decken. Den Ersatz der Kriegsbrandschäden und der Schäden der Reeder finanzieren die Reparationszahlungen Frankreichs.[477]

2. Das Beihilfegesetz 1871

Das Beihilfegesetz (BeihilfeG)[478] regelt Schäden, die Deutschen dadurch entstehen, dass sie während des Deutsch-Französischen Krieges aus Frankreich ausgewiesen werden. Es zeigt nicht dieselbe Großzügigkeit wie das KSG oder das ReedereiG: Zwar behalten die Deutschen nach Art. 12 des Friedensvertrags[479] ihr Eigentum, das sie während des Krieges in Frankreich zurücklassen müssen. Andere Schäden, insbesondere aufgrund einer Ausweisung eingetretene Vermögensschäden, begründen keinen Ersatzanspruch.[480] Die Geschädigten können nur Unterstützung in Form von Beihilfen beantragen. Die Beihilfen sind nicht abhängig von der Höhe des Kriegsschadens; vielmehr ist der Fonds auf eine Höhe von 2 Millionen Talern begrenzt (Art. 1 BeihilfeG). Weder sieht das Gesetz eine Staffelung nach der Höhe des Schadens noch nach der Dringlichkeit einer Entschädigung vor. Die Beihilfen werden ohne Rechtsanspruch geleistet; die Höhe liegt im Ermessen der Verwaltung.

Die geringere Unterstützung der Auslandsdeutschen wird damit begründet, dass weniger schutzwürdig sei, wer freiwillig das Risiko einer Tätigkeit und des Aufenthaltes im Ausland eingehe.[481]

---

477 Art. 1 KSG, Art. 1 ReedereiG.

478 „Gesetz, betreffend die Gewährung von Beihülfen an die aus Frankreich ausgewiesenen Deutschen" vom 14.6.1871, RGBl. 1871, S. 253.

479 „Friedens-Vertrag zwischen dem Deutschen Reich und Frankreich" vom 10.5.1871, RGBl. 1871, S. 223.

480 Soweit Kriegsschäden entstanden sein sollten, werden diese ebenfalls nicht vergütet, weil Art. 1 KSG voraussetzt, dass die Schäden im Gebiet des bisherigen Deutschen Bundes oder in Elsass-Lothringen entstanden sind.

481 So Bismarck zum Gesetzentwurf im Reichstag, Verhandlungen RT Bd. 20, S. 986 (987).

3. Das Kriegsleistungsgesetz 1873

Das Kriegsleistungsgesetz (KLG) vom 13. Juni 1873 regelt die Pflichten und Rechte der Bürger und des Staates im Kriegsfall. Obwohl das Gesetz im Übrigen Kriegsleistungen behandelt, vermischt § 35 KLG Kriegsleistungen und Kriegsschäden und gewährt für Kriegsschäden Ersatz nach einem im Kriegsfalle jeweils neu zu erlassenden Spezialgesetz.[482] Die vom Reichstag eingesetzte Gesetzgebungskommission fügt diese Vorschrift, die der ursprüngliche Gesetzentwurf nicht enthält, hinzu, um Kriegsleistungen und Kriegsschäden voneinander abzugrenzen und zu verdeutlichen, dass Kriegsschäden nur aufgrund von Spezialgesetzen erstattet würden.[483] Dennoch wird die Vorschrift bereits in der 3. Lesung des Gesetzes im Reichstag von der Reichsregierung abgelehnt, weil man den Geschädigten keine Entschädigung versprechen dürfe, die nicht garantiert werden könne.[484] Zugleich wird darauf hingewiesen, dass Kriegsleistungen und Kriegsschäden nicht miteinander zusammenhängen.[485] Zugunsten des beschlossenen Wortlauts wird eingewendet, das Reich solle ohne Verpflichtung nach jedem Krieg in Erwägung ziehen, ob für eine Spezialgesetzgebung Veranlassung bestehe.[486] Auch wenn das Gesetz keine Reichsverpflichtung begründe, tröste die Geschädigten die Hoffnung, kein Übermaß an Lasten tragen zu müssen.[487]

Die Ausführungsvorschriften zum KLG bestätigen, dass § 35 KLG keinen Präzedenzfall für die Entschädigung von Kriegsschäden schafft; die aufgrund ihrer Undeutlichkeit erklärungsbedürftige Norm wird nicht erwähnt.[488]

---

482 Nach § 35 KLG gilt: „Für Leistungen, durch welche einzelne Bezirke, Gemeinden oder Personen außergewöhnlich belastet werden, sowie für alle durch den Krieg verursachten Beschädigungen an beweglichem und unbeweglichem Eigenthum, welche nach den Vorschriften dieses Gesetzes nicht, oder nicht hinreichend entschädigt werden, wird der Umfang und die Höhe der etwa zu gewährenden Entschädigung und das Verfahren zur Feststellung derselben durch jedesmaliges Spezialgesetz des Reiches bestimmt."

483 So nach der Rede des Abgeordneten Freiherr von Stauffenberg, Verhandlungen RT Bd. 27, S. 621 (621), in Antwort auf andere Auslegungen: Der Abgeordnete Lasker nennt die Norm zuvor ein „beinahe überflüssiges, gesetzliches Versprechen" für den Fall eines sehr glücklich geführten Krieges, um „etwas freigiebiger zu sein gegen diejenigen, welche die Lasten des Krieges getragen haben" (ebenda, S. 620).

484 So „unter Zustimmung von rechts" der Präsident des Reichskanzleramtes, Staatsminister Delbrück, Verhandlungen RT Bd. 28, S. 932 (933).

485 Abgeordneter von Zedlitz-Neukirch, Verhandlungen RT Bd. 28, S. 946 (946 f.).

486 Abgeordneter von Winter (Marienwerder), Verhandlungen RT Bd. 28, S. 933 (934).

487 Abgeordneter Fischer (Augsburg), Verhandlungen RT Bd. 28, S. 947 (947).

488 Vgl. z. B. die „Verordnung, betreffend die Ausführung des Gesetzes vom 13.6.1873 über die Kriegsleistungen" vom 1.4.1876, RGBl. 1876, S. 137.

4. Würdigung der Kriegsschädengesetze von 1871 bis 1873

Die Kriegsschädengesetze von 1871 (KSG, ReedereiG) begründen erstmals einen Anspruch des Bürgers gegen den Staat auf Ersatz von Kriegsschäden. Indem § 1 KSG nur Kampf- und Brandschäden ersetzt, weitere Schäden aber nicht erwähnt, ist das Ziel deutlich: Der Staat haftet nur für Schäden, die mit Vorsatz verursacht werden. Das sind Kampfhandlungen und das strategische Niederbrennen von Ortschaften. Plünderungen sind Exzesshandlungen, für die der Staat nicht haftet. Dasselbe gilt für durch allgemeine Truppenbewegungen verursachte Schäden an Wald und Flur. Entsprechend ist der Kriegsschädenersatz für die Reeder geregelt, denn auch ihnen wird nur Ersatz geleistet, wenn das Schiff willentlich festgehalten oder weggenommen wird. Bemerkenswert ist, dass das KSG nicht voraussetzt, dass die Geschädigten Deutsche sind; ausreichend ist, dass der Schaden auf dem späteren Reichsgebiet entsteht. Mit der politischen Erwägung, auch den Elsass-Lothringern Ersatz zu gewähren,[489] verwirklicht das Reich erstmals das Territorialprinzip, demzufolge die Staaten für die auf ihrem Gebiet entstehenden Kriegsschäden haften. Bei diesem erstmaligen vollständigen Ersatz von Kriegsschäden müssen einschränkend zwei Aspekte beachtet werden:

Einerseits sind die Schäden auf dem Reichsgebiet gering, denn die Kampfhandlungen finden weitgehend außerhalb statt.[490] Somit kann das Reich den Geschädigten einen Ersatzanspruch zuweisen, ohne in die Gefahr zu kommen, den Staatshaushalt zu überlasten.[491] Hinzu kommt, dass das Reich nicht ersatzpflichtig ist, wenn ein Schaden durch eine Versicherung abgedeckt ist (Artikel 1 Nr. 3 KSG, Art. 1 § 5 ReedereiG). Weil die Entschädigung nicht auf natürliche Personen beschränkt ist, hätte das Gesetz auch in diesen Fällen das Reich zum Schadenersatz verpflichten oder den Versicherern den Regress gegen das Reich eröffnen müssen.

Außerdem soll kein Präzedenzfall für Kriegsschädenersatz geschaffen werden:[492] Beide Gesetze erklären, dass der Schadenersatz aus den Reparationen

489 Laband, DJZ 1915, Sp. 441 (442, 445).

490 Cahn, S. 290.

491 Dabei ist zu berücksichtigen, dass sowohl nach Art. 1 Abs. 1 KSG als auch nach Art. 1 Abs. 1 ReedereiG die Entschädigung aus der Kriegsentschädigung Frankreichs finanziert wird.

492 Grünwald, S. 17, Weck, S. 49.

Frankreichs bezahlt wird.[493] Ersatz wird nur geleistet, soweit Mittel vorhanden sind.[494] § 35 KLG bestärkt diese Vermutung; auch künftig sind Entschädigungen nur aufgrund spezieller Gesetze zu zahlen. Damit hängt es auch für die Zukunft vom Einzelfall ab, ob Betroffene Ersatz erlangen. Weiterhin wird mit der genauen Formulierung der Gesetze die Frage, ob Kriegsschadensersatz aus anderen rechtlichen Erwägungen zu zahlen ist, der richterlichen Kontrolle entzogen: KSG und ReedereiG gelten ausdrücklich nur für den Deutsch-Französischen Krieg; ebenso verweist § 35 KLG ausdrücklich auf zukünftige Gesetze.

Schließlich muss beachtet werden, dass die Höhe der Entschädigungen nach dem KSG durch Kommissionen festgelegt werden soll, deren Arbeitsgrundsätze vom Bundesrat zu beschließen sind (Art. 3). Das geschieht jedoch nicht;[495] nur das Land Preußen erlässt für einzelne Kreise Ausführungsanweisungen.[496]

1874 leistet das Reich nachträglich für Kriegsleistungen Ersatz, die Gemeinden während des Deutsch-Französischen Krieges ohne gesetzlichen Anspruch auf Entschädigung erbringen.[497] Das zeigt, wie Kriegsschädenersatz zu verstehen ist: Es handelt sich um einen Ausgleich, den der Staat vergibt, wenn er sich dazu berufen fühlt; Anspruch auf Ersatz besteht nicht. Der Geschädigte erhält gnadenweise oder aus wirtschaftspolitischen Gründen seinen Schaden erstattet.[498] Insoweit ähnelt die Entschädigung derjenigen, die der Preußische König nach den Befreiungskriegen vornimmt.[499]

Das verdeutlicht auch die Begründung Bismarcks zum Beihilfegesetz für die aus Frankreich ausgewiesenen Deutschen.[500] Ersatz, den das Reich den übrigen Sachgeschädigten zukommen lässt, soll nicht oder nur in geringerem Umfang

493 Ausdrücklich wird Entschädigung aus den „bereitesten Mitteln der von Frankreich zu zahlenden Kriegsentschädigung" gezahlt, Art. 1 Abs. 1 KSG sowie Art. 1 Abs. 1 ReedereiG.

494 Darauf weisen auch die Parlamentsverhandlungen hin, dass eine Rechtspflicht zur Entschädigung weder bestehe noch beabsichtigt sei (vgl. oben, D.I.3 (S. 95)).

495 Popitz, Das Recht 1914, Sp. 653 (654).

496 Für die Kreise Saarbrücken, Saarlouis, Ottweiler. Die Verordnung vom 5.12.1871 ist abgedruckt im Amtsblatt der königlich-preußischen Regierung zu Trier vom 14.12.1871, S. 263.

497 Das „Gesetz, betreffend die Gewährung von nachträglichen Vergütungen für Kriegsleistungen der Gemeinden" vom 23.2.1874, RGBl. S. 17, ändert damit eine Regelung, die als „Preußisches Gesetz wegen der Kriegsleistungen und ihrer Vergütung" vom 11.5.1851 (PrGesS. S. 362) seit der „Verordnung, betreffend die Einführung preußischer Militairgesetze im ganzen Bundesgebiete" vom 7.11.1867 im Gebiet des Norddeutschen Bundes gilt.

498 Ähnlich Heilfron II, Vorwort S. V.

499 Zur den Festungen Küstrin, Spandau und Magdeburg vgl. oben, C.III.1.b)aa) (S. 59).

500 Vgl. oben, Anm. 481 (S. 94).

beanspruchen, wer nicht unter dem Schutz des Reiches lebt. Insoweit erscheint der Kriegsschaden wieder als zivilrechtlich zu sehender Schaden, den die Gesellschaft gemeinsam zu tragen hat. Keinen Schadenersatz kann verlangen, wer sich freiwillig aus der Gesellschaft hinausbegibt.[501]

II. Rechtsentwicklung bis zum Ausgangstag des 1. Weltkrieges

Der durch die Gesetze von 1871 herbeigeführte vollständige Ersatz von Kriegssachschäden führt dazu, dass die Frage in der Rechtswissenschaft nicht behandelt wird. Jedenfalls ist keine Literatur zum Kriegsschadensrecht aus der Zeit des Deutsch-Französischen Krieges nach 1871 nachzuweisen.[502]

Dennoch bleibt der Kriegsschaden ein Rechtsbegriff. In Lehrbüchern zum Staats- und Verwaltungsrecht steht er im Kontext der Frage, ob das Reich oder die Länder durch Verwaltungshandeln in Rechte der Bürger eingreifen dürfen. Zumeist wird auch die Frage gestellt, ob und wie der Eingriff auszugleichen ist.

1. Gesetzgebung

In die Zeit nach der Reichsgründung fallen einige für den Kriegsschadenersatz bedeutende Gesetzgebungsmaßnahmen. Die Länder erlassen Enteignungsgesetze, die eine Pflicht des Staates zur Entschädigung Enteigneter begründen, um den Rechtsverlust auszugleichen.[503] Mangels Gesetzgebungskompetenz kann das Reich nicht selbständig enteignen.

501 Nach Cahn, S. 295, soll Bismarck vielfach seine Verstimmung darüber zum Ausdruck gebracht haben, dass die Auslandsdeutschen sich nur dann zu ihrem Deutschtum bekannten, wenn sie konsularischen Beistand benötigten.

502 Heilfron, JW 1916, S. 730 (731), nennt einen Zeitraum von 100 Jahren, in dem das Kriegsschädenrecht nicht wissenschaftlich behandelt worden sei.

503 Vgl. für Bayern das „Gesetz, die Abtretung von Grundeigentum für öffentliche Zwecke betreffend“ bereits vom 17.11.1837 (BayGBl S. 109); für Preußen das „Gesetz über die Enteignung von Grundeigentum“ vom 11.6.1874 (PrGesS. S. 221); für Württemberg das „Zwangsenteignungsgesetz“ vom 20.12.1888 (BW RegBl. S. 446).

a) Einführung preußischer Militärgesetze

Bereits 1867 führt der Deutsche Bund preußische Militärgesetze ein.[504] Besondere Bedeutung hat das Gesetz über den Belagerungszustand (BelagerungsG):[505] Nach § 4 Abs. 1 BelagerungsG geht die vollziehende Gewalt mit Erklärung des Belagerungszustandes auf die Militärbefehlshaber über, deren Anordnungen die Zivilverwaltung folgen muss.

Wenig später übernimmt der Bund das Strafgesetzbuch für das Preußische Heer von 1845.[506] Es schützt das Privateigentum, indem es Beutemachen (§ 146), Plünderung (§ 148), mutwillige Zerstörung fremden Eigentums (§ 150) und Erhebung von Kriegsschatzungen oder Zwangslieferungen (§ 151) verbietet und bestraft. Rechtsfolgen zugunsten Geschädigter regelt das Strafgesetzbuch nicht; Ansprüche sind unabhängig von einer Bestrafung des Schädigers (§ 10). Damit stellt § 10 zumindest klar, dass Ansprüche des Geschädigten bestehen können, auch wenn das Militärstrafrecht keinen Ersatz anordnet.

b) Reichsverfassung 1871

In Art. 68 übernimmt die Reichsverfassung von 1871 (RV)[507] für das Reich[508] das preußische BelagerungsG. Die Literatur sieht das BelagerungsG vielfach als Rechtsgrundlage für den Staat an, Kriegsschäden zu verursachen, obwohl der nach § 3 BelagerungsG ausgerufene Belagerungszustand das Grundrecht auf Eigentum nicht einschränkt: Im Kampf gelten „nur noch die militärischen Rücksichten"; das berechtigt zu allem, was die Kriegsführung erfordert.[509]

Rechtsfolgen werden nicht statuiert: Nach Art. 3 Abs. 4 RV haben alle Deutschen Anspruch auf Schutz gegenüber dem Ausland. Schadenersatzansprüche bei Verletzung dieser Pflicht regelt die RV nicht;[510] vielfach wird vertreten, dass der Staat durch die Kriegsführung die Pflicht zum Schutze seiner Unterta-

504 „Verordnung, betreffend die Einführung preußischer Militairgesetze im ganzen Bundesgebiete" vom 7.11.1867, GBlNddB, S. 125.

505 „Gesetz über den Belagerungszustand", PrGesS. 1851, S. 451.

506 Die „Allerhöchste Kabinettsorder vom 3. April 1845, betreffend die Publikation und Einführung des neuen Strafgesetzbuchs für das Heer", PrGesS. 1845, S. 287, übernimmt der Bund durch die „Verordnung, die Einführung des Preußischen Militair-Strafrechts im ganzen Bundesgebiete betreffend" vom 27.12.1867, GBlNddB, S. 185.

507 „Gesetz, betreffend die Verfassung des Deutschen Reichs", vom 16.4.1871, BGBldB. S. 63.

508 In Bayern gilt Art. 68 RV nicht, sondern es gelten spezielle Vorschriften aus dem Bayrischen Bündnisvertrag von 1849, dazu Rauchalles, Art. 68, Anm. 8 (S. 250).

509 So bspw. Arndt, Das Recht 1914, Sp. 573 (577 f.).

510 Vgl. Rauchalles, Art. 3 Anm. 18 (S. 22).

nen erfülle.[511] Auch die Verpflichtung der Bundestaaten und ihrer Angehörigen aus Art. 58 S. 1 RV, die Kosten des Kriegswesens gleichmäßig zu tragen, ist dadurch eingeschränkt, dass der Ausgleich der Kriegslasten „nach den Grundsätzen der Gerechtigkeit“ durch Gesetz herzustellen ist, soweit dies nicht „in natura“ möglich ist.[512] Die gleichmäßige Inanspruchnahme ist lediglich Staatsziel.[513] Auch Art. 58 RV dient also nicht als Anspruchsgrundlage für Schadenersatz.[514]

c) Friedensleistungsgesetz von 1898

Das Friedensleistungsgesetz von 1898 (FLG)[515] regelt Pflichten der Reichsbürger zu Naturallieferungen und Vorspanndiensten in Friedenszeiten. Daneben begründet das Gesetz Ersatzansprüche: Schäden, die während eines Übungsmanövers z. B. durch die Benutzung privater Brunnen und Tränken (§ 12), privater Schmieden (§ 13) und an Grundstücken (§ 14) entstehen, sind dem Betroffenen unabhängig vom Verschulden der Truppen aus dem Militärhaushalt zu ersetzen. § 14 FLG bedeutet in Friedenszeiten einen Fortschritt – bislang hat der Bürger bei Manöverschäden keinen Anspruch gegen den Staat.[516] Selbst das Reichsbeamtenhaftungsgesetz (RBHG)[517] aus dem Jahr 1910 sieht nur dann eine Haftung des Reiches vor, wenn der Beamte oder Soldat einen Schaden durch Verletzung einer Amtspflicht verursacht. Gegen die analoge Anwendung der §§ 12–14 FLG im Kriegsfall spricht, dass § 1 FLG die Leistungspflicht in Friedenszeiten von den Kriegsleistungen abgrenzt. Hinzu kommt, dass § 35 KLG den Begriff „Kriegsschäden“ enthält. Die Regelungen zu Flurschäden (§§ 12–14 FLG) sind also Ausnahmebestimmungen für Friedenszeiten gegenüber Kriegsschäden im Sinne von § 35 KLG. In der Literatur der Kriegsjahre 1914–1918 taucht die Fra-

---

511 So Weck, S. 61.

512 Vielfach wird vertreten, dass Art. 58 RV nur Kriegsleistungen betreffe, vgl. Rauchalles, Art. 58 Anm. 2 (S. 207).

513 Weck, S. 61, bezeichnet deshalb Art. 58 RV als einen Grundsatz, der so allgemein gehalten sei, dass er sich von selber verstehe und „mit dem man daher im Einzelfall nichts anfangen kann.“

514 So auch Schwickerath, JW 1918, S. 155 (156).

515 „Gesetz über die Naturalleistungen für die bewaffnete Macht im Frieden“ vom 24.5.1898, RGBl. 1898, S. 361.

516 Friedrich II. von Preußen soll allgemeine Manöverschäden bereits amtlich als „Nachteile, welche S. Majestät den Untertanen zu vergüten pflegen“, bezeichnen, so Mayer (Verwaltungsrecht II), S. 296 (dort Anm. 4, ohne Nachweis). Die Wortwahl lässt auf eine Entschädigung ohne Rechtsanspruch schließen.

517 „Gesetz über die Haftung des Reichs für seine Beamten“ vom 22.5.1910, RGBl. 1910, S. 798.

ge einer erweiterten Anwendung der §§ 12–14 FLG auf Kriegsschäden nicht auf.

d) Bürgerliches Gesetzbuch 1900

Das am 1. Januar 1900 in Kraft getretene Bürgerliche Gesetzbuch (BGB)[518] regelt ebenfalls keine Kriegsschäden. Als Anspruchsgrundlage kommt § 839 BGB in Betracht, wenn einen Befehlsberechtigten Verschulden trifft. Das dürfte zumeist die fehlerhafte Einschätzung einer Notstandslage im Sinne des § 228 BGB sein. Der Anspruch wird ab dem Erlass des RBHG 1910 auf das Reich übergeleitet; § 1 Abs. 3 RBHG stellt Soldaten den (Reichs-) Beamten gleich. Voraussetzung einer Übernahme der Haftung aus § 839 BGB ist nach § 1 Abs. 1 RBHG, dass der Soldat einen Schaden durch eine vorsätzliche oder grob fahrlässige Verletzung seiner Amtspflicht verursacht.[519] Weil der Schädiger nach § 1 Abs. 3 RBHG ein Reichssoldat sein muss, können nur durch eigene Truppen verursachte Schäden einen Schadenersatzanspruch gegen das Reich begründen. Ist die strategische Zerstörung im Kriegsfall zulässig, dürfte stets eine Notstandslage im Sinne des § 228 BGB vorliegen. Ein Anspruch aus § 839 BGB kommt also kaum in Betracht.

Eine allgemeine Haftung für sämtliche durch seine Beamten und Soldaten verursachten Schäden führt das Reich mangels Gesetzgebungskompetenz nicht ein. Eine staatliche Haftung besteht daher nur in den Einzelstaaten, sofern das Landesrecht dies vorsieht. Entsprechende Vorschriften bleiben nach Art. 77 EGBGB über das Inkrafttreten des BGB hinaus bestehen.[520]

e) Haager Landkriegsordnung 1910

Auch die seit 1910 in Deutschland als Reichsgesetz geltende „2. Haager Landkriegsordnung" (Haager Ordnung) kommt als Anspruchsgrundlage in Betracht.[521]

Nach Art. 22 Haager Ordnung haben Kriegsparteien kein unbeschränktes Recht in der Wahl der Mittel zur Schädigung des Feindes. Namentlich untersagt

518 „Bürgerliches Gesetzbuch" vom 18.8.1896, RGBl. 1896, S. 195.

519 Der Geschädigte muss die Amtspflichtverletzung nachweisen; das sieht Weck, S. 69, als das wesentliche Problem an. Delius, JW 1917, S. 29 (31) glaubt, dass der Nachweis des Verschuldens eines Militärbeamten nur im Falle von Plünderungen und mutwilligen Zerstörungen zu erbringen sei. Der BGH hat diese Vermutung jüngst in der sog. Varvarin-Entscheidung (BGHZ 169, 348) bestätigt.

520 Ossenbühl, S. 9.

521 Das 2. „Abkommen, betreffend die Gesetze und Gebräuche des Landkrieges" vom 18.10.1907, RGBl. 1910, S. 107, ersetzt das Haager Abkommen vom 29.7.1899.

Art. 23g die Zerstörung feindlichen Eigentums, soweit Kriegserfordernisse die Zerstörung nicht dringend gebieten. Art. 25 verbietet den Angriff auf oder Beschuss unverteidigter Städte, Dörfer, Wohnstätten oder Gebäude (Art. 25) und die Plünderung von Städten und Ansiedlungen, selbst bei Einnahme im Sturm (Art. 28, 47). Hinzu kommt eine Achtungspflicht gegenüber privatem Eigentum, das nicht eingezogen werden darf (Art. 46; die Möglichkeit der Beschlagnahme von Waren, die Kriegmaßnahmen unterstützen können, regelt Art. 53). Beschlagnahmtes Eigentum ist nach Art. 53 Abs. 2 nach Friedensschluss wieder herauszugeben und der Betroffene zu entschädigen.

Art. 22 ff. Haager Ordnung regeln nur die Grundsätze, nach denen dem Gegner und dessen Staatsbürgern im Landkrieg Schäden zugefügt werden dürfen. In Betracht kommt, dass diese Vorschriften eine äußerste Grenze ziehen, die ein Staat im Krieg auch gegen eigene Staatsbürger oder Untertanen nicht überschreiten darf. Wegen ihrer Verkündung im Reichsgesetzblatt gilt die Haager Ordnung als Reichsgesetz. Deshalb könnte die Schädigung privaten Eigentums im Kriegsfall grundsätzlich rechtswidrig sein und den Maßstab für Amtspflichtverletzungen eigener Militärbeamten bilden. Gegen eine solche Wertung spricht aber Art. 23g Haager Ordnung. Daher stellt sich nach der Schädigung eines Privaten auf der Tatbestandsebene die Frage, ob die Verletzung geboten war; wenn nicht, ob dies schuldhaft nicht erkannt wurde. Der sich möglicherweise aus einer Amtspflichtverletzung aufgrund einer Verletzung der Haager Ordnung ergebende Anspruch ist also denselben Voraussetzungen unterworfen wie der aus §§ 839, 228 BGB in Verbindung mit § 10 RBHG begründete Anspruch.

2. Rechtsprechung

Rechtstreitigkeiten über den im Krieg von 1870/1871 gegen Frankreich entstandene Schäden sind nicht nachzuweisen. Beachtenswert ist dagegen die frühe Rechtsprechung des Reichsgerichts zur rechtmäßigen Schädigung durch den Staat, weil Art. 68 RV den Kaiser berechtigt, für das Reich Krieg zu führen, und somit Kriegsschäden als rechtmäßig verursachte Schäden angesehen werden könnten.

Das Reichsgericht übernimmt die Thesen *Grotius*' und *Pufendorfs* zu den wohlerworbenen Rechten und festigt damit die Vorstellung, dass der Staat nicht in diese Rechte des Bürgers eingreifen darf; geschehe dies, sei der Staat dem geschädigten Bürger entschädigungspflichtig.[522] Das Reichsgericht erstreckt die

522 Vgl. z. B. die Entscheidungen RGZ 16, 159 (161), in der das RG feststellt: „Es ist mit Recht ... angenommen, dass nach allgemeinen staatsrechtlichen Grundsätzen, in den Fällen, wo wohlerworbene Privatrechte als unvereinbar mit dem der öffentlichen Ord-

Entschädigungspflicht bei der Enteignung auf Fälle, bei denen keine Eigentumsübertragung auf den Staat erfolgt. Voraussetzung ist, dass die Beseitigung oder Beeinträchtigung eines wohlerworbenen Rechtes im Staatsinteresse erfolgt.[523] Anspruchsgrundlage ist das gemeine Recht; ausnahmsweise besteht kein Anspruch, wenn sich der Gesetzgeber ausdrücklich dagegen ausgesprochen hat.[524] Obwohl sich das Gericht nicht zu Kriegsschäden äußern muss, lässt diese Rechtsprechung darauf schließen, dass das Reichsgericht bei Kriegsschäden einen Anspruch aus dem gemeinen Recht mangels ausdrücklicher gegenteiliger gesetzgeberischer Tätigkeit für möglich halten könnte. Nebenbei erwähnt das Gericht, dass die Haftung für Kriegsschäden umstritten sei.[525]

Neben dem Rückgriff auf das gemeine Recht konstruiert das Reichsgericht Verträge, um Schadenersatz zuzusprechen: So begründet das Gericht den Anspruch eines Hauseigentümers auf Ersatz für die nach einer Straßenbefestigung erforderliche Erhöhung des Hauseinganges damit, die ursprünglich unbefestigte Straße habe ein Vertragsangebot enthalten, an ihr ein Bauwerk zu errichten.[526]

Noch nach Inkrafttreten des BGB nimmt das Reichsgericht für das Gebiet des gemeinen Rechts einen Grundsatz an, der § 75 Einl. ALR entspricht.[527] In den rheinischen Landesteilen Preußens sei dieser Grundsatz aus der Bestimmung des Art. 545 Code Napoléon herauszulesen, der eine Ausgleichspflicht bei der Abtretung privaten Eigentums zu öffentlichen Zwecken vorsieht.[528] Weil Art. 98 des preußischen Ausführungsgesetzes zum BGB diese Bestimmung ausdrücklich aufhebt, begründet das Reichsgericht den Ersatzanspruch mit § 9

---

nung und Wohlfahrt vermöge des sogenannten jus eminens des Staates aufgehoben werden, eine Entschädigungspflicht eintritt …" sowie RGZ 41, 142 (145) – Stromregulierungen an der Elbe beeinträchtigen ein Fischereirecht.

523 RGZ 41, 142 (146).

524 Vgl. RGZ 41, 191 (193), im „Falle der unmittelbaren Beseitigung eines … wohlerworbenen Rechtes muss auch nach den Grundsätzen des gemeinen Rechts der … Ersatzanspruch für begründet erkannt werden, insoweit nicht aus der Gesetzgebung erhellt, dass ein solcher Eingriff in das Privatrecht des Einzelnen ohne Anspruch auf Ersatz zulässig sein soll."

525 RGZ 41, 142 (146).

526 RGZ 10, 271 (272). Bereits RGZ 51, 251 (251 ff.) kann den Vertrag nicht mehr begründen; auf die frühere Entscheidung verweist das RG nicht.

527 RGZ 64, 183 (187) mit der Begründung, dass bei einem aufgehobenen Spezialgesetz so zu verfahren sei, als ob nie eines bestanden hätte, und aus diesem Grund „allgemeine Gesichtspunkte" zu gelten haben.

528 RGZ 64, 183 (187) verweist auf Code Napoléon, 2. Titel, von dem Eigentume. Art. 545 im Wortlaut: „Niemand kann gezwungen werden, sein Eigentum abzutreten, ausgenommen zum öffentlichen Besten und gegen eine verhältnismäßige und vorgängige Entschädigung."

PrVerf und § 1 des preußischen Enteignungsgesetzes: Die Gesetze zeigten Tendenz und Willen des preußischen Gesetzgebers, Entschädigung auch ohne ausdrückliche Anordnung zu leisten.[529]

Die verschiedenen Ansätze des Reichsgerichts, Schadenersatz auch bei rechtmäßigem, schädigendem Verhalten der Staatsgewalt zuzusprechen, führen in der Literatur zu der Annahme, dass sich die Entschädigung bei Eingriffen in das Privateigentum zum Gewohnheitsrecht entwickele.[530] Dennoch: Über Kriegsschäden muss das Reichsgericht bis zum Beginn des 1. Weltkrieges nicht urteilen.

III. Die Haltung in der Wissenschaft unter dem Einfluss des Rechtspositivismus

Weil für die Enteignung als speziellem Fall schädigenden Verwaltungshandelns Spezialgesetze erlassen werden, beantwortet die Literatur die Rechtsfolgen rechtmäßigen, schädigenden Verwaltungshandelns anhand von zwei Ansatzpunkten: Fraglich ist zum einen, ob die Rechtsgrundlagen zur Enteignung analog auf weitere Fälle angewendet werden können oder ob die spezielle Regelung der Enteignung jede weitergehende Anwendung, bspw. auf die Beschädigung oder Zerstörung von Sachen, ausschließt. Jede Beeinträchtigung außerhalb der Enteignung wäre dann rechtswidrig. Zum anderen wird die Frage gestellt, ob die Entschädigungsanordnung bei der Enteignung als beispielhaft verkörperter, allgemein geltender Rechtssatz anzusehen ist oder als nicht analogiefähige Ausnahme. Letzteres bedeutete, dass auch bei einer rechtswidrigen Maßnahme mangels Rechtsgrundlage kein Ersatzanspruch bestünde.

1. Staatsnotrecht

Als Rechtsgrundlage zur Schädigung des Bürgers im Krieg wird ein Staatsnotrecht in Betracht gezogen. Jünger ist die Überlegung, dass der Staat für jede Beeinträchtigung des Bürgers eine Rechtsgrundlage benötigt.

Unter Staatsnotrecht oder *ius eminens* versteht man die Rechtsfigur, derer der Staat sich bedient, wenn ihm von außen eine Gefahr droht, zu deren Bekämpfung die Staatsgewalt das Eigentum der Untertanen in Anspruch nimmt. Charakteristisch für das Staatsnotrecht ist, dass Rechtsgüter Privater auf gesetz-

529 RGZ 64, 183 (187).

530 So zumindest Kleeberg, S. 16.

lich nicht vorgesehene Art und Weise in Anspruch genommen werden.[531] In der Notstandslage gibt das Staatsnotrecht dem Staat eine schrankenlose Rechtsgrundlage zum Handeln.

a) Herleitung

Ein Staatsnotstand besteht, wenn „eine schwere Störung des staatlichen Gemeinwohls nicht ohne Eingriffe in die Grundrechte der Bürger und nicht ohne Beeinträchtigung des normalen Gesetzgebungsverfahrens und der Gewaltenteilung zu beseitigen ist. Die Störung des Gemeinwohls muss erheblich schwerer sein als die Beeinträchtigung der Grund- und Legislativrechte, die bei Behebung der Gefahr in Kauf genommen werden muss."[532] Besteht dieser Zustand, rechtfertigt das Notrecht die staatliche Abwehrhandlung.[533] Für den Kriegsfall scheint das Staatsnotrecht wie geschaffen, sofern der Staat einen Krieg nicht freiwillig führt, sondern von außen dazu gezwungen wird.

Das Staatsnotrecht ist in den Staaten im 19. Jahrhundert allgemein anerkannt.[534] Die Idee entstammt dem Naturrecht und wird auf *Grotius'* Überlegungen zur Eigentumsordnung zurückgeführt. Für *Grotius* ist das Eigentum ein Recht des Bürgers, abgeleitet aus staatlichem Obereigentum, das vom Inhaber der höchsten Staatsgewalt im Namen des Staates ausgeübt wird.[535] Zwischen Untertan und Souverän besteht ein Vertrag, der beide berechtigt, das Eigentum innerhalb der vertraglichen Grenzen zu nutzen. Außerhalb darf der Souverän das Eigentum des Untertans kraft des Obereigentums nur entziehen, wenn ein „allgemeiner Nutzen" dies verlangt.[536] *Grotius* schützt also einerseits das private

---

531 Layer, S. 37.

532 So Twenhöven, S. 9, in einer Zusammenfassung häufig genannter Notstandsbegriffe.

533 Anschütz, VU I, S. 142.

534 Eine Aufzählung der Staaten, die bestimmte Notrechte der Regierung in die Verfassung aufnehmen, findet sich bei Bischof, S. 74 ff. Beispielhaft § 88 Abs. 1 der preußischen Verfassung (1851): „Der König erlässt auch solche, ihrer Natur nach der ständischen Zustimmung bedürfende, aber durch das Staatswohl dringend gebotene Verordnungen, deren vorübergehender Zweck durch Verzögerung vereitelt werden würde; mit Ausnahme aller und jeder Abänderungen in der Verfassung und in dem Wahlgesetze." Twenhöven, S. 6 f., stellt fest, dass die Verfassungen des 19. Jahrhunderts zumeist ein „gesetzgeberischer Monolog" geblieben seien, so dass die Fürsten sich Notrechte immer vorbehalten konnten.

535 Grotius, L. III, Kap. XIX, VII.

536 Grotius, L. II, Kap. XIV, VII. In der Gesamtschau zu L. III, Kap. XIX, VII wird deutlich, dass für Grotius der Begriff der Enteignung noch nicht vorhanden ist. Entzieht der Souverän dem Untertan dessen Eigentum, nimmt er nur seine Oberrechte daraus wahr. An anderer Stelle (L. III, Kap. XX, VII) nimmt Grotius an, dass die Untertanen für diesen Fall auf ihre Rechte im Voraus verzichten.

Eigentum gegen den Zugriff des Souveräns, erkennt aber zugleich an, dass der Souverän zum Erhalt der Staatswohlfahrt darauf zurückgreifen darf, ohne dass sich der private Eigentümer wehren kann.

Pufendorf benötigt für das Notrecht kein staatliches Obereigentum; er verweist auf die „natürliche Billigkeit", die es erfordere, dass die Untertan gleichmäßig zu allen Staatslasten beitragen; dies entspreche der allgemeinen Beitragspflicht in bürgerlichen Gesellschaften.[537] Weil der Beitrag im Notfall nicht gleichmäßig erhoben werden kann, muss der Souverän in die Möglichkeit haben, sich zu nehmen, was er benötigt.[538] *Pufendorf* beschränkt die Inanspruchnahme aus dem Notrecht: Verlangt *Grotius* noch einen „allgemeinen Nutzen", setzt *Pufendorf* einen Notfall voraus.[539]

b) Ablehnung des Staatsnotrechts ab Mitte des 19. Jahrhunderts

Als Mitte des 19. Jahrhunderts die naturrechtlichen Vorstellungen dem Rechtspositivismus weichen, wird das Staatsnotrecht wegen seiner Unbestimmtheit in Frage gestellt. Verteidigt wird es mit der Erwägung, dass im Voraus nicht alle staatlichen Eingriffsmöglichkeiten definiert werden könnten. Damit wird die Anwendung des Staatsnotrechts auf seltene Ausnahmefälle begrenzt: *Bischof* bezeichnet es im Jahr 1860 als „Inbegriff außerordentlicher Mittel zur Erhaltung des Staates in Kollisionsfällen" oder „interimistische Aufhebung der gewöhnlichen Schranken der Staatsgewalt in Ausnahmezuständen, welche den Staat in seiner Existenz oder deren integrierenden Momenten bedrohen."[540] *Bischof* rechtfertigt das Staatsnotrecht mit einem Gedanken *a maiore ad minus*: Die Anwendung schützt die Rechtsordnung. Ohne den Eingriff in die Rechtsordnung würde man sie verlieren,[541] so dass ein buchstäbliches Festhalten am Verfassungsrecht widersinnig wäre.[542]

Das Notrecht erscheint bei *Bischof* nicht als Recht, sondern als kleineres zweier Übel als Alternative zur Rechtlosigkeit. Eine solche Einschränkung als *ultima ratio* findet sich z. B. bei *von Stein*, der das Staatsnotrecht 1888 vom Recht zur Enteignung abgrenzt und fordert, es nur im Krieg oder bei ähnlichen

537 Pufendorf, L. VIII, Kap. V § 7 (Bd. II, S. 912).

538 Pufendorf, L. VIII, Kap. V § 7 (Bd. II, S. 913).

539 „Daher erhellet, dass dieses ausnehmende Recht nur im Notfall zu gebrauchen, doch weder der alleräußerste Punkt derselbigen zu erwarten, noch auch zu geschwinde damit zu verfahren sei", Pufendorf, L. VIII, Kap. V § 7 (Bd. II, S. 913).

540 Bischof, S. 5 f., nennt beide Theorien, ohne Urheber nachzuweisen.

541 Bischof, S. 6.

542 Bischof, S. 115.

Notfällen (Sturmfluten, Feuersbrünste) anzuwenden.[543] In allen anderen Fällen fordert *von Stein* eine positivgesetzliche Grundlage für das staatliche Handeln.[544]

Auch *Layer* hält das Staatsnotrecht für einen „unfruchtbaren Rechtsbegriff"; es wäre „ein Fortschritt, wenn das ‚Notrecht' ganz aus der juristischen Terminologie gestrichen würde."[545] Er sieht aber ein, dass Notlagen den Staat zwingen können, außerhalb vorhandener Rechtsgrundlagen zu handeln. Daher sucht *Layer* die Rechtfertigung dieses Verhaltens ebenfalls außerhalb der Rechtsordnung; ein Staatsnotrecht gebe es nicht.[546] Ähnlich hält *Twenhöven* das Handeln des Staates außerhalb der Verfassung auch in Krisenzeiten für rechtswidrig, entschuldigt es aber im Nachhinein politisch.[547]

Jellinek bringt die Diskussion auf den Punkt: Das Institut des Staatsnotrechts beschönige „eklatante Verletzungen der Staatsordnung"; es sei kein Recht, sondern nur ein Zeichen dafür, dass Macht vor Recht gehe. *Jellinek* fordert statt dessen die Einsicht, dass Verwaltung nicht lückenlos im Voraus rechtlich geklärt werden könne. Schlimmer sei, dass Juristen hinterher mit Hilfe „dialektischer Kunststückchen" die Rechtmäßigkeit einer Handlung nachzuweisen versuchten – dies hätte schon zuvor das nun so hartnäckig bekämpfte Naturrecht geschafft.[548] Bis heute wird das Staatsnotrecht einhellig abgelehnt.[549]

Obwohl die dargestellten Autoren trotz der Ablehnung des Staatsnotrechts dem Staat in Ausnahmefällen das Recht geben, auf geschützte Rechtsgüter zuzugreifen, sagen sie kaum etwas zur Rechtsfolge. Weil naturrechtliche Überlegungen verworfen werden, wäre eine Stellungnahme zu erwarten gewesen – positiv ist nichts normiert und der Geschädigte muss bei Anwendung des Notrechts

543 Von Stein II, S. 603.

544 Von Stein II, S. 603.

545 Layer, S. 38 f.

546 Layer, S. 37.

547 So bspw. Twenhöven, S. 11, m. w. N.

548 Jellinek, S. 359.

549 Das ist nach den Terroranschlägen vom 11. September 2001 nicht selbstverständlich. Dem Versuch des Bundesgesetzgebers, den Staat zum Abschuss von zivilen Flugzeugen zu berechtigen, die von Terroristen gekapert sind, hat das BVerfG eine Absage erteilt (BVerfGE 115, 118 ff.). Für übergesetzlichen Notstand „besteht im modernen Verfassungsstaat spätestens seit der Ergänzung des Grundgesetzes durch eine Notstandsverfassung kein Raum mehr", so treffend Schenke, NJW 2006, S. 736 (739). Böckenförde bezeichnet die Berufung auf „übergesetzlichen Notstand" bereits nach Maßnahmen aufgrund des Schleyer-Attentat als „Preisgabe des Prinzips des Verfassungsstaats", NJW 1978, S. 1881 (1883 f.).

sein geschütztes Rechtsgut aufgeben.[550] Eine Ausnahme ist *Bluntschli*, der noch 1885 davon ausgeht, dass der Anspruch auf Entschädigung bei staatlichen Eingriffen in private Rechte auch ohne Spezialgesetz selbstverständlich sei.[551] Nur wenn ein Gesetz für bestimmte Maßnahmen ausdrücklich keine Entschädigung vorsähe, dürften die Gerichte den Ersatzanspruch versagen.[552]

2. Einzeldarstellungen

a) Eger (1888)

Eger untersucht das Preußische Gesetz über die Enteignung von Grundeigentum vom 11. Juni 1874 und stellt fest, dass das Gesetz nur für Enteignungen, nicht aber für sonstige Schädigungen gelte. Mangels Anspruchsgrundlage begründeten sie keinen Anspruch des Geschädigten.[553] *Eger* erkennt, dass in Notfällen zur Abwehr gemeiner Gefahr für das öffentliche Wohl Privatgrundstücke in Anspruch genommen werden müssten und verlangt, Eingriffsvoraussetzungen zu normieren. Beispielhaft sei der Staat berechtigt, private Unternehmer in den Besitz eines Grundstückes einzuweisen, wenn bei Naturkatastrophen Gefahr drohe.[554] Kriegshandlungen sind für *Eger* keine Verwaltungshandlungen, weil der Staat im Krieg zur Handlung gezwungen werde. Mangels verwaltender Tätigkeit hafte der Staat nicht für Kriegsschäden.[555]

Eger markiert eine Wende in der Literatur zu staatlich verursachten Schäden. Ist zuvor der Staat aus ungeschriebenen, allgemein geltenden Grundsätzen des Staatsrechts ausgleichspflichtig, reduziert *Eger* die Entschädigungspflicht auf positivrechtlich normierte Fälle. Angesichts seines Staatsverständnisses kann *Eger* einen allgemeinen Schadenersatzanspruch wieder nur für erstrebenswert halten, ihn aber nicht mehr fordern. Zugleich muss *Eger* auch zugunsten des Eigentümers das staatliche Handeln beschränken – der Staat kann ohne Rechtsgrundlage nicht enteignen. Mit Rechtsgrundlage ist der Staat zu weitgehenden Handlungen befugt; das zeigt die Überlegung zur Einweisung Privater in Grund-

---

550 Uneinheitlich bleibt bspw. Fleiner, einerseits grundsätzlich davon ausgehend, dass der Staat grundsätzlich eine Entschädigung schulde und danach feststellend, dass diese Verpflichtung nur aufgrund positiver Gesetze zustande komme (Fleiner, S. 276).

551 Bluntschli, S. 144.

552 Bluntschli, S. 145.

553 Eger, Enteignungsgesetz I, S. 10.

554 Eger, Revision, S. 40 f. Untersuchungsgegenstand ist für Eger das preußische Enteignungsgesetz vom 11.6.1874, das er für unzulänglich hält in Bezug auf kurzfristig auftretende Gefahren.

555 So z. B. Eger, Enteignungsgesetz I, S. 10, der für staatliches Handeln im Staatsnotstand allgemein keine Entschädigung zulassen will.

stücke. Handlungen im Krieg stehen außerhalb, weil *Eger* sie nicht der Rechtsordnung unterwirft.

b) Anschütz (1897)

Anschütz untersucht 1897 in drei Studien die Haftung des Staates für rechtmäßig verursachte Schäden.[556] Dass der Staat nicht für jeden Eingriff hafte, ergebe sich „von vornherein", weil jede Besteuerung ein Eingriff sei;[557] zudem seien die meisten Schäden nicht beweisbar.[558] *Anschütz* möchte einerseits die Entschädigungspflicht auf Eingriffe der Staatsgewalt in subjektive Rechte beschränken, die wirtschaftlichen Schaden nach sich ziehen, also auf Eingriffe in die wohlerworbenen Rechte des Einzelnen.[559] Andererseits hält er sowohl das Staatsnotrecht als auch die Vertragstheorien für überholt; der Staat dürfe sich wegen des Prinzips der gesetzmäßigen Verwaltung nicht auf ein *ius eminens* berufen,[560] sondern habe entweder ein gesetzlich normiertes Recht, in Freiheitsrechte einzugreifen, oder er dürfe es nicht.[561] Zivilrechtliche Notstandsrechte (zu denen *Anschütz* das Staatsnotrecht zählt) seien im Verwaltungsrecht nicht anzuwenden, die Analogie sei wie im Strafrecht zuungunsten des Bürgers ausgeschlossen.[562] Daher dürfe der Staat vom Bürger ohne gesetzliche Grundlage allein auf der Grundlage eines Notrechts weder die Aufopferung eines wohlerworbenen Rechtes noch andere Handlungen verlangen.

Auf der anderen Seite hat der Bürger kein Abwehrrecht gegen rechtmäßige Verwaltungsakte.[563] Ausgleich für den Schaden sei die Entschädigung. *Anschütz* verlangt im Folgenden, die Rechtsfolge für jede Norm festzulegen, die den Staat zur Schädigung der Bürger berechtige. Nicht das Zivilrecht, sondern nur staatsrechtliche Vorschriften könnten eine Entschädigung bewirken. Zwar sei es wünschenswert, „dass … die rechtmäßige Verursachung eines Schadens ausgegli-

556 Anschütz beschränkt sucht für die Haftung eine allgemeine Norm: „Untersuchungsgebiet ist der Raum, den die Spezialgesetze zwischen sich lassen." (VerwA V, S. 2 f.).

557 Anschütz, VerwA V, S. 5 (6).

558 Anschütz nennt in der Vorbemerkung beispielsweise die Unternehmer, die bei Änderung gesetzlicher Vorschriften „alles mögliche" als Schaden behaupten könnten (VerwA V, S. 4).

559 Anschütz, VerwA V, S. 5 (7).

560 Anschütz, VerwA V, S. 5 (24), hält das *ius eminens* für ein „Phantasiegebilde."

561 Anschütz, VU I, S. 141. Anschütz verlangt für ein „gesetzliches Recht" entweder ein Gesetz, eine Verordnung oder aber auch Gewohnheitsrecht, solange es nur *lex lata* sei, also positiv. Ebenso in VerwA V, S. 5 (23).

562 Anschütz, VU I, S. 142. Anschütz stellt klar: „Ein solches *ius eminens* gibt es nicht." Vgl. auch Anschütz, VerwA XIV, S. 329 ff.

563 Anschütz, VerwA V, S. 5 (24).

chen“ werde,[564] doch gelte nur der Wille des Gesetzgebers, der entscheide, inwieweit ein „soll“ in ein „ist“ umzuwandeln sei.[565] Demnach ist kein Ausgleich zu zahlen, solange für ihn keine Grundlage besteht.

15 Jahre später stellt *Anschütz* angesichts der zwischenzeitlich in fast allen Staaten geschaffenen Regelungen für Enteignungsentschädigung fest, dass diese Regelungen im Umkehrschluss klarstellten, dass ein Ersatzanspruch nur bestehe, wenn dieser positiv geregelt sei. Regele ein Staat explizit die Voraussetzungen und mit der Entschädigung die Folgen der Enteignung, so bedeute das, dass alle anderen Formen einer vom Staat bewirkten Schädigung nicht erfasst und damit nicht erstattungspflichtig seien.[566] Liege mangels Rechtsträgerwechsel keine Enteignung vor, sondern werde eine Sache oder ein Recht aus „höheren Rücksichten der Staatswohlfahrt“ beseitigt, schulde der Staat folglich keine Entschädigung.[567] Eine analoge Anwendung von Enteignungsvorschriften erhöhe die Machtbefugnis der Verwaltung und damit unzulässig.[568] Indem unzulässig vom *minus* (Enteignung) auf *maius* (sonstige Schädigungen) geschlossen würde, verstoße der Rückgriff gegen anerkannte Grundsätze des Verwaltungsrechts.[569]

Ausnahmsweise sehe in Preußen § 75 Einl. ALR Schadenersatz vor.[570] Im Übrigen Deutschland gebe es keine entsprechenden Normen, weder des Partikular- noch des gemeinen Rechts. Auch gewohnheitsrechtlich sei das ALR nicht in andere deutschen Gebiete rezipiert worden, so dass dort grundsätzlich kein Anspruch auf Entschädigung bestehe.[571]

Obwohl *Anschütz* sich nicht ausdrücklich dazu äußert, folgt aus seiner Argumentation kein Ersatzanspruch bei Kriegsschäden, weil mangels Rechtsträgerwechsels bei einer Beschädigung oder Zerstörung keine Enteignung stattfin-

---

564 Anschütz, VerwA V, S. 28 (28).

565 Anschütz, VerwA V, S. 28 (28).

566 Anschütz, VU I, S. 164 ff. Anschütz verweist darauf, dass die preußische Verfassung nur die Enteignung regele und keine weiteren Belastungen des Eigentums. An eine Entschädigung habe man nur bei der Enteignung gedacht. Die Entschädigung für Enteignungen wird in den Verfassungen der Länder ab 1789 geregelt; sie ist regelmäßig Bestandteil der Enteignungsklauseln.

567 Anschütz, VU I, S. 165.

568 Anschütz, VU I, S. 171.

569 Anschütz, VU I, S. 172.

570 Anschütz, VU I, S. 176.

571 Anschütz, VU I, S. 177, bedauert, dass die Literatur „zu viel von Gerechtigkeit und zu wenig von Recht“ rede. Zivilrecht (z. B. § 89 BGB) helfe nicht, wenn die Staatsgewalt handele.

det. Das Eigentum dürfte „aus höheren Rücksichten der Staatswohlfahrt" beschädigt werden.[572]

c) Mayer (1904)

Mayer hält im Jahr 1904 den Rückgriff der Rechtsprechung auf das Zivilrecht bei rechtmäßigem schädigendem Verwaltungshandeln für verfehlt[573] und sucht nach öffentlich-rechtlichen Anspruchsgrundlagen. *Mayer* findet spezielle, meist landesgesetzliche Normen, die Landesherren vor allem bei Staatsnot zur Entschädigung verpflichteten, schreibt diesen Normen aber regelmäßig eine zivilrechtliche Natur zu.[574] Zusammengenommen seien sie ein Resultat der Billigkeit.

Im Gegensatz zu *Anschütz* sieht *Mayer* das Problem nicht bei der Rechtsgrundlage, sondern darin, dass der Staat unter Umständen Schaden nicht förmlich und absichtlich verursache, sondern „rücksichtslos" – der Staat nehme den Schaden ohne Vorsatz in Kauf: „Die Truppen ziehen aus, nicht, um bestimmte Privatgrundstücke staatlichen Eingriffen zu unterwerfen; sie lassen sich nur durch die Rücksicht auf solches Eigentum in ihren Bewegungen nicht hemmen."[575]

Mayer schlägt vor, diese Schäden nach Billigkeit zu ersetzen, und untersucht im Folgenden die Rechtsgrundlage: Billigkeit entstehe als Gewohnheitsrecht auch im öffentlichen Recht, wo diese Art der Rechtsentstehung eigentlich nicht möglich sei.[576] Der Rechtsanwendung genüge meistens ein Ansatzpunkt, um die Rechtsfolgen der Billigkeit anzuknüpfen.[577] Obwohl im öffentlichen Recht kein Naturrecht bemüht werden dürfe, behandelten die Gerichte vielfach ohne Rechtsgrundlage Geldansprüche gegen den Staat. Entscheide die ordentliche Gerichtsbarkeit Geldansprüche gegen den Staat nach öffentlichem Recht, gerieten die Vergütungsansprüche gegen den Staat in die „zivilrechtliche Gedankenwelt"[578], die Entschädigungspflicht des Staates werde also zivilrechtlich erklärt und begründet. Dies sei unproblematisch, sofern Entschädigungspflichten gesetzlich geregelt seien, denn dann sei es nur eine Frage „verkehrter Titulatur".

---

572 Anschütz erklärt sich allerdings nicht ausdrücklich zu Kriegsschäden.

573 Vgl. dazu die oben unter D.II.2 (S. 102) genannten Entscheidungen des Reichsgerichts.

574 Mayer (Entschädigungspflicht), S. 4 f.

575 Mayer (Entschädigungspflicht), S. 10.

576 Mayer (Entschädigungspflicht), S. 12.

577 Als Beispiel nennt Mayer (Entschädigungspflicht), S. 13, das Bereicherungsrecht nach § 812 BGB, „was das heißt, verstünde kein Mensch, wenn nicht die einfachen Forderungen der Billigkeit es genau bestimmten."

578 Mayer (Entschädigungspflicht), S. 16.

Bestünden dagegen keine gesetzlichen Vorschriften, handelten die Gerichte „frei und schöpferisch." *Mayer* nennt Beispiele für die zivilrechtliche Konstruktion einer Deliktshaftung bei Schädigungen durch hoheitliches Handeln. Er bedauert diese Rechtsprechung, weil dadurch statt Gerechtigkeit nur Zufallsprodukte entstünden, während früher (z. B. mit § 75 Einl. zum ALR) „wahrhaft goldene Sätze" gegolten hätten.[579] Sein Ziel ist es daher, dass die Verwaltung gesetzlich dazu ermächtigt werde, über Ansprüche auf Ausgleichung besonderer Nachteile aus öffentlicher Verwaltung zu entscheiden, dies unter Vorbehalt der Berufung zum Oberverwaltungsgericht.[580] Wenn die Verwaltung handele, sei sie auch berufen, Billigkeitsforderungen zu verwirklichen. Damit lehnt *Mayer* einen allgemeinen Ausgleich aus geltendem Recht ab, fordert jedoch eine gesetzliche Grundlage dafür.

Die Kriegsführung sei aber keine Staatsverwaltung: Kriege würden nach völkerrechtlichen Grundsätzen geführt, denen die innere Staatsverwaltung nicht verpflichtet sei. Nicht innerstaatliches, sondern Völkerrecht setze die äußeren Regeln.[581] Auch bei der Führung eigener Truppen gelte kein Verwaltungsrecht, weil das militärische Kommando „unbedingt" und nur notdürftig an Rechtsschranken gebunden sei.[582] Noch 1924 greift für *Mayer* im Kriegsfall, sofern keine spezielle Ermächtigungsgrundlage gelte, das Staatsnotrecht, weil das KLG von 1873 das Kriegsrecht nicht umfassend gegenüber den eigenen Staatsbürgern regele.[583] Weil das Staatsnotrecht keine Rechtsfolge vorsehe, sei für Schadenersatz keine Grundlage vorhanden; insbesondere erfasse § 35 KLG bewusst nicht alle Schäden.[584]

Mayer akzeptiert also ein auf Billigkeit gestütztes Verwaltungshandeln als rechtmäßig; dennoch fehlt ihm die gesetzliche Grundlage für dieses „billige" Handeln. Es sei Aufgabe des Gesetzgebers, die Billigkeit im öffentlichen Recht (wieder!) zu verankern. Uneinheitlich beantwortet *Mayer* die Frage, ob die Billigkeit auch die Regelung von Kriegsschäden umfassen soll: Grundsätzlich fordert er einen allgemeinen Ausgleich;[585] andererseits steht für ihn die Kriegsfüh-

---

579 Mayer (Entschädigungspflicht), S. 22.

580 Mayer (Entschädigungspflicht), S. 25.

581 Mayer (Verwaltungsrecht I), S. 11.

582 Mayer (Verwaltungsrecht I), S. 10. Die Frage, ob innerhalb des Militärs Sonderrecht gelte, hat nach Mayer ihren Ursprung in der Frage, ob Anordnungen des Königs, die dieser in seiner Eigenschaft als oberster Heerführer erlasse, der verfassungsmäßigen Gegenzeichnung bedürften.

583 Mayer (Verwaltungsrecht II), S. 222, dort Anm. 13. Mayer schließt daraus, dass das Kriegsrecht nicht nach dem Verwaltungsrecht zu behandeln sei.

584 Mayer (Verwaltungsrecht II), S. 222.

585 Siehe oben, Anm. 575 (S. 111).

rung außerhalb der öffentlichen Verwaltung.[586] Zu erkennen ist, dass *Mayer* dem Geschädigten grundsätzlich einen Ausgleich aus Billigkeit zuweisen will. Sein Problem besteht darin, dass der Staat einen auf Billigkeit gestützten Ausgleich verhindert, indem er ihn ausdrücklich nicht anerkennt (so z. B. in § 35 KLG).

d) Weitere Überlegungen vor Kriegsausbruch

Ähnlich wie *Mayer* verlangt auch *Fleiner* 1913 positives Recht für eine Ersatzpflicht des Staates bei rechtmäßigen Handlungen der Staatsgewalt.[587] Eingriffe, die nicht auf eine Übereignung der betroffenen Sache hinausliefen, dürften nicht nach den Enteignungsgesetzen entschädigt werden;[588] auch das Privatrecht sei unanwendbar.[589] Kriegsschäden vergleicht *Fleiner* mit sog. Justizschäden, die aufgrund von Spezialgesetzen[590] erstattungspflichtig seien. Mangels entsprechender Gesetze bei Kriegsschäden[591] schließt *Fleiner*, dass der Gesetzgeber keinen Willen zum Schadenersatz habe. Unsicher ist *Fleiner*, weil das Gebot der Billigkeit bei rechtmäßigem, schädigendem Verhalten der Staatsgewalt Ansprüche begründen könnte. Er folgert, dass jeder staatliche Eingriff einen Schadenersatzanspruch begründe, weil die Eigentumsgarantie umfassend und nicht nur für die Enteignung gelte.[592] Den Ansatz schränkt *Fleiner* für Kriegsschäden ein: Im Krieg gelte kein Billigkeitsgebot, weil der Staat ebenso wie seine Bürger leide, so dass der Staat den Bürger nicht zusätzlich finanziell unterstützen müsse.[593]

Direkt vor Ausbruch des 1. Weltkrieges weist *Laband* darauf hin, dass Kriegsschädenersatz nach § 35 KLG ein Spezialgesetz voraussetze,[594] ohne eine nähere Begründung zu liefern.

---

586 Siehe oben, Anm. 580 (S. 112).

587 Fleiner, S. 285.

588 Vgl. Fleiner, S. 281.

589 Fleiner, S. 276.

590 „Gesetz, betreffend die Entschädigung der im Wiederaufnahmeverfahren freigesprochenen Personen“ vom 20.5.1898, RGBl. 1898, S. 345; „Gesetz, betreffend die Entschädigung für unschuldig erlittene Untersuchungshaft“ vom 14.5.1904, RGBl. 1904, S. 321.

591 Fleiner, S. 287.

592 Fleiner, S. 282, erklärt zugleich, dass dies nicht schrankenlos gelte; bspw. staatliche Besteuerungsakt stellten keinen ausgleichspflichtigen staatlichen Eingriff in das private Vermögen dar.

593 Fleiner, S. 287.

594 Laband, Staatsrecht IV, S. 287.

IV. Ergebnis für die Rechtsentwicklung im Kaiserreich bis 1914

Die Diskussion um die Kriegsschäden zwischen 1871 und 1914 zeigt einen Paradigmenwechsel: Auf der Tatbestandsseite wird die Berechtigung des Staates zur Verursachung von Schäden in Frage gestellt. Zunächst sind es die wohlerworbenen Rechte, die der Bürger der Staatsraison opfern muss, auch wenn keine geschriebene Ermächtigungsgrundlage vorhanden ist. Ein auf naturrechtliche Erwägungen gegründetes Staatsnotrecht reicht aus. Spätestens mit *Anschütz* wandelt sich das wohlerworbene Recht zum Abwehrrecht. Der Staat benötigt eine positive Ermächtigungsgrundlage, um die Aufopferung von Rechten zu verlangen. Gegen eine Handlungsunfähigkeit des Staates sind Notstandsgesetze zu erlassen.

Mit derselben Argumentation wird auf der Rechtsfolgenseite die Entschädigung abgelehnt: Der Schadenersatzanspruch setzt eine positive gesetzliche Regelung voraus. Obwohl immer deutlicher der Ersatz für erlittene Kriegsschäden gefordert wird, ist auch in der Literatur anerkannt, dass bislang kein Ersatzanspruch besteht.[595] Nur vereinzelt sind bis in die 30er Jahre des 20. Jahrhunderts Stimmen auszumachen, die einen Anspruch aus § 35 KLG annehmen, der nur noch zu konkretisieren sei.[596]

Grundrechtsverbürgungen in Reichs- und Landesverfassungen werden nur als „Direktive für die Gesetzgebung" angesehen[597] und begründen daher keinen Anspruch außerhalb spezialgesetzlicher Regelungen, die zumeist nur für die Enteignung bestehen. In Preußen sperrt weiterhin die Kabinettsorder vom 4. Dezember 1831[598] die Anwendung der §§ 74, 75 Einl. ALR. Auch die Gerichte, die bei schädigenden Eingriffen in Eigentumsrechte des Bürgers zeitweise von einem allgemeinen Ersatzanspruch ausgehen, solange dieser nicht ausdrücklich ausgeschlossen ist, wissen diesen Anspruch ab der Jahrhundertwende nicht mehr herzuleiten.[599]

Bei Kriegsausbruch 1914 ist die Meinung vorherrschend, dass Kriegsschäden keinen Anspruch auf Ersatz gegen den Staat begründen; das Reich ist wegen

595 Heilfron I, S. 263, spricht von einer „allgemeinen Übereinstimmung."

596 So Dageförde, S. 12, Grünwald, S. 18, jeweils ohne Nachweise.

597 So z. B. für Art. 9 VU Preußen (1850) RGZ 26, 337 (340); 45, 251 (253); in RGZ 46, 282 (286 f.) leitet das RG den Entschädigungsanspruch für eine zeitweise Eigentumsbeeinträchtigung aus Art. 544 f. Code Civil, Art. 9 VU Preußen (1850), §§ 1, 2, 4, 12 des „Gesetz über die Enteignung von Grundeigenthum" vom 11.6.1874, PrGesS. S. 221, her; ebenso in RGZ 64, 183 (187).

598 Zur KabO (1831) vgl. oben, C.III.1.b)aa)(3) (S. 63).

599 So insbesondere RGZ 41, 191 (193), vgl. dazu oben, D.II.2 (S. 102).

§ 35 KLG lediglich gehalten, eine Spezialregelung für den Krieg zu schaffen. Zugleich ist der Literatur zur Entschädigung bei hoheitlichen Eingriffen in das Privateigentum zu entnehmen, dass der Staat Schäden stets ersetzen soll, die er seinen Bürgern rechtmäßig zufügt. Dazu werden nunmehr vielfach auch Kriegsschäden gezählt. Dennoch: Die Umwandlung des von *Anschütz* genannten „Soll" in ein „Ist" erklärt der Gesetzgeber bis 1914 nicht.

E. Der 1. Weltkrieg

Bis zum Kriegsbeginn 1914 wird das Kriegsrecht des Deutschen Reiches nicht geändert. Am 31. Juli 1914 versetzt Kaiser Wilhelm II. das Deutsche Reich nach Art. 68 RV in den Kriegszustand,[600] so dass die vollziehende Gewalt nach dem BelagerungsG auf die Militärbefehlshaber übergeht.

I. Die Behandlung von Kriegssachschäden bis Kriegsende 1918

Die Frontlinien des 1. Weltkriegs befinden sich größtenteils und für den weitaus längsten Zeitraum außerhalb der Reichsgrenzen. Der Kriegszustand äußert sich deshalb weniger durch Schäden[601] als durch Gesetzgebung und Verwaltung, die kriegswichtige Gegenstände durch Beschlagnahme entziehen[602] und vor allem den Im- und Exporthandel beschränken.[603] Außerdem unterbricht eine gegnerische Blockade ab Kriegsausbruch den Kontakt des Reiches zu den Kolonien. Weil das Reich (abgesehen von seinen Verbündeten im Süden) von Kriegsgegnern umgeben ist, muss es die Ernährung von Bevölkerung und Soldaten mit eigenen Rohstoffen sichern. Bereits 1914 werden daher für Konsumgüter Höchstverkaufspreise verordnet; ab Mitte 1915 werden die meisten Konsumgüter und Lebensmittel beschlagnahmt.[604] Das beeinflusst das Privat- und Wirtschaftsleben im deutschen Reich.[605]

---

600 Die „Verordnung, betreffend die Erklärung des Kriegszustandes" vom 31.7.1914, RGBl. 1914, S. 263, gilt aus historischen Gründen nicht in Bayern, das gesondert dem Kriegszustand unterstellt wird.

601 Vgl. zu einzelnen Schäden Verhandlungen RT Bd. 317, Nr. 275, S. 7; die Literatur nennt außerdem Schäden durch Seeminen, Meene, PrVBl. 38 (1916), S. 59 (59).

602 Weck, S. 12.

603 Erste Ausfuhrverbote erlässt das Reich vor Kriegsausbruch, vgl. RGBl. 1914, S. 259-261; 265-269; später kommen Einfuhrverbote hinzu, vgl. RGBl. 1914, S. 269; RGBl. 1915, S. 93; 569.

604 Vgl. RGBl. 1915, S. 29 (Beschlagnahme von Hafer); S. 35 (Mehl und Brotgetreide); S. 139, 282, 384 (Gerste); S. 357, 469 (alle Gegenstände des Kriegsbedarfes); sowie das Höchstpreisgesetz, RGBl. 1914, S. 339.

605 Weck, S. 64; zur allgemeinen Situation vgl. Bade, S. 233. Lediglich Pape, JW 1914, S. 825 f., vermutet, dass sich der Kriegszustand nicht wesentlich auf das Wirtschaftsleben auswirken werde.

An den Reichsgrenzen bleibt die Bevölkerung nicht von Kriegssachschäden verschont. Kampfhandlungen verursachen Sachschäden im Elsass,[606] das die Franzosen ab Kriegsbeginn teilweise besetzen. Stärker beeinträchtigt wird Ostpreußen: Russische Truppen überschreiten in der ersten Kriegswoche im August 1914 die Grenze und dringen ab dem 17. August 1914 gut 100 km tief in das masurische Hinterland ein.[607] Die Sach- und Vermögensschäden, die durch Abwehrschlachten, Besetzungen, Plünderungen und strategische Brandlegungen entstehen,[608] lösen eine neue Diskussion um den Ersatz von Kriegsschäden aus.[609] Hinzu kommt, dass gleich zu Anfang des Krieges die Flucht von mindestens 150 000 Personen aus russisch besetzten und bedrohten Gebieten Ostpreußens vor allem nach Königsberg und in weiter westlich gelegene Gebiete sowohl das Reich als auch das Land Preußen zwingen, behördlich einzugreifen.[610] Insgesamt flüchten ca. 500 000 Menschen während des Krieges aus Ostpreußen nach Westen.[611]

Eine neue Form der strategischen Schadensverursachung ist der Bombenabwurf. Die Idee der Kriegsführung aus der Luft behandelt erstmals 1670 der italienische Jesuit *Francesco de Lana Terzi*. Er vermutet, dass Gott die Luftschifffahrt nicht zulassen werde, weil andernfalls keine Stadt mehr vor Eroberung sicher sei; „Gebäude, Schlösser und Städte" könnten nichts gegen die Gefahr aus der Luft ausrichten.[612] Die Prognose erweist sich als zu optimistisch:

---

606 Siehe die Darstellungen bei Arndt, Das Recht 1914, Sp. 573 (575); Laband, DJZ 1915, S. 441 (442 f.), Weber, Eugen, S. 49, und Weck, S. 5. Die Schäden sollen etwa ein Drittel des in Ostpreußen verursachten Ausmaßes angenommen haben, vgl. die „Denkschrift über die Beseitigung von Kriegsschäden in den vom feindlichen Einfall berührten Landesteilen" (im Folgenden: „Denkschrift 1916"), Prs. AbgH. 1916–1918; Drs. 224a, S. 1781 (1833).

607 Zur Situation in Ostpreußen zu Beginn des Krieges vgl. die Denkschrift 1916, Sp. 5 ff. (S. 1785 ff).

608 Die größten Schäden richten die Truppen durch gegenseitigen Beschuss an; zeitgenössischen Berichten folgend legen die Russen außerdem mutwillig Brände. Zahlen bei Schickert, S. 189 f.

609 Preußen schätzt, dass während der zweimaligen Besetzung Ostpreußens 24 Städte, 600 Dörfer, 300 Güter und 34 000 Gebäude zerstört werden, rund 200 000 Wohnungen geplündert werden und 90 000 Pferde verloren gehen; Verhandlungen RT 1914/1916, (Bd. 317), Nr. 275, S. 5. Vermutet wird, dass die Höhe der Sachschäden in Ostpreußen bis zu 1½ Milliarden RM und im Elsass ½ Milliarde RM beträgt (vgl. Kommissionsbericht, Verhandlungen RT Bd. 318, Nr. 384, S. 799 (800).

610 Nach Schätzungen des preußischen Innenministeriums verlassen rd. 400 000 Personen die besetzten oder von einer russischen Besetzung bedrohten Gebiete, zit. nach DJZ 1917, S. 103; vgl. auch Rosenstock, PrVBl. 38 (1916), S. 33 (34).

611 Vgl. für die Zahlenangaben Bade, S. 252.

612 De Lana Terzi, S. 27 f.

Deutsches Militär wirft zu Beginn des 1. Weltkriegs aus Zeppelinen Bomben auf London, zieht diese aber wegen ihrer Störanfälligkeit bald aus dem Kriegsgeschehen zurück.[613] Auch die Franzosen beschießen westliche Gebiete des Reiches aus Flugzeugen. Weil die Flugkörper zumeist der Aufklärung dienen, entsteht der größte Teil der Kriegssachschäden aus der Luft durch abgeschossene Flugzeuge.[614] Dennoch sind Kriegssachschäden nicht mehr auf Frontabschnitte beschränkt, sondern können nunmehr an nahezu jeder Stelle entstehen.

1. Rechtslage bei Ausbruch des Krieges

a) Elsass-Lothringen und Ostpreußen

In Elsass-Lothringen, das nach dem Deutsch-Französischen Krieg als sog. Reichsland dem Reich zugeordnet wird, handelt die Reichsverwaltung ausschließlich aufgrund reichsrechtlicher Vorschriften,[615] während in Ostpreußen zusätzlich preußisches Recht gilt; Reichsrecht begründet bei Kriegsausbruch keinen Ersatzanspruch bei Kriegsschäden.[616]

In Preußen wird das BelagerungsG von 1851 als Rechtfertigungsgrund für die Verursachung von Kriegsschäden angesehen.[617] Der Eigentumsschutz aus Art. 9 PrVerf wird über die auch nach Einführung des BGB als Landesrecht weitergeltenden §§ 74, 75 Einl. ALR ausgestaltet, so dass der Bürger bei Schädigungen durch den preußischen Staat Anspruch auf Schadenersatz hat. Das Reichsgericht nimmt das sogar für die Landesteile an, in denen das ALR nie in Kraft getreten ist.[618] Art. 9 PrVerf wird durch das BelagerungsG ausdrücklich nicht aufgehoben,[619] so dass §§ 74, 75 Einl. ALR anwendbar sind. Dennoch

---

613 So Terraine, S. 9 f., mit dem Hinweis, der Begriff „explosive devices“ sei genauer. Die Bomben hätten mehr Einfluss auf die Moral der Zivilbevölkerung gehabt als Sachschäden angerichtet.

614 Die Problematik beschreibt z. B. Laband, DJZ 1916, S. 553 (554).

615 Elsass-Lothringen wird durch das „Gesetz, betreffend die Vereinigung von Elsass und Lothringen mit dem Deutschen Reiche vom 9.6.1871“, RGBl. 1871, S. 212, Besitz des neuentstandenen Deutschen Reichs und ist damit kein selbständiger Bundesstaat. Im sog. Reichsland übt der Kaiser im Namen des Reiches die Staatsgewalt aus, der Aufbau der Verwaltung entspricht in etwa dem der preußischen Zivilverwaltung. Vgl. Rehm, S. 14 ff., 44 ff.

616 Oben, D.IV (S. 114), ebenso Weck, S. 91.

617 Oben, Anm. 505 (S. 99).

618 Vgl. RGZ 64, 183 (184). Nach Art. 77 EGBGB dürfte das Staatshaftungsrecht des preußischen ALR nur in den Landesteilen Preußens weiterbestehen, in denen das ALR in Kraft gesetzt worden ist.

619 Vgl. die Aufzählung in § 5 Abs. 1 BelagerungsG.

schließt die Kabinettsorder von 1831 weiterhin die Haftung des Staates für durch militärische Maßnahmen verursachte Schäden aus.[620]

b) Ansprüche gegen Feuerversicherer

Wie nach den Befreiungskriegen in Preußen[621] kann sich ein Ersatzanspruch der Betroffenen in Ostpreußen aus Feuerversicherungsverträgen ergeben. Obwohl der Abschluss eines Vertrages eine privatrechtliche Angelegenheit zwischen Versicherer und Versicherungsnehmer ist und das Feuerversicherungsverhältnis den Anspruch des Geschädigten begründet, ist das Verhältnis von Interesse, weil in Preußen eine Gebäudefeuerversicherungspflicht besteht. Der Staat regelt auch bei privaten Feuerversicherern das Versicherungsverhältnis und lässt den Parteien im Versicherungsvertragsgesetz (VVG)[622] nur einen geringen Gestaltungsspielraum.

Bei den Ansprüchen gegen die Feuerversicherer ist zu unterscheiden zwischen Schäden, die „auf Anordnung“ entstehen, und Schäden, die das allgemeine Kriegsgeschehen verursacht. Die meisten privaten Brandversicherer schließen die Leistungspflicht bei Kriegsschäden aus.[623] Den Ausschluss ermöglicht § 84 VVG bei „Schäden, die im Kriege oder nach Erklärung des Kriegszustandes von einem militärischen Befehlshaber angeordnet werden.“ Auch die meisten öffentlichen Versicherer haften nicht, „wenn ein Brand oder eine Explosion durch Maßregeln verursacht wird, die im Kriege oder bei einem Aufruhr von einem militärischen Befehlshaber angeordnet werden.“[624] Die öffentlichen Versicherer haften abhängig vom Zeitpunkt des Vertragsschlusses: Die „Feuersozietät für die Provinz Ostpreußen“ schließt bei Verträgen nach den Satzungen von 1908 und 1911 die Haftung für Kriegsschäden nicht aus.[625] Bei jüngeren Verträgen haftet sie, wenn die Gebäude nicht einer besonderen Brandgefahr ausgesetzt sind.[626] Damit gehört die „Feuersozietät“ zu den wenigen öffentlichen Versicherern im Reich, die für Kriegsbrandschäden haftet.[627] Die uneinheitliche Übernahme von Kriegsschäden bei den öffentlichen Versicherern führt dazu, dass jeder einzelne Schadensfall nach Art des Schadenseintrittes (Befehl, Nachläs-

---

620 Dazu oben, C.III.1.b)aa)(3) (Anm. 315, S. 65).

621 Dazu oben, C.III.1.a)aa)(1) (S. 49) und C.III.1.b)aa)(1) (S. 60).

622 „Gesetz über den Versicherungsvertrag“ vom 30.5.1908, RGBl. 1908, S. 263.

623 Nach § 1 der allgemeinen Versicherungsbedingungen der privaten Feuerversicherer, zit. bei Weiland, S. 3, 6.

624 Zit. nach Weiland, S. 4.

625 Die Abweichung von § 84 VVG ist nach § 192 Abs. 2 VVG zulässig.

626 Die „besondere Brandgefahr“ ist weniger von der Bauweise abhängig als von dem im Gebäude ggf. beherbergten Gewerbe, vgl. Schickert, S. 191.

627 Weiland, S. 4, nennt 15 öffentliche Versicherer, die für Kriegsbrandschäden haften.

sigkeit eines Vorgesetzten oder Mutwille) zu untersuchen ist. Außerdem muss festgestellt werden, ob der gesamte Sachschaden durch den Brand entsteht oder z. B. zuvor eine Plünderung stattfindet, für die kein Versicherungsschutz besteht.[628]

Trotz der Haftungsbeschränkung übersteigen die nach 1914 zu vergütenden Schadensfälle die Leistungsfähigkeit der öffentlichen Feuerversicherungsgesellschaften.[629] Der mit der Zahlung auf den Versicherungsgeber übergehende Regressanspruch ist mangels Staatshaftung wertlos, so dass kurzfristig die Zahlungsunfähigkeit der öffentlichen Feuerversicherer droht. Zum Schutz des Barvermögen der Versicherer berechtigt daher ab 13. Oktober 1914 eine Bundesratsverordnung die Versicherungen in Ostpreußen und teilweise in Westpreußen, statt der Auszahlung von Brandentschädigungen sog. Brandvergütungsscheine auszustellen.[630] Misslich ist die Lage der Versicherer dennoch, weil die Brandvergütungsscheine den Anspruch der Versicherungsnehmer nur stunden.

c) Zwischenergebnis

Der kriegssachgeschädigte Bürger des Reiches hat zu Beginn des Krieges keinen Anspruch auf Ersatz für erlittene Kriegsschäden, weder das Reich noch Preußen sind zum Schadenersatz verpflichtet.[631] Seine Position ist zunächst sogar schlechter als nach den Freiheitskriegen, als Geschädigte wenigstens ihre Versicherer in Anspruch nehmen können:[632] Nunmehr sind selbst bestehende Ansprüche gegen die Feuerversicherer kraft Gesetzes gestundet.

2. Ergänzende Regelungen während des Krieges bis 1916

a) Reichsgesetzgebung bis zum Jahr 1916

Trotz der Sachschäden vor allem in Ostpreußen bleibt das Reich zunächst untätig. Bis zum Kriegsschädenfeststellungsgesetz von 1916 gibt es keine gesetzgeberischen Maßnahmen zu Kriegsschäden. Auch unterstützende Verwaltungsmaßnahmen sind nicht auszumachen.

---

628 Weiland, S. 8 – mangels Brandschaden ist die Versicherung bei Plünderungen von der Leistung befreit.

629 So Schickert, S. 191.

630 Verordnung vom 13.10.1914, RGBl. 1914, S. 431.

631 So auch Dageförde, S. 13.

632 Oben, C.III.1.b)aa)(1) (S. 60).

Demgegenüber verspricht das Reich die Erstattung der Kriegsschäden in Belgien: Um einen Einfall französischer Truppen von Belgien aus abzuwehren, marschieren Reichstruppen zu Beginn des Kriegs in Belgien und Luxemburg ein. Sofort danach erkennt Reichskanzler von Bethmann Hollweg den Einfall in beide Staaten vor dem Reichstag als völkerrechtliche Souveränitätsverletzung an und rechtfertigt ihn als Notstandshandlung, für den das Reich Schadenersatz gewähre.[633] Einen Ersatz für deutsche Reichsbürger sagt er nicht zu; das Versprechen gilt nur für Belgien und belgische Staatsbürger.[634] Eingelöst wird es bis Kriegsende nicht, die in Belgien verursachten Kriegsschäden regelt erst Art. 232 des Versailler Vertrages.

b) Vorentschädigungsverfahren in Preußen

Statt des Reiches handelt das von Kriegssachschäden am meisten belastete Preußen. Vier Wochen nach Kriegsbeginn erkennt Wilhelm II. in seiner Eigenschaft als preußischer König am 27. August 1914 die Situation seiner „treuen Provinz Ostpreußen“ an und wünscht, „dass alles, was zur Linderung der augenblicklichen Not in Ostpreußen [erforderlich ist], als ein Akt der Dankbarkeit des Vaterlandes sogleich in Angriff genommen wird.“[635] Nachdem im September 1914 die russischen Truppen erstmals zurückgeschlagen werden, ordnet der König die Feststellung der Schäden durch eine Kommission an.[636] Fünf Tage später wird die Kommission durch Staatsministerialbeschluss berufen;[637] ihr gehören Sachverständige aus Wirtschaft und Verwaltung an.

Die sog. Kriegshilfskommission hat die Aufgabe, zugleich mit der Schadensfeststellung eine sog. Vorentschädigung durchzuführen: „Aus … staatlichen Mitteln [soll] den […] in ihrer wirtschaftlichen Existenz bedrohten Einwohnern der vom Kriege berührten Landesteile eine Vorentschädigung gewährt werden, durch welche sie zur Fortführung ihres Haushaltes, ihres landwirtschaftlichen oder gewerblichen Betriebes oder sonstigen Erwerbszweiges und zur Beschaffung der hierzu erforderlichen Geräte und Inventarstücke notdürftig Instand gesetzt werden, soweit ihnen solche in natura geliefert werden können“ (Be-

---

633 Reichskanzler von Bethmann Hollweg in der Reichstagssitzung vom 4.8.1914, Verhandlungen RT Bd. 306, S. 5 (7).

634 Loutsch, S. 11, sieht darin die Anerkennung einer allgemeine Entschädigungspflicht.

635 Königlicher Erlass vom 27.8.1914 über die Hilfe in Ostpreußen, abgedruckt in Ostpreußische Kriegshefte, Bd. 4, S. 7.

636 Dies durch allerhöchsten Erlass vom 24.9.1914, Dt. Reichsanzeiger und Kgl. pr. Staatsanzeiger, 1914, Nr. 233, S. 2.

637 Staatsministerialbeschluss vom 29.9.1914, Dt. Reichsanzeiger und Kgl. pr. Staatsanzeiger, 1914, Nr. 233, S. 2, Abschnitt I (im Folgenden „Beschluss“ genannt).

schluss, Abschn. II). Im Januar 1915 wird dieser Staatsministerialbeschluss konkretisiert.[638]

Zuvor weist im November 1914 ein preußisches Etatgesetz die Mittel für die Vorentschädigung an.[639] Die Gesetzesbegründung bezeichnet es als „selbstverständliche Pflicht der Allgemeinheit“, die von Kriegsschäden betroffene Bevölkerung vollumfänglich schadlos zu halten, weil sie zum Wohle des Reiches schwere Opfer erbracht habe. Um der „Pflicht der Allgemeinheit“, die Preußen als Reichspflicht ansieht, vorläufig nachzukommen, stellt das Land 400 Millionen Reichsmark zur Verfügung.[640] Für die Vorentschädigung ergibt sich folgendes Bild:

Preußen geht von einer späteren reichsrechtlichen Regelung der Kriegsschäden aus[641] und gewährt Schadenersatz nur in Anrechnung auf die vom Reich zu leistende Entschädigung (Anweisung Abschn. I, Ziff. 1.). Die Vorentschädigung gibt dem Geschädigten ausdrücklich keinen Rechtsanspruch auf eine endgültige Erstattung,[642] sondern dient „lediglich zur Vorbereitung der endgültigen Feststellung“ (Anweisung Abschn. II, Ziff. 7.). Sie ist auf einen (prozentual nicht begrenzten) Teil des Schadens und zweckgebunden auf das zur Fortführung des Haushaltes beziehungsweise landwirtschaftlichen oder sonstigen Betriebes oder sonstigen Erwerbszweiges notwendige Maß (Anweisung Abschn. I, Ziff. 2.) beschränkt. Wird die Vorentschädigung anderweitig verwendet, kann sie wieder eingezogen werden (Anweisung Abschn. I, Ziff. 2.).[643]

Ziel der Vorentschädigung ist der Wiederaufbau des Landes noch während des Krieges, um die Wirtschaft Ostpreußens für den Krieg nutzen zu können. Aus diesem Grund sollen zunächst Beamte und Leiter von Wirtschaftsbetrieben

---

638 Durch die „Anweisung vom 18.1.1915, über die vorläufige Ermittlung von Kriegsschäden und die Gewährung einer staatlichen Vorentschädigung in den durch den Krieg unmittelbar betroffenen Landesteilen“, MinBl. f. d. inn. Verw. 1915, S. 143 (im Folgenden „Anweisung“ genannt).

639 „Gesetz zur Abänderung des Gesetzes, betreffend die Feststellung des Staatshaushaltsetats für das Etatjahr 1914, vom 3. Juni 1914 (Gesetzsamml. S. 69)“ vom 10.11.1914, PrGesS. 1914, S. 173.

640 Die Gesetzesbegründung ist auszugsweise abgedruckt in der Denkschrift 1916, Anlage I d, Sp. 84 ff. (S. 1843 f.). Demnach sind durch Reichsgesetz (nur) „Umfang und Höhe“ der Ersatzpflicht zu regeln, die Pflicht des Reiches wird nicht angezweifelt (ebenda, Sp. 84 (S. 1843)).

641 Vgl. Rosenstock, PrVBl. 38 (1916), S. 33 (33).

642 Vgl. Weck, S. 71 f.

643 Dieser Hinweis spricht dafür, dass die Vorentschädigung, anders als im Beschluss oben genannt, nicht ausschließlich in natura geleistet wird.

zurückkehren, Familienangehörige erst nach dem Wiederaufbau.[644] Es wird auch darauf geachtet, dass Vorentschädigungen für die Landwirtschaft dort verbleiben, weil Ostpreußen aufgrund der gegnerischen Blockade eine hohe agrarpolitische Bedeutung hat.[645] Große Sorge bereitet der Kriegshilfskommission die mögliche Neigung von Kriegswitwen und -waisen, nach der Flucht aus dem ländlichen Ostpreußen auf Dauer in den sie aufnehmenden Städten zu bleiben: Das entzieht dem dünn besiedelten Land Arbeitskräfte; daher wird überlegt, Witwen- und Waisengelder nur bei Rückkehr nach Ostpreußen auszuzahlen.[646]

Vermögensschäden sind ein weiteres Problem: Insbesondere Angehörige freier Berufe erleiden regelmäßig weniger Sach- als Vermögensschäden. Als Beispiele werden Rechtsanwälte, Ärzte und „die Musiklehrerin" genannt, die durch Ruhen ihrer Tätigkeiten infolge der Flucht meist nur geringe Sachschäden, dafür aber um so größeren Verdienstausfall erleiden.[647] Das nicht zu entschädigen, stünde dem Ziel der Vorentschädigung entgegen, dass jeder, „soweit es mit Geld möglich ist, volle Entschädigung für seinen Kriegsschaden erhalten" soll.[648] Daher wird die Vorentschädigung zunehmend großzügig gehandhabt; ab Sommer 1915 geht die Kommission trotz des laufenden Krieges dazu über, statt Abschlägen volle Entschädigungen zu zahlen,[649] um die ostpreußische Wirtschaft weiter zu fördern.

Die Kriegshilfskommission kann bereits im Juli 1916, also knapp eineinhalb Jahre nach Ende der russischen Besetzung, ihre Arbeit erfolgreich beenden: Sie stellt auf ihrer letzten Sitzung am 7. Juli 1916 fest, dass voraussichtlich bis Sommer 1918 die meisten Gebäude wiederhergestellt und somit die wesentlichen Kriegsschäden behoben sein werden.[650] Im Frühjahr 1918 bestätigen die

644 Vgl. die Rede des Ministers des Innern von Loebell im Preußischen Abgeordnetenhaus v. 23.2.1915, auszugsweise abgedruckt in Ostpreußische Kriegshefte Nr. 4, S. 17 (19).

645 Vgl. den Bericht über die zweite Sitzung der Kriegshilfskommission, abgedruckt in PrVBl. 36 (1915), S. 718 (718).

646 Vgl. den Bericht über die zweite Sitzung der Kriegshilfskommission, abgedruckt in PrVBl. 36 (1915), S. 718 (719).

647 Vgl. die Darstellung im Bericht über die zweite Sitzung der Kriegshilfskommission, abgedruckt in PrVBl. 36 (1915), S. 718 (719), sowie den Bericht über die Kriegshilfskommission im PrVBl. 37 (1915), S. 126 (127). Beyer, JW 1916, S. 1103 ff., beschreibt die Situation von Anwaltskriegsschäden.

648 Vgl. den Bericht über die Arbeit der Kriegshilfskommission, PrVBl. 37 (1915), S. 126 (126).

649 Denkschrift 1916, Sp. 67 (S. 1853).

650 Vgl. den Bericht über die 6. Sitzung der Kriegshilfskommission bei Vogels, PrVBl. 38 (1916), S. 128 f. Nach den der Reichstagskommission vorliegenden Zahlen ist bereits Ende Mai 1916 knapp ½ Milliarde RM Vorentschädigung in Ostpreußen angewiesen worden, vgl. Verhandlungen RT Bd. 318, Nr. 384, S. 814 (815).

beteiligten Behörden, dass bereits im Oktober 1917 gut drei Fünftel der Kriegssachschäden in Ostpreußen im Vorentschädigungsverfahren ersetzt[651] und bis Ende 1917 auch gut zwei Drittel der beschädigten oder zerstörten Gebäude wiederhergestellt seien.[652] Berichte über weitere Sitzungen der Kriegshilfskommission oder ähnlicher Gremien sind nicht dokumentiert. Daher kann man davon ausgehen, dass in der Sitzung am 7. Juli 1916 die letzten Fragen des Wiederaufbaus und der Vorentschädigung besprochen werden; andernfalls wären sie in der Literatur diskutiert bzw. nachträgliche Sitzungen der Kriegshilfskommission dokumentiert worden. Auch die staatliche Flüchtlingsfürsorge wird im Dezember 1916 eingestellt.[653] Spätere Darstellungen bestätigen, dass die Kriegsschäden in den Städten Ostpreußens zumeist bis Kriegsende und auf dem Land bereits bis 1918 beseitigt sind.[654] Weitere nennenswerte Kriegssachschäden werden in Ostpreußen bis Kriegsende nicht verursacht.

c) Vorentschädigung in Elsass-Lothringen

In Elsass-Lothringen wird per Verordnung vom 19. März 1915 eine Kriegshilfskommission eingesetzt,[655] die analog zum Vorgehen in Ostpreußen die Vorentschädigung leitet. Mit dem 1. Mai 1915 wird das Vorentschädigungsverfahren durch eine Anweisung geregelt.[656]

Auch diese Anweisung erklärt, dass die endgültige Entschädigung nach § 35 KLG dem Reich mit einem Spezialgesetz vorbehalten sei (Nr. 1). Daher wird die Vorentschädigung wie in Preußen auf das begrenzt, was zur Fortführung von Haushalt, Landwirtschaft und Gewerbe notwendig ist (Nr. 2 Abs. 1, Nr. 15). „Allgemeine Erwerbsschwierigkeiten" sind keine Schäden (Nr. 2, Abs. 2); das schließt kriegsbedingte Umsatzausfälle von der Vorentschädigung aus. Die Vorentschädigung muss geringer sein als der Schaden, ist aber prozentual nicht be-

---

651 Vgl. den „Nachtrag zur Denkschrift über die Beseitigung der Kriegsschäden in den vom feindlichen Einfall berührten Landesteilen", Pr. AbgH 1916–1918, Drs. Nr. 873, S. 5479 (im Folgenden: „Nachtrag Denkschrift"), Sp. 8. Demnach ist von einem angenommenen Gesamtsachschaden in Höhe von 1,4 Milliarden Mark bis 1.10.1917 ein Betrag von 855 Millionen Mark ausgezahlt worden (ca. 61 %).

652 Vgl. Nachtrag Denkschrift, Sp. 8, zu den Einzelheiten Sp. 17 f.

653 Vgl. Nachtrag Denkschrift, Sp. 10; Vogels, PrVBl 39 (1918), S. 431 (431), nennt die Zahl von 1 000 Flüchtlingen, die im November 1918 noch unterstützt werden müssen.

654 Vgl. Meyhöfer, S. 135.

655 „Verordnung, betreffend die Einsetzung einer Kriegshilfskommission und von Kriegshilfsausschüssen für Elsass-Lothringen", vom 19.3.1915, ZetrBezAbl. 1915, S. 77.

656 „Anweisung über die vorläufige Ermittlung von Kriegsschäden und die Gewährung einer staatlichen Vorabentschädigung in den durch den Krieg berührten Landesteilen", vom 1.5.1915, ZetrBezAbl. 1915, S. 138 (138).

grenzt (Nr. 2, Abs. 3). Bemerkenswert ist, dass die Vorentschädigung (anders als in Preußen) herabgesetzt werden kann, wenn den Geschädigten eine Mitschuld am Schaden trifft; ausdrücklich wird die „unverständige Flucht“ genannt (Nr. 7, Abs. 4). Folgt man zeitgenössischen Berichten, war es in Ostpreußen niemandem zuzumuten, nicht vor den russischen Truppen zu fliehen; an der Westgrenze des Reiches dürften andere Verhaltensweisen geherrscht haben.

d) Weitere, insbesondere private Unterstützungsmaßnahmen

Direkt nach der Besetzung Ostpreußens durch russische Truppen setzt eine Flüchtlingsfürsorge zugunsten der Bevölkerung ein. Die vom Flüchtlingsstrom am stärksten beanspruchte Stadt Königsberg ruft im Reich zur Unterstützung auf. Darauf begründen Städte Patenschaften zugunsten ostpreußischer Gemeinden und Privatorganisationen kümmern sich um die Sammlung von Spenden,[657] die in 58 Patenvereinen bis 1918 eine Summe von ca. 15 Millionen Mark erreichen.[658]

e) Kriegsschädenfeststellungsgesetz von 1916

Das Reich reagiert erst mit dem KFG vom 11. Juli 1916 auf die Situation in Ostpreußen und Elsass-Lothringen, als zumindest in Ostpreußen ein großer Teil der Kriegsschäden bereits beseitigt ist. § 2 KFG definiert den Begriff der Kriegsschäden. Festgestellt wird der Wertverlust, der durch die Beschädigung oder Zerstörung einer Sache eingetreten ist, anhand des Wertes, den die Sache vor dem Kriege hatte (§ 3 Abs. 1 KFG, sog. Friedenswert), soweit die Sache nicht zwischenzeitlich verändert worden ist. Außerdem ist nach § 4 KFG festzustellen, ob hinsichtlich des Schadens ein Anspruch aus einem Versicherungsvertragsverhältnis besteht. Rechtsfolgen begründet die Feststellung nicht.

Nur Sachschäden werden festgestellt (§ 3 Abs. 1 KFG), Vermögensschäden erwähnt das Gesetz nicht. Ausdrücklich nicht festgestellt werden Verluste an Wechseln und Schecks (§ 3 Abs. 3, S. 1, 1. Hs. KFG). Kriegsbedingte Wert- und Preissteigerungen sind nicht erfasst, Wertverluste werden ausschließlich anhand des Friedenswertes bestimmt. Aus Gründen der Billigkeit können Zuschläge zum Friedenswert festgestellt werden (§ 3 Abs. 2 KFG); dies geschieht insbesondere bei Gebäuden und Gegenständen des täglichen Bedarfs.[659] Soweit Schä-

---

657 Der Aufruf des Königsberger Oberbürgermeisters ist abgedruckt in PrVBl. 35 (1914), S. 885. Er wird unterstützt vom Deutschen Städtetag und dem Reichsverband deutscher Städte, PrVBl. 35 (1914), S. 886.

658 Vgl. Nachtrag Denkschrift 1916, Sp. 37 (S. 5498).

659 Vgl. Popitz, PrVBl. 38 (1917), S. 605 (609).

den bis 1 500 RM bereits nach Landesrecht festgestellt und mit dem Geschädigten darüber Einigung erzielt worden ist, bleibt es bei dieser Entschädigung (§ 18 KFG). Durch die Feststellung erhält der Betroffene eine behördliche Registrierung und Anerkennung der Höhe seines Schadens. Einen Anspruch auf Auszahlung des festgestellten Schadens erwirbt der Geschädigte nicht, § 15 KFG.

§ 15 des Regierungsentwurfs zum KFG (KFG-E) sieht vor, den Umfang der Entschädigung durch das Reich in das Ermessen des Gesetzgebers zu stellen: „In welchem Umfang der Ersatz der … Schäden vom Reiche übernommen werden wird, bestimmt ein späteres Gesetz.“[660] In erster Lesung des Gesetzentwurfs im Reichstag wird kritisiert, dass das Reich einen „Wechsel auf die Zukunft“ ausstelle, dessen Werthaltigkeit der Schuldner bestimme. Jedenfalls eine bestimmte Verpflichtung müsse das Reich übernehmen,[661] weil jede andere Entscheidung die Geschädigten enttäusche: Nach dem Ende der russischen Besetzung sei stets die Ehrenpflicht zur Entschädigung aus Reichsmitteln betont worden.[662] Insbesondere die „kleinen Leute“ müssten vollen Ersatz erhalten.[663] Merkwürdig sei, wenn das Reich die Länder die Kriegsschäden feststellen lasse und sich zugleich die Entschädigung vorbehalte.[664] Der Reichstag sei sich einig, bereits im KFG einen vollen Ersatzanspruch zu begründen, die Schuld aber zu stunden.[665]

Die Kommission, an die der Gesetzentwurf überwiesen wird, einigt sich zunächst auf eine volle Haftpflicht des Reiches für Kriegsschäden. Streit besteht darüber, welche Dauer das vom Reichstag vorgeschlagene Moratorium haben soll. Nur Regierungsvertreter lehnen eine während des Krieges begründete Haftpflicht zunächst mit Hinweis auf die unberechenbare Schadenshöhe ab.[666] Später erklären sie, dass sich das Reich mit § 15 KFG-E nicht seiner Entschädigungs-

660 Vgl. den „Entwurf eines Gesetzes über die Feststellung von Kriegsschäden im Reichsgebiete“, Verhandlungen RT, Bd. 317, Nr. 275.

661 So Abgeordneter Emmel in der Verhandlung am 9.5.1916, Verhandlungen RT Bd. 307, S. 988 (989 f.).

662 So Abgeordneter Siehr (Insterburg) in der Verhandlung am 9.5.1916, Verhandlungen RT Bd. 307, S. 991 (993).

663 So Abgeordneter Emmel in der Verhandlung am 9.5.1916, Verhandlungen RT Bd. 307, S. 988 (989 f.).

664 So Abgeordneter Kreth in der Verhandlung am 9.5.1916, Verhandlungen RT Bd. 307, S. 997 (998).

665 So Abgeordneter von Gamp-Massaunen in der Verhandlung am 9.5.1916, Verhandlungen RT Bd. 307, S. 1000 (1001).

666 Vgl. Kommissionsbericht, Verhandlungen RT Bd. 318, Aktenstück Nr. 384, S. 799 (800).

pflicht entziehe,[667] sondern die Norm die derzeit ungeklärte Aufteilung der Haftung zwischen Reich und Bundesstaaten darstelle:[668] Allein der Umfang der Beteiligung des Reiches sei noch nicht entscheidungsreif.[669] Im Ergebnis entscheidet sich die Kommission dennoch in erster Lesung für eine volle Entschädigungspflicht des Reiches.[670]

Regierungsvertreter weisen in zweiter Lesung des Entwurfs in der Kommission erneut eindringlich darauf hin, dass das Reich während des Krieges keine unbeschränkte Zahlungspflicht übernehmen könne und daher kein Rechtsanspruch des Geschädigten gegen das Reich begründet werden dürfe. Daher wird als Kompromiss vereinbart, dass das Reich die Vorentschädigungen erstattet, welche die Bundesstaaten und Elsass-Lothringen auszahlen. Den Zeitpunkt der Erstattung soll ein gesondertes Gesetz erklären.[671] Der Kompromiss wird in § 16 Abs. 1 S. 1 KFG Gesetz: „Vorschüsse und Vorentschädigungen, welche die Bundesstaaten und Elsass-Lothringen auf Schäden im Sinne dieses Gesetzes ausgezahlt haben und künftig auszahlen, werden ihnen im Rahmen der nach diesem Gesetze getroffenen Feststellungen vom Reiche erstattet." Dadurch erhält der Kriegssachgeschädigte mit der Auszahlung der Vorentschädigung durch die Länder einen Anspruch gegen das Reich; bis zu diesem Zeitpunkt handelt es sich um eine unvollkommene Verbindlichkeit.

In der Diskussion steht auch die Beschränkung auf Sachschäden nach § 1 Abs. 1 KFG-E.[672] Warum andere Vermögenseinbußen nicht festgestellt werden sollen, erläutert die Entwurfsbegründung nicht.[673] Im Reichstag wird gefordert,

667 Vgl. Kommissionsbericht, Verhandlungen RT Bd. 318, Aktenstück Nr. 384, S. 799 (803).

668 Vgl. den Hinweis im Kommissionsbericht, dass für Kriegsschäden primär der (Bundes-) Staat hafte, auf dessen Gebiete sie entstünden, Verhandlungen RT Bd. 318, Aktenstück Nr. 384, S. 799 (800) und die Folgerung daraus, dass sich im Wesentlichen um eine Auseinandersetzung zwischen Reich und Bundesstaaten handele (ebenda, S. 801, 802).

669 So der Vertreter Preußens in der Kommission, vgl. den Kommissionsbericht, Verhandlungen RT Bd. 318, Aktenstück Nr. 384, S. 799 (804).

670 Vgl. Kommissionsbericht, Verhandlungen RT Bd. 318, Aktenstück Nr. 384, S. 799 (806). Die Länder werden den Beschlüssen nach verpflichtet, die festgestellten Schäden „alsbald" zu erstatten, und können sich dafür beim Reich schadlos halten (vgl. die Beschlüsse der Kommission, § 1 Abs. 1 S. 2, Abs. 3, ebenda, S. 823 (824)).

671 Vgl. Kommissionsbericht, Verhandlungen RT Bd. 318, Aktenstück Nr. 384, S. 799 (816).

672 Im Wortlaut: „Beschädigungen an beweglichem und unbeweglichem Eigentum".

673 Vgl. zu § 1 der Begründung Verhandlungen RT, Bd. 317, Nr. 275, S. 8.

Erwerbsschäden festzustellen, wenn ein Sachschaden zugrunde liegt.[674] Erwähnt werden auch Kosten der Flucht,[675] Schäden der Schifffahrt, in den Kolonien und die von Deutschen im Ausland erlittenen Schäden. Auslandsdeutsche hätten sich zumeist im Vertrauen auf das Deutsche Reich im Ausland niedergelassen.[676] Auch die Feststellung des Schadens anhand des Friedenswertes sei nicht ausreichend.[677] In der Kommission einigt man sich daher darauf, aus der Wertfeststellung eine Sollvorschrift zu machen (§ 3 Abs. 2 S. 3 KFG), um notwendige Ersatzbeschaffungen zu ermöglichen.[678] Weitere Schadensgattungen neben den Sachschäden werden nicht aufgenommen.

Die Kommission nimmt den Entwurf schließlich einstimmig an.[679] Auch der Reichstag verabschiedet ihn ohne Aussprache einstimmig.[680]

f) Würdigung der Maßnahmen während der Kriegszeit

Im Vergleich mit dem Reich, das die Geschädigten zunächst nicht unterstützt, handelt Preußen solidarischer: Obwohl auch in Preußen kein Rechtsanspruch auf Schadenersatz oder Unterstützung besteht, hilft kurzfristig ein differenziertes Vorentschädigungssystem. Dadurch kann sogar eine den Schaden übersteigende Unterstützung gewährt werden. Einen Rechtsanspruch gewährt Preußen nicht, weil das Land die ausschließliche Gesetzgebungskompetenz des Reiches anerkennt.[681] Zu erkennen ist, dass die Vorentschädigung neben der Fürsorge errei-

---

674 Im Reichstag spricht bspw. Abgeordneter Siehr (Insterburg), Verhandlungen RT, Bd. 307, S. 991 (993), die Schäden von Bauern durch verlorene Ernten im Herbst 1914 und Frühjahr 1915 an.

675 So Abgeordneter Siehr (Insterburg) in der Verhandlung am 9.5.1916, Verhandlungen RT Bd. 307, S. 991 (992)

676 So Abgeordneter von Rechenberg in der Verhandlung am 9.5.1916, Verhandlungen RT Bd. 307, S. 986 (987), ebenso Abgeordnete Emmel, S. 988 (988) und Thoma, S. 995 (997).

677 So Abgeordneter Kreth in der Verhandlung am 9.5.1916, Verhandlungen RT Bd. 307, S. 997 (998).

678 Vgl. Kommissionsbericht, Verhandlungen RT Bd. 318, Aktenstück Nr. 384, S. 799 (807 f.).

679 Vgl. Kommissionsbericht, Verhandlungen RT Bd. 318, Aktenstück Nr. 384, S. 799 (817).

680 Zur 2. und 3. Lesung wird keine Aussprache gewünscht, vgl. Verhandlungen RT, Bd. 308, S. 1579 (1581).

681 Vgl. die Anweisung (oben, Anm. 638 (S. 123)), Abschn. I, Ziff. 1. Die Gesetzgebungskompetenz für das Militärwesen ergibt sich für das Reich aus Art. 4 Nr. 14 RV und umfasst „die Gesamtheit der militärischen Einrichtungen des Reichs und demnach die Aufsichts- und Gesetzgebungsbefugnis des Reichs auf alle diese Gesamtheit bezüglichen Vorgänge und Bestimmungen“, vgl. Rauchalles, Art. 4 zu Ziffer 14 a) (S. 49). Rauchal-

chen soll, dass die Bürger im Land bleiben, um Gewerbe und insbesondere die kriegswichtige Landwirtschaft in Ostpreußen zu erhalten. Wie wichtig dies ist, zeigen die Bestimmungen, dass die Vorentschädigung möglichst in Naturalien zu leisten ist (Beschluss Abschn. II,[682] Anweisung, Abschn. II, Ziff. 9[683]) und im Falle des unbegründeten Wegzuges oder der Nichtverwendung für den Wiederaufbau zwangsweise zurückgefordert werden kann (Anweisung Abschn. I, Ziff. 2). Dies und die Möglichkeit, eine den Schaden übersteigende Vorentschädigung auszuzahlen, wenn der Wiederaufbau bzw. die Wiederbeschaffung teurer sind, verbieten es, die Vorentschädigung als Schadenersatz im Rechtssinne zu bezeichnen; vielmehr handelt es sich um eine Bleibe- oder Wiederansiedelungsprämie. Politisch dient die Prämie zugleich zur Sicherung eines festen Dammes, „an dem die slawische Flut sich brechen soll."[684] Die Effektivität des preußischen Vorentschädigungsverfahrens ist darin zu erkennen, dass die Kriegshilfskommission schon im Herbst 1916, keine zwei Jahre nach der letzten Besetzung Ostpreußens und noch während des Krieges, einen Abschlussbericht vorlegt und die Tätigkeit einstellt, nachdem der Wiederaufbau Ostpreußens beinahe abgeschlossen ist.[685]

Das Reich hält sich dagegen zurück. Erst knapp zwei Jahre nach Kriegsbeginn soll der KFG-Entwurf Kriegsschäden nur feststellen. Die Begründung zum Regierungsentwurf zeigt die Unsicherheit: „Es ist … notwendig, den Geschädigten endgültig den vollen Betrag desjenigen auszuzahlen, was ihnen als Ersatz des erlittenen Schadens gewährt werden soll. … Dazu muss aber die den Schadenersatz auszahlende Landesregierung die Gewissheit haben, dass die von ihr gewährte Entschädigung bei einem *etwaigen* späteren Ersatze durch das Reich nach allen Richtungen als zutreffend berechnet anerkannt wird und dass insbesondere das Maß der Entschädigung und die Art der Ermittlung nicht nachträglich vom Reiche angefochten werden kann …"[686] Spürbar ist ein Bruch in der Begründung: Die vorauszahlende Landesregierung hat das Interesse, den an die Geschädigten ausgezahlten Vorschuss erstattet zu bekommen; lehnt das Reich einen Ersatzanspruch ab, ist auch die Frage seiner Ermittlung und Berechnung

---

les nennt im Folgenden ausdrücklich das KLG, das nach Art. 4 Nr. 14 RV ergangen sei (Rauchalles, ebd. S. 51).

682 Oben, Anm. 637 (S. 122).

683 Oben, Anm. 638 (S. 123).

684 So Rosenstock, PrVBl. 38 (1916), S. 33 (36).

685 So ebenfalls Rosenstock, PrVBl. 38 (1916), S. 33 (33).

686 Vgl. Begründung zum KFG-E, Verhandlungen RT, Bd. 317, Nr. 275, S. 7 (Hervorhebung durch den Verfasser).

obsolet. Sollen die Geschädigten bereits zu diesem Zeitpunkt vollen Ersatz erhalten, müsste das Reich sofort tätig werden und den Anspruch anerkennen.[687]

Es scheint, als sei das Wort „etwaig" erst zu einem späten Zeitpunkt in die Entwurfsbegründung eingefügt worden.[688] Ähnliche Brüche sind an anderen Stellen zu erkennen: „Nunmehr [soll] – was sich bei der nicht vorauszusehenden Länge des Krieges immer mehr als ein dringendes Bedürfnis erweist – dafür Sorge getragen werden, dass ... die Bevölkerung wieder ein dauerndes ... Unterkommen findet."[689] Die Feststellung des Schadens trägt nicht dazu bei, dass die Bevölkerung „ein Unterkommen" findet; helfen dürften nur die Auszahlung wenigstens eines Teiles der Entschädigung oder Naturalrestitution. Auch die einführende Rede des Regierungsvertreters zur 1. Lesung im Reichstag lässt sich nicht anders deuten: „Das [preußische] Vorentschädigungsverfahren ist ein Notverfahren. ... jetzt kommt es darauf an, das wirtschaftliche Leben wieder in geordnete Bahnen zu lenken. ... Es muss aufgebaut werden, um ... [Ostpreußen] wirtschaftlich ... wieder nutzbar zu machen."[690] Zur Begründung heißt es, man müsse jetzt den entstandenen Schaden feststellen, weil die Gebäude beim Aufbau auch nach wirtschaftlichen, sozialen und ästhetischen Gesichtspunkten zu verbessern seien und danach der entstandene Schaden nicht mehr festzustellen sei. Das ist wenig schlüssig: Sollte der ursprüngliche Entwurf nur eine reine Feststellung von Schäden vorsehen, könnte er beispielsweise auf Zuschläge (§ 3 Abs. 2 KFG-E) verzichten. Sinnvollerweise erteilt man Zuschläge zur Entschädigung erst im vom KFG nach Kriegsende vorgesehenen Entschädigungsverfahren; erst zu diesem Zeitpunkt kann endgültig berechnet werden, wie sich Werte entwickeln. Teile der Reichsregierung müssen daher davon ausgegangen sein, dass das Reich für Kriegsschäden hafte oder jedenfalls haften müsse. Die mündliche Begründung des Gesetzes im Reichstag zeigt die Herkunft des Ersatzanspruchs: „Es [entspricht] natürlicher Anschauung, dass die Landesteile, die an den Grenzen des Reiches als Bollwerke die ersten Angriffe des Feindes aushalten, ... unterstützt werden müssen von dem ganzen, zu dessen Schutz sie berufen sind."[691] Die Gefahrgemeinschaft der *lex rhodia* ist deutlich zu erkennen.[692]

---

687 Ähnlich Abgeordneter Thoma in der Verhandlung am 9.5.1916, Verhandlungen RT Bd. 307, S. 995 (995 f).

688 Auch Abs. 2 der Begründung (Verhandlungen RT, Bd. 317, Nr. 275, S. 5) hinterlässt einen entsprechenden Eindruck: Der Hinweis, ein Entschädigungsgesetz könne erst nach Kriegsende erlassen werden, passt nicht in die Struktur der Darstellung hinein.

689 Vgl. Begründung zum KFG-E, Verhandlungen RT, Bd. 317, Nr. 275, S. 7.

690 So der Direktor im Reichsamt des Innern von Jonquières in der Verhandlung am 9.5.1916, Verhandlungen RT Bd. 307, S. 984 (985).

691 So der Direktor im Reichsamt des Innern von Jonquières in der Verhandlung am 9.5.1916, Verhandlungen RT Bd. 307, S. 984 (984 f.).

Obwohl der Reichstag den Geschädigten keinen durchsetzbaren Ersatzanspruch bei Kriegsschäden zuweist, wird im Ergebnis durch den Kompromiss in § 16 Abs. 1 S. 1 KFG nahezu geräuschlos ein vollständiger Kriegsschädenersatz durch das Reich statuiert: Indem in Preußen und in Elsass-Lothringen eine umfangreiche Vorentschädigung stattfindet, führt die Erstattungspflicht des Reiches für geleistete Vorentschädigungen zu einem umfangreichen staatlichen Ersatz von Kriegssachschäden. Abgesehen vom Elsass entstehen im Reichsgebiet bis November 1918 nahezu keine Kriegssachschäden mehr. Auch im Elsass können gegnerische Truppen nicht weiter in das Reichsgebiet eindringen. Die Schäden dort sind nach Kriegsende Gegenstand des Versailler Vertrages (Art. 232 VV).

Sachschäden aus dem 1. Weltkrieg ersetzt das Reich also zu einem wesentlichen Teil – in Ostpreußen nach dem KFG über die preußische Vorentschädigung, in Elsass-Lothringen während des Krieges über die Vorentschädigung und nach Kriegsende nach Art. 232 VV. Wenngleich das Reich vermeidet, Ansprüche der Geschädigten gesetzlich zu begründen, wird aus der Argumentation im Gesetzgebungsverfahren deutlich, dass zumindest ein Teil der Verwaltung von einem Anspruch der Geschädigten ausgeht. Sowohl in der Regierung als auch im Reichstag steht nicht das „Ob“, sondern nur das „Wie“ der Entschädigung zur Diskussion. Es scheint außerdem, als sei das „Wie“ nur hinsichtlich der Aufteilung der Lasten zwischen dem Reich und den Bundesstaaten zu definieren.

3. Literatur

Nachdem sich für einen Zeitraum von gut 100 Jahren kaum Stellungnahmen zum Kriegsschadenrecht nachweisen lassen,[693] sind die Kriegsschäden in Ostpreußen ab Oktober 1914 Gegenstand juristischer Behandlung. Anhand der Vorentschädigungspraxis in Ostpreußen wird die Frage gestellt, ob Staat (oder Gesellschaft) bereits aus bestehendem Recht verpflichtet seien, Schadenersatz zu leisten. Das Ziel wird nicht in Frage gestellt: Die Denkschrift für das Preußische Abgeordnetenhaus vom November 1914, die es als „selbstverständliche Pflicht der Allgemeinheit [bezeichnet], die hart betroffene Bevölkerung dafür, dass sie zum Heile des Reiches schwere Opfer bringen musste, in vollem Umfang schad-

692 Mit derselben Situation (Grenzgebiete) lehnt von Berg (oben, C.III.2.a)aa) (S. 71)) 120 Jahre früher Kriegsschädenersatz ab.

693 Grünwald, S. 14, stellt bspw. die Frage, warum bei einer ansonsten sehr feinen Struktur des deutschen Rechts ausgerechnet die Kriegsschäden unbehandelt geblieben seien, und entschuldigt dies damit, dass das Rechtsproblem für mehrere Generationen in Deutschland nicht besonders akut war. Ähnlich Stier-Somlo, PrVBl. 38 (1916), S. 150 (152) und Heilfron, JW 1916, S. 730 (731).

los zu halten“, erfährt keine Kritik.[694] Dennoch geht die Literatur mehrheitlich von einer Ehrenpflicht aus, über die Einigkeit herrsche,[695] und stellt die Frage, ob das geltende Recht einen gerichtlich durchsetzbaren Ersatzanspruch auf Kriegsschädenersatz begründe.[696]

Anerkannt ist zu Beginn des 1. Weltkrieges, dass die Rechtsfolge staatlicher Handlungen während des Krieges im öffentlichen Recht zu suchen[697] und der Staat zur Kriegsführung berechtigt ist.[698] Er darf Kriegsschäden bei der Verteidigung gegen Feinde verursachen.[699] Zugleich wird davon ausgegangen, dass nicht die Bundesstaaten, sondern das Reich[700] die Kriegsschäden nach dem Krieg regelt.[701] Im Einzelnen lassen sich die folgenden Tendenzen feststellen:

---

694 Denkschrift 1916, Sp. 84 (S. 1843), dies übernimmt bspw. von Rosenstock, PrVBl. 38 (1916), S. 33 (33) kritiklos.

695 Loutsch, S. 23; Lux, DJZ 1914, Sp. 1346 (1346). Ähnlich auch Arndt, Das Recht 1914, Sp. 573 (577); Laband, DJZ 1916, Sp. 553 (553); Heilfron, PrVBl. 37 (1916), S. 545 (545); Popitz, PrVBl. 38 (1916), S. 33 (33).

696 Lux, DJZ 1914, Sp. 1346 (1346).

697 Vgl. z. B. Heilfron II, S. 65; Weck, S. 92, stellt fest, dass das Bürgerliche Recht aus „naheliegenden Erwägungen“ keine Anwendung finde; ebenso Hartmann, JW 1916, S. 1174 (1175), und Weber, Eugen, S. 28. Fleiner, S. 276, begründet dies damit, dass dem rechtmäßig handelnden Staat gegenüber alle Vorschriften über unerlaubte Handlungen versagten. Neukamp, JW 1917, S. 572 (572), verweist auf RG JW 1917, S. 601 (= RGZ 89, 221). Differenzierend erkennt Kraehling, DJZ 1918, Sp. 74 (75), dass hinsichtlich des Anspruchs stets zu untersuchen sei, ob ihm nicht das Verschulden einer Militärperson zugrunde liege und daher der Anspruch auch gegen den Reichsfiskus vor der ordentlichen Gerichtsbarkeit geltend gemacht werden könne.

698 Von Gierke, Gruchots Beiträge 59 (1915), S. 3 (4).

699 Vgl. z. B. Arndt, Das Recht, S. 573 (577 f.): „Über den Rechten der Bürger steht das Recht des Vaterlandes“; Lux, DJZ 1914, S. 1346 (1347 f.); lediglich Bendix, JW 1915, S. 65 (67), stellt dem Recht des Staates, Kriegsschäden zu verursachen, das Eigentumsrecht des Bürgers entgegen, und erkennt, dass ein militärischer Akt völkerrechtlich berechtigt, hingegen staatsrechtlich und privatrechtlich rechtswidrig sein kann. Hartmann, JW 1916, S. 1174 (1175), weist darauf hin, dass auch Militärbehörden gesetzmäßig handeln müssten.

700 Im Reichstag wird 1916 noch bezweifelt, ob nicht vorrangig die betroffenen Bundesstaaten Württemberg, Baden, Preußen und das Reichsland Elsass-Lothringen hafteten (vgl. die Rede des Abgeordneten Thoma, Verhandlungen RT, Bd. 307, S. 995 (996)). Für eine ausschließliche Haftung des Reiches Neukamp, JW 1917, S. 572 (573 f.).

701 Aus diesem Grund bezeichnet Kirchhoff, S. 1, die Kriegsschädenfrage als „rechtshistorisch“.

a) Anspruch auf Kriegsschädenausgleich

aa) Allgemeine Anspruchsgrundlagen

Dass den Staat eine Rechtspflicht zum Ausgleich von Kriegsschäden trifft, wird in der Literatur der Jahre 1914–1916 selten vertreten.[702] Für Preußen dürfte die Ansicht, dass § 75 Einl. ALR wegen der Kabinettsorder von 1831[703] auf Kriegsschäden nicht anwendbar sei, vorherrschend sein.[704] Andere allgemeine Anspruchsgrundlagen werden nicht genannt. In Betracht wird gezogen, dass Geschädigte staatliche Armenfürsorge in Anspruch nehmen könnten, weil Kriegsschäden zu einer unverschuldeten Verarmung führen.[705]

bb) Besondere Anspruchsgrundlagen

Systematisch wird ein völkerrechtlicher Ansatz untersucht: Der gegnerische Staat könnte verpflichtet sein, sämtliche Kriegsschäden oder wenigstens diejenigen zu ersetzen, die er verursacht. Dafür spricht, dass für Friedenszeiten anerkannt ist, dass bei einer völkerrechtswidrigen Schädigung von Privatpersonen fremdstaatlicher Nationalität der Staat, der den Schaden verursacht hat, dem Heimatstaat des Betroffenen verantwortlich ist[706] und Wiedergutmachung zu leisten hat.[707] Folglich müsste im Krieg bei völkerrechtswidriger Schadensverursachung der Heimatstaat stets einen Schadenersatzanspruch haben.[708]

Artt. 25, 28, 47 und 52 Haager Ordnung schützen Privateigentum nach einer gegnerischen Besetzung und Art. 23 g Haager Ordnung verbietet Plünderungen.[709] Daher wird in Betracht gezogen, diesen Schutz auf Kampfhandlungen auszudehnen, zumal beschlagnahmtes Gut nach Friedensschluss zurückzugeben (Art. 53 Abs. 2 Haager Ordnung) und die Entschädigung zu regeln ist. Demnach

702 Im Gegenzug ist anerkannt, dass bei Kriegsschäden kein Rechtsweg gegeben ist: Delius, JW 1917, S. 29 (30). Loutsch, S. 23, zweifelt, ob sich der Staat der Schadenersatzpflicht durch Gesetz stelle. Lux, DJZ 1914, Sp. 1346 (1348 f.) nimmt § 75 Einl. ALR unter differenzierenden Voraussetzungen als Anspruchsgrundlage (dazu im Einzelnen unten, E.I.3.b), S. 136).

703 Vgl. oben, C.III.1.b)aa)(3) (Anm. 315, S. 65).

704 Das vermutet Koropatnicki, S. 17. Zu den Einzelheiten vgl. unten, E.I.3.c) (S. 137).

705 Popitz, PrVBl. 35 (1914), S. 869 (872).

706 Vgl. von Liszt, S. 179.

707 Kube, S. 9; von Liszt, S. 179; Koropatnicki, S. 120.

708 So z. B. für den Fall der durch eine kriegsbedingte Ausweisung entstandenen Schäden Weck, S. 84. Weck stellt allerdings fest, dass nicht alle am [1.] Weltkrieg teilnehmenden Staaten das Haager Abkommen unterschrieben haben, S. 83.

709 Weck, S. 85, behauptet, dieses Verbot gelte, weil der Krieg von Staat zu Staat geführt werde und nicht zwischen Privatpersonen.

müssten die Staaten die Kriegsschäden ihrer Bürger geltend machen und Geschädigte sich den Entschädigungsanspruch abtreten lassen.[710] Fraglich ist, ob es eine Instanz gibt, die Abtretung durchzusetzen,[711] und ob der Geschädigte einen Anspruch auf Geltendmachung dieser Ansprüche hat.[712] In der Literatur wird befürwortet, dem Geschädigten stets einen Anspruch gegen den eigenen Staat zu gewähren, damit dieser sich im Friedensvertrag beim Kriegsgegner schadlos hält.[713]

Als Anspruchsgrundlage für Kriegsschädenersatz gegen den eigenen Staat wird das RBHG genannt;[714] ferner werden § 823 und § 904 BGB in Betracht gezogen.[715] Hinsichtlich §§ 823, 904 BGB soll gelten, dass das Reich durch das Recht zur Kriegsführung gerechtfertigt sei bzw. im Notstand nach § 228 BGB handele.[716] Auffällig ist, dass diese Normen stets in einen staatsrechtlichen Kontext gesetzt werden; ein möglicher zivilrechtlicher Anspruch wird nicht gegen den Fiskus, sondern öffentlich-rechtlich gegen das Reich gerichtet.[717] Nur wenn eigene Truppen aufgrund von Disziplinlosigkeit oder Aufsichtsmangel Schäden verursachen, sollen eigene Heerführer in Anspruch genommen werden können.[718]

---

710 Koropatnicki, S. 120.

711 Lux, DJZ 1914, Sp. 1346 (1347), Koropatnicki, S. 121, hält die Einrichtung eines Schiedsgerichts analog des Haager „Abkommen, betreffend die Beschränkung der Anwendung von Gewalt bei der Eintreibung von Vertragsschulden" vom 18.10.1907 (RGBl. 1910, S. 59) für möglich.

712 Weck, S. 86, hofft, dass alle Staaten, die das Völkerrecht gebrochen haben, „unter den Augen der Weltöffentlichkeit" sich in einem Friedensvertrag dazu bekennen und Schadenersatzansprüche befriedigen.

713 Hofer, S. 76, geht davon aus, dass die Schäden Privater formell durch den feindlichen Staat, faktisch aber durch die eigene Regierung ersetzt würden; Weck, S. 86, hält es daher für eine der wichtigsten Aufgaben beim Friedensschluss, darauf hinzuwirken, dass der entstandene Kriegsschaden ausgeglichen wird.

714 So z. B. von Weck, S. 69; Hartmann, JW 1916, S. 1174 (1174).

715 Vgl. Arndt, Das Recht 1914, Sp. 573 (576 f.); Bendix, JW 1915, S. 65 (67).

716 Arndt, Das Recht 1914, Sp. 573 (576).

717 So generalisierend Haußmann, JW 1915, S. 1476 (1476). Bendix untersucht den Kriegsschädenersatz anhand § 823 BGB und geht davon aus, dass sich regelmäßig eine Rechtfertigung des Fiskus aus § 227 oder § 904 BGB ergebe. Die Anspruchsgrundlage des § 823 BGB ist für Bendix jedenfalls weiter als die des § 75 Einl. ALR, was darauf schließen lässt, dass er die Anspruchsgrundlage des § 823 BGB auch in einem öffentlich-rechtlichen Sinne sieht. Vgl. Bendix, JW 1915, S. 65 (67).

718 So Delius, JW 1917, S. 29 (30 f.), ebenso Langrodt, Österreichische Rundschau 1914, Bd. 4, S. 152 (155).

b) Differenzierungsansätze

Lux differenziert kurz nach Kriegsbeginn nach der Art der Schadensentstehung. *Lux* sieht die Anspruchsgrundlage für Kriegsschädenersatz in einer Analogie zu § 75 Einl. ALR, weil privates Vermögen und Eigentum unverletzlich seien. Daher müsse bei einem Eingriff in das Eigentum im Interesse der Gesamtheit der Staat Entschädigung leisten. Das Reichsgericht wende § 75 Einl. ALR in Preußen sogar dort an, wo das ALR nie gegolten habe.[719]

Maßstab für die in § 75 Einl. ALR geforderte besondere Belastung sei die Verursachung: Ein Eingriff verpflichte zum Ersatz, wenn „der deutsche Kommandant Häuser, Bäume, Sträucher zerstören lässt, weil sie das Schussfeld seiner Truppe beeinträchtigen, wenn er [um sie dem Gegner zu entziehen] Vorräte von Lebensmitteln und Kriegsmaterial in Brand setzt, Brücken sprengt usw." Das Verfahren unterscheide sich von der Enteignung nur durch Schnelligkeit und Formlosigkeit.[720] Weil der Befehlshaber gewissermaßen das Eigentum des Geschädigten einfordere, entspreche der Eingriff einer entschädigungspflichtigen Enteignung.

In einer „allgemeinen Beschießung", die Privateigentum trifft, will *Lux* keine vorhergehende Anforderung erkennen, weil Befehlshaber den Beschuss eines Gebietes und nicht bestimmten Eigentums anordneten. Daher begründeten diese Beeinträchtigungen keine Ersatzpflicht. Unterstützung sucht *Lux* im Festungsrayongesetz (FestungsrayonG),[721] das bei der Zerstörung eines Gebäudes im Festungsrayon im Kriegsfall Entschädigung gewährt (§ 44 Abs. 6 FestungsrayonG). Dasselbe gelte, wenn Gebäude, die zufälligerweise nicht zu einem Rayon gehörten, gesprengt würden, weil sie eigene Truppen beim Schießen stören. Folglich seien diejenigen Kriegsschäden analog dem FestungsrayonG zu ersetzen, die eigene Militärbefehlshaber bewusst und gewollt verursachen. Nicht zu ersetzen seien demgegenüber alle durch feindliche Heere hervorgerufenen Schäden[722]

Die preußische Kabinettsorder von 1831 spreche nicht gegen diese Lösung, weil sie nur bei Schäden „aus den Zufällen des Krieges" den Anspruch versage;[723] Zufall liege bei Anordnungen von Befehlshabern nicht vor. § 35 KLG sperre einen landesgesetzlichen Kriegsschädenersatz nicht, denn bspw. das sog.

---

719 Lux, DJZ 1914, Sp. 1346 (1348), zitiert die Entscheidung RGZ 64, 183 (187), dazu oben, Anm. 527 (S. 103).

720 Lux, DJZ 1914, Sp. 1346 (1349).

721 „Gesetz, betreffend die Beschränkungen des Grundeigenthums in der Umgebung von Festungen" vom 21.12.1871, RGBl. 1871, S. 459.

722 Lux, DJZ 1914, Sp. 1346 (1349).

723 Lux, DJZ 1914, Sp. 1346 (1349 f.).

Tumultgesetz (TumultG)[724] gewähre Geschädigten Ansprüche, wenn ihre Gemeinde wegen feindlicher Bedrohung zeitweise ohne Polizeischutz ist und deshalb geplündert wird.[725]

Obwohl diese Auffassung die Rechtslage in Sachsen nach dem Deutschen Krieg von 1866 widerspiegelt[726] und die Feuerversicherungen in Ostpreußen ähnlich differenzieren,[727] wird *Lux* einhellig kritisiert: Die Unterscheidung danach, ob ein Gebäude auf Befehl eines deutschen Kommandanten zerstört werde, weil es das Schussfeld beeinträchtige, oder ob es wenig später „allgemein" beschossen werde, sei nicht praktikabel.[728]

Entgegen der Reichsgesetzgebung nach dem Krieg von 1871, die keine Rücksicht auf die Staatsangehörigkeit des Betroffenen nimmt,[729] fordert *Laband*, in Ausnahmefällen vom sog. Territorialprinzip Abstand zu nehmen: Die Leistung von Schadenersatz für Russen oder Franzosen sei bedenklich, wenn ihre Landsleute den Schaden aus Zerstörungswut angerichtet hätten.[730]

c) Kein Anspruch auf Kriegsschädenausgleich

Obwohl eine Ehrenpflicht zum Kriegsschädenausgleich häufig anerkannt wird, lehnt die Literatur der Kriegszeit überwiegend einen Rechtsanspruch ab;[731] die Gegner vermissen eine ausdrückliche Rechtsgrundlage.[732] Soweit sie § 75 Einl. ALR als Anspruchsgrundlage in Betracht ziehen, bezeichnen sie die preußische

724 „Gesetz, betreffend die Verpflichtung der Gemeinden zum Ersatz der bei öffentlichen Aufläufen verursachten Schäden" vom 11.3.1850, PrGesS. 1850, S. 199.

725 So Lux, DJZ 1914, Sp. 1346 (1350). Dabei setzt § 1 TumultG voraus, dass der Tumult innerhalb der Gemeinde und nicht von außen entsteht; § 2 TumultG schließt die Ersatzpflicht aus, wenn der Schaden „durch eine von außen in den Gemeindebezirk eingedrungene Menschenmenge verursacht worden ist" und die Einwohner zur Abwehr dieser Gefahr „erweislich außer Stande" gewesen sind.

726 Vgl. zur Rechtslage in Sachsen 1866 oben, C.III.1.b)bb) (S. 65).

727 Vgl. oben, E.I.1.b) (S. 120).

728 Schweitzer, JW 1915, S. 271 (271), Meene, Das Recht 1915, Sp. 64 (65), hält die Unterscheidung für „seltsam."

729 Vgl. oben, D.I (S. 93).

730 Laband, hinsichtlich der Russen DJZ 1915, Sp. 441 (445), zu den Franzosen DJZ 1916, Sp. 553 (554).

731 Arndt, Das Recht 1914, Sp. 573 (576); Popitz, PrVBl. 35 (1914), S. 869 (870); Heilfron, PrVBl. 36 (1914), S. 65 (66); Laband, DJZ 1915, Sp. 441 (442); Meene, Das Recht 1915, Sp. 64 (65); Schäffer, Das Recht 1916, Sp. 583 (538); Neukamp, JW 1917, S. 572 (572).

732 Arndt, Das Recht 1914, Sp. 573 (576); Josef, Das Recht 1914, Sp. 601 (606); Laband, DJZ 1915, Sp. 441 (442); vgl. z. B. die genaue Untersuchung des geltenden Reichsrechts bei Weck, S. 60 ff.

Kabinettsorder von 1831[733] als Schranke.[734] Auch aus § 35 KLG wird kein Anspruch herausgelesen,[735] weil Kriegsschäden absichtlich nicht erfasst seien.[736] Das Wort „Kriegsschäden" in § 35 KLG schließe jede landesrechtliche Regelung aus.[737] Erstmals wird gegen Ende des Krieges dem Ersatzanspruch die Finanzierbarkeit gegenübergestellt und die Sachschäden werden zu den Personenschäden ins Verhältnis gesetzt: „Noch nie ist in einem Kriege in so hohe Altersstufen hinaufgegriffen worden und noch nie sind ... so viele Familienväter mit höherem Einkommen ihren Angehörigen entrissen worden wie in diesem Weltkriege ..."[738]

Zu Beginn des Krieges ist noch das Argument anzutreffen, dass Kriegsmaßnahmen außerhalb der Rechtsordnung stünden[739] und deshalb keine Ansprüche gegen den Staat begründeten.[740] Ganz ähnlich wird mit Blick auf die Rechtsfolge vertreten, dass im Krieg jede Rechtskontrolle über die Verwaltung aufhöre, so dass Ansprüche nicht vor Gericht durchsetzbar seien.[741] Das korrespondiert mit dem Hinweis nicht nur in der juristischen Literatur, dass der Krieg dem Deutschen Reich aufgezwungen worden sei; weder der Staat noch die bürgerliche Gesellschaft hätten ihn gewollt.[742] Diese Ansicht, die, und sei es auch impli-

733 Dazu oben, C.III.1.b)aa)(3) (Anm. 315, S. 65).

734 Arndt, Das Recht 1914, S. 573 (575), ebenso Schweitzer, JW 1915, S. 271 (271); Meene, Das Recht 1915, S. 64 (64); Heilfron, PrVBl. 36 (1914), S. 65 (66). Zweifelnd Kirchhoff, S. 82, der zwischen dem Hoheitsakt und seinen Folgen differenziert. Nur gegen den unmittelbaren Hoheitsakt sei kein Rechtsweg gegeben. Stier-Somlo, PrVBl. 38 (1916), S. 150 (152), bedauert, dass die Kabinettsorder für Preußen immer noch die entscheidende Rechtsquelle sei. Schwickerath, JW 1918, S. 155 (155), meint, jedenfalls der Ausschluss des Rechtswegs durch die Kabinettsorder sei unbestritten.

735 Wohl einhellige Meinung, vgl. Laband, DJZ 1916, S. 553 (554), Schäffer, Das Recht 1916, S. 583 (583). Insbesondere Geschädigte sehen nach Wirz, S. 7, in § 35 KLG einen Anspruch gegen das Reich.

736 Weck, S. 62.

737 Meene, Das Recht 1915, Sp. 64 (65).

738 Heilfron, DJZ 1918, Sp. 418 (420).

739 Meene, Das Recht 1915, Sp. 64 (65); Mayer (Verwaltungsrecht I), S. 10.

740 Hartmann, DJZ 1914, Sp. 1339 (1340); ähnlich Meene, Das Recht 1915, Sp. 64 (65). Hartmann, JW 1916, S. 1174 (1175), stellt dem bereits die Pflicht der Militärbehörden zum gesetzmäßigen Handeln entgegen.

741 Popitz, PrVBl. 35 (1914), S. 869 (869); Beer, JW 1916, S. 981 (985); Heilfron, PrVBl. 36 (1914), S. 65 (66), will ohne weitere Wertung die Rechtsfolge des Gebrauchs von Staatshoheitsrechten (wie im Krieg) der Gerichtsbarkeit entziehen.

742 Vgl. den Aufruf „An die Kulturwelt" vom September 1914 und seine Propagandawirkung im Reich, dazu Ungern-Sternberg/Ungern-Sternberg (passim).

zit,[743] das Staatsnotrecht bemüht, ist jedoch in der Minderheit. Ebenfalls Ausnahme ist die Ablehnung des Ausgleichs mit der Begründung, jeder Kriegsschaden entstehe im Interesse der Allgemeinheit und sei folglich den Rechtsfolgen der höheren Gewalt und des Zufalls zu unterwerfen.[744]

4. Würdigung der Literatur bis zum Kriegsschädenfeststellungsgesetz 1916

Ab Kriegsbeginn bis Anfang 1916 wird die Frage des Kriegsschädenersatzes in der Literatur rege kommentiert. Danach ebbt die Diskussion ab, was darauf zurückzuführen sein dürfte, dass spätestens nach der sog. Winterschlacht in Masuren (7.–22. Februar 1915) im Reich kaum noch Kriegssachschäden entstehen.[745] Zugleich beantworten die preußische Vorentschädigung und das KFG viele Fragen, obwohl Literatur und Rechtsprechung anerkennen, dass das KFG gerade keinen Ersatzanspruch begründet.[746]

Auffällig ist die Diskussion um den Kriegsschädenersatz nach Kriegsbeginn: Die meisten Autoren lehnen den Ersatzanspruch mangels Rechtsgrundlage ab. Gleichzeitig gehen sie mit wenigen Ausnahmen davon aus, dass die Gerechtigkeit einen allgemeinen Kriegsschädenausgleich verlange und er daher gesetzlich zu begründen sei.[747] Nur der Ersatz der Kriegsschäden entspreche den Grundsätzen der Billigkeit oder sei eine Ehrenpflicht.[748] Die Pflicht ist (nur) noch keine Anspruchsgrundlage.[749] Nur *Laband* setzt der Pflicht die Finanzier-

743 Nur Langrodt, Österreichische Rundschau 1914, Bd. 4, S. 152 (155), geht ausdrücklich vom Staatsnotrecht aus.

744 So Langrodt, Österreichische Rundschau 1914, Bd. 4, S. 152 (155).

745 Vgl. die ausführlichen Darstellungen zur Literatur von Haußmann in JW 1915, S. 1476 ff., JW 1916, S. 1043 ff. Entsprechende Darstellungen fehlen für die folgenden Jahre und die Sachregister der JW und der DJZ weisen für 1917 und 1918 nur wenige Darstellungen nach, die sich auf Verwaltungsfragen beschränken. Die Frage nach dem Rechtsgrund für Kriegsschädenersatz wird nicht mehr gestellt.

746 Vgl. OLG Königsberg, DJZ 1917, Sp. 148; Delius, JW 1917, S. 29 (30); Hachenberg, DJZ 1916, Sp. 598 (599); und zum Entwurf des KFG Laband, DJZ 1916, Sp. 553 (554).

747 Arndt, Das Recht 1914, Sp. 573 (577); Lux, DJZ 1914, Sp. 1346 (1346); Hachenberg, DJZ 1916, Sp. 598 (599).

748 Vgl. oben, Anm. 696 (S. 133).

749 Weck, S. 91, hält es für erforderlich, dass nach Friedensschluss darauf hingewirkt wird, dass eine allgemeine Ausgleichung der Kriegsschäden erfolgt. Dabei geht Weck davon aus, dass nur diejenigen Schäden ersetzt werden sollen, die für den Einzelnen ein „besonderes Opfer“ darstellen (S. 94).

barkeit entgegen und hofft, dass das Reich nach dem Krieg den Geschädigten wenigstens in einem Umfang wie nach 1870 / 1871 Ersatz leistet.[750]

Nach 1916 beschränkt sich die Diskussion auf Einzelheiten. So wird die unterschiedliche Behandlung von Sach- und Vermögensschäden als ungerecht empfunden, weil diese auf dasselbe Ereignis zurückzuführen sind.[751] Die Frage, ob der Staat zum Schadenersatz verpflichtet ist, wird nicht mehr gestellt – sie scheint in der Literatur beantwortet.[752] Das mag damit zusammenhängen, dass bis 1916 ein wesentlicher Teil der Sachschäden bereits ersetzt ist. Das KFG wird daher als richtiger Schritt angesehen. Zugleich wird anerkannt, dass das Gesetz nur in Fällen, in denen eine Vorentschädigung bereits geleistet ist, einen Anspruch auf Entschädigung begründet.[753] Nur vereinzelt wird § 16 Abs. 1 KFG dahin interpretiert, dass das Reich die Verpflichtung habe, sämtliche Kriegsschäden zu übernehmen.[754] Diese Interpretation von § 16 Abs. 1 KFG ist noch lange Zeit nach dem Krieg anzutreffen: „Im Laufe des Weltkrieges [ist] der bisherige Billigkeitssatz, „der Staat haftet für die Kriegsschäden seiner Untertanen“, zur Rechtsnorm geworden.“[755] Dabei begründet § 16 Abs. 1 KFG keine Haftung: Ohne Vorentschädigung der Länder haftet das Reich nicht.[756]

750 Laband, DJZ 1915, Sp. 441 (447).

751 Heilfron, DJZ 1916, S. 1027 (1031).

752 Vgl. Hachenberg, DJZ 1916, S. 598 (599); Laband, DJZ 1916, Sp. 553 (553): Es ist „selbstverständlich und bedarf keiner juristischen Begründung, dass die Entschädigung aus Reichsmitteln zu leisten ist“; Heilfron, DJZ 1916, Sp. 1027 (1031). Heilfron, PrVBl. 37 (1916), S. 545 (545): „Man kann ... wohl davon ausgehen, dass die Pflicht der Allgemeinheit zur Übernahme der ... Kriegsbeschwerungen dem Grundsatz nach von niemandem angezweifelt werden wird.“

753 Dabei beschränkt sich der Anspruch des Geschädigten letztlich darauf, dass die Vorentschädigung nicht mehr zurückgefordert werden kann, vgl. Wirz, S. 8. Heilberg, JW 1918, S. 210 (211), geht daher davon aus, dass Vorentschädigung und KFG der zukünftigen Gesetzgebung den Weg wiesen.

754 So z. B. Heilfron, DJZ 1916, Sp. 1027 (1029 f.), ähnlich derselbe, JW 1916, S. 1156 (1156): „der Grundsatz ist in das Reichsrecht aufgenommen ...: ‚Inländische Kriegsschäden werden von Reichs wegen ersetzt.‘“; einschränkend demgegenüber derselbe, PrVBl. 37 (1916), S. 685 (686), „das Reich haftet im Rahmen des Gesetzes für die inländischen Kriegssachschäden“.

755 So noch im Jahr 1930 Dageförde, S. 15 ff., zugleich einschränkend, dass dieser Rechtssatz nicht für alle Zukunft ausgestaltet sei.

756 Siehe oben, E.I.2.f) (S. 129).

II. Die Ostfriedensverträge vom Frühjahr 1918

Zu Beginn des Jahres 1918 schließen die Zentralmächte (Deutschland, Österreich-Ungarn, Bulgarien und die Türkei) mit der Ukraine, Russland, Finnland und Rumänien Friedensverträge ab (sog. Ostfriedensverträge).[757] Diese Verträge enthalten völkerrechtliche Bestimmungen zum Kriegsschädenersatz. Auf Vorschlag der Zentralmächte[758] wird auf gegenseitige Kriegsentschädigung verzichtet: Nach Art. 5 des Friedensvertrages zwischen den Zentralmächten und der Ukraine (wortgleich Art. 9 des Vertrages mit Russland und Art. 4 des Vertrages zwischen Deutschland und Finnland) verzichten „die vertragsschließenden Teile [...] gegenseitig auf den Ersatz ihrer Kriegskosten, das heißt der staatlichen Aufwendungen für die Kriegsführung, sowie auf den Ersatz der Kriegsschäden, das heißt derjenigen Schäden, die ihnen und ihren Angehörigen in den Kriegsgebieten durch militairische Maßnahmen mit Einschluss aller in Feindesland vorgenommenen Requisitionen entstanden sind." Im Übrigen vereinbaren die Zentralmächte mit Russland bzw. Deutschland mit Finnland: „Jeder vertragsschließende Teil wird den Zivilangehörigen des anderen Teils die Schäden ersetzen, die ihnen in seinem Gebiete während des Krieges von den dortigen staatlichen Organen oder der Bevölkerung durch völkerrechtswidrige Gewaltakte an Leben, Gesundheit oder Vermögen zugefügt worden sind."[759] In Russland gilt diese Bestimmung auch für Schäden, die Angehörige des einen Teils als Teilhaber von Unternehmen auf dem Gebiet des anderen Teils erlitten haben (Art. 14 S. 2). Gegenüber Rumänien verzichten die Zentralmächte nur auf den gegenseitigen Ersatz der Kriegskosten, die Regelung der Kriegsschäden bleibt besonde-

---

757 „Friedensvertrag zwischen Deutschland, Österreich-Ungarn, Bulgarien und der Türkei einerseits und der Ukrainischen Volksrepublik andererseits" von Brest-Litowsk vom 9.2.1918, RGBl. 1918, S. 1010 ff.; Friedensvertrag zwischen Deutschland, Österreich-Ungarn, Bulgarien und der Türkei einerseits und Russland andererseits" von Brest-Litowsk vom 3.3.1918, RGBl. 1918, S. 479; „Friedensvertrag zwischen Deutschland und Finnland" von Berlin vom 7.3.1918, RGBl. 1918, S. 701 ff.; „Friedensvertrag zwischen Deutschland, Österreich-Ungarn, Bulgarien und der Türkei einerseits und Rumänien andererseits" von Bukarest vom 7.5.1918, abgedruckt im Jahrbuch des Völkerrechts VIII 1922, Nr. 4 (S. 57). Die Friedensverträge werden teilweise auch – ungenau – zusammen als „Friedensverträge von Brest-Litowsk" bezeichnet.

758 Der Vorschlag ist nach Weber, Eugen, S. 96, Teil des Friedensangebots vom 25.12.1917.

759 Art. 14 des „Deutsch-Russischen Zusatzvertrages zu dem Friedensvertrage zwischen Deutschland, Österreich-Ungarn und der Türkei einerseits und Russland andererseits" von Brest-Litowsk vom 3.3.1918, abgedruckt im Jahrbuch des Völkerrechts VIII 1922, Nr. 2051, S. 33 ff.; die wortgleiche Entsprechung findet sich in Art. 15 des Friedensvertrages zwischen Deutschland und Finnland.

ren Vereinbarungen vorbehalten (Art. 13). Im deutsch-rumänischen Zusatzvertrag zum Friedensvertrag vereinbaren die Parteien, dass Rumänien auf den Ersatz aller Schäden verzichtet, die auf rumänischem Gebiet durch deutsche militärische Maßnahmen mit Einschluss der Requisitionen und Kontributionen entstanden sind, soweit Deutschland diese nicht bereits ersetzt hat.[760] Rumänien verpflichtet sich, „Deutschen alle Schäden zu ersetzen, die ihnen auf seinem Gebiete durch militärische Maßnahmen einer der kriegführenden Mächte entstanden sind."[761]

Beachtenswert ist die unterschiedliche Behandlung der Staatsbürger: Für einen Ersatzanspruch muss der Schaden völkerrechtswidrig verursacht sein. Das erfasst nur einen geringen Teil der Kriegsschäden, zugleich trägt der Geschädigte die Beweislast. Nur Rumänien verpflichtet sich, den Deutschen auf rumänischem Territorium alle Kriegssachschäden ohne Rücksicht auf Entstehung und Verursacher zu ersetzen (Art. 6). Die zwischenstaatlichen völkerrechtlichen Regelungen nehmen den Geschädigten die Möglichkeit, die gegnerischen Staaten für Schäden direkt in Anspruch zu nehmen. Die Verträge heben außerdem völkerrechtliche Ansprüche der Staaten untereinander nicht auf, sondern stellen lediglich klar, dass keine der Vertragsparteien ihre Ansprüche geltend machen wird.[762]

Bemerkenswert ist ferner, dass die Verträge die Länder verpflichten, den Staatsbürgern des Vertragsstaates im eigenen Land Kriegsschädenersatz zu leisten. Damit verpflichtet sich das Deutsche Reich gegenüber seinen ausländischen Bürgern, Ersatz für Kriegsschäden zu leisten. Im Reich ansässige Ausländer erhalten anders als eigene Staatsbürger mit Inkrafttreten des Friedensvertrages gegen das Deutsche Reich bei völkerrechtswidrigen Schädigungen einen Anspruch auf Schadenersatz. Eine Ausnahme ist Rumänien, hier soll die Regelung des Kriegsschädenersatzes für im Deutschen Reich lebende Rumänen weiteren Vertragsverhandlungen vorbehalten bleiben.

Mit Verkündung im Reichsgesetzblatt treten die Ostfriedensverträge in Deutschland im Sommer 1918 in Kraft. Nach Artt. 116 Abs. 2, 259 Nr. 6, 433 VV werden die Verträge jedoch durch den Versailler Vertrag aufgehoben.

---

760 Vgl. Art. 4 des „Deutsch-Rumänischen rechtspolitischen Zusatzvertrags zu dem Friedensvertrag zwischen Deutschland, Österreich-Ungarn, Bulgarien und der Türkei einerseits und Rumänien andererseits" von Bukarest vom 7.5.1918, abgedruckt im Jahrbuch des Völkerrechts VIII 1922, Nr. 2057 (S. 76 ff.).

761 Vgl. Art. 6 des Deutsch-Rumänischen Zusatzvertrags (Anm. 760). Fleischmann, JW 1918, S. 324 (325) begründet dies damit, Rumänien habe dies verdient.

762 So Kube, S. 65 f.

III. Regelungen nach dem Kriegsende 1918

1. Verpflichtungen aus dem Versailler Vertrag zugunsten Ausländern

Im 8. und 10. Teil des Versailler Vertrages verpflichtet sich Deutschland, den alliierten und assoziierten Mächten alle während des Krieges entstandenen Schäden zu ersetzen. Der 8. Teil bezieht sich auf Kampfschäden, der 10. Teil, Abschnitt 4, auf Vermögensschäden. Die Regelungen des 8. Teils betreffen Schäden, die das Deutsche Reich im Ausland Ausländern zugefügt hat; Ausländer sind diejenigen Personen, die bis zur Abtretung der im Versailler Vertrag genannten Gebiete noch Deutsche sind.[763] Erfasst werden auch Angehörige von Drittstaaten.

Deutschland und seine Verbündeten erkennen in Art. 231 VV die Verantwortung für alle Kriegsschäden und -verluste der Staaten und ihrer Staatsangehörigen an. Art. 232 Abs. 1 VV erklärt, dass Deutschland die Kriegsschäden der gegnerischen Staaten nicht vollständig ersetzen kann. Art. 232 Abs. 2 VV verlangt aber, dass Deutschland die Zivilbevölkerung schadlos hält (Art. 232 Abs. 2 VV), unabhängig davon, ob Schäden völkerrechtswidrig verursacht worden sind. Damit erhält die Zivilbevölkerung einen besseren Status als der jeweilige Fiskus. Ausländer, die während des Krieges auf dem Gebiet des Deutschen Reiches leben, erhalten ebenfalls durch Art. 232 Abs. 2 VV einen Rechtsanspruch gegen das Reich. Die Anspruchshöhe stellt eine interalliierte Kommission fest, um alle Ansprüche gesammelt gegenüber dem Reich geltend zu machen (Art. 232 Abs. 4, 6 VV).

2. Regelungen zugunsten deutscher Staatsangehöriger

a) Planung des Gesetzgebers nach 1918

aa) Liquidationsschäden

Das Reich verpflichtet sich im Versailler Vertrag, diejenigen Deutschen zu entschädigen, die durch die Ausführung des Vertrages – insbesondere Enteignungen – geschädigt werden. Deutsche Staatsbürger sind bereits während des Krieges davon betroffen, wenn sie wegen ihrer Staatsbürgerschaft im Ausland enteignet werden. Zu ähnlichen Enteignungen kommt es nach Kriegsende in den

763 Vgl. Anlage I Nr. 9 nach Art. 244 VV: „Schäden an allem Eigentum, gleichviel wo es belegen ist“. Nach Art. 63 VV werden die Elsass-Lothringer den Franzosen im Hinblick auf die von ihnen erlittenen Schäden gleichgestellt.

abgetretenen Gebieten. Dadurch entstehende Schäden werden als Liquidationsschäden bezeichnet.

Enteignungen außerhalb der Reichsgrenzen muss das Reich nach Art. 297 i VV entschädigen. Die Einzelheiten regelt die Weimarer Nationalversammlung durch Gesetz (EntE-VV)[764]; die Enteignung soll vollumfänglich entschädigt werden (§ 1 Abs. 1, § 6, § 8 EntE-VV). Einen Anspruch begründet das Gesetz nicht; § 6 Abs. 2 EntE-VV behält dem zuständigen Minister vor, Richtlinien über den *Umfang* der Entschädigung aufzustellen.[765]

Die Erlöse, die die Staaten aus den Enteignungen erzielen, werden dem Reich nach Art. 243 VV auf die Schulden aus dem Versailler Vertrag angerechnet. Daher erhält der Liquidationsgeschädigte nach §§ 2, 3 Liquidationsrichtlinien[766] einen Anspruch in Höhe der Gutschrift, sofern kein höherer Schaden entstanden ist. Der Betrag ist nach § 4 Liquidationsrichtlinien zum Tageskurs in Reichswährung umzurechnen. Die Liquidationsrichtlinien werden praktisch nicht angewendet, weil dazu keine Verfahrensvorschriften erlassen werden.[767]

bb) Gewaltschäden

Ohne Verpflichtung aus dem Versailler Vertrag regelt das Reich Schäden, die Deutschen in den abgetretenen Gebieten, in den ehemaligen Kolonien und im sonstigen Ausland entstanden sind. Das Verdrängungs-, Kolonial- und das Auslandsschädengesetz behandeln diese Schäden, die zusammenfassend als Gewaltschäden bezeichnet werden. Hintergrund ist die Unterstützung der Deutschen, die in den Vorkriegsjahren in den genannten Gebieten insbesondere die deutsche Außenwirtschaft gefördert haben.[768]

(1) Verdrängungsschäden

Verdrängungsschaden ist nach § 2 Abs. 1 Nr. 5 VerdrG der Sachschaden, der durch Verlust und Beschädigung in den ehemaligen deutschen Gebieten ent-

---

764 „Gesetz über Enteignungen und Entschädigungen aus Anlass des Friedensvertrages zwischen Deutschland und den alliierten und assoziierten Mächten“ vom 31.8.1919, RGBl. 1919, S. 1527.

765 Zur Frage, ob § 6 Abs. 1 EntE-VV einen Anspruch begründet, vgl. die Darstellung zur Begründung zum Entwurf des Reichsentlastungsgesetzes, Verhandlungen RT Bd. 375, Nr. 5042, S. 27.

766 Die Liquidationsrichtlinien werden als Anhang zum EntE-VV bekanntgemacht.

767 Vgl. die Begründung zum Entwurf des Reichsentlastungsgesetzes, Verhandlungen RT Bd. 375, Nr. 5042, S. 28.

768 Vgl. nur die Begründung zum Gesetzesentwurf des AuslSchG, Verhandlungen RT Bd. 365, Nr. 1019, S. 7.

steht. § 2 Abs. 1 Nr. 1 VerdrG erfasst auch Vermögensschäden durch unrechtmäßige Verhaftung, Internierung oder Verurteilung. Ersatzfähig sind schließlich Einbußen, die dem Geschädigten entstehen, weil ihm die Ausfuhr seiner Fahrnis unmöglich ist (§ 2 Abs. 1 Nr. 2, 3 VerdrG) oder er sein Vermögen verschleudern muss (§ 2 Abs. 1 Nr. 4 VerdrG). Einkommens- und Erwerbsverluste, die durch die Verdrängung entstehen (§ 5 Abs. 1 Nr. 4–5 VerdrG) werden nur ersetzt, wenn die Entschädigung für den wirtschaftlichen Wiederaufbau erforderlich ist (§ 5 Abs. 2 VerdrG).

Ein im Versailler Vertrag angeordneter Staatsbürgerschaftswechsel[769] begründet keinen Schaden. Die Bewohner der betroffenen Gebiete haben mit Ausnahme Elsass-Lothringens binnen dreier Jahre die Möglichkeit, für das Deutsche Reich zu „optieren" und rückwirkend die deutsche Staatsbürgerschaft wiederzuerlangen; zugleich sind die Optanden außer in den an Polen abgetretenen Gebieten verpflichtet, das Land zu verlassen.[770] Dies führt zu einer Fluchtbewegung in das Reich: Bei der Volkszählung von 1925 werden 1,35 Millionen Deutsche erfasst, die noch 1914 außerhalb der neuen Reichsgrenzen leben. Davon stammen ca. 150 000 Personen aus Elsass-Lothringen und 16 000 aus den ehemaligen Kolonien. Bis 1925 zählt das Statistische Reichsamt 850 000 Personen aus den ehemaligen Ostgebieten, die zunächst in Flüchtlingslagern untergebracht werden. Hinzu kommen in den Jahren 1918–1921 ca. 120 000 Russlanddeutsche, die ihre Heimat wegen des russischen Bürgerkrieges verlassen.[771]

Daher versucht eine vom Reichstag eingesetzte Kommission die Definition der „Verdrängten" möglichst eng zu fassen, damit nicht wirtschaftliche Gründe zur Abwanderung in das Reich verleiten.[772] Die „Verdrängung" setzt entweder eine behördliche Ausweisung voraus (§ 3 Abs. 1 Nr. 1 VerdrG) oder sonstige

---

769 So hinsichtlich Belgiens Artt. 36, 37 VV; Art. 53 VV und Anlagen hinsichtlich Elsass-Lothringens; Artt. 84, 85 VV hinsichtlich der Tschechoslowakei; Art. 88 VV und Anlagen hinsichtlich Polens, Artt. 105, 106 VV hinsichtlich Danzigs, Artt. 112, 113 hinsichtlich Schleswigs.

770 Vgl. Art. 37 Abs. 1, 3 VV hinsichtlich Belgiens (2 Jahre Optionsfrist bei Pflicht, das Land nach Ausübung der Option zu verlassen), Art. 85 Abs. 1, Abs. 3 VV hinsichtlich der Tschechoslowakei (2 Jahre Optionsfrist bei Verpflichtung, das Land nach Option zugunsten Deutschlands zu verlassen), Art. 91 Abs. 1, Abs. 3 VV hinsichtlich Polens (2 Jahre Optionsfrist bei Bleibemöglichkeit), Art. 106 Abs. 1, Abs. 2 VV hinsichtlich Danzigs (2 Jahre Optionsfrist bei Verpflichtung, die Stadt nach Option zugunsten Deutschlands zu verlassen), Art. 113 Abs. 1, Abs. 4 VV hinsichtlich Dänemarks (2 Jahre Optionsfrist bei Verpflichtung, Schleswig nach Option zugunsten Deutschlands zu verlassen). In Elsass-Lothringen gibt es keine Optionsmöglichkeit, vgl. Anlage zu Art. 79 VV.

771 Zu den Zahlen vgl. Bade, S. 278.

772 Vgl. die Rede des Berichterstatters Dietrich (Baden), Verhandlungen RT Bd. 350, S. 4532 (4532).

Maßnahmen der neuen Behörden machen den Aufenthalt unmöglich (§ 3 Abs. 1 Nr. 2 VerdrG) oder der Geschädigte kann nicht in das Gebiet zurückkehren, obwohl er dort vor oder während des Krieges seinen Wohnsitz hatte (§ 3 Abs. 1 Nr. 3 VerdrG). Verdrängung setzt also Zwang voraus; nicht als verdrängt gilt, wer aufgrund des „Verfalls des Wirtschaftslebens“ in den abgetretenen Gebieten nach Deutschland auswandert (§ 3 Abs. 2 VerdrG).

(2) Kolonialschäden

Die Kolonien werden im Gegensatz zu den abgetretenen Reichsgebieten nicht durch andere Staaten annektiert, sondern es findet ein Schutzmachtwechsel statt. Für Kriegsschäden der Deutschen in den Kolonien gilt das KolG, weil das KFG nur innerhalb der Reichsgrenzen gilt (§ 1 Abs. 1 KFG). Kriegssachschäden werden nach § 2 Abs. 1 Nr. 1–3 KolG ersetzt. Die Bestimmung folgt im Wesentlichen der Sachschädendefinition des § 2 Abs. 1 Nr. 1–3 KFG. Das KolG ersetzt Verschleuderungsverluste (§ 2 Abs. 1 Nr. 4 KolG) und Schäden, die durch rechtswidrige Verurteilung oder Belastung mit öffentlichen Abgaben entstehen (§ 7 Abs. 1 Nr. 1 KolG). Schäden infolge einer Verhaftung oder Internierung (§ 7 Abs. 1 Nr. 2 KolG) und die Kosten von Flucht und Vertreibung im Falle der Verdrängung aus den Schutzgebieten (§ 7 Abs. 1 Nr. 3 KolG) werden nur ersetzt, wenn dem Geschädigten andernfalls „das Fortkommen in unbilliger Weise erschwert würde“ (§ 7 Abs. 3 KolG).

§ 5 KolG ermöglicht die Zahlung einer höheren Entschädigung an Betroffene im außereuropäischen Ausland, wenn das Reich erhebliches Interesse an ihrer Tätigkeit dort hat. Diese auch als Wiederaufbau- oder Bleibeprämie bezeichnete Leistung soll Geschädigte zur Unterstützung der Außenhandelsbeziehungen vor Ort halten.

(3) Auslandsschäden

Das AuslSchG regelt Schäden, die Deutsche im Ausland während des Krieges erleiden. §§ 1–7 AuslSchG entsprechen §§ 1–7 KolG; Kriegsleistungen an feindliche Streitkräfte und Behörden ersetzt § 2 Abs. 1 Nr. 1, 2. HS AuslSchG. Der Reichstagsausschuss zur Beratung des Gesetzentwurfs ist sich einig, dass das AuslSchG für den wirtschaftlichen Wiederaufbau des Reiches das wichtigste Gewaltschädengesetz ist.[773]

773 Vgl. die Rede des Berichterstatters Colshorn, Verhandlungen RT, Bd. 350, S. 4534 (4534).

(4) Gemeinsamkeiten in den Gewaltschädengesetzen

Weder das KolG noch das AuslSchG kennen einen dem VerdrG vergleichbaren Ersatz von Erwerbsschäden. Diese werden selbst bei Ausweisung aus einer ehemaligen Kolonie oder dem übrigen Ausland nicht ersetzt, weil die Deutschen im Ausland und in den Kolonien freiwillig das Risiko eingegangen seien, ohne den Schutz des Reiches zu leben. Verdrängte haben im Gegensatz dazu auf Reichsgebiet gelebt. Trotzdem sollen die „Bleibeprämien" der § 5 KolG und § 5 AuslSchG die Deutschen in den Kolonien und im übrigen Ausland unterstützen; diese Beihilfe ist dem Gesetzgebungsausschuss des Reichstags besonders wichtig.[774]

Der Schadenersatz nach den Gewaltschädengesetzen ist am sog. Friedenswert der Sache ausgerichtet (§ 13 VerdrG, § 3 KolG, § 3 AuslSchG). Wegen des Grundsatzes „Goldmark ist gleich Papiermark" und der Inflation wird bereits im Gesetzgebungsprozess vermutet, dass die Gewaltschädengesetze bei ihrem Inkrafttreten nur ca. 10 % des Schadens ausgleichen werden.[775] Daher erwirkt der vom Reichstag eingesetzte Gesetzgebungsausschuss, dass die Entschädigung eine Höhe erreicht, die die Geschädigten in die Lage versetzt, verlorenen Hausrat und Kleidung wiederzuerwerben. Die Gewaltschädengesetze gewähren daher Zuschläge (§ 14 Abs. 1 VerdrG, § 4 KolG, § 4 AuslSchG), soweit es sich nicht um „ausgesprochene Luxusgegenstände"[776] handelt. Auch die Berechnung von Einkommensverlusten aufgrund einer Verdrängung folgt nicht dem „Friedenseinkommen" von 1914, sondern ist nach Kriegsjahren gestaffelt (§ 5 Abs. 1 Nr. 4 VerdrG).

b) Verfahren bis zum Kriegsschädenschlussgesetz 1928

Kurz nach Inkrafttreten der Liquidations- und Gewaltschädengesetze ist offensichtlich, dass das Reich nicht in der Lage ist, die Ansprüche vollständig zu erfüllen. Insbesondere die Ansprüche aus den Liquidationsschäden sind so hoch, dass das Reich reagieren muss, obwohl keine Ausführungsvorschriften zur Entschädigung erlassen werden.[777] Statt die Ansprüche zu befriedigen, bewilligen die Behörden ab Frühjahr 1920 Vorschüsse und Beihilfen in Höhe von der Hälfte bis zu drei Vierteln des Friedenswertes. Zugleich reagiert das Reich auf die

---

774 Vgl. den Bericht des 24. Ausschusses zum Entwurf des KolG, Verhandlungen RT, Bd. 368, Aktenstück 2442, S. 2306 (2306).

775 Vgl. den Bericht des 24. Ausschusses zum Entwurf des VerdrG, Verhandlungen RT, Bd. 368, Aktenstück 2441, S. 2272 (2275).

776 Den Begriff „ausgesprochene Luxusgegenstände" verwenden § 14 Abs. 1 Nr. 1 VerdrG, § 4 Abs. 1 Nr. 1 KolG, § 4 Abs. 1 Nr. 1 AuslSchG, ohne ihn zu definieren.

777 Vgl. oben, Anm. 767 (S. 144).

Geldentwertung und erhöht ab Mitte 1920 die Vorschüsse durch Zusatzdarlehen.[778] Keine dieser Maßnahmen führt zu der von Art. 297 i VV vorgesehenen vollen Entschädigung der Liquidationsgeschädigten.

aa) Gewaltschäden

Die Zuschlags-Verordnung (ZuschlagsVO) vom März 1922[779] regelt die Entschädigung nach den Gewaltschädengesetzen neu. Die Entschädigung für Sachwerte (§ 3 KolG, § 3 AuslSchG, § 13 VerdrG) wird nach § 1 ZuschlagsVO als „Grundentschädigung" bezeichnet; zusammen mit den bereits von §§ 4 KolG, AuslSchG und § 14 VerdrG vorgesehenen Zuschüssen bildet sie die „Gesamtentschädigung." Die Zuschüsse werden anhand von sog. Richtzahlen berechnet, die sich am Preisindex für die Zeit ab Januar 1915 orientieren (§ 2 ZuschlagsVO). Dass auch diese Entschädigung nicht den Erwartungen der Geschädigten entspricht, wird mit der schlechten Finanzlage des Reiches infolge der Verpflichtungen aus dem Versailler Vertrag gerechtfertigt.[780] Im November 1922 wird die Entschädigung für Sachwerte eingeschränkt: Die Grundentschädigung darf zusammen mit Zuschlägen den Betrag von 100 000 Mark auch dann nicht überschreiten, wenn Neuerwerb oder Wiederherstellung mit höheren Kosten verbunden sind. Nur wenn der Geschädigte bis zum 1. Juli 1922 nicht in der Lage ist, die Sache wiederzuerwerben, können bis zu 500 000 Mark bewilligt werden.[781] Im Juni 1923 klärt eine Gesetzesänderung, dass weder entgangener Gewinn noch Kursverluste entschädigt werden; Ausnahmen gelten bei Erwerbsverlust.[782] Im Übrigen werden die Beträge an die Inflation angepasst.[783] Ohne Anhaltspunkt im Gesetz wird das Verfahren jetzt als „Endverfahren" bezeichnet.[784]

---

778 So Bitter, S. 6.

779 „Verordnung über die Bewilligung von Zuschlägen auf Grund des Verdrängungs-, des Kolonial- und Auslandsschädengesetzes (Zuschlags-Verordnung)" vom 31.3.1922, RGBl. I 1922, S. 311.

780 So Bitter, S. 6.

781 Vgl. Art. I, Nr. III; Art. II Nr. II, Art. III Nr. II „Gesetz zur Abänderung des Verdrängungs-, des Kolonial- und des Auslandsschädengesetzes vom 28. Juli 1921" vom 30.11.1922, RGBl. I 1922, S. 888.

782 „Gesetz zur Abänderung des Verdrängungs-, des Kolonial- und des Auslandsschädengesetzes sowie der Entschädigungsordnung" vom 23.6.1923, RGBl. I 1923, S. 412, Art. I, I.

783 So wird bspw. in § 13 VerdrG nunmehr der zehnfache (statt einfache) Friedenswert als Ausgangswert angesetzt.

784 Soweit ersichtlich, wird dieser Begriff als „Endentschädigung" erstmals in der Beratung zum KSSG verwendet, vgl. Verhandlungen RT, Bd. 421, Nr. 3855, S. 2; Bitter, S. 6,

bb) Liquidationsschäden

Die Liquidationsschäden behandelt der Gesetzgeber erst im Juni 1923 erneut. § 2 Abs. 1 Reichsentlastungsgesetz (ReichsentlastungsG) ersetzt die Liquidationsrichtlinien durch das Liquidationsschädengesetz (LiquSchG).[785] § 1 ReichsentlastungsG setzt die Ansprüche der Liquidationsgeschädigten herab, weil das Reich aufgrund der Belastungen durch den Versailler Vertrag nicht in der Lage ist, „die bisherige ... Entschädigung ... gegenüber den deutschen Beteiligten aufrechtzuerhalten."[786] Der von den Alliierten bzw. Assoziierten festgestellte Wert oder Erlös (§ 2 Liquidationsrichtlinien) und die daraus folgende volle Entschädigung wird durch den zehnfachen Betrag des Friedenswertes als Entschädigung ersetzt (§ 1 LiquSchG, sog. Stammentschädigung); bei Entwurzelung und Wiederaufbau sind Zuschüsse zu bewilligen, die bis zum 70fachen der Stammentschädigung reichen können (§ 3 LiquSchG). Die Liquidationsentschädigung wird mittels Richtzahlen wie bei den Gewaltschäden an die Inflation angepasst (§ 4 LiquSchG). Obwohl das ReichsentlastungsG die Ansprüche der Geschädigten erheblich kürzt, wird ein wesentlicher Teil der verbleibenden Ansprüche gestundet: Die Regierungsvorlage vom Oktober 1922 sieht nur bis zu einem Betrag 300 000 Mark die sofortige Auszahlung vor, im Übrigen sollen Reichsschatzanweisungen mit nach der Höhe der Entschädigung gestaffelter Laufzeit ausgegeben werden.[787] Im vom Reichstag eingesetzten Ausschuss einigt man sich im März 1923 bereits auf den Betrag von 4 000 000 Mark, weil die Inflation den Geldwert stetig mindert.[788] Auch dieser Betrag steht außer Verhältnis zur zuvor von den Liquidationsrichtlinien und Art. 297 i VV vorgesehenen vollen Entschädigung. Darauf wird in der Ausschussberatung hingewiesen.[789]

Der Reichstagsausschuss zum ReichsentlastungsG verteidigt die Kürzung als notwendige Maßnahme, verlangt aber einstimmig, dass weiterhin der

---

bezeichnet das Verfahren als „Endverfahren", ebenso Henrychowski, JW 1928, S. 1969 (1970).

785 „Gesetz zur Verminderung der Lasten des Reiches aus der Gesetzgebung über die Entschädigung und das Ausgleichsverfahren aus Anlass des Vertrags von Versailles (Reichsentlastungsgesetz)" vom 4.6.1923, RGBl. 1923, S. 305. Das Mantelgesetz beinhaltet als Anlage 1 das „Gesetz über Entschädigung aus Anlass des Vertrags von Versailles (Liquidationsschädengesetz)".

786 So die Legalbegründung in § 1 ReichsentlastungsG.

787 Vgl. den Regierungsentwurf zum ReichsentlastungsG nebst Begründung, Verhandlungen RT Bd. 375, Nr. 5042, § 20, sowie S. 20 der Begründung.

788 Vgl. den Ausschussbericht, § 20, Verhandlungen RT Bd. 377, Nr. 5850, S. 6816 (6854).

789 Vgl. den Ausschussbericht, Allgemeine Beratung, Verhandlungen RT Bd. 377, Nr. 5850, S. 6816 (6820).

„Grundgedanke angemessener Entschädigung“ gelten müsse.[790] Im Unterausschuss zum LiquSchG herrscht nahezu Konsens, dass das Reich zur vollumfänglichen Entschädigung der Liquidationsgeschädigten verpflichtet sei. Begründet wird das mit der innerstaatlichen Geltung von Art. 297 i VV[791] und dem Naturrecht.[792] Zugleich wird anerkannt, dass sich das Reich gewissermaßen im Konkurs befinde und Entschädigungen daher nur anteilig geleistet werden können.[793] In der Hoffnung auf spätere Zahlungsfähigkeit des Reiches stimmt der Ausschuss der Anspruchskürzung durch das ReichsentlastungsG vorbehaltlich einer späteren Gesetzesänderung zu.[794] Der Reichstag schließt sich ohne Aussprache an,[795] so dass § 1 ReichsentlastungsG mit einem Vorbehalt in Kraft tritt: „Im Hinblick auf die dem Reiche durch den Vertrag von Versailles auferlegten Lasten und die dadurch hervorgerufene Unmöglichkeit, die bisherige Gesetzgebung über die Entschädigung aufrechtzuerhalten, werden die sich aus dieser Gesetzgebung ergebenden Ansprüche, vorbehaltlich anderweiter Regelung nach Wiederherstellung der Leistungsfähigkeit des Reiches … herabgesetzt.“

cc) Währungsreform 1923

Mit der Währungsreform von 1923 werden die Gewaltschädengesetze in der Gewaltschädenverordnung zusammengefasst. Während sich die Reichsregierung in der Diskussion um das ReichsentlastungsG noch erfolgreich dagegen wehrt,[796] wird die Entschädigungsgesetzgebung nun sowohl für die Liquidations- als auch die Gewaltschäden auf Goldmark umgestellt, so dass die Ansprü-

790 Vgl. den Bericht des 24. Ausschusses zum Entwurf des Reichsentlastungsgesetzes, Verhandlungen RT, Bd. 377, Nr. 5859, S. 6928 (6928).

791 So ein Abgeordneter der Deutschen Volkspartei, Verhandlungen RT Bd. 377, Aktenstück Nr. 5850, S. 6816 (6820).

792 So ein Abgeordneter der Bayerischen Volkspartei, Verhandlungen RT Bd. 377, Aktenstück Nr. 5850, S. 6816 (6826).

793 So ein Abgeordneter der SPD, Verhandlungen RT Bd. 377, Aktenstück Nr. 5850, S. 6816 (6821), und ein Abgeordneter des Zentrums, ebenda, S. 6822.

794 Vgl. die Gegenüberstellung im Bericht des 24. Ausschusses, Verhandlungen RT, Bd. 377, Nr. 5859, S. 6928 (6940).

795 Vgl. die Abstimmung am 16.5.1923, Verhandlungen RT Bd. 360, S. 11150.

796 Begründet wird dies vor allem mit den Schwierigkeiten bei der Umrechnung bereits geleisteter Entschädigungszahlungen (vgl. die Ausführungen des Regierungsvertreters in der Kommission, Verhandlungen RT, Bd. 377, Aktenstück Nr. 5850, S. 6816 (6823)). Die immer schneller zunehmende Geldentwertung dürfte dieses Argument erledigen.

che durch Zeitablauf nicht (wesentlich) weiter an Wert verlieren können.[797] Die Stammentschädigung wird auf 2 ‰[798] bzw. 5 ‰[799] des Friedenswertes in Goldmark festgesetzt und die Regelungen über den Inflationsausgleich außer Kraft gesetzt. Zuschüsse werden gekürzt und die Liquidationsentschädigung stellt nicht mehr darauf ab, ob der Geschädigte seine Lebensgrundlage verloren hat; entscheidend ist, ob er sie noch nicht wiedererlangt hat.[800] Bei Gewaltschäden sind nur noch Sachschäden ersatzfähig, im Übrigen dürfen Beihilfen nach § 16 GewaltschädenVO nur bei besonders dringender Notlage gewährt werden. Auch die in § 5 AuslSchG, § 5 KolG vorgesehenen Wiederaufbauzuschüsse werden beseitigt. Statt dessen können nach § 17 GewaltschädenVO aus Gründen der Billigkeit bei Schäden, auf deren Ersatz kein Anspruch besteht, ebenfalls Beihilfen gewährt werden. Bereits geleistete Entschädigungen werden, grob differenziert nach dem Datum der Zahlung, ebenfalls in Goldmark umgerechnet (§ 21 GewaltschädenVO, § 24 LiquSchG) und gegen den Anspruch verrechnet.

Als das Reich infolge der Währungsreform und einer scharfen Steuer- und Haushaltspolitik wieder Mittel zur Verfügung hat, gewährt es ab Frühjahr 1925 sowohl für Liquidations- als auch für Gewaltschäden eine sog. Nachentschädigung. Die Nachentschädigungsrichtlinien (NachE-RL)[801] sehen ein abgestuftes System vor: § 2 NachE-RL gewährt für die ersten 2 000 Mark eine Nachentschädigung in voller Höhe in Rentenmark; für über diesen Betrag hinausgehende Schäden[802] ist die Nachentschädigung degressiv gestaffelt. Bei Schäden in Höhe von mehr als 200 000 Mark wird eine Nachentschädigung von 8 % gewährt, so dass die höchste Nachentschädigung 16 000 RM beträgt.[803] Forderungsausfälle

797 Nach § 6 Abs. 2 der „Verordnung über die Errichtung der Deutschen Rentenbank" vom 15.10.1923 (RGBl. I 1923, S. 963) entspricht eine Goldmark dem Wert von $^{1}/_{2790}$ kg Feingold.

798 Art. 1 II Nr. 2 der „Verordnung zur Abänderung des Reichsentlastungsgesetzes und des Liquidationsschädengesetzes vom 4. Juni 1923 – RGBl. I, S. 305 – und der Gewaltschädengesetze (Verdrängungs-, Kolonial- und Auslandsschädengesetz) vom 28. Juli 1921 – RGBl. I, S. 1021 ff. – in der Fassung der Bekanntmachung vom 10. Juli 1923 – RGBl. I, S. 591 – (Kriegsschädenverordnung)" vom 28.10.1923, RGBl. I 1923, S. 1015, sowie § 7 GewaltschädenVO.

799 Dies gilt im Falle der Entwurzelung bei Liquidationsschäden, Art. 1 II Nr. 3 der eben in Anm. 798 genannten VO.

800 Art. 1 II. Nr. 4 der eben in Anm. 798 genannten VO.

801 „Richtlinien über die Gewährung von Nachentschädigung für Liquidations- und Gewaltschäden (Nachentschädigungsrichtlinien)" vom 25.3.1925, RMinBl. S. 245.

802 Die Bezeichnungen wechseln und werden anscheinend nicht konsequent verwendet. Gemeint zu sein scheint der Friedenswert, also der Kurswert von 1914.

803 Vgl. die Darstellung im Regierungsentwurf zum KSSG, Verhandlungen RT Bd. 421, Nr. 3855, S. 2.

werden nicht berücksichtigt (§ 3 Abs. 2 NachE-RL). Ein Rechtsanspruch auf Nachentschädigung besteht nicht (§ 16 Abs. 2 NachE-RL).

c) Kriegsschädenschlussgesetz 1928

Dennoch reicht die Entschädigung bis zur Nachentschädigung nicht aus, die Liquidations- und Gewaltschäden auch nur annähernd auszugleichen. Weil das Reich die noch ausstehenden Leistungen definieren will, wird ab Sommer 1927 über ein sog. Schlussgesetz nachgedacht, um die Kriegsentschädigung abzuschließen. Zehn Jahre nach Kriegsende weist der Reichshaushalt erstmals einen Überschuss aus; zugleich ist die Währung so stabil, dass Zahlungen nicht sofort ihren Wert verlieren.[804] Ansprüche von knapp 400 000 Verdrängungs- und Liquidationsgeschädigten sind noch zu befriedigen. Darunter sind ca. 330 000 Sachgeschädigte, von denen gut 70 % einen Schaden von weniger als 2 000 Mark erlitten haben; weitere 15 % haben Schäden zwischen 2 000 und 10 000 Mark erlitten. Ihre Verluste addieren sich auf ca. 350 Millionen Mark. Dem stehen 2,8 Milliarden Mark Verlust von 13 Großgeschädigten gegenüber.[805]

Der Regierungsentwurf zum Kriegsschädenschlussgesetz (KSSG-E)[806] vom Dezember 1927 sieht eine großzügigere Entschädigung für alle Geschädigten vor, die degressiv nach der Höhe des Schadens gestaffelt ist: Bis zu einem Schaden von 2 000 Mark sieht der Entwurf eine Schlussentschädigung („Stammentschädigung“) von 100 % in RM vor; für Beträge über eine Millionen sind 5 % Stammentschädigung vorgesehen. Die maximale Schlussentschädigung beträgt zwei Millionen RM (§ 2 KSSG-E). Die Stammentschädigung wird um Zuschläge erhöht, wenn der Geschädigte entwurzelt ist oder seine Existenz wieder aufbaut (§ 5 KSSG-E). Beträge bis 20 000 RM sollen sofort ausgezahlt, darüber hinausgehende Ansprüche als Schuldbuchforderung zugunsten des Geschädigten in das Reichsschuldbuch eingetragen werden (§ 10 KSSG-E). Vorgesehen ist eine Tilgung über 20 Jahre bis zum Jahr 1947, wobei die Laufzeit von der Höhe der zu leistenden Entschädigung (§ 10 Abs. 2 KSSG-E) abhängig sein soll. Der wesentliche Unterschied zur Nachentschädigung ist der Rechtsanspruch der Geschädigten auf die Schlussentschädigung (§§ 12 ff. KSSG-E). Verworfen wird

804 Vgl. die Ausführungen des Reichsfinanzministers in der Kommission, Verhandlungen RT, Bd. 422, Nr. 4111, S. 4.

805 Außerdem gibt es 61 000 Wertpapiergeschädigte; vgl. zu den Zahlen die Tabelle in der Begründung zum Regierungsentwurf des KSSG, Verhandlungen RT, Bd. 421, Nr. 3855, S. 15.

806 Der Regierungsentwurf vom 15.12.1927 ist abgedruckt in den Verhandlungen RT, Bd. 420, Nr. 3839.

die Überlegung, die Schlussentschädigung lediglich festzustellen oder den Geschädigten Besserungs- oder Anerkenntnisscheine auszustellen,[807] obwohl die Regierung die von § 1 ReichsentlastungsG vorgesehene „Leistungsfähigkeit des Reichs“ noch nicht gekommen sieht.[808] Die vorgezogene Schlussentschädigung soll Geschädigten und Reich die Unsicherheit hinsichtlich der noch zu leistenden Entschädigung nehmen. Die Begründung zum Regierungsentwurf weist darauf hin, dass die sofort zu leistende Barentschädigung das Äußerste sei, was das Reich verantworten könne. Schuldbuchforderungen für höhere Entschädigungsbeträge könnten die Anspruchsinhaber übertragen oder verpfänden und dadurch zur Kreditsicherung zu nutzen, ohne dass das Reich neue Anleihen herausgeben müsse.[809]

In der Diskussion im Reichstagsausschuss wird der abschließende Charakter des Gesetzentwurfs begrüßt, obwohl auch die Frage gestellt wird, ob der rechte Zeitpunkt bereits gekommen sei. Kritisiert wird die geringe Höhe der zu leistenden Entschädigung, die keinen Wiederaufbau verlorener Existenzen ermögliche.[810] Vor allem Kleingeschädigte müssten großzügiger unterstützt werden. Ein Schlussgesetz sei nur möglich, wenn angemessen entschädigt werde; außerdem könne die Entschädigungslast auf 40 Jahre verteilt werden.[811] Während der Entwurf auf Steuer- oder Abgabenerhöhungen verzichtet, wird auch angeregt, den Steuerzahler gesondert heranzuziehen, um „ihm die Schicksalsverbundenheit des deutschen Volkes sinnfällig vor Augen zu führen.“[812] Wesentlicher Kritikpunkt ist die in § 3 KSSG-E vorgesehene Degression: Das Reich sei mit einem Konkursschuldner zu vergleichen; daher seien alle Geschädigten mit einer prozentual gleichen Entschädigung abzufinden. Nur wenn über die Abfindung hinaus Mittel vorhanden seien, dürften soziale Aspekte durch Zuschläge Berücksichtigung finden.[813]

---

807 Vgl. die Begründung des Regierungsentwurfes, Verhandlungen RT, Bd. 421, Nr. 3855, S. 3 f.

808 Vgl. die Begründung des Regierungsentwurfes, Verhandlungen RT, Bd. 421, Nr. 3855, S. 3.

809 Vgl. die Begründung des Regierungsentwurfes, Verhandlungen RT, Bd. 421, Nr. 3855, S. 8.

810 Vgl. den Bericht des vorläufigen Reichswirtschaftsrats, Verhandlungen RT, Bd. 421, Nr. 3855, S. 16 (19).

811 So ein Abgeordneter des Zentrum im Ausschuss, Verhandlungen RT, Bd. 422, Nr. 4111, S. 6, sowie ein Abgeordneter der BayVP, der von einem Anspruch der Geschädigten ausgeht (S. 9).

812 So ein Abgeordneter des Zentrum im Ausschuss, Verhandlungen RT, Bd. 422, Nr. 4111, S. 6.

813 So ein Abgeordneter der DVP im Ausschuss, Verhandlungen RT, Bd. 422, Nr. 4111, S. 7.

Im Ergebnis entscheiden sich die Kommission wie auch der Reichstag für die degressive Schlussentschädigung mit Rechtsanspruch. Weil die meisten Geschädigten sogenannte Kleingeschädigte mit einem Schadensgrundbetrag von unter 200 000 Mark sind, wird die Degression der Schlussentschädigung auf Vorschlag des vorläufigen Reichswirtschaftsrats[814] anders gestaffelt: Bis zu einem Schadensgrundbetrag von 5 000 Mark (statt: 2 000 Mark) wird eine Schlussentschädigung in Höhe von 100 % des Schadens gewährt. Dafür wird bei Schäden über 49 Millionen Mark die Schlussentschädigung gekürzt (auf bis zu 2,5 % statt 5 %, § 3 lit. i KSSG). Wertpapierschäden werden auch bei kleineren Schadensgrundbeträgen maximal mit einer Schlussentschädigung in Höhe von 12 % entschädigt (§ 17 Abs. 1 KSSG), weil Sach- und Wertpapierschäden nicht miteinander zu vergleichen seien.[815] Es bleibt dabei, dass nur Beträge bis 20 000 Mark sofort auszuzahlen sind (§ 10 KSSG). Aufgewertet werden die Schuldbuchforderungen: Sie sind, obgleich in Reichsmark eingetragen, zusammen mit den Zinsen im Gegenwert von Goldmark auszuzahlen (§ 10 Abs. 2 S. 2 KSSG); das soll die Kreditbeschaffung insbesondere im Ausland vereinfachen.[816]

d) Kriegssachschäden im Reichsgebiet nach 1918

Sachschäden im Reichsgebiet werden nach Kriegsende weiterhin nach dem KFG von 1916 festgestellt, das Reich erkennt über § 16 KFG die Verpflichtung zum Ersatz der Kriegssachschäden an.[817] Soweit das bis Kriegsende nicht bereits geschehen ist, werden die Schäden weiterhin im Vorentschädigungsverfahren durch die Länder ersetzt und sodann vom Reich erstattet.[818] Weder der Reichs-

814 Vgl. die Stellungnahme des vorläufigen Reichswirtschaftsrats zum Entwurf des KSSG, Verhandlungen RT Bd. 421, Nr. 3855, S. 16 (19).

815 Vgl. den Bericht des Arbeitsausschusses des vorläufigen Reichswirtschaftsrats zum Entwurf des KSSG, Verhandlungen RT Bd. 421, Nr. 3855, S. 16 (20).

816 So die Begründung im Reichstagsausschuss, Verhandlungen RT, Bd. 422, Nr. 4111, S. 20, zu § 10.

817 Vgl. die Regierungsbegründung zum Entwurf des Auslandsschädengesetzes, Verhandlungen RT, Bd. 365, Nr. 1019, S. 7.

818 Der Bericht des 24. Ausschusses zum Entwurf des VerdrG, Verhandlungen RT, Bd. 368, Aktenstück 2441, S. 2272 (2273), geht davon aus, dass die Kriegssachschäden im Reichsgebiete „vorerst … wie bisher zu behandeln“ seien, also über das KFG und die Vorentschädigung der Länder. Noch im Jahr 1928 verweisen Schalfejew-Lazarus, § 1 Anm. 4 (S. 14), und Bitter, § 1 Anm. 7 (S. 34), auf das KFG als alleinige Grundlage für Kriegsschädenersatz bei Sachschäden im Reichsgebiet.

tag noch die Literatur behandeln die Sachschäden des Krieges.[819] Es ist daher davon auszugehen, dass durch das KFG und die – so gesehen endgültige – Vorentschädigung überwiegend Ersatz geleistet worden ist.[820] Dafür spricht auch, dass das KSSG Kriegssachschäden im Reichsgebiet nicht behandelt (§ 1 KSSG). Hätten zu diesem Zeitpunkt noch nennenswert Kriegssachschäden im Reichsgebiet bestanden, dürften sie wenigstens der Reichstag oder die Literatur behandelt haben. Dies gilt insbesondere, weil die Schäden in Ostpreußen im Sommer 1914 die Diskussion um den Ersatz von Kriegsschäden begründen. Zu berücksichtigen ist, dass bei Schäden in Elsass-Lothringen aufgrund von Art. 232 Abs. 2 VV ein Schadenersatzanspruch besteht, wenngleich auch diese Schäden nach dem KFG festzustellen sind.[821]

Sachschäden, die in Ostpreußen durch Feuerversicherungen gedeckt sind, werden gesondert behandelt: Die Verpflichtung zur sofortigen Leistung wird während der Kriegszeit kraft Gesetzes gestundet.[822] Die Versicherer nach Kriegsende sofort und vollumfänglich zur Leistung zu verpflichten, hätte eine außerordentliche Umlage der Mitglieder nach sich ziehen müssen. Weil die Versicherungsgesellschaften regional organisiert sind, hätte der Ausgleich der Kriegsschäden im Wesentlichen unter den Geschädigten stattgefunden.[823] Aus diesem Grund einigen sich die betroffenen Gesellschaften mit dem preußischen Staat am 7. bzw. 12. Februar 1919, dass die Versicherungen zu einem Teilbetrag (insgesamt 3,7 Millionen Mark) bar auszuzahlen sind. Damit werden die Versicherer von ihren Verpflichtungen gegenüber den Mitgliedern befreit, während der preußische Staat den restlichen Teil der Verpflichtungen übernimmt.[824]

3. Literatur und Rechtsprechung nach 1918

In der Zeit nach Kriegsende und über den Erlass des KSSG hinaus ist kaum Literatur zu Kriegsschäden nachzuweisen. Das erstaunt, zumal noch während des

819 Nur Weck, JW 1921, S. 1071 (1072), definiert den Kriegssachschaden bei Gewaltschäden (S. 1072); die Kommentierung, so z. B. Hohenstein / Goldbaum 1922, erwähnt Sachschäden ebenfalls nicht.

820 Bitter, § 1 Anm. 4 (S. 14), erklärt, die Sachschäden im Reichsgebiet seien durch das KFG „abgegolten worden."

821 Darauf lässt zumindest die übereinstimmende Kommentierung von Schalfejew-Lazarus, § 1 Anm. 4 (S. 14 f.), und Bitter, § 1 Anm. 7 (S. 34), schließen.

822 Siehe oben, E.I.1.b) (S. 120).

823 Heilfron, PrVBl. 37 (1916), S. 454 (549), verweist auf den entsprechenden Ausgleich der Geschädigten untereinander in Schlesien nach den Freiheitskriegen (dazu siehe oben, C.III.1.b)aa)(1) (S. 60)).

824 Schickert, S. 192 f.

Kriegs davon ausgegangen wird, das Kriegsschadensrecht werde nach Kriegsende eine herausragende Bedeutung bekommen.[825] Zu erwarten wäre, dass die Literatur wenigstens die Kürzung des von Art. 297 i VV vorgesehenen Schadenersatzanspruchs bei Liquidationsschäden durch das ReichsentlastungsG behandelt.[826] Zu berücksichtigen ist die Geldentwertung, die zwischen Kriegsende und Währungsreform im Oktober 1923 alle Überlegungen, Entwürfe und Gesetze rasch überholt und eine strukturierte Bearbeitung des Kriegsschadensrecht kaum ermöglicht.[827] Für einzelne Notverordnungen aus der Zeit der Hyperinflation (1923) gibt es keine Gesetzgebungsmaterialien, so dass nur „die mündlichen Verhandlungen mit den Spitzenverbänden und Interessenvertretungen, die den Verordnungen vorausgegangen sind“ zur Auslegung herangezogen werden könnten.[828] Der erste größerer Beitrag, der im Umfang der Literatur zu den Kriegsschäden und der Gesetzgebung bis 1916 nahekommt, bezieht sich 1928 auf das KSSG.[829] Weil zu diesem Zeitpunkt kraft Gesetzes anerkannt ist, dass das Reich im Grundsatz für die Kriegsschäden seiner Bürger haftet, hält auch dieser Beitrag die Herleitung des Anspruchs kurz und akzeptiert das Ergebnis: „Die Rechtspflicht des Staates, Kriegsschäden zu ersetzen, ist erst in der neueren Zeit – wenigstens theoretisch – anerkannt worden.“[830] Der vollständige Ersatz von Sachschäden über § 16 Abs. 1 KFG sowie die Schlussentschädigung nach dem KSSG belegen die Rechtspflicht in der Praxis.

Rechtsprechung ist für den Zeitraum nach Kriegsende kaum nachzuweisen: Der Reichsausschuss zur Feststellung von Kriegsschäden behandelt vorwiegend formelle Fragen;[831] Rechtsprechung des Reichswirtschaftsgerichts, das nach § 1

825 So Heilfron, JW 1916, S. 730 (730 f.).

826 Soweit ersichtlich, verlangt in der juristischen Literatur nur Knöpfel, JW 1920 S. 342 (342), entgegen der Praxis der Behörden entsprechend Art. 297 i VV wenigstens den Reinerlös der Liquidation gutzuschreiben (mit weiteren Nachweisen zu grauer Literatur), darüber noch hinausgehend Schauer, JW 1920, S. 635.

827 So stellt Heilberg, JW 1924, S. 645, fest, dass eine Anfang September 1922 erschienene Zusammenstellung des geltenden Rechts bei Kriegsschäden bereits Mitte 1923 vollständig überholt gewesen sei.

828 Dies stellt Weck, JW 1923, S. 1022, konsterniert fest.

829 Ein erster größerer Beitrag ist der gemeinsame Aufsatz von Blumenthal und Henrychowski, JW 1928, S. 1967–1983. Ausgewertet wurden die Register von JW 1914–1933 und PrVBl. bzw. RVBl. 1914–1933.

830 Blumenthal, JW 1928, S. 1967 (1967).

831 Vgl. die Zusammenstellung der Rechtsprechung des Reichsausschusses bei Dunkelbeck, PrVBl. 42 (1921), S. 289 ff., mit weiteren Nachweisen.

Abs. 2 der Entschädigungsordnung (EO)[832] in 2. Instanz zuständig ist, ist nicht ersichtlich. Die wenigen Entscheidungen zum KSSG behandeln Einzelfragen, ohne zur Degression der Entschädigung Stellung zu nehmen. Auch nachdem das Reichsgericht darauf erkennt, dass der Versailler Vertrag als Reichsgesetz Vorrang sogar vor der Reichsverfassung hat[833] und der Anspruch der Liquidationsgeschädigten aus Art. 297 i VV durch das ReichsentlastungsG gekürzt wird, werden keine Gerichtsentscheidungen publiziert. Immerhin stellt das Reichsgericht zur Schlussentschädigung bei Gewaltschäden fest, dass vor Inkrafttreten des KSSG kein pfändbarer Anspruch besteht.[834] Ob allgemein ein Anspruch auf Kriegsschädenersatz besteht, kann das Reichsgericht offenlassen.[835] Auch Entscheidungen von Fachgerichten sind nicht nachzuweisen, obwohl diese Gerichte die Kompetenz zur Feststellung der Verfassungsmäßigkeit von Reichsgesetzen haben[836] und nach Art. 153 Abs. 2 S. 3 der Weimarer Reichsverfassung (WRV)[837] über die Höhe der Enteignungsentschädigung entscheiden.

IV. Ergebnis für die Kriegsschäden des 1. Weltkriegs

Das Reich behandelt die Kriegsschäden des 1. Weltkriegs mit zweierlei Maß. Es differenziert zwischen Sachschäden im Reichsgebiet während der Kriegszeit eintreten und Vermögensschäden, die vorwiegend aufgrund des Versailler Vertrags entstehen.

1. Kriegssachschäden im Reichsgebiet

Das preußische System der Vorentschädigung führt dazu, dass ein wesentlicher Teil der Kriegssachschäden bereits im Jahr 1918 ersetzt ist; soweit Schadenersatz geleistet wird, hat der Geschädigte mit dem Erlass des KFG im Sommer

832 „Gesetz über die Festsetzung von Entschädigungen und Vergütungen für Schäden aus Anlass des Krieges und des Friedensvertrages (Entschädigungsverordnung)“ vom 30.7.1921, RGBl. 1921, S. 1046.

833 RG JW 1932, S. 2794 (2795).

834 RG JW 1932, S. 2794 (2795), lässt zugleich ausdrücklich offen, ob dasselbe auch für Liquidationsschäden gilt, für deren Ersatz aufgrund von Art. 297 i VV bereits ab 1919 ein Rechtsanspruch besteht.

835 So ausdrücklich RG JW 1936, S. 98 (98).

836 Das LG Gießen hat sogar zur enteignenden Wirkung des § 15 Abs. 2 KSSG Stellung genommen, JW 1931, S. 752 (753).

837 „Die Verfassung des Deutschen Reichs“ vom 11.8.1919, RGBl. 1919, S. 1383.

1916 auch Anspruch darauf, den Ersatz zu behalten (§ 16 Abs. 1 S. 1 KFG). Ein weitergehender Anspruch gegen das Reich besteht nicht, so dass die Entschädigung stets von der vorentschädigenden Landesbehörde abhängig ist. Dennoch werden im am stärksten betroffenen Ostpreußen die Kriegssachschäden offensichtlich vollständig erstattet. Wie nach dem Deutsch-Französischen Krieg 1870/1871 wird also voller Sachschadensausgleich gewährt. Dafür spricht auch, dass die Sachschäden in der späteren Kriegsschädengesetzgebung keine Rolle spielen; noch die Kommentierung zum KSSG von 1928 stellt lediglich fest, das KFG habe die Sachschäden im Reichsgebiet geregelt.[838] Abgesehen davon sind die Sachschäden, die zu Kriegsbeginn die Kriegsschadensdiskussion eröffnen,[839] Gegenstand weder in der Literatur noch in den Materialien zu den Liquidations- und Gewaltschädengesetzen. Wenigstens einzelne Bemerkungen wären jedoch zu erwarten, hätten die Betroffenen keinen Ausgleich erhalten.[840]

Obwohl Preußen mit der Verpflichtung gegenüber den Feuerversicherern einen Teil der Kriegsschäden übernimmt, ist das nicht als allgemeine Anerkennung der Haftung für Kriegsschäden anzusehen: Preußen übernimmt die Verpflichtung nur zur Abwendung einer Zahlungsunfähigkeit der Versicherer. Gegen eine allgemeine Staatshaftung spricht insbesondere, dass Preußen und die Versicherer eine Gesamtschadenssumme aushandeln. Wie nach den Befreiungskriegen stützt Preußen einzelne Körperschaften, die unter den Ereignissen besonders leiden.

2. Weitere Schäden

Reine Vermögensschäden werden im Krieg nicht erfasst und weder in die preußische Vorentschädigung noch in die Feststellung nach dem KFG einbezogen. Weil das KFG die Entschädigung für Vermögensschäden innerhalb des Reichsgebietes nicht zulässt, werden sie auch nach Kriegsende nicht erfasst und erstattet.

Größtenteils entstehen Liquidationsschäden erst nach dem Friedensschluss von Versailles, der die Alliierten und Assoziierten ermächtigt, Vermögen Deutscher zu liquidieren bzw. bereits während der Kriegszeit beschlagnahmtes Vermögen zu behalten. Die Ersatzpflicht erkennt das Reich in Art. 297 i VV an; aus diesem Grund sehen die Liquidationsrichtlinien ursprünglich den vollständigen

838 Vgl. bspw. Schalfejew-Lazarus, § 1 Anm. 4 (S. 14).

839 Vgl. oben, E.I.3 (S. 132).

840 Als Ausnahme erscheint Heilberg, Anm. zu RG JW 1920, S. 783, JW 1920, S. 783, der zugleich darauf hinweist, dass das KFG vorzugsweise in Elsass-Lothringen und Ostpreußen angewendet werde.

Ersatz des Liquidationsschadens vor. Kriegsschäden sind eher Gewaltschäden aufgrund von Vertreibung, Verschleppung oder daraus erzwungener Vermögensverschleuderung.

Weder Liquidations- noch Gewaltschäden entstehen durch Kampfmaßnahmen und sind keine Kriegsschäden. Als Folge behördlicher „Maßnahmen" stehen sie eher in der Nähe von Kriegsleistungen. Beide Schäden ersetzt das Reich, weil es sich dazu zumindest zu einem gewissen Teil für verpflichtet hält. Das wird besonders deutlich bei den Liquidationsschäden: Art. 297 i VV hat aufgrund des Zustimmungsgesetzes zum Versailler Vertrag im Deutschen Reich Gesetzeskraft. Obwohl sowohl Art. 297i VV und die Liquidationsrichtlinien eine volle Entschädigung vorsehen, erhalten die Geschädigten nur eine anteilige Abfindung nach dem KSSG. Das Reich erkennt eine Entschädigungspflicht nicht einmal kraft des eigenen geschriebenen Rechts an und kürzt sogar Ansprüche, zu deren Erfüllung es sich in Versailles verpflichtet hat.

3. Anerkennung des Anspruchs auf Kriegsschädenersatz

Dem stehen die geleisteten Entschädigungen gegenüber: Ohne Anspruch zahlt das Reich bei Gewaltschäden Entschädigung und Gleiches gilt, weil das Reich keinen Anspruch aufgrund von § 297 i VV anerkennt, auch zugunsten der Liquidationsgeschädigten. Die Regierungsbegründungen zu den Gesetzesentwürfen, die Ausschüsse und der Reichstag gehen stets davon aus, dass das Reich zur Entschädigung verpflichtet ist. In der Diskussion geht es nicht um ein „Ob", sondern lediglich um das „Wie" der Entschädigung.

Besonders deutlich macht das der Vorbehalt in § 1 ReichsentlastungsG, dass die Kürzung der Ansprüche nur vorübergehend erfolgt. Des Hinweises, dass nach einer Wiederherstellung der Leistungsfähigkeit des Reiches eine andere Regelung erfolgt, bedürfte es nicht, wollte man die Ansprüche der Geschädigten nicht wenigstens dem Grunde nach anerkennen. Die im Ergebnis vollständige Entschädigung von Kriegssachschäden im Reichsgebiet mittels Vorentschädigung und § 16 Abs. 1 KFG zeigt, dass das Reich die Entschädigungspflicht für Kriegsschäden gesetzlich anerkennt. Es leistet für Sachschäden im Reichsgebiet vollständigen Ersatz, weil es von einem Anspruch ausgeht, und für weitere Schäden, weil es zumindest eine Verpflichtung dem Grunde nach anerkennt. Deshalb kann das Reich in diesen Fällen die Entschädigung nach sozialen Gesichtspunkten degressiv staffeln.

F. Nationalsozialistische Zeit und 2. Weltkrieg

Die Nationalsozialisten ändern zwischen der sog. Machtergreifung im Januar 1933 und dem Kriegsbeginn im September 1939 die Rechtslage zu Kriegsschäden nicht, weder bezüglich der im 1. Weltkrieg entstandenen noch für zukünftige Schäden. Es bleibt bei den von vielen Geschädigten des 1. Weltkrieges als ungenügend empfundenen Regelungen des KSSG vom März 1928; sie erhalten trotz des Wirtschaftsaufschwungs nach der Machtergreifung keine ergänzenden Leistungen. Soweit es Liquidations- und Gewaltschäden betrifft, scheint der Weltkrieg auch für die Nationalsozialisten abgeschlossen zu sein, obwohl sie die Regelungen des Versailler Vertrages in Bezug auf die Kriegsschuld und das Reichsgebiet weiter bekämpfen. Für die Zeit bis zum Ausbruch des 2. Weltkrieges lassen sich weder gesetzgeberische Tätigkeit[841] noch Literatur zum Kriegsschädenrecht nachweisen.[842] Weiterhin sind nach § 35 KLG für Kriegsschädenersatz jeweils Spezialgesetze zu erlassen.

Die Bevölkerung im Reich spürt zu Beginn des 2. Weltkrieges wegen der anfänglichen Erfolge im Osten wie Westen kaum Kriegsauswirkungen. Sachschäden können zwei Gruppen erleiden:[843] Im Osten handelt es sich um Personen, die in den 1919 abgetretenen ehemaligen Gebieten des Kaiserreichs (Danzig, Ostoberschlesien, Pommern, Posen) geblieben sind. Ihnen drohen Kriegsschäden in den bis zur Annexion[844] (September/Oktober 1939[845]) zu Polen bzw.

841 Vgl. die Aufzählung der Rechtsquellen in: Bundesminister für Vertriebene, Flüchtlinge und Kriegsgeschädigte, Dokumente deutscher Kriegsschäden (DdK) V, S. 5. Zwischen dem KSSG vom 30.3.1928 und 1939 weist die Dokumentation keine Rechtsänderungen nach.

842 Dies bestätigt z. B. das Literaturverzeichnis von Köst, der im Jahr 1940 behauptet, vorhandene Literatur „vollständig“ berücksichtigt zu haben.

843 Zu den „Bevölkerungsgruppen“ können für diesen Abschnitt nur diejenigen Personen gezählt werden, die nach nationalsozialistischer Betrachtungsweise zu den sog. „Volksgenossen“ gehören. Für alle anderen gilt, wenn überhaupt, spezielles „Recht“, dazu siehe unten, F.I.3 (S. 184).

844 Die Nationalsozialisten verwenden statt des Begriffes Annexion die Formel „Wiedereingliederung“, die im Folgenden als Fachausdruck übernommen wird.

845 Die Gebiete werden durch Gesetz und „Führererlass“ wieder in das Deutsche Reich eingegliedert: Der „Erlass des Führers über die Gliederung und Verwaltung der Ostgebiete“ vom 8.10.1939, RGBl. I 1939, S. 2042 ff., tritt nach dem „Erlass des Führers und Reichskanzlers über das Inkrafttreten des Erlasses über Gliederung und Verwaltung der Ostgebiete“ vom 20.10.1939, RGBl. I 1939, S. 2057, am 26.10.1939 in Kraft. Die von den Bewohnern dieser Gebiete, sofern ihnen die deutsche Staatsbürgerschaft wieder zugesprochen wurde, erlittenen Schäden werden unter dem Begriff „Volkstumsschäden“ zusammengefasst (dazu siehe unten, F.I.1.c)cc) (S. 173)). Die Einwohner der Freien

zur Freien Stadt Danzig gehörenden Gebieten. Im Westen erleiden Einwohner in Gebieten Schäden, die nach dem Kriegseintritt Englands und Frankreichs gegen Deutschland kurzfristig geräumt werden.[846] In diesen sog. Freimachungsgebieten entstehen nur wirtschaftliche Beeinträchtigungen, weil dort keine Kämpfe stattfinden. Für das übrige Reichsgebiet wird bis in das Jahr 1941 vermutet, dass – abgesehen von Vermögensschäden aufgrund des durch den Krieg beeinträchtigten Handels – nur einem kleinen Bevölkerungsteil Kriegssachschäden drohen.[847]

Das ändert sich ab 1942, als die Luftwaffe die Lufthoheit über das Reich verliert und Großbritannien und die Vereinigten Staaten beginnen, nicht nur Industrie und Verkehrsverbindungen, sondern gezielt Wohngebiete und ganze Städte zu bombardieren, um die Moral und den Kriegswillen der Deutschen zu brechen.[848] Zuerst wird in der Nacht vom 28. auf den 29. März 1942 Lübeck systematisch aus der Luft zerstört.[849] Der Strategiewechsel setzt die Zivilbevölkerung auch fern der Frontlinien stärker den Kriegsgefahren aus und die Frage, wie im nationalsozialistischen Deutschland private Kriegsschäden auszugleichen sind, erhält Bedeutung.[850] Im Jahr 1943 werden die sog. Volksgenossen vorsorglich dazu aufgerufen, das Privatvermögen zu inventarisieren.[851]

Stadt Danzig haben eine Sonderstellung, weil Danzig mit dem 1.9.1939 wieder zum Reich gehört („Gesetz über die Wiedervereinigung der Freien Stadt Danzig mit dem Deutschen Reich", RGBl. I 1939, S. 1547).

846 Als Freimachungsgebiete gelten die auf behördliche Anordnung evakuierten Gebiete des Regierungsbezirks Trier, der Saarpfalz und der Stadt Kehl, vgl. die Nachweise bei Reuß, II C 1. d.

847 So z. B. Stuckart, DV 1941, S. 6 (8), ebenso optimistisch Danckelmann, DV 1940, S. 385 (387), noch Ende 1940: „Nur wenige Sachwerte sind in diesem Krieg in Deutschland zerstört worden. … [man] kann … als ausgeschlossen bezeichnen, dass die überwiegende Mehrzahl aller Volksgenossen davon betroffen werden wird."

848 So nach der „Area Bombing Directive" vom 9.7.1941 des britischen Luftfahrtministeriums, abgedruckt bei Webster/Frankland, Bd. 1, S. 324.

849 Moralische Bedenken auf alliierter Seite treten, nachdem die Deutschen ab dem Jahr 1941 systematisch auch Wohngebiete Londons bombardieren, in den Hintergrund. Vgl. zur Situation der Luftoffensive der Alliierten Churchill, Kap. 13.

850 Vgl. Koch/Brucklacher in Reuß, II A (A).

851 Danckelmann, DV 1943, S. 282 (282) – ausdrücklich auf mögliche Kriegsschäden bezogen. Vgl. dazu noch die Aussage von Stuckart, DV 1941, S. 6 (8), in Anm. 847.

I. Entwicklung des Reichsrechts von Kriegsbeginn bis 1945

Die Rechtslage in Bezug auf Kriegsschäden entspricht zur Zeit des deutschen Überfalls auf Polen derjenigen, die während des 1. Weltkriegs in Deutschland gilt: Weder die – trotz „Ermächtigungsgesetz"[852] weiterhin geltende – Reichsverfassung noch das einfache Recht geben dem Geschädigten einen Rechtsanspruch auf Ersatz gegen den Staat. Die Kriegsschädengesetze des 1. Weltkrieges beziehen sich nur auf den Krieg von 1914–1919. In der Literatur sind keine Anzeichen dafür zu erkennen, dass Kriegsschadenrecht aus der Zeit des 1. Weltkrieges anwendbar sein könnte. Im Übrigen reagiert das Reich bereits in den ersten Tagen des Krieges auf die Kriegssituation und klärt die Rechtslage vorläufig.

1. Schadensgattungen

a) Kriegsleistungen

Nach dem Muster des Kriegsleistungsgesetzes von 1873 verpflichtet das Reichsleistungsgesetz den Bürger zu Beginn des 2. Weltkrieges, dem Reich Sachleistungen für Reichsaufgaben im Krieg zur Verfügung zu stellen (z. B. §§ 10–13 RLG, § 15 RLG).[853] Die Leistungspflicht betrifft nach § 1 Abs. 1 RLG das gesamte im Reich belegene Vermögen.[854] Das Gesetz berechtigt das Reich, die den Truppen aufgrund des RLG zur Verfügung gestellten Sachen zu beeinträchtigen, indem z. B. an und in Gebäuden und Grundstücke Einrichtungen eingebaut (§ 10 Abs. 1 RLG) und Straßen über ihren Widmungszweck hinaus benutzt werden dürfen (§ 10 Abs. 2 RLG). Damit kann das Reich bei Kriegs- und vorbereitenden Maßnahmen privates wie öffentliches Eigentum nutzen und beschädigen.

Sachleistungen an das Reich sind nach § 26 RLG zu vergüten. Das Gesetz geht im Regelfall von einer Nutzungsüberlassung aus,[855] bei Verbrauchsgütern

---

852 „Gesetz zur Behebung der Not von Volk und Reich" vom 24.3.1933, RGBl. I 1933, S. 141. Dieses ursprünglich nur bis 1937 geltende Ermächtigungsgesetz wird durch Gesetze von 1937, 1939 und zuletzt 1943 verlängert, RGBl. I 1937, S. 105, RGBl. I 1939, S. 95, RGBl. I 1943, S. 295.

853 Die Pflicht besteht bereits seit dem „Gesetz über die Leistungen für Wehrzwecke" vom 13.7.1938 (RGBl. I 1938, S. 887). Das RLG ist eine erweiterte und umgestaltete Neubekanntmachung, vgl. Schlempp-Lange, Einleitung, S. 1 ff.

854 Ausnahmen regelt § 29 RLG.

855 Schlempp-Lange, Einleitung S. 10, sehen dies als Regelfall an, über den hinaus „sogar" die Übertragung der Rechte verlangt werden könne.

kann die Übereignung verlangt werden (§§ 6–9 RLG). Die Leistungs- und Vergütungspflicht des RLG entspricht folglich dem Kriegsleistungsgesetz von 1873. Je nach der Art der Nutzung der Gegenstände handelt es sich um eine Nutzungsvergütung oder um eine Entschädigung für außergewöhnliche Nutzung, Beschädigung und Zerstörung (§ 26 Abs. 3 RLG). Der Anspruch auf Vergütung entsteht mit der Leistung der angeforderten Sache und ist regelmäßig binnen Monatsfrist fällig, solange die Sache dem Reich zur Verfügung gestellt wird.[856]

Schäden an Sachen, die nicht im Sinne des RLG an das Reich geleistet wurden, regelt das Gesetz nicht. Dass sich der Rechtsanspruch auf Schadenersatz bei Beschädigung geleisteter Gegenstände nicht auf andere Beschädigungen und Zerstörungen erstrecken lässt, steht bereits zu Inkrafttreten des RLG außer Frage. Abgesehen von einem Runderlass des Reichsinnenministeriums zur Abgrenzung des RLG von der KSSchVO von 1940 und Regelung von Konkurrenzen[857] gibt weder die Kommentierung zum RLG[858] noch die weitere Literatur Anzeichen für eine erweiterte Anwendung des RLG auf andere Sachschäden.

b) Kriegssachschäden

Zusätzlich zum RLG, das den Spezialfall des an das Reich geleisteten Vermögens regelt, erlässt das Reich Verordnungen, die Sachschäden im Reichsgebiet behandeln.

aa) SSchFVO und Nebenverordnungen

Am 8. September 1939 erlässt das Reich die für Kriegsschäden im Reichsgebiet rückwirkend ab dem 26. August 1939 geltende[859] Sachschädenfeststellungsverordnung (SSchFVO).[860] Die Schadensfeststellung nach der SSchFVO entspricht der nach dem KFG aus dem Jahr 1916; inhaltlich knüpft die Verordnung an das Gesetz von 1916 an. Die Literatur bezeichnet das KFG als Vorbild für die

856 Vgl. „2. Durchführungsverordnung zum Reichsleistungsgesetz vom 31. Juli 1941“, RGBl. I 1941, S. 180, § 1 Abs. 2; zu einzelnen Ausnahmen hinsichtlich der Fälligkeit der Vergütung siehe dort.

857 RdErl. d. RMdI vom 27.2.1941, I Ra 5688/41-241b und I RA 478/41-116, MBliV 1941, S. 387, auszugsweise auch abgedruckt bei Büchner-Hoffmann[4], S. 313 ff.

858 Bspw. geht Schlempp-Lange, Erläuterungen zu § 26 (S. 70 ff.), nicht auf diese Möglichkeit ein.

859 Der 26.8.1939 wird als Ausgangsdatum gewählt, weil es an diesem Datum die „erste größere Angriffshandlung Polens“ gegeben habe, so Schwandt, S. 38.

860 RGBl. I 1939, S. 1754.

SSchFVO.[861] Über die behördliche Feststellung hinaus gewährt die SSchFVO keine Rechtsansprüche.

Nach § 2 SSchFVO werden Schäden behördlich festgestellt, die „unmittelbar verursacht sind“ durch Unternehmungen[862] deutscher oder gegnerischer Streitkräfte, Brand oder Plünderung in vom Gegner bedrohten oder besetzten Gebieten, durch Räumung oder Freimachung von Gebieten oder durch Flucht, sofern diese unvermeidbar ist. Diese Schäden werden als „Kriegsschäden“ bezeichnet. Unmittelbar verursacht ist ein Schaden, wenn er auf unmittelbarer Einwirkung eines der genannten Ereignisse beruht oder dessen unvermeidliche Folge ist. Unvermeidliche Folge ist ein Schaden, wenn das betreffende Ereignis zur Herbeiführung des Schadens geeignet und dessen Abwendung nach der allgemeinen Lage der Verhältnisse nicht zu erwarten war.[863]

Erstaunlich ist, dass die SSchFVO Plünderungsschäden als Kriegsschäden erfasst, weil Plünderungen keine Kriegsfolge sind, sondern Fehlverhalten kämpfender Truppen.[864] Vom Kampfgeschehen, dessen Folgen das Kriegsschädenrecht abdeckt, sind sie getrennt. So erhalten Plünderungsschäden eine eigentümliche Stellung im Kreis der Kriegssachschäden.

Den Schaden definiert § 3 Abs. 1 SSchFVO nach dem gemeinen Wert, den die geschädigte Sache im Moment vor dem schädigenden Ereignis hat.[865] Die behördliche Schadensfestsetzung begründet keinen Entschädigungsanspruch gegen das Reich.[866] Nach § 20 der SSchFVO sind Vorentschädigungen (Vorschüsse) möglich, wenn der Geschädigte sicherstellt, dass die Entschädigung für den Wiederaufbau oder die Wiederherstellung der zerstörten oder beschädigten Sache verwendet wird. Ab der Gebäudeschädenverordnung (GebäudeVO)[867] vom Dezember 1939 kann das Reich in dringlichen Fällen Ersatz in Form eines Vorschusses leisten.[868]

Gebäudeschäden regeln die Ausführungsbestimmungen zur SSchFVO bevorzugt: § 7 Abs. 4 GebäudeVO begründet bei beschädigten Wohngebäuden

---

861 Vgl. Büchner-Hoffmann[4], Einleitung Nr. 2, S. XX; Schwandt, S. 30.

862 Was eine „Unternehmung“ ist, definiert § 2 SSchFVO nicht; aus dem Kontext wird deutlich, dass jede Maßnahme der Streitkräfte gemeint sein soll.

863 Definitionen nach RdErl. d. RMdJ vom 27.6.1940, RMBliV 1940, S. 1285, abgedruckt bei Büchner-Hoffmann[1], S. 147.

864 Die Plünderung ist nach Artikel 47 Haager Ordnung ausdrücklich untersagt, siehe oben, D.II.1.e) (S. 101).

865 Zur Wertberechnung siehe unten, F.I.2 (S. 177).

866 Vgl. Büchner-Hoffmann[4], Einleitung Nr. 2, S. XX.

867 „Zweite Durchführungsverordnung zur SSchFVO (Gebäudeschädenverordnung)“ vom 11.12.1939, RGBl. I 1939, S. 2399.

868 Vgl. Reuß, II B 1.

einen Rechtsanspruch auf Vorschuss, wenn die Behörde den Gebäudeschaden festgestellt hat und der Wiederaufbau des Gebäudes im öffentlichen Interesse steht.[869] Ist das der Fall, so hat die Behörde nach Instandsetzung den Vorschuss auszuzahlen (§ 7 Abs. 4 GebäudeVO) und die Kosten als Kriegsschaden im Sinne der SSchFVO festzustellen.[870] Der Vorschuss kann vor Abschluss des Feststellungsverfahrens geleistet werden, wenn dies für Wiederaufbaumaßnahmen erforderlich ist. Dadurch werden Eigentümer von Wohnimmobilien besser gestellt als andere Sachgeschädigte, denn letztere haben selbst bei behördlicher Bewilligung eines Vorschusses keinen Auszahlungsanspruch. Im Übrigen ist die Höhe des Vorschusses unabhängig von der endgültigen Entschädigung.

Kurz vor Inkrafttreten der KSSchVO erhält die SSchFVO ihre letzte Fassung durch eine Änderungsverordnung vom Juli 1940,[871] die die Wertfeststellung rückwirkend ändert: Der Schaden richtet sich nicht mehr nach dem gemeinen Wert, also dem Verkaufswert im Moment vor der Beschädigung, sondern nach dem Wiederbeschaffungswert,[872] der wegen des kriegsbedingten Mangels an Konsumgütern höher sein kann. Ähnlich werden bei Grundstück- und Immobilienschäden ab Oktober 1940 rückwirkend die Wiederaufbaukosten und nicht mehr der Ausgangswert festgestellt.[873]

bb) KSSchVO

Durch zahlreiche Ministerialerlasse ergänzt und dadurch in der Handhabung „etwas unübersichtlich geworden“[874], werden die SSchFVO und mit ihr das System der Vorentschädigung ohne Rechtsanspruch durch die KSSchVO vom 30. November 1940 abgelöst. Die SSchFVO tritt nach § 39 lit. a) KSSchVO außer

869 Dies dürfte bei Wohngebäuden, die nicht vollständig zerstört worden sind, in aller Regel der Fall gewesen sein, vgl. z. B. die „18. Anordnung des Generalbevollmächtigten für die Bauwirtschaft vom 14.9.1940, abgeändert durch Anordnung vom 16.1.1941, veröffentlicht im RMBliV 1940, S. 229, durch RdErl. vom 4.2.1941, dort 2: „Alle infolge feindlicher Fliegerangriffe an Wohnungen eingetretenen Bomben- und Brandschäden sind daraufhin zu überprüfen, ob zur Unterbringung der betroffenen Bewohner ihre sofortige Behebung notwendig … ist. 3. Schäden, deren Behebung kurzfristig möglich erscheint, sind unverzüglich auszugleichen. …“

870 Vgl. den erläuternden RdErl. d. RMdJ vom 23.5.1940, RMBliV 1940, S. 1002, abgedruckt bei Büchner-Hoffmann[1], S. 146.

871 RGBl. I 1940, S. 1007.

872 Allgemein zur Wertberechnung des Schadenersatzes unten, F.I.2 (S. 177).

873 RdErl. d. RMdJ, MBliV 1940, S. 1937.

874 So Wedemener, RVBl. 1940, S. 681 (681).

Kraft; dies gilt auch nach § 39 lit. b) bis g) KSSchVO für die meisten Ergänzungsverordnungen zur SSchFVO.[875]

§ 1 Abs. 1 S. 1 KSSchVO begründet einen öffentlich-rechtlichen Schadenersatzanspruch bei Kriegsschäden gegen das Reich.[876] Auch Schäden, die vor Inkrafttreten der KSSchVO entstanden und nach der SSchFVO festgestellt sind, begründen nach § 32 KSSchVO einen Ersatzanspruch, ohne dass es eines weiteren Verwaltungsaktes bedarf.[877]

§ 1 Abs. 1 S. 1 KSSchVO betrifft Schäden, die „innerhalb des Gebietes des Großdeutschen Reichs ... entstehen." Der Anspruch auf Ersatzleistung setzt einen Schaden auf Reichsgebiet voraus. Die Nationalität des Geschädigten ist unbeachtlich, weil jeder Staat die in seinem Staatsgebiet eintretenden Kriegsschäden regele.[878] Ausländer und ausländische Unternehmen benötigen zum Antrag auf Kriegsschädenersatz eine Genehmigung.[879] Im Übrigen setzt § 1 Abs. 1 KSSchVO voraus, dass die Schäden „seit dem 26. September 1939 innerhalb des Gebiets des Großdeutschen Reichs an beweglichen und unbeweglichen Sachen durch Beschädigung, Zerstörung oder sonstigen Verlust infolge eines Angriffs auf das Reichsgebiet oder eines aus anderem Anlass erforderlichen Einsatzes der bewaffneten Macht ... entstehen."[880]

Die infolge der KSSchVO nunmehr im Reich geltende Rechtslage entspricht derjenigen, die bereits seit Juni 1940 aufgrund eines Führererlasses zugunsten der Einwohner der sog. Freimachungsgebiete[881] besteht: Den Geschädigten aus diesen Gebieten wird eine volle Entschädigung für den Schaden versprochen, den sie durch das Verlassen ihrer Gebiete erlitten haben: „Soweit die Orte und

---

875 Die weggefallenen Verordnungen sind zumeist aufgrund ausführlicher Regelung durch die KSSchVO gegenstandslos. Vgl. zur Nachfolge der KSSchVO auf die SSchFVO Schwandt, S. 31 f.

876 Vgl. Reuß, II B 1; Büchner-Hoffmann[4], S. 23. Zur Bewertung, ob dieser Anspruch tatsächlich besteht, siehe unten, F.III. (S. 194).

877 Die Feststellungsbescheide aufgrund der SSchFVO werden nach § 32 Abs. 1–3 KSSchVO als Bescheide über den Entschädigungsanspruch aufrechterhalten, vgl. Schwandt, S. 39.

878 Vgl. den Runderlass des RMdI vom 30.4.1942 – I Ra 11725/42-241i (MBliV S. 809), abgedruckt bei Stieber, S. 101 f; dazu Schwandt, S. 36.

879 Nach dem Gesetzeswortlaut in § 13 Abs. 2 KSSchVO: „wer die deutsche Staatsangehörigkeit nicht besitzt." Vgl. das Antragsverfahren nach der „Dritte[n] Durchführungs- und Ergänzungsverordnung zur Kriegsschädenverordnung (Behandlung der Kriegsschäden nichtdeutscher Personen) vom 28.2.1942, RGBl. I 1942, S. 49, mit Berichtigung S. 70; siehe auch Schwandt, S. 69. Allgemein zu den Kriegsschäden von Ausländern und Juden siehe unten, F.I.3 (S. 184).

880 Zum Termin 26.8.1939 vgl. oben, Anm. 859 (S. 164).

881 Zur Lage der Freimachungsgebiete oben, Anm. 846 (S. 162).

Wohnstätten an der Front durch Feuer der Artillerie oder durch andere Einwirkungen des Krieges leiden mussten, wird ihr Wiederaufbau und ihre Wiederherstellung unverzüglich veranlasst werden. Was dem Einzelnen während seiner Abwesenheit an Schaden zugefügt worden ist, wird ersetzt."[882] Obwohl der Erlass nur für die Freimachung gilt, hat er grundsätzliche Bedeutung: Schadenersatz zunächst nur einzelnen, besonders getroffenen Teilen der Bevölkerung und für einzelne Schadensereignisse zu gewähren, erinnert an die preußische Entschädigungspolitik nach den Befreiungskriegen, nur ausgewählten Festungsstädten Ersatz zuzusprechen.[883] Dass der Staat im Juni 1940, als noch verhältnismäßig geringe Kriegsschäden im Reich entstehen, Ersatz bei einzelnen Schadensereignissen gewährt, kann bedeuten, dass der Staat (oder nach Befreiungskriegen: der Souverän) Kriegsschädenersatz nur deshalb leistet, weil er es für erforderlich oder schlicht für billig hält,[884] aber keinen allgemeinen Rechtsanspruch begründen will.

Ausweislich der Kommentierung zu § 1 KSSchVO werden Kriegsschäden im Reich deshalb erstattet, weil der gesamte Krieg als Folge eines „Angriffs auf das Reichsgebiet" gilt (§ 1 Abs. 1 Alt. 1 KSSchVO).[885] *Göring* weist die Behörden an, Entschädigungen schnell und unbürokratisch auszuzahlen: „Der Reichsmarschall hat ... zum Ausdruck gebracht, dass der Ausgleich der Kriegsschäden in großzügiger Weise zu erfolgen habe. Er wünscht, dass die [KSSchVO] ... schnell, einfach, gerecht und frei von Engherzigkeit durchgeführt wird. Dies gilt insbesondere für ... die Höhe der Entschädigung ..." Der „an seinem ... persönlichen Gut geschädigte und ... aus seiner Wohnstätte vertriebene Volksgenosse [soll] vor weiteren Beeinträchtigungen" bewahrt werden.[886]

Damit erhalten Sachgeschädigte dem Grundsatz nach einen öffentlich-rechtlichen Anspruch gegen das Reich auf volle Entschädigung oder Naturalrestitution. Das Reich erkennt mit dieser Regelung Ende 1940 erstmals die Verbindlichkeit an, ausländischen wie deutschen Bürgern Kriegssachschaden zu

882 „Aufruf des Führers zur Rückkehr der Bevölkerung in die geräumten deutschen Gebiete" vom 25.6.1940, abgedruckt bei Moll, Dokument 41 (S. 129). Der Aufruf wird als Erlass und damit als geltendes Recht angesehen und verpflichtet die Verwaltungen, entsprechend zu handeln. Zum Umgang der Verwaltung mit den „Führererlassen" vgl. Moll, Einleitung, S. 19.

883 Siehe oben, Anm. 288 (S. 59).

884 Moll (Einleitung, S. 17) stellt zur Form der „Führererlasse" fest, dass diese nicht selten an Kabinettsordres aus der Zeit des Absolutismus erinnern – hinsichtlich des Umgangs Friedrich III. mit den Kriegsschäden der Befreiungskriege (oben, C.III.1.b)aa) (S. 58)) ein passender Vergleich.

885 Vgl. Büchner-Hoffmann[4], § 1 Abs. 1 Nr. 4 (S. 23).

886 Vgl. den Einführungserlass zur KSSchVO v. 13.12.1940, RMBliV 1940, S. 2251, abgedruckt bei Büchner-Hoffmann[4], S. 111.

ersetzen, sofern dieser durch Kampfhandlungen oder andere kriegerische Ereignisse im Reichsgebiet entsteht.

Zum Reichsgebiet gehören auch die sog. wiedereingegliederten Ostgebiete und das mit dem Reich wiedervereinigte Danzig. Während die KSSchVO in Danzig ohne Ausnahme angewendet wird,[887] gelten in den Ostgebieten nach Maßgabe des § 34 KSSchVO Sondervorschriften für die Antragstellung, die im Wesentlichen verwaltungstechnischer Natur sind.[888] Bemerkenswert ist, dass die KSSchVO dort Schäden erfasst, „die durch Wegnahme für Zwecke der polnischen Wehrmacht entstanden sind." An sich müssten solche Schäden als Leistungen an ein fremdes Heer angesehen und folglich als Kriegsleistungen behandelt werden – die Ausnahme spricht dafür, dass der Schadenersatz eine freiwillige Leistung des Reiches ohne Rechtsanspruch ist.

Im Jahr 1941 wird der Kriegsschädenersatz, der bislang nur das Reichsgebiet im genannten Sinne umfasst, durch Verordnungen auf das Generalgouvernement,[889] das Elsass, Lothringen und Luxemburg[890] sowie auf kleinere Gebiete[891] erweitert. Voraussetzung der Entschädigung in diesen Gebieten ist, dass die Geschädigten Deutsche sind. 1943 wird der Kriegsschädenersatz durch Verordnung auf alle besetzten Ostgebiete erweitert, so dass z. B. in den besetzten Ge-

887 Die unmittelbare Anwendung der KSSchVO in Danzig ergibt sich daraus, dass Danzig mit dem 1.9.1939, also zeitgleich mit Inkrafttreten der SSchFVO, als mit dem Reich wiedervereinigt und damit als unmittelbares Reichsgebiet angesehen wird.

888 Nach § 34 Abs. 1 Nr. 2-6 KSSchVO gelten andere Zuständigkeiten als innerhalb des übrigen Reichsgebietes.

889 Das Generalgouvernement wird nach der Besetzung Polens durch „Erlass des Führers und Reichskanzlers über die Verwaltung der besetzten polnischen Gebiete" vom 12.10.1939 (RGBl. I 1939, S. 2077) als Verwaltungsdistrikt gegründet und umfasst Polens Gebiet westlich von Schlesien und Pommern, soweit diese nicht unmittelbar wieder in das Reich „eingegliedert" werden. Es endet etwa bei der heutigen Ostgrenze Polens an der deutsch-sowjetischen Interessengrenze. Nicht dazu gehört der südöstlich von Ostpreußen belegene Bezirk Białystok. Der Bezirk Galizien mit seiner Hauptstadt Lemberg wird am 1.8.1941 durch „Erlass des Führers über die Verwaltung des Gebietes um Wilna, des Raumes um Białystok und des Gebietes von Lemberg" vom 22.7.1941 (unveröffentlicht, abgedruckt bei Moll, Dokument 103 (S. 191)) dem Generalgouvernement zugeschlagen.

890 „Erste Verordnung über die Ausdehnung der Kriegsschädenverordnung auf außerhalb des Reichsgebiets eingetretene Schäden" (Generalgouvernement, Elsass, Lothringen und Luxemburg) vom 18.4.1941, RGBl. I 1941, S. 215. Die Verordnung wird 1942 konkretisiert durch Verordnung vom 7.7.1942, RGBl. I 1942, S. 446.

891 „Zweite Verordnung über die Ausdehnung der Kriegsschädenverordnung auf außerhalb des Reichsgebiets eingetretene Schäden" (Untersteiermark, Oberkrain) vom 18.2.1942, RGBl. I 1942, S. 84.

bieten der UdSSR Kriegsschädenersatz verlangt werden kann.[892] Auch hier setzt der Anspruch voraus, dass die Geschädigten Deutsche sind. Außerhalb des Reiches können Nichtdeutsche kein Antragsverfahren anstrengen, wie es § 13 Abs. 2 KSSchVO für Ausländer und ausländische Unternehmen im Reich vorsieht.

c) Vermögensschäden

Anders als die SSchFVO sieht die KSSchVO auch die Entschädigung von Vermögensschäden vor. Die KSSchVO unterscheidet zwischen Nutzungsschäden (§ 1 Abs. 4 KSSchVO) und weiteren Aufwendungen, die zu einer Entschädigung führen können (§ 1 Abs. 2 KSSchVO). Außerdem kann für alle weiteren Schäden nach § 1 Abs. 5 KSSchVO Ersatz gewährt werden, wobei die Möglichkeit besteht, die Entschädigung auf bestimmte Entstehungszeiträume und -orte zu beschränken. Ähnlich ermächtigt § 34 Abs. 2 KSSchVO das Innenministerium, die KSSchVO zugunsten Reichs- und Volksdeutscher in den eingegliederten Ostgebieten anzuwenden und die Entschädigung auf sonstige Vermögensschäden zu erweitern.[893]

aa) Nutzungsschäden

Nach § 1 Abs. 4 S. 1 KSSchVO „kann" für Nutzungsschäden, also Schäden, die „durch den Verlust der Nutzung einer Sache" entstehen, eine „angemessene" Entschädigung gewährt werden. Einen Anspruch gegen das Reich begründen Nutzungsschäden nicht; ob Nutzungsausfallersatz gewährt wird, hängt vom Ermessen der zuständigen Behörde ab.

Die für den Ausgleich von Nutzungsschäden nach der KSSchVO notwendigen allgemeinen Ausführungsrichtlinien werden am 23. April 1941 erlassen,[894] zuvor werden Nutzungsschäden in den Freimachungsgebieten gesondert gere-

---

892 „Verordnung über die Anwendung der Kriegsschädenverordnung und der Volkstumsschädenverordnung auf Schäden, die in den besetzten Ostgebieten eingetreten sind" vom 6.5.1943, RGBl. I 1943, S. 316.

893 Das gilt zunächst nur für die wiedereingegliederten Ostgebiete. Nach §§ 35, 36 KSSchVO wird diese auch in den Gebieten von Eupen, Malmedy und Moresnet und im Protektorat Böhmen und Mähren angewendet; allerdings dort nur hinsichtlich entstandener Sachschäden.

894 Zweite Anordnung über die Entschädigung von Nutzungsschäden vom 23.4.1943, RMBl. 1943, S. 87, mit Änderungen vom 2.12.1941 (RMBl. 1941, S. 292) und vom 9.1.1942 (RMBl. 1942, S. 8).

gelt (Verordnung vom 13. März 1941).[895] Im Übrigen wird die Entschädigung durch Verordnungen vom 4. August 1941,[896] 9. Februar 1942[897] und 14. Juli 1942[898] konkretisiert. Die Ausführungsverordnungen behandeln einzelne Aspekte der Nutzungsentschädigung, insbesondere in der Landwirtschaft und bei Jagd- und Fischereischäden.

Die allgemeinen Richtlinien vom 23. April 1941 ersetzen Nutzungsschäden, wenn „ein Kriegsschaden ... den Verlust der Nutzung der betroffenen Sache ganz oder teilweise ... verursacht hat" (Abschnitt I, Abs. 1 der 2. Verordnung). Gleiches gilt, wenn die zu nutzende Sache[899] zwar nicht beschädigt ist, die Nutzung aber durch Einwirkung von „Waffen- oder sonstigen Kampfmitteln" ganz oder teilweise unmöglich wird (ebenda, Abs. 2). Die Ausführungsanordnung sieht kein Ermessen vor, so dass die allgemeinen Richtlinien zu § 1 Abs. 4 KSSchVO entgegen dem Wortlaut der Norm einen Rechtsanspruch begründen.[900] Voraussetzung ist ein Nutzungsverlust, durch den Einnahmen entgangen oder zusätzliche Ausgaben entstanden sind.[901] Davon wird derjenige Schaden abgegrenzt, der zu „laufend zusätzlichen Ausgaben" führt. Insoweit gewährt Abschnitt III, Abs. 2 der 2. Nutzungsschädenanordnung Ersatz nur, wenn die zusätzliche Aufwendung „privat- oder volkswirtschaftlich gerechtfertigt" ist; der Schadenersatz hängt also vom Ermessen der Behörde ab.

Die in Deutschland erstmals gewährte Nutzungsentschädigung für Sachschäden beruht auf der Überlegung, dass der Wert von Sachen, die kein Verbrauchsgut sind, regelmäßig in ihrer Nutzung begründet wird[902] und ein durch Nutzungsausfall verursachter Schaden den Sachwert deutlich übersteigen kann. Nutzungsschäden stehen also den Sachschäden näher als sonstige Vermögensschäden. Das wird deutlich, wenn zum Ersatz einer beschädigten oder zerstörten Sache eine andere Sache z. B. gemietet werden muss. Dennoch begründen Nutzungsschäden auch durch die allgemeinen Richtlinien zu § 1 Abs. 4 S. 1

---

895 „Erste Anordnung über die Entschädigung von Nutzungsschäden (Freimachungsgebiete)", RMBl. 1941, S. 68.

896 „Fünfte Anordnung über die Entschädigung von Nutzungsschäden (Landwirtschaft in den ehemaligen Freimachungsgebieten)", RMBl. 1941, S. 188.

897 „Sechste Anordnung über die Entschädigung von Nutzungsschäden (Jagd- und Fischereischäden in den ehem. Freimachungsgebieten)", RMBl. 1942, S. 77.

898 „Siebente Anordnung über die Entschädigung von Nutzungsschäden (Ergänzende Richtlinien)", RMBl. 1942, S. 188.

899 Die Sache selbst muss betroffen sein oder ein Teil einer „Sachgesamtheit", vgl. die „Zweite Anordnung über die Entschädigung von Nutzungsschäden (Allgemeine Richtlinien)", RMBl. 1941, S. 87, abgedruckt bei Büchner-Hoffmann[4], S. 169 f.

900 Büchner-Hoffmann[4], S. 173, ebenso Schwandt, S. 109.

901 Büchner-Hoffmann[4], S. 172.

902 Büchner-Hoffmann[4], S. 30, ähnlich Schwandt, S. 106.

KSSchVO keinen gleichwertigen Ersatzanspruch wie bei Sachschäden: Die Nutzungsentschädigung wird nur in *angemessener* Höhe gewährt. Die Angemessenheit hängt von den Besonderheiten des Einzelfalls ab und von „den Auffassungen des gesunden Volksempfindens über das Maß der Opfer, das jeder Volksgenosse im Krieg selbst zu tragen hat."[903] Im Ergebnis ist der Anspruch von unbestimmten Rechtsbegriffen abhängig und besteht nur dem Grunde nach.

bb) „Fliegerschäden" von Oktober 1940 bis Mai 1941

Der „Fliegerschädenerlaß"[904] behandelt Schäden, die Fliegerangriffe verursachen, bereits im Oktober 1940 kurz vor Inkrafttreten der KSSchVO gesondert. Obwohl die SSchFVO weder Nutzungsausfall noch sonstige Vermögensschäden als Kriegsschaden erfasst, kann der von Fliegerschäden Betroffene zusätzlich zu den nach der SSchFVO feststellbaren Sachschäden erhöhte Aufwendungen und verlorene Einnahmen geltend machen. Voraussetzung ist nur, dass bei einem Fliegerangriff Waffengewalt zu einer schädigenden Einwirkung geführt hat.[905] Schon eine bloße Besitzstörung gilt als Schadensereignis, so bspw. der durch die Beseitigung eines Blindgängers entstehende Einnahmeausfall. Sachschaden muss nicht entstanden sein.[906] Der Unterschied zum Nutzungsschädenersatz nach der wenig später erlassenen KSSchVO ist deutlich.

Während zugunsten der Fliegergeschädigten auch reine Vermögensschäden aufgrund eines Luftangriffes erfasst sind, erwähnt die parallel geltende SSchF-VO keine Vermögensschäden, nicht einmal Nutzungsausfallschäden als Folge von Sachschäden. Fliegerschäden haben also bis zum Erlass der KSSchVO eine besondere Stellung im Kreis der sonstigen Kriegsschäden. Dies gilt auch hinsichtlich des persönlichen Anwendungsbereiches: Fliegerschäden können nur deutsche natürliche Personen („deutsche Volksgenossen") bzw. Personenmehrheiten ohne Rechtsfähigkeit geltend machen; juristische Personen sind ausgeschlossen.[907] Der Fliegerschädenerlaß ist ab Mai 1941 mit dem Inkrafttreten der

903 So Büchner-Hoffmann[4], S. 173.

904 Vgl. RdErl. d. RMdJ vom 5.10.1940, RMBliV 1940, S. 1908, abgedruckt bei Büchner-Hoffmann[1], S. 165 (sog. Fliegerschädenerlass).

905 Zur Waffengewalt wird auch der Absturz eines Flugzeuges oder von Flugzeugteilen gezählt.

906 So nach dem erläuternden RdErl. d. RMdJ vom 21.11.1940, RMBliV 1940, S. 2139, abgedruckt bei Büchner-Hoffmann[1], S. 166 (167).

907 Dies lässt sich aus dem RdErl. d. RMdJ vom 21.11.1940, RMBliV 1940, S. 2139, abgedruckt bei Büchner-Hoffmann[1], S. 166. ff., herauslesen, nachdem hinsichtlich der Behandlung von Schäden juristischer Personen „weitere Weisung" abzuwarten ist (ebenda S. 168, Nr. 5). Eine „weitere Weisung" ist bis zum Außerkrafttreten des Fliegerschä-

2. Nutzungsschädenanordnung zur KSSchVO nicht mehr anzuwenden.[908] Der Ersatz von Nutzungsschäden natürlicher Personen ohne vorausgehenden Sachschaden ist damit nur für einen begrenzten Zeitraum möglich.[909]

Die Privilegierung natürlicher Personen lässt den Schluss zu, dass der Fliegerschädenerlaß als Ausnahmeregelung zugunsten derjenigen gilt, die von den Auswirkungen des Krieges überrascht werden – der Luftkrieg, der zu Schäden auch weit innerhalb der Reichsgrenzen führt, ist eine neue Erscheinung,[910] welche die „Kriegswilligkeit" der Bevölkerung bedroht. Für juristische Personen gilt diese Einschränkung nicht. Das erklärt auch, warum der Fliegerschädenerlaß ab Mai 1941 nicht mehr anzuwenden ist: Nunmehr ersetzen die KSSchVO und die 2. Nutzungsschädenanordnung die von Fliegern verursachten Schäden auch zugunsten juristischer Personen. Lediglich Vermögenseinbußen ohne vorausgehenden Sachschaden sind nicht mehr erfasst. Dies dürfte der Situation im 2. Kriegsjahr geschuldet sein, als die Kriegswirtschaft immer mehr Vermögenseinbußen ohne vorausgehende Sachschäden mit sich bringt. Die Bevorzugung der Fliegergeschädigten gegenüber anderen Geschädigten scheint nicht mehr angebracht.

cc) „Volkstumsschäden"

Wie die Fliegergeschädigten werden auch diejenigen bevorzugt behandelt, deren Schäden auf Kämpfe in Gebieten zurückgehen, die bis zum Versailler Vertrag bzw. bis zu den dort angeordneten Volksabstimmungen zum Deutschen Reich gehörten.[911] Diese Schäden werden als sog. Volkstumsschäden erfasst. Es handelt sich um Sachschäden, für die die KSSchVO anzuwenden ist. Die gesonderte Anordnung ist notwendig, weil § 1 Abs. 1 KSSchVO nur Schäden im Reichsgebiet erfasst. Zusätzlich werden Schäden aufgenommen, die dadurch entstanden sind, dass Geschädigte in den abgetretenen Gebieten als Deutsche behandelt wurden, also als Ausländer angesehen wurden, obwohl sie nach dem Versailler Vertrag die Staatsbürgerschaft wechselten.[912]

---

denerlasses nicht nachweisbar, so dass davon auszugehen ist, dass dieser stets nur zugunsten natürlicher Personen und Personengemeinschaften gegolten hat.

908 2. Anordnung über die Entschädigung von Nutzungsschäden (allgemeine Richtlinien) vom 23.4.1941, RMBl. 1941, S. 87, dort Nr. 13.

909 Büchner-Hoffmann[4], S. 175.

910 Zu ersten Einsätzen von Luftschiffen und Ballonen im 1. Weltkrieg vgl. oben, E.I (S. 117).

911 Außerdem werden in Ostpreußen auch Gebiete wiedereingegliedert, die Preußen bereits nach dem Wiener Kongress (1815) an Polen abtritt (Kreis Sudauen).

912 Dazu oben, E.III.2.a)bb)(1) (S. 144) und Anm. 769 (S. 145).

Die Volkstumsschäden in den abgetretenen Ostgebieten des Kaiserreichs werden im Februar 1941 geregelt (VSV-Ost).[913] Erfasst werden Sach- und „sonstige Vermögensschäden“, die im „Zusammenhang mit der Bekämpfung des deutschen Volkstums“ entstanden sind. Persönliche Voraussetzung ist nach § 1 Abs. 1 VSV-Ost, dass der Antragsteller deutscher Staatsangehöriger oder „deutscher Volkszugehörigkeit“ ist. Nicht erforderlich ist, dass sich der Geschädigte während der Zeit, in der die Ostgebiete zu Polen gehören, ausdrücklich zum deutschen Volkstum bekannt hat. Auch juristische Personen können nach § 1 Abs. 3 VSV-Ost Schäden geltend machen, sofern sie zum Zeitpunkt des schädigenden Ereignisses „unmittelbar oder mittelbar unter maßgebendem reichs- oder volksdeutschem Einfluss“ stehen. Der Geschädigte erhält einen Rechtsanspruch auf Ersatz derjenigen Schäden, die von polnischen Behörden oder von politischen Gegnern verursacht oder aufgrund einer notwendigen Flucht entstanden sind. Dies gilt für Sachschäden und ausdrücklich auch für sonstige Vermögensschäden. Diese werden nach § 2 Abs. 1 VSV-Ost nur ersetzt, wenn sie „wirtschaftlich noch nicht überwunden“ sind. Außerdem werden u. a. Vermögensschäden nicht erfasst, die „durch den allgemeinen Niedergang des Wirtschaftslebens in Polen“ verursacht sind – eine Regelung, die bereits § 3 Abs. 2 VerdrG kennt.[914] Zeitlich gilt die VSV-Ost für Schäden, die zwischen 1. Januar 1937 bis einschließlich 25. Oktober 1939 eintreten, dem Tag vor der Eingliederung der Ostgebiete in das Reich.[915] Weshalb die Verordnung nur Schäden ab dem 1. Januar 1937 erfasst, ist nicht ersichtlich. Ausweislich der Ausführungsbestimmungen zur VSV-Ost scheinen in bestimmten Fällen auch Schäden ersetzt worden zu sein, die vor diesem Datum entstanden sind.[916]

Eine ähnliche Regelung gilt für Schäden, die deutschen Staatsangehörigen und deutschen Volkszugehörigen in den Gebieten von Eupen, Malmedy und Moresnet entstanden sind; sie erfasst eine Verordnung vom April 1943 (VSV-West).[917] Dort muss das schädigende Ereignis zwischen dem 1. Januar 1933 und dem 20. Juni 1940 eingetreten sein; offen bleibt, weshalb die Vorschrift erst ab

913 Verordnung über Volkstumsschäden in den eingegliederten Ostgebieten vom 7.2.1941, RGBl. I 1941, S. 85 ff.

914 Vgl. oben, E.III.2.a)bb)(1) (S. 144).

915 Die in der VSV-Ost genannten Gebiete wurden mit Wirkung vom 26.10.1939 in das Reich „wiedereingegliedert“, „Erlass des Führers über die Gliederung und Verwaltung der Ostgebiete“, RGBl. I 1939, S. 2042.

916 Vgl. den nicht veröffentlichten RdErl. d. RMdI. vom 28.4.1941, abgedruckt bei Büchner-Hoffmann[4], S. 259 ff., dort Nr. 6, wonach Anträge für Schäden, die vor dem Stichtag eingetreten sind, direkt an das RMdI abzugeben sind (ebenda S. 260 f.).

917 „Verordnung über Vermögensschäden aus dem Volkstumskampf im Westen“ vom 30.4.1943, RGBl. I 1943, S. 279 ff.

dem 1. Januar 1933 gilt. Wie in den Ostgebieten dürfen Vermögensschäden noch nicht überwunden sein (§ 2 Abs. 1 VSV-West). Inhaltlich entsprechen sich die Verordnungen weitgehend. Die in § 12 VSV-West angekündigten Ausführungsvorschriften werden nicht erlassen.[918]

Zuletzt erfasst eine Verordnung vom August 1943 „Volkstumsschäden" im Generalgouvernement und behandelt sie wie diejenigen in den eingegliederten Ostgebieten.[919]

Alle Volkstumsschädenverordnungen erstatten auch reine Vermögensschäden, soweit sie wirtschaftlich „nicht überwunden" sind: Die Ausführungsvorschriften zur VSV-Ost verlangen eine besonders sorgfältige Prüfung.[920] Außerdem ersetzen die Volkstumsschädenverordnungen (anders als die KSSchVO und die Sonderverordnungen zur KSSchVO) auch entgangenen Gewinn, soweit er nicht außerhalb der üblichen Erwartung liegt.[921] Das ist im Vergleich zur KSSchVO und ihren Ausführungsverordnungen ungewöhnlich.

Betrachtet man die Behandlung von Schäden im Generalgouvernement nach 1943, erscheint der Ersatz der „Volkstumsschäden" weniger als Kriegsschädenersatz im Sinne der KSSchVO, sondern als Unterstützung für „Reichs- und Volksdeutsche", die außerhalb des Reiches Schäden erleiden. Während die VSV-Ost und -West noch Gebiete umfassen, die wenigstens bis zum Versailler Vertrag zum deutschen Kaiserreich gehören, gilt dies nicht für das Generalgouvernement, das im Jahr 1943 von Krakau aus bis weit in die heutige Ukraine reicht. Schadenersatz wird dort nicht für Kriegsschäden geleistet; ausschlaggebend ist, dass Schäden entstanden sind, weil die Geschädigten zum „Volkstum" gehören. Folglich erfassen die Volkstumsschädenverordnungen auch Schäden, die vor Kriegsbeginn im September 1939 entstehen.

Dass der „Volkstumsschaden" kein Kriegsschaden ist, wird auch daran deutlich, dass Vermögensschäden nicht wirtschaftlich „überwunden" sein dürfen – rechnerisch ist das nicht möglich. Es geht also nicht um Kriegsschadenersatz,

---

918 Jedenfalls ist nicht ersichtlich, dass diese noch veröffentlich worden sind. Auch bei Büchner-Hoffmann[4] vom Frühjahr 1944 finden sich keine Hinweise. Es ist unwahrscheinlich, dass diese nach dem sog. „D-day" (6.6.1944) noch erlassen werden.

919 § 1 der „Verordnung über Kriegssach- und Volkstumsschäden im Generalgouvernement" vom 27.8.1943, RGBl. I 1943, S. 533, erklärt die VSV-Ost für entsprechend anwendbar.

920 Siehe den nicht veröffentlichten RdErl. d. RMdI. zur VSV-Ost vom 28.4.1941, abgedruckt bei Büchner-Hoffmann[4], S. 259 ff., dort Nr. 10 (ebenda S. 262).

921 Das geht aus dem Wortlaut des Durchführungserlasses nicht unmittelbar hervor, wird jedoch deutlich, wenn als entgangene Einnahmen die „Roheinnahmen" definiert werden, die mit Wahrscheinlichkeit erwartet werden durften, und nur „offenbar unangemessene Gewinne" außer Betracht zu bleiben haben. Durchführungserlass, Nr. 10 (oben, Anm. 916 (S. 174)), S. 262.

sondern um eine Beihilfe zugunsten von Deutschen im deutschen Siedlungsraum. Die Ausdehnung der VSV-Ost auf das Generalgouvernement ist folgerichtig, weil diese Gebiete nach der 1. bzw. 3. Polnischen Teilung bis zum Wiener Kongress zu Österreich-Ungarn gehören.[922]

Aus der Tatsache, dass nur noch „nicht überwundene" Schäden ersetzt werden sollen, kann man den in der Literatur zu den Kriegsschäden von Wirtschaftsunternehmen geäußerten Gedanken herauslesen, manche Unternehmen seien während der Weimarer Republik wirtschaftlich beinahe untergegangen und hätten nur wegen der Machtergreifung der Nationalsozialisten und des ihr nachfolgenden Wirtschaftsaufschwungs überlebt; diese Erwägung müsse bei der Berechnung der Kriegsschäden berücksichtigt werden.[923] Diese Überlegung gilt auch bei Schäden in den wiedereingegliederten Ost- und Westgebieten und im Generalgouvernement.

dd) Weitere Vermögensschäden

§ 1 Abs. 2 KSSchVO ersetzt außerdem Aufwendungen zur Abwehr drohender oder zur Minderung entstandener Schäden. Voraussetzung ist, dass der drohende (oder geminderte) Schaden nach der KSSchVO erstattungsfähig ist.[924] Die Aufwendungen werden wie Sachschäden vollständig erstattet.

Im Hinblick auf Aufwendungen gegen drohende Schäden werden Vermögensschäden, die sich lediglich aus der Kriegsgefahr ergeben, als ersatzfähig anerkannt. Weil der Geschädigte nach § 6 S. 2 KSSchVO verpflichtet ist, Kriegsschäden so gering wie möglich zu halten, erscheinen die Aufwendungen zur Abwehr drohender Schäden als Gegenstück zur Schadensminderungspflicht; ein möglicher Schaden wird im Vorfeld so gering wie möglich gehalten. Daher sind diese Aufwendungen keine Entschädigung für reine Vermögensschäden, sondern (ähnlich wie die Entschädigung für Nutzungsschäden) eine Entschädigung für besondere Sachschäden.

Abgesehen von der Entschädigung für Volkstumsschäden, Nutzungsschäden und vom Ersatz der Aufwendungen für Schadensabwehr und -minderung besteht für weitere Vermögensschäden ohne vorausgegangene Sachschäden kein Anspruch.[925] Das gilt auch für entgangene Gewinne, die weiterhin nicht als ersatzfähig gelten und nicht behördlich festgestellt werden.[926]

---

922 Eine Karte der Gebiete findet sich bei Krzeminski, S. 237 ff.

923 So bspw. Danckelmann, DV 1940, S. 385 (385).

924 Vgl. die Erläuterungen für die Behörden bei Reuß, II B 2.a. aa).

925 Vgl. den Hinweis auf die geltende Rechtslage vom RKA 1942, abgedruckt in DV 1942, S. 483.

926 Büchner-Hoffmann[4], S. 63 f., Schwandt, S. 84 f.

d) Zwischenergebnis

Dass weitere Vermögensschäden nicht festzustellen bzw. zu ersetzen sind, entspricht der Praxis bis zu Beginn des 2. Weltkrieges und ist daher nicht ungewöhnlich. Dennoch wirkt der Ausschluss weiterer Vermögensschäden im Rahmen des Kriegsschädenersatzes nach der KSSchVO willkürlich: Zwar gilt nach wie vor der Gedanke, dass mangels Messbarkeit nicht jeder durch den Krieg entstandene Vermögensschaden ersetzt werden kann; dennoch wird mit der Vergütung von Nutzungsschäden ein ganz erheblicher Teil von Vermögensschäden ersetzt: Es handelt sich um alle Vermögenseinbußen, die daraus resultieren, dass die Beschädigung oder Zerstörung die wirtschaftliche Nutzung einer Sache ausschließt.

Nicht erfasst werden dagegen Schäden, die daraus resultieren, dass wegen des Krieges aus einer Sache kein Gewinn gezogen werden kann, indem bspw. die Sache nicht gewinnbringend veräußert werden kann. Eine Ausnahme ist der Nutzungsschädenersatz bei vermieteten Objekten sowie bei Acker-, Jagd- und Waldflächen. Das produzierende Gewerbe und jede Form von Fruchtziehung wird im Vergleich zu reiner Vermögensverwaltung bessergestellt: Bei der Zerstörung eines Warenlager erhält der Eigentümer nur Ersatz seines Sachschadens, der stets nach dem ursprünglichen Einkaufswert bemessen wird, während ein Produzent den Schaden, der ihm aus der Nichtnutzbarkeit eines Produktionsmittels entsteht, geltend machen kann – dieser Schaden schließt den aus der Nutzung zu ziehenden Gewinn ein. Dasselbe gilt für Vermieter, die Mietausfall als Nutzungsschaden geltend machen können. Eine Begründung für diese Differenzierung gibt es nicht; womöglich spielt die Erwägung eine Rolle, dass im Krieg keine Warenvorräte angelegt und in Notzeiten zu höheren Preisen veräußert werden sollen.[927]

2. Höhe der Entschädigung

Unterschiedlich bestimmen die KSSchVO und die Vorläuferverordnungen die Höhe der Ersatzpflicht. Die Bezeichnung „Entschädigung“ (vgl. bspw. § 1 Abs. 1 KSSchVO) lässt erwarten, dass die Höhe des Schadenersatzes nach zivilrechtlichem Muster nach der Differenzhypothese bestimmt wird, indem der Wert der geschädigten Sache – bzw., soweit es mit einbezogen wird: des Vermögens – mit dem hypothetischen Wert ohne Schadensereignis verglichen wird.

927 Diese Gefahr beschreibt bspw. Danckelmann, DV 1943, S. 223, zugleich anerkennend, dass das Reich Gewerbetreibende anweist, Waren zugunsten von Fliegergeschädigten zurückzuhalten.

Entspricht die Höhe der Ersatzleistung nicht regelmäßig dem erlittenen Schaden, spricht dies dafür, dass der Staat keinen Ersatzanspruch gibt, sondern nur eine freiwillige Leistung; dies gilt um so mehr, je geringer der Anspruch im Verhältnis zum Schaden ausfällt.

a) Sachschäden

Nur zu Beginn des Krieges wird der Schaden nach der SSchFVO mit der Differenzhypothese berechnet, ohne dass aus der „Schadensfeststellung"[928] ein Anspruch erwächst. Noch während der Geltungsdauer der SSchFVO wird die Methode der Schadensberechnung geändert, die geänderte Formel übernimmt sodann die KSSchVO.

aa) SSchFVO 1939

Zunächst definiert § 3 Abs. 1 SSchFVO den festzustellenden Schaden als Wertminderung einer Sache, die durch ein Kriegsereignis verursacht wird: „Wenn die Sache zerstört oder abhanden gekommen ist, wird der Wert der Sache, wenn die Sache beschädigt ist, die Wertminderung festgestellt." Maßgebend für die Berechnung ist nach dem bis Juli 1940 geltenden Gesetzeswortlaut der „gemeine Wert" der Sache vor Kriegsausbruch (§ 3 Abs. 1 S. 2 SSchFVO). Mit der Wertminderung zielt die behördliche Feststellung auf eine Entschädigung, die sich an einen zivilrechtlichen Schadenersatzanspruch anlehnt. Dabei muss davon abgesehen werden, dass nicht der Wert der Sache im Moment vor dem schädigenden Ereignis, sondern vor Kriegsbeginn maßgeblich ist. Geht man nicht von einem einzelnen Schadensereignis, sondern vom Kriegszustand als schädigendem Ereignis aus, ist die Berücksichtigung des Wertes zu Kriegsbeginn als Berechnungsgrundlage selbst nach der Differenzhypothese zwingend.

Weil der „gemeine Wert" einer Sache kaum genau zu ermitteln ist,[929] konkretisiert bereits im Juli 1940 eine Änderungsverordnung[930] die Berechnung des Schadenersatzes nach der SSchFVO mit einer neuen Bewertungsgrundlage: Statt des „gemeinen Wertes" wird der Wiederbeschaffungswert als Sachschaden festgestellt: „An die Stelle des gemeinen Werts ... treten im Falle der Zerstörung oder des Verlusts beweglicher Sachen, die nicht zur Veräußerung bestimmt wa-

928 So nach der amtlichen Überschrift des § 3 SSchFVO.

929 Wedemener, RVBl. 1940, S. 681 (682). Büchner, DV 1940, S. 312 (315), führt dazu aus, dass man bewusst nicht den „gemeinen Wert" des § 10 Reichsbewertungsgesetz als Grundlage genommen habe, da die Zugrundelegung des Veräußerungswertes vor allem bei Schäden an gebrauchtem Hausrat zu unbilligen Ergebnissen führe.

930 „Vierte Durchführungs- und Ergänzungsverordnung zur SSchFVO" vom 20.7.1940, RGBl. I 1940, S. 1007.

ren, diejenigen Kosten, die bei einer Wiederbeschaffung aufgewendet sind oder im Zeitpunkt der Feststellung aufzuwenden wären“ (§ 3 Abs. 2 SSchFVO). Die Wiederbeschaffungskosten sind zu mindern, wenn die Sache für den Geschädigten einen geringeren Wert hatte. Bei Sachschäden ist der Betrag festzusetzen, der „für eine sachgemäße Instandsetzung“ erforderlich ist (§ 3 Abs. 3 SSchF-VO). Diese Ergänzung gilt nach § 3 der vierten Ergänzungsverordnung zur SSchFVO rückwirkend zum Inkrafttreten der SSchFVO am 26. August 1939. Der Schaden wird nicht mehr nach der Maßgabe der Differenzhypothese festgestellt, vielmehr sichert der Staat durch die Feststellung der Wiederbeschaffungskosten den Neuwert kriegsgefährdeten Vermögens.[931]

Die Änderung der Rechtslage ist für die Geschädigten aus zwei Gründen wichtig: Zum einen kann die Kriegslage die Kosten für die Wiederbeschaffung oder Reparatur einer Sache erhöhen, so dass § 3 Abs. 2 SSchFVO dem Geschädigten ermöglicht, die Sache neu oder gebrauchsfähig wiederzuerwerben, auch wenn die Sache nun einen größeren Einkaufswert hat. Außerdem kann der Geschädigte nun auch dann qualitativ vollwertigen Ersatz erhalten, wenn die Sache vor der Beschädigung bereits geringeren Wert hatte, also insbesondere bei Hausrat. Die Feststellung des Wiederbeschaffungswertes erinnert an das preußische Vorentschädigungsverfahren während des 1. Weltkrieges, als darauf geachtet wird, dass bei objektiv geringwertigem, für den Geschädigten aber (über-) lebensnotwendigem Hausrat die Vorentschädigung den Neuerwerb der Sache ermöglicht,[932] selbst wenn dadurch die Entschädigung den Sachschaden übersteigt.

Andererseits kann der Neuwert gekürzt werden, wenn die Sache für den Geschädigten subjektiv einen geringeren Wert hat. Grundlage der Schadensfeststellung ist folglich in bestimmtem Umfang auch der subjektive Gebrauchswert einer Sache; es gilt ein subjektivierter Schadensbegriff.[933] Der subjektive Wert ist zumindest dann maßgebend, wenn er unterhalb des objektiven (Neu-)Werts der Sache liegt. Gleiches gilt für Liebhaberwerte, die ebenfalls oberhalb des objektiven Werts einer Sache liegen; auch diese Werte werden bei der behördlichen Schadensfeststellung nicht erfasst.[934]

---

931 Die Schadensfeststellung nach der SSchFVO bzw. die Entschädigung nach der späteren KSSchVO entspricht dem „Gesetz über den Versicherungsvertrag“ vom 30.5.1908, RGBl. 1908, S. 263 ff.; § 52 i. V. m. § 86 VVG sehen Wiederbeschaffungswert bei Hausratsschäden vor.

932 Dazu vgl. oben, B.III.1.e) (S. 19).

933 Vgl. Büchner, DV 1940, S. 312 (315). Fraglich ist, ob in Kriegszeiten überhaupt ein „objektiver Wert“ einer Sache festzustellen ist.

934 Vgl. Schwandt, S. 52, der Liebhaberwerte ohne weitere Begründung ausschließt. Der Ausschluss von Liebhaberwerten wird der Grund gewesen sein, weshalb § 3 Abs. 1

bb) KSSchVO 1940

Die Definition des Wertes nach der KSSchVO entspricht im Wesentlichen der letzten Formulierung der SSchFVO; verzichtet wird auf die Erwähnung des „gemeinen Wertes". Verwaltung und Rechtsprechung übernehmen den subjektivierten Schadensbegriff weitgehend. Der objektive Wert einer Sache vor Eintritt des Schadens wird zugunsten des Geschädigten nur dann als Grundlage für die Entschädigung herangezogen, wenn die Sache für den Geschädigten bereits nutzlos gewesen ist und sich ihr Wert alleine in einer Veräußerung realisiert hätte („abgestellte Sache"),[935] nach dem subjektivierten Schadensbegriff also keine Entschädigung zu leisten wäre. Der Fall der abgestellten, also für den Geschädigten nutzlosen Sache gilt als Ausnahme; aus Billigkeitsgründen ist der objektive Wert der Sache die Berechnungsgrundlage. Weil bei abgestellten Sachen eigens auf die Verwendung des objektiven Wertes hingewiesen wird, scheint der objektive Sachwert entgegen § 4 Abs. 1 KSSchVO nur selten für den Schadenersatz herangezogen zu werden.[936]

Bei Gebäuden sind nach § 4 Abs. 2 KSSchVO alle Kosten für einen Neubau oder eine Reparatur anzusetzen.[937] Bei zerstörten Maschinen sind Abzüge vom Wiederbeschaffungswert zu machen, die sich nach dem Verhältnis des Alters der Maschine zur voraussichtlichen Gesamtgebrauchsdauer ohne Eintritt des Schadensfalles bemessen (Abzug „neu für alt").[938] Ausnahmen gelten bei kleinen oder mittelständischen Betrieben, wenn das der Billigkeit entspricht. Billigkeit wird angenommen, wenn ein Abzug die Wiederherstellung des kleinen oder bäuerlichen Betriebes behindern würde.[939] Die Kommentierung vermerkt, dass vor allem gebrauchtes Arbeitsgerät von Handwerkern und Bauern kaum zu ver-

---

SSchFVO zunächst nur den gemeinen Wert als Grundlage für die Schadensfeststellung nannte.

935 Vgl. Büchner-Hoffmann[4], S. 57, unter Berufung auf RVG 42, 223. „Abgestellten Sachen" sind Sachen, die Eigentümer nur noch ohne Verwendungsabsicht lagern.

936 So Büchner-Hoffmann[4], S. 56 f. Schwandt, S. 79, hält dagegen die Kürzung der Entschädigung grundsätzlich für angebracht, will aber bei „bescheidenen Verhältnissen" Ausnahmen zulassen.

937 Ersetzt werden auch Mehrkosten für Verbesserungen oder sonstige Änderungen, soweit „baupolizeiliche, feuerpolizeiliche, wohnungshygienische, städtebauliche, ernährungswirtschaftliche oder allgemein wirtschaftliche Gründe, Belange des Denkmalschutzes oder andere Anforderungen im öffentlichen Interesse" für diese Mehrkosten Veranlassung gegeben haben, vgl. § 4 Abs. 2 KSSchVO.

938 So nach RKA, DV 1942, S. 219 bzw. 416; dies soll vor allem deshalb gelten, weil Betriebe für die Maschinen steuerliche Abschreibungen vornehmen könnten, vgl. Büchner-Hoffmann[4], S. 57.

939 Büchner-Hoffmann[4], S. 58.

äußern sei, aber für den Benutzer annähernd den gleichen Nutzwert habe wie eine neue Sache.[940]

Mit dem Fortgang des Krieges muss der Geschädigte trotz der Bewertung des Schadens nach dem „subjektiven" Schadensbegriff akzeptieren, dass ihm das Reich den vollen Sachwert auch dann nicht erstattet, wenn die zerstörte Sache tatsächlich einen höheren Wert hat. Gibt es eine günstigere Möglichkeit zum Ersatz, werden nur die Kosten für die Ersatzbeschaffung zugrunde gelegt. So weist der Präsident des Reichsverwaltungsgerichts in Kriegsschädensachen 1943 darauf hin, dass Musiker für zerstörte wertvolle italienische Streichinstrumente nur Ersatz in Gestalt eines neuen, deutschen Streichinstruments verlangen können. Musiker könnten „mit neuen deutschen Musikinstrumenten durchaus gleichwertige musikalische Ergebnisse erzielen."[941] Das gilt, wenn sich die Kosten für die Wiederbeschaffung gerade wegen des Krieges erhöht haben. Ist davon auszugehen, dass die Wiederbeschaffungskosten nach Kriegsende wieder zurückgehen werden, erhält der Geschädigte nur eine Entschädigung dem Grunde nach.[942] Der Geschädigte soll also diejenige Entschädigung akzeptieren, die dem Reich den geringsten Aufwand verursacht.[943]

b) Nutzungsschäden und sonstige Vermögensschäden

Die „2. Anordnung über die Entschädigung von Nutzungsschäden" begrenzt den Ersatz auf höchstens 3 000 RM monatlich für laufend entgehende Einnahmen und zusätzliche Ausgaben sowie einmalig höchstens 10 000 RM zum Ausgleich zusätzlicher einmaliger Ausgaben. Voraussetzung ist, dass sich die geltend gemachten Einnahmen durch eine Nutzung der Sache realisiert hätten. Einnahmen sind nach Abschnitt II, Abs. 1 der Anordnung „die Roheinnahmen, welche nach dem gewöhnlichen Lauf der Dinge oder nach den besonderen Umständen ... mit Wahrscheinlichkeit auch während des Krieges erwartet werden konnten." Die Definition ermöglicht es, den Schaden aus der Berechnung auszuschließen, den bereits der Kriegszustand verursacht. „Zusätzliche Ausgaben" sind nach Abschnitt II, Abs. 2 der Anordnung die Ausgaben, die der Geschädigte infolge des Schadensfalls zusätzlich zu seinen sonstigen Ausgaben zu leisten hat. Hierher gehören auch laufende Kosten – z. B. für Mietzinszahlungen für Ersatzräume – oder Kosten, die zur Rückkehr in die alte Wohnung oder an die alte Betriebsstät-

940 Büchner-Hoffmann[4], S. 57.

941 Mitteilungen des Präsidenten des Reichsverwaltungsgerichts in Kriegsschädensachen, DV 1943, S. 369.

942 So nach RKA, DV 1943, S. 276 für zerstörte Briefmarkensammlungen.

943 So ausdrücklich RKA, DV 1943, S. 63.

te anfallen.[944] Die Begrenzung auf 3 000 RM monatlich (bzw. einmalig 10 000 RM) gilt auch dann, wenn eine Sache durch Kriegseinwirkungen mehrfach in ihrer Nutzung beeinträchtigt wird.[945]

Entgangener Gewinn wird nicht entschädigt, wenn Handelswaren außer der Veräußerung keinen Nutzen begründen; das entspricht der Annahme des objektiven Werts bei abgestellten Sachen. Für die Entschädigung wird der ursprüngliche Einkaufswert zugrunde gelegt; nicht der im Zeitpunkt der Schädigung zu erwartende Verkaufswert oder wenigstens der aktuelle Einkaufswert, wie bei einem Vergleich mit dem Ersatz von Haushaltsgegenständen erwartet werden könnte. Dieser Umgang mit Kriegsschäden in der Wirtschaft widerspricht der Rechtsprechung des RG nach dem 1. Weltkrieg, dass bei der Zerstörung von Handelsware der Einkaufswert zur Zeit der Zerstörung zugrunde gelegt werden müsse.[946] Diese Rechtsprechung wird als unpassend angesehen, weil sie für die besonderen Verhältnisse der Inflationszeit gelte.[947] Außerdem sei die Unternehmensbilanz bereits dann ausgeglichen, wenn für eine untergegangene Sache der Bilanzwert, also der ursprüngliche Einkaufspreis, ersetzt werde.[948]

Die willkürliche Beschränkung der Nutzungsentschädigung auf höchstens 10 000 RM einmalig bzw. 3 000 RM pro Monat beeinträchtigt die Betreiber größerer Anlagen, für die voller Ausgleich der Nutzungsschäden weniger wahrscheinlich ist als für die Inhaber kleinerer Betriebe. Die Nutzungsentschädigung ist im Verhältnis um so geringer, je größer der Schaden ist. Dasselbe gilt für die Vermögensschäden, die bis zum Inkrafttreten der Nutzungsschädenanordnung der „Fliegerschädenerlaß" erstattet.[949] Begründet wird die Beschränkung der Nutzungsentschädigung auf 3 000 RM bzw. 10 000 RM nicht; dem Gesetzgeber soll eine Entschädigung jenseits dieser Grenzen nicht als „angemessen" erschienen sein.[950] Das lässt darauf schließen, dass vor allem Kleingewerbebetreiber

944 Vgl. Abs. 3 der Anordnung.

945 Vgl. die „Ergänzenden Richtlinien" vom 14.7.1942, RMBl. S. 188, dort Abschn. I.

946 RGZ 97, S. 44 (47). Das Reichsgericht stellt darauf ab, dass unter „Gewinn" im Sinne des VVG nur der Gewinn an einer Sache zu verstehen sei, der sich in Zukunft realisiere. Kein Gewinn im Sinne des VVG sei jedoch der Gewinn an einer Sache, der sich bis zum Zeitpunkt des schädigenden Ereignisses (z. B. durch Bevorratung) bereits realisiert habe. Dies begründet das RG damit, dass bei einer Veräußerung eines gesamten Unternehmens unmittelbar vor dem schädigendem Ereignis die Zeitwerte der eingelagerten Sachen berechnet würden und nicht die Entstehungskosten (oder Einkaufskosten).

947 Schwandt, S. 86.

948 Vgl. Schwandt, S. 84.

949 Die Beschränkung für Fliegerschäden dürfte sich allerdings nicht so gravierend ausgewirkt haben, da der Fliegerschädenerlass nur zugunsten natürlicher Personen gilt (siehe oben, F.I.1.c)bb) (S. 172).

950 So Büchner-Hoffmann[4], S. 175.

unterstützt werden sollen. Ähnlich wie bei der Entschädigung für Hausrat wird dafür gesorgt, dass die Schäden „kleiner Leute“ ausgeglichen werden.

Weil die maximale Nutzungsentschädigung von 3 000 RM pro Monat zusammen mit einer ggf. einmaligen Entschädigung von 10 000 RM nicht angemessen ist, wenn bspw. die Produktion zum Stillstand kommt, wird nach den „Richtlinien für die gewerbliche Wirtschaft“ vom 23. April 1941[951] weitere Entschädigung oder Beihilfe gewährt, wenn die (teilweise) Stilllegung für den Betrieb „erhebliche wirtschaftliche Auswirkungen zur Folge“ hat. Die Beihilfen können für alle Betriebskosten gewährt werden, die zur Aufrechterhaltung des wirtschaftlichen Bestandes des Betriebs erforderlich sind;[952] das gilt jedoch nur, wenn der Betrieb einer Gliederung der Organisation der gewerblichen Wirtschaft, des gewerblichen Verkehrs, dem Reichsnährstand oder der Reichskulturkammer angehört.[953]

Bevor Unternehmer Beihilfen geltend machen können, sind konkurrierende Betriebe in Anspruch zu nehmen: Bereits im Februar 1940 werden die in den nationalsozialistischen Unternehmerverbänden organisierten Unternehmer dazu verpflichtet, im Krisenfall Wettbewerber zu unterstützen. Arbeitnehmer, deren Arbeitgeberbetrieb durch Kriegsschäden zum Erliegen kommt, sollen weiterbeschäftigt werden. Arbeitgeber können auf Arbeitnehmer anderer Betriebe zugreifen, wenn die eigenen Arbeitskräfte nicht ausreichen. Ziel der Anordnung ist die Erhaltung von Unternehmen, die andernfalls aufgegeben werden müssten.[954] Ab Januar 1943 ermöglicht das auch die Verteilung von Arbeitnehmern auf kriegswichtigere Betriebe und die Stilllegung nichtgeschädigter Unternehmen.[955] Betroffene Unternehmen erhalten Stilllegungsbeihilfen, die Unternehmer einen angemessenen Lebensunterhalt.[956] Die kriegswirtschaftliche Zwecke verfolgen-

951 „Dritte Anordnung über die Entschädigung von Nutzungsschäden (Gewerbliche Wirtschaft), MBliV 1941, S. 778, abgedruckt bei Büchner-Hoffmann[4], S. 204.

952 Dies sind nach Abschn. II, Abs. 1 Löhne und Gehälter, Schuldzinsen, öffentliche Abgaben und Steuern, sofern sie auf Grundstücken lasten, Miet- und Pachtzinsen für dem Betrieb dienende Gebäude und Maschinen, Versicherungsprämien, Reparatur- und Instandhaltungskosten für stillgelegte Anlagen und Gebäude, Patent- und Lizenzkosten sowie Pflichtbeiträge zu Organisationen (Handwerkskammern etc.) und allgemeine Verwaltungs- und Betriebskosten.

953 Nach Abschn. I, Abs. IV der Richtlinien. Das dürfte zu diesem Zeitpunkt der weitaus größte Teil der Unternehmen sein.

954 „Verordnung über die Gemeinschaftshilfe der Wirtschaft“ vom 19.2.1940, RGBl. I 1940, S. 395; zur Vorgehensweise vgl. Schwandt, S. 44.

955 Vgl. die „Verordnung zur Freimachung von Arbeitskräften für kriegswichtigen Einsatz“ vom 29.1.1943, RGBl. I 1943, S. 75.

956 Nach den Richtlinien des Reichswirtschaftsministeriums, RWMBl. 1943, S. 513, vgl. Schwandt, S. 45.

de „Gemeinschaftshilfe“ geht stets der „Stilllegungsbeihilfe“ vor, die ihrerseits sozialen Ziele hat.[957]

Weder die „Gemeinschaftshilfe“ noch die „Stilllegungsbeihilfe“ sind eine Entschädigung; beide dienen dem Fortbestand eines Unternehmens oder der Sicherung seiner Mitarbeiter, kompensieren aber keine Schäden. Die Unterstützung setzt keinen Kriegsschaden voraus; entscheidend ist, dass ein Betrieb kriegsbedingt nicht fortgeführt werden kann.

3. Sondervorschriften für Ausländer und Juden

Im Reichsgebiet differenzieren §§ 1 ff. KSSchVO nicht nach der Staatsbürgerschaft des Geschädigten; Nichtdeutsche müssen aber den Antrag auf Kriegsschädenersatz nach § 13 Abs. 2 KSSchVO von einer höheren Verwaltungsstelle genehmigen lassen. Die Genehmigungspflicht soll sicherstellen, dass Kriegsschädenersatz nur ausgezahlt wird, wenn Gegenseitigkeit verbürgt ist, d. h. andere Staaten gegenüber Deutschen ebenfalls Kriegsschädenersatz leisten.[958]

Die dem Wortlaut nach großzügige Anwendung auf Ausländer findet nur im Reichsgebiet statt. In den eingegliederten Ost- und Westgebieten, dem Generalgouvernement und in den besetzten Ostgebieten müssen die Geschädigten Deutsche sein.[959] Das korrespondiert mit der Behördenpraxis, ausländischen Unternehmen auch im Reichsgebiet die Entschädigung trotz Erfüllung der Anspruchsvoraussetzungen in der Mehrzahl der Fälle zu verweigern.[960] Das zeigt, dass bereits kurz nach Kriegsbeginn vom Territorialprinzip des § 1 Abs. 1 KSSchVO Abstand genommen wird und der Kriegsschädenersatz im Wesentlichen von der deutschen Staatsbürgerschaft des Geschädigten abhängig ist.

Juden und sog. jüdische Unternehmen erhalten nach § 31 KSSchVO i. V. m. der Verordnung vom 20. Juli 1941[961] keinen Kriegsschädenersatz. Anders als Ausländern versagt ihnen § 1 Abs. 1 der VO das Recht zur Stellung eines Antrags nach der KSSchVO. Der von jüdischen Bürgern erlittene Kriegsschaden kann nach § 4 Abs. 1 der VO i. V. m. § 12 Abs. 1 S. 4 KSSchVO amtlich festgestellt werden, damit mitbetroffene Deutsche Rechte nach § 1 Abs. 2 der VO geltend machen können. Berücksichtigt werden „alle deutschen Rechte, also die des

957 Schwandt, S. 45.

958 Büchner-Hoffmann[4], S. 90.

959 Vgl. dazu die Ausführungen zu den „Volkstumsschäden“ oben, F.I.1.c)cc) (Seite 173).

960 Vgl. die Praxis der Behörden, dargestellt in den „Mitteilungen des Präsidenten des Reichsverwaltungsgerichts in Kriegsschädensachen“, DV 1942, S. 223, ebd., S. 442.

961 „Verordnung über die Behandlung der Kriegsschäden von Juden“, vom 20.7.1941, RGBl. I 1941, S. 437.

deutschen Besitzers, wenn der geschädigte Jude Eigentümer war, ebenso umgekehrt, wenn der Deutsche Eigentümer und der jüdische Bürger Besitzer war."[962]

Statt einer Entschädigung werden Juden sogar zum Schadenersatz verpflichtet, denn sie haften nach § 5 S. 1 der VO dem Reich für dessen Aufwendungen zur Beseitigung von Kriegsschäden an jüdischem Vermögen: „In Höhe aller Aufwendungen des Reichs für die Beseitigung des Schadens in Natur, wie für die Ausgleichszahlungen an deutsche Drittberechtigte und gegebenenfalls persönliche Gläubiger besteht ein jederzeit geltend zu machender Erstattungsanspruch des Reiches gegen den Juden."[963] Bei Ausländern findet sich eine entsprechende Haftung nicht, auch nicht bei Staatsbürgern von Staaten, gegen die das Reich Krieg führt.

4. Fälligkeit des Anspruchs

Der nach der KSSchVO erstmals bestehende Anspruch auf Kriegsschädenersatz wird von Anfang an nicht ohne Einschränkungen gewährt: Nach § 1 Abs. 1 S. 2 KSSchVO hängt der Zeitpunkt der Entschädigung von den „volkswirtschaftlichen Notwendigkeiten und Möglichkeiten" ab. Nur bei Dringlichkeit erfolgt die Auszahlung der Entschädigung nach § 9 Abs. 1 KSSchVO „alsbald".[964] Andernfalls hat der Geschädigte nach § 1 Abs. 1 S. 2 KSSchVO entsprechend der außer Kraft getretenen SSchFVO nur Anspruch auf Feststellung des Schadens bzw. Anspruch auf Beweissicherung durch die Behörden;[965] der Auszahlungsanspruch ist kraft Gesetzes gestundet.

Obwohl der Wortlaut der §§ 1 Abs. 1 S. 2; 9 KSSchVO darauf schließen lässt, dass in den in § 9 KSSchVO nicht genannten Fällen die Auszahlung der Entschädigung in das Ermessen der Kriegsschädenämter gestellt ist, wird die Entschädigung nur unter den in § 9 Abs. 1 lit. a)–d) KSSchVO genannten Fällen regelmäßig sofort für fällig erklärt.[966] Das Reichskriegsschädenamt verlangt, die

962 Vgl. Reuß, II F X 2.

963 Vgl. Reuß, II F X 3.

964 § 9 Abs. 1 KSSchVO setzt voraus, dass der Geschädigte die Entschädigung zur Instandhaltung der beschädigten Sache benötigt (lit. a), sie zum Aufbau eines geschädigten Betriebs verwenden will und dies volkswirtschaftlich erwünscht ist (lit. b), er mit ihr Schuldverbindlichkeiten auf die geschädigte Sache abdecken will (lit. c) oder sie allgemein zur Sicherung des Lebensbedarfs des Geschädigten dienen soll (lit. d).

965 Vgl. Büchner-Hoffmann[4], S. 81.

966 Darauf lässt z. B. die Aussage von Gut, S. 80, schließen, der davon ausgeht, dass nur unter diesen Voraussetzungen der Anspruch fällig gestellt werden darf.

Voraussetzungen des § 9 KSSchVO streng auszulegen[967] und untersagt mit Fortgang des Krieges die Entschädigung in allen anderen Fällen ausdrücklich.[968] Der Unterschied zur Schadensfeststellung nach der SSchFVO besteht demnach nur darin, dass der Geschädigte jetzt einen Anspruch dem Grunde nach hat, er also kraft Gesetzes von einer Erfüllung des Anspruchs eines Tages ausgehen darf, obwohl die Behörden keine Zahlungstermine festlegen dürfen.[969] Mangels Fälligkeit findet auch keine Verzinsung statt.[970] Während bei der Zerstörung von Immobilien in den ersten Kriegsjahren auf einen schnellen Wiederaufbau geachtet wird und der Eigentümer mit der Fertigstellung seine Entschädigung erhält, wird davon später wegen des Mangels an Material und Arbeitskräften abgesehen.[971] Auch in diesen Fällen ist der Anspruch auf Entschädigung nicht durchzusetzen.[972]

Die Stundung wird mit dem Hinweis begründet, der Berechtigte solle davor geschützt werden, „sich durch Verbrauch oder vorschnelle Verwendung der Entschädigung den erst später wieder völlig durchführbaren Wiederaufbau seiner Existenz zu erschweren.“[973] Dahinter steht die Befürchtung, zu viel Bargeld im Umlauf könnte den durch den Krieg verursachten Kaufkraftverlust der Reichswährung und den Mangel an Konsumgütern auf dem Markt sichtbar machen. Das gibt im Jahr 1943 der Reichsinnenminister unumwunden zu: „Zweck der Regelung des § 9 ist, ... zu verhindern, dass durch Gewährung nicht unbedingt

967 RKA, DV 1942, S. 286: „Die Regelung des § 9 KSSchVO bezweckt, dass bei alsbaldiger Geldentschädigung eine volkswirtschaftlich erwünschte oder wenigstens gerechtfertigte Verwendung der Entschädigungssumme sichergestellt sein muss. Entschädigung in weiterem Umfang zu gewähren, ist während des Krieges untragbar.“

968 PräsRVG (RKA) vom 21.4.1943, DV 1943, S. 182 f. Dies wird u. a. damit begründet, dass andernfalls die Kaufkraft zu sehr steige und der Geschädigte nicht mehr in der Lage sei, eine Ersatzbeschaffung durchzuführen, wenn diese wieder möglich sei.

969 Vgl. die Anordnung des RKSA vom 22.7.1942, abgedruckt in DV 1942, S. 372.

970 RKA, DV 1942, S. 286.

971 Ebel, S. 7, nennt keine Zeitangaben: „Dem Hausbesitz muss es heute genügen, die Gewissheit zu haben, dass er die Mittel für die Errichtung eines für ihn gleichwertigen Neubaus erhalten soll, oder dass ein solcher Neubau für ihn von dem Reiche errichtet werden wird.“

972 Zur Entschädigung in der Anfangszeit des Krieges vgl. den „Führererlass“ zur Rückkehr in die freigemachten Gebiete (oben, Anm. 882 (S. 168)) und die Anweisungen des Reichsmarschalls hinsichtlich der Einführung der KSSchVO (oben Anm. 886 (S. 168)).

973 Büchner-Hoffmann[4], S. 76. Wohl aus denselben Gründen werden Zinspflichten nicht ersetzt, selbst wenn Darlehen für „volkswirtschaftlich gerechtfertigte“ Schadensbeseitigung aufgenommen werden, so die Mitteilung des PräsRVG, abgedruckt in DV 1942, S. 286 (286).

erforderlicher Beträge unerwünschte Kaufkraft geschaffen wird."[974] Die Bemerkung erstaunt, weil die „unerwünschte Kaufkraft" ohne weiteres als Gefahr einer Inflation interpretiert werden kann.[975]

Ausnahmen zur Stundung bestehen in zwei Fällen: Entschädigungen bis 1. 000 RM sind nach § 9 Abs. 4 KSSchVO regelmäßig sofort auszuzahlen, Gleiches gilt für Nutzungsschäden nach Nr. 7 Abs. 1 und Abs. 2 der 2. Nutzungsschädenanordnung.

5. Verfahrensvereinfachungen ab dem Jahr 1943

Nachdem der Luftkrieg immer größere Kriegsschäden verursacht, wird ab 1943 das Entschädigungsverfahren mit der 6. Durchführungsverordnung zur KSSchVO (6. DVO) vereinfacht.[976] Nach der 6. DVO sind Entschädigungen bis zu einer Höhe von 3 000 RM sofort auszuzahlen, auch wenn die Voraussetzungen des § 9 Abs. 1 oder 2 KSSchVO nicht erfüllt sind, also auch dann, wenn der Geschädigte die Entschädigung nicht für die Instandsetzung der zerstörten Sache oder zur Aufrechterhaltung eines Betriebes benötigt. Gleichzeitig können nach § 4 der 6. DVO Schäden, die „im Hinblick auf die wirtschaftliche Lage des Geschädigten" eine Entschädigung nicht rechtfertigen, unberücksichtigt bleiben. Das Reichsministerium des Innern erklärt, dass nach einem Großangriff, der „zahllose Volksgenossen um Heim und Habe gebracht" habe, geringfügige Schäden nicht ersetzt würden.[977]

Zeitgleich mit der 6. DVO werden die Behörden angewiesen, die Voraussetzungen für Vorschüsse noch genauer zu überprüfen und auch bei Beträgen bis 3 000 RM zu untersuchen, ob sie volkswirtschaftlich sinnvoll verwendet werden könnten.[978] Wenig später sollen die Behörden auch das Feststellungsverfahren zurückstellen. Bemerkenswert ist die Begründung: Derzeit könnte kaum Ersatz beschafft werden, was Voraussetzung für einen Vorschuss sei. Daher seien Feststellungsverfahren nicht dringlich und nach § 20 KSSchVO zurückzustellen und

---

974 RdErl. d. RMdI vom 8.7.1943 (MBliV S. 1145), abgedruckt bei Büchner-Hoffmann[4], S. 286, 158 ff.

975 Dennoch wird dieser Hinweis auch bspw. in Publikationen für Geschädigte übernommen, siehe z. B. Fuhrmann, S. 25.

976 Vgl. die „Sechste Durchführungs- und Ergänzungsverordnung zur Kriegssachschädenverordnung (Vereinfachung des Verfahrens) vom 8.7.1943, RGBl. I, S. 383.

977 RdErl. d. RMdI v. 8.7.1943 (MBliV. S. 1145), abgedruckt bei Büchner-Hoffmann[4], S. 286, 160 (zu § 4).

978 Vgl. das Rdschr. des RMdI vom 30.8.1943, I Ra 14357/50 – 241, abgedruckt in DdK II/1, S. 576 f.

die Geschädigten auf die Beweissicherung zu verweisen.[979] Im Juli 1944 wird angeordnet, dass Geschädigte nicht mehr als 500 RM ohne Prüfung des Verwendungszwecks erhalten dürften.[980] Wenig später ordnet das Reichsministerium des Innern an, möglichst nur noch den Eingang der Schadensanträge zu bestätigen und notwendige Vorauszahlungen anzuweisen, die Sachbearbeitung aber zurückzustellen. Bemerkenswert ist, dass von einer „Veröffentlichung oder Erörterung dieses Runderlasses in der Tages- und Fachpresse" abzusehen ist.[981]

Mit der 6. DVO und den ihr nachfolgenden Verwaltungsanordnungen wird die Entschädigungspraxis bei Sachschäden verschärft. Obwohl nun Schäden bis 3 000 RM sofort ausgezahlt werden können, besteht ein Anspruch des Geschädigten nur in Höhe der in § 9 Abs. 4 KSSchVO vorgesehenen 1 000 RM (ab Juli 1944: 500 RM); hinsichtlich der weiteren 2 000 RM besteht Ermessen (§ 1 der 6. DVO). Auf der anderen Seite werden ursprünglich nach SSchFVO und KSSchVO auch „geringfügige" Schäden festgestellt, selbst wenn sie nicht entschädigt werden. Nunmehr besteht bei geringfügigen Schäden kein Anspruch, ohne dass der Begriff „geringfügig" definiert wird. Die Kriegsschädenämter bewerten die Schäden in ihren Bezirken[982] und definieren die „Geringfügigkeit" nicht objektiv, sondern nach den wirtschaftlichen Verhältnissen des Geschädigten[983] und dem Gesamtausmaß der Schäden. Der subjektive Schadensbegriff, der schon die Bewertung eines Schadens nach dem „gemeinen Wert" (SSchFVO) bzw. dem Wiederbeschaffungswert (KSSchVO) einer Sache prägt, wird nun durch die Relation zu Schäden Dritter noch deutlicher. Der Kreis der Dritten ist wiederum nicht definiert.[984]

Beachtet werden muss außerdem, dass die Entschädigung nach § 9 Abs. 1 KSSchVO zweckgebunden ist, d. h. der Geschädigte sie zur Wiederbeschaffung bzw. Reparatur der Sache zu verwenden hat. Ausnahmen kommen nur bei Hausratsschäden in Betracht, wenn eine Sache die Funktion der geschädigten übernimmt. Scheidet eine Wiederbeschaffung des Hausrats aus, ist die Entschädigung zu „volkswirtschaftlich sinnvollen" Zwecken zu nutzen.[985] Das höhlt den Ersatzanspruch aus § 1 Abs. 1 S. 1 KSSchVO weiter aus.

---

979 Vgl. das Rdschr. des RMdI vom 30.9.1943, II Ra 14577/43 – 241a, abgedruckt in DdK II/1, S. 577 f.

980 RdErl. d. RMdI vom 18.7.1944, MBliV S. 708.

981 RdErl. d. RMdI vom 4.8.1944, II S 5106/44 – 241a (Nr. 5).

982 Bspw. bezeichnet Gut, S. 81, im Jahr 1944 Schäden bis 1 000 RM als „Bagatellsachen", die allerdings sofort auszuzahlen seien.

983 Vergleiche RKA DV 1943, S. 306 (306).

984 In der Literatur findet sich zumindest eine Stimme, die von der Gemeinde als Bezugspunkt ausgeht, Muttray, DV 1942, S. 277 (277).

985 Vergleiche RKA DV 1944, S. 75 (75).

II. Literatur zum Kriegsschädenrecht bis 1945

Abgesehen von quasi-amtlichen Kommentierungen zu den Kriegsschädengesetzen[986] gibt es keine größere Darstellungen zum Kriegsschadenrecht.[987] Die zeitgenössische Literatur behandelt fast ausschließlich Einzelfragen.[988] Die Analyse beschränkt sich daher auf Vorworte und Einleitungen zu Kommentaren und Handbüchern, die zumeist als Handreichung für Praktiker in den Kriegsschädenämtern erscheinen. Manche Autoren geben lediglich die Gesetzeslage wieder und erläutern sie anhand von Beispielen.[989] Selten finden sich systematische Herleitungen oder eigene Gedanken zur Frage des „Ob“ und „Wie“ einer Entschädigungspflicht des Reiches.

1. Kriegssachschäden

Dass zumindest für Sachschäden von Privatpersonen voller Ersatz zu leisten ist, setzt die Literatur bis zum „Führererlass“ zum Schadenersatz in den Freimachungsgebieten[990] durchweg voraus und erkennt kritiklos an: Es ist „nationalsozialistische[r] Grundgedanke, dass der durch den Krieg verursachte Sachschaden nicht von dem einzelnen Betroffenen, sondern von der Allgemeinheit zu tragen ist“ (*Ehrenforth*);[991] „die Schäden, die der Einzelne um der Gemeinschaft willen erleidet, [sollen] von der Gesamtheit der Volksgenossen in weitgehendem Umfang mitgetragen werden“ (*Büchner*).[992] Auf die Herkunft des „Grundgedankens“ geht *Ehrenforth* nicht ein. *Büchner* erwägt, dass der Staat für die Vergütung von Kriegsschäden zuständig sein könnte: „Maßgebend für die getroffenen Regelungen waren nicht individualistische Vorstellungen etwa der Art, dass der

---

986 Die Autoren des „Büchner-Hoffmann, Kriegsschäden-Verordnungen“ haben nach dem Vorwort zur 2. Auflage als Mitarbeiter des Reichsministeriums des Innern selbst an der Ausarbeitung der von ihnen kommentierten Kriegsschädenbestimmungen mitgewirkt. Aus diesem Grund dürfte dieser Kommentar im Wesentlichen die regierungsamtliche Auslegung der Vorschriften berücksichtigen. Vgl. Büchner-Hoffmann², Vorwort.

987 Vgl. z. B. das Literaturverzeichnis von Schwandt, S. 13 ff. Schwandts Publikation zum Kriegssachschadensrecht, gedruckt im Juli 1944, scheint die letzte systematische Behandlung des Themas darzustellen. Weitere publizierte Literatur ist jedenfalls bis zum Frühjahr 1945 nicht nachweisbar.

988 Vgl. dazu die in DdK V, S. 12 ff. dargestellte Bibliographie, die – auch wenn sie keine Vollständigkeit beansprucht – doch wenigstens eine Auswahl des Wesentlichen und Typischen darstellen will (ebenda, Vorbemerkung S. VII).

989 So bspw. Simon, DV 1941, S. 273 (273 f.), zum Nutzungsschädenersatz.

990 Vgl. oben, Anm. 882 (S. 168).

991 Ehrenforth, DJ 1940, S. 1372 (1372).

992 Büchner, DV 1940, S. 312 (312).

Einzelne in dem doch nicht von ihm, sondern ‚vom Staat' geführten Kriege seine Schäden bezahlt verlangen könne, aber auch nicht reine Zweckmäßigkeitserwägungen, wonach der Staat Kriegsschäden nur insoweit regelt, als es ihm aus Kriegsbedürfnissen heraus, insbesondere zur Erhaltung der Wirtschaft, notwendig erscheint, sondern maßgebend war und ist der Gedanke der nationalsozialistischen Kampf- und Opfergemeinschaft."[993] Warum die Kampf- und Opfergemeinschaft zum Ersatz verpflichtet, begründet *Büchner* nicht.

Die „Kampf- und Opfergemeinschaft" des Volkes ist nichts anderes als der zivilrechtliche Ansatz des Innenausgleichs von Kriegsschäden nach der *lex rhodia*, indem nicht der Staat für den Kriegsschädenausgleich, sondern die Gemeinschaft für Gefahren gemeinsam haftet, die sich aus der Verwirklichung der Gemeinschaft im Krieg ergeben. Diesen Befund bestätigt die Aussage, dass Schäden „echte Opfer im Interesse der Gesamtheit [sind] und deshalb von der Volksgemeinschaft übernommen werden."[994] Die meisten Autoren äußern sich inhaltlich ähnlich.[995] Dem Staat kommt nur die Rolle eines Verwalters zu; davon abweichende Ansichten sind nur selten auszumachen.[996]

Statt einer Auseinandersetzung mit dem seit dem 1. September 1939 geschaffenen Recht wird der SSchFVO und der KSSchVO kritiklos zugestimmt: „Die seit Jahrhunderten erörterte Frage, ob vom Staat eine Vergütung von denjenigen, welche durch den Krieg gelitten haben, beansprucht werden könne, hat heute jede Bedeutung verloren",[997] behauptet *Köst*, der auf die Herkunft des Ersatzanspruchs nicht eingeht, obwohl er in seiner Abhandlung zum Umgang mit Kriegsschäden nach der SSchFVO Überlegungen aus dem 19. Jahrhundert skizziert. Es ist bezeichnend, dass *Köst* seine Behauptung bereits im Jahr 1940 aufstellt, als die KSSchVO noch nicht erlassen ist, Kriegsschäden also nach der

---

993 Büchner, DV 1940, S. 312 (312).

994 Stuckart, DV 1941, S. 6 (8).

995 Danckelmann, DV 1940, S. 385 (385): „Der Krieg [ist] eine Angelegenheit der Volksgesamtheit … eine gleichmäßige Verteilung der Lasten des Krieges auf alle Volksgenossen [stellt] die einzig wirklich gerechte Lösung dar"; Weise, DV 1941, S. 25 (25): „nach dem nationalsozialistischen Grundsatz des Einstehens aller für einen"; Fuhrmann, S. 4: „die überschwere Bürde [des] Kriegsopfers … [wird] von der Volksgemeinschaft abgenommen." Reinhard, Vorwort zu Schwandt: „die Kriegsschäden werden den Betroffenen im Rahmen der allgemeinen Interessen der Volksganzheit ersetzt unter dem Stichwort ‚einer für alle, alle für einen'."

996 Allerdings geht Schwandt, S. 33, davon aus, dass Träger der Entschädigungspflicht das Reich sei und nicht bspw. die „Volksgesamtheit." Daraus folge, dass die Entschädigung aus Haushaltsmitteln durchzuführen sei und diese nicht von den „beteiligten Kreisen" aufgebracht werden müssten (S. 34). Mit dieser Analyse noch im Jahr 1944 steht Schwandt allerdings, soweit erkennbar, alleine.

997 Köst, S. 12.

SSchFVO nur festgestellt werden. Zu diesem Zeitpunkt begründen nur bestimmte Gebäude-[998] oder Fliegerschäden[999] einen Anspruch auf Vorschuss, nicht auf Schadenersatz. Allgemein wird gewürdigt, dass die Maßnahmen des Reiches ein umfassendes Kriegsschädenrecht bildeten, das den zuvor in der Literatur erhobenen Forderungen „im Wesentlichen" entspreche[1000] und dessen Großzügigkeit kein anderer Staat übertreffe.[1001]

Als Ausnahme zu dieser Zustimmung erscheint die Kritik *Ehrenforts* zur Feststellung des „gemeinen Werts", der nicht vernünftig zu berechnen sei und unbillige Ergebnisse schaffe.[1002] Begrüßt wird der Ersatz des Wiederbeschaffungswerts, um Geschädigten den Neuerwerb von Kleidung und Hausrat zu ermöglichen.[1003] Kritisch wird die Ausdehnung des Schadenersatzanspruchs auf alle Geschädigten ohne Rücksicht auf ihre Nationalität beurteilt und die Frage gestellt, ob das Reich nicht nur denjenigen Schadenersatz zusprechen dürfe, die auch für das Reich Opfer erbringen – dies seien allein deutsche Staatsbürger.[1004] Konsequenterweise hätte kritisiert werden müssen, dass Ausländer keine „Volksgenossen" seien.

Dass der in der KSSchVO gegebene Anspruch regelmäßig nicht fällig ist, stößt nicht auf Kritik.[1005] Statt dessen wird ab 1941 der Gedanke in den Vordergrund gestellt, dass Kriegsschadenersatz auch ein Rückhalt für die kämpfenden Truppen sei[1006] und den Durchhaltewillen und die Moral der Bevölkerung fördere.[1007]

---

998 Siehe oben, F.I.1.b)aa) (S. 164).

999 Siehe oben, F.I.1.c)bb) (S. 172).

1000 Danckelmann, DV 1940, S. 385 (388) – dabei ist festzustellen, dass in der Literatur zuvor nahezu keine Anforderungen an das Kriegsschädenrecht gestellt worden sind.

1001 Schwandt, S. 20.

1002 Ehrenfort, DJ 1940, S. 1372 (1373).

1003 Brombach, DV 1943, S. 161 (161). Danckelmann, DV 1943, S. 188 (190) sieht das Problem bei Gebäudeschäden, wenn das Gebäude nach Wiederaufbau wertvoller sei, und verlangt zumindest die Bezahlung der Handwerker, um deren Moral nicht zu senken.

1004 So ausdrücklich Weise, DV 1941, S. 25 (27). Insoweit ist auch bezeichnend, dass die meisten Autoren nur von „Volksgenossen" ausgehen, ohne zur Frage Dritter Stellung zu nehmen, bspw. Fuhrmann, S. 3.

1005 Dies wird eher bestätigt: „Der Zeitpunkt der Entschädigung … richtet sich nach den volkswirtschaftlichen Notwendigkeiten und Möglichkeiten" (Ehrenfort, DJ 1940, S. 1372 (1374)).

1006 Für Büchner, DV 1940, S. 312 (312), stärkt der Kriegsschädenersatz die „innere Front."

1007 Stuckart, DV 1941, S. 6 (10), erkennt Gefahren, wenn der Luftkriegsbetroffene nicht ausreichend versorgt wird; Muttray, DV 1941, S. 227 (227), merkt an, dass nur der

Im Übrigen wird das Reich aufgefordert, insbesondere die Luftkriegsopfer schnell zu unterstützen oder zu entschädigen. Für die „stimmungsmäßige Haltung der Bevölkerung und ihren Willen zum Durchhalten“[1008] müssten die Geschädigten schnell angemessen untergebracht und mit Lebensmitteln und Bekleidung versorgt werden. Das ermögliche den Betroffenen außerdem, wieder ihrer Aufgabe in der „Volksgemeinschaft“ gerecht zu werden. Die kurzfristige Entschädigung steht also vor allem im Gemeininteresse.[1009] Mit fortschreitendem Krieg mehren sich aber Stimmen, dass die Kriegsgeschädigten nur maßvoll von ihrem Anspruch gegen das Reich Gebrauch machen dürften. Solange sich das Reich im Krieg befinde, müssten die Geschädigten bei der Schadensbeseitigung die Methode hinnehmen, die den geringsten Aufwand verursache.[1010]

Ohne dass die Autoren ausdrücklich darauf eingehen, scheinen sie zumeist davon auszugehen, dass § 1 Abs. 1 KSSchVO grundsätzlich einen Schadenersatzanspruch gegen das Reich begründet.[1011]

2. Vermögensschadenersatz bei Wirtschaftsbetrieben

Differenziert wird der Ausgleich von Kriegsschäden der Wirtschaft gesehen. Kritisch wird gefragt, ob gewerblichen Unternehmen bestimmte Vermögensschäden ersetzt werden müssten. Die Diskussion dreht sich insbesondere um den Ersatz von Nutzungsschäden und Einnahmeausfällen.

Der Nutzungsschädenersatz nach der KSSchVO ist für die Juristen der Zeit Neuland.[1012] Der Ersatz wird begrüßt, obwohl die Beschränkung beim „Ausfluss des Sachschadens“ auf 3 000 RM pro Monat als willkürlich angesehen wird, denn Nutzungsschäden könnten den größten Teil eines Kriegsschadens ausmachen. Als Verwandte der Sachschäden seien sie vollständig zu ersetzen.[1013] Gegen den Ersatz wird eingewendet, dass alle Vermögensschäden im Verhältnis zum Frontsoldaten zu sehen seien, der sein Leben opfere – daher seien Nut-

---

entschädigte Volksgenosse „seiner Aufgabe in der Volksgemeinschaft“ wieder gerecht werden könne; Danckelmann, DV 1943, S. 188 (190), verlangt die Bezahlung der Handwerker, damit deren Moral nicht sinke.

1008 Stuckart, DV 1941, S. 6 (10).

1009 Muttray, DV 1942, S. 277 (277).

1010 Stuckart, DV 1941, S. 6 (11), verlangt als „Richtschnur“, was dem Sieg nütze; Brombach, DV 1943, S. 161 (162), erwartet „Rücksicht auf die Reichsfinanzen“.

1011 Ausdrücklich so aber Stuckart, DV 1943, S. 6 (8).

1012 So ausdrücklich Boyens, DV 1943, S. 113 (113).

1013 Vgl. für den Fliegerschädenerlass, der sogar nur 2 000 RM gewährt, Danckelmann, DV 1940, S. 385 (389).

zungsschäden grundsätzlich nicht zu erstatten.[1014] Im Übrigen sei die Nutzungsentschädigung nicht extensiv auszulegen, weil der Nutzungsschädenausgleich eine Großzügigkeit des nationalsozialistischen Gesetzgebers sei.[1015]

Zu Einnahmeausfällen mutmaßt *Danckelmann*, dass die Konjunkturbelebung nach siegreich beendetem Krieg die meisten Vermögensausfälle wettmache. Zu berücksichtigen sei außerdem, dass viele Betriebe nur infolge der „Machtergreifung" überlebt hätten.[1016] Zur Berechnung des Schadens vergleicht diese Überlegung nicht die Einnahmen vor und nach einem Schadensereignis, sondern einen längeren Zeitraum. Die Argumentation hinterlässt den Eindruck, der Wirtschaftsaufschwung nach 1933 sei nur mit einem folgenden Krieg zu erreichen gewesen, so dass Mehreinnahmen nach der sog. Machtergreifung nicht ohne den Einnahmeausfall im Krieg gedacht werden können.

Ohne Begründung wird auch verlangt, dass eine Entschädigung für Einnahmeausfälle nur gewährt werden dürfe, wenn die Einnahmen im Schadensjahr nicht höher waren als in einem schadensfreien Jahr.[1017] Als problematisch wird der Ersatz für zerstörte Warenlager gesehen: Das Reich dürfe „Hamsterwaren" nicht schützen. Dagegen dürfe die Entschädigung nicht davon abhängig sein, ob der Geschädigte eine Sache zuvor richtig, also im Sinne des Reiches, gebraucht habe.[1018]

3. Würdigung der Literatur zum nationalsozialistischen Kriegsschädenrecht

Angesichts der Masse der Kriegsschäden ist erstaunlich, dass weitergehende Überlegungen zum Kriegsschädenrecht in der Literatur nicht auszumachen sind. Bemerkenswert ist, dass keine systematische oder historische Analyse des nunmehr nach der KSSchVO geltenden Schadenersatzanspruches stattfindet. Das Problem der Kriegsschäden wird vermutlich nicht als solches behandelt, weil die durch das Reich getroffene Regelung wenigstens im Ergebnis als richtig anerkannt wird. Bemerkungen wie jene bei *Köst*, wonach die Frage „jede Bedeutung verloren" habe,[1019] stützen diese Vermutung. Auch in der Wissenschaft scheint

1014 Ritgen, DV 1943, S. 190 (190).

1015 Boyens, DV 1943, S. 113 (113).

1016 Dies soll nach Danckelmann, DV 1940, S. 385 (385 f.), auch bei einem Unternehmen gelten, das sich vorwiegend mit dem Außenhandel befasst, weil ein solches seine Gewinne vor dem Krieg ganz besonders der „Volksgemeinschaft und dem Reich, das hinter ihm stand", verdanke.

1017 Boyens, DV 1943, S. 113 (115).

1018 Danckelmann, DV 1943, S. 223 (223).

1019 Oben, Anm. 997 (S. 190).

die Meinung zu überwiegen, die Frage des Kriegsschädenersatzes sei aufgrund der Regelungen der KSSchVO tatsächlich bedeutungslos.

Zu berücksichtigen ist, dass bereits vor Kriegsbeginn zahlreiche Juristen wegen der nationalsozialistischen Rassegesetzgebung oder wegen politischer Missliebigkeit nicht mehr publizieren können. Außerdem bedroht § 5 der Kriegssonderstrafrechtsverordnung[1020] ab der Mobilmachung 1939 jede sog. wehrkraftzersetzende Äußerung mit der Todesstrafe. Für die Finanzwissenschaft ist die daraus begründete Zurückhaltung belegt, obgleich noch 1943 kritische Bemerkungen zur Kriegsfinanzierung publiziert werden.[1021] Das bedeutet aber nur, dass sich die Autoren kritischer Fragen enthalten, anstatt zu behaupten, die Kriegsschädenfrage habe jede Bedeutung verloren. Möglich wäre außerdem, einzelne Aspekte der Regelungen herauszugreifen, ohne das Gesamtkonzept anzugreifen; auch das geschieht nicht.

III. Ergebnis zu den Kriegssachschäden im 2. Weltkrieg

§ 1 Abs. 1 S. 1 KSSchVO begründet mit der Wendung, „Für ... Kriegssachschäden gewährt das Deutsche Reich Entschädigung nach den Vorschriften dieser Verordnung" einen öffentlich-rechtlichen Anspruch gegen das Reich. § 4 KSSchVO verdeutlicht, dass für die Entschädigung nur die Höhe des Schadens bzw. die Wiederbeschaffungskosten maßgeblich sind, auch die Ausführungs- und Verfahrensvorschriften zur KSSchVO stellen keine weiteren Voraussetzungen für den Anspruch auf. Nur § 9 Abs. 1 KSSchVO („die Entschädigung wird alsbald gewährt") scheint eine Beschränkung darzustellen; die Norm verpflichtet das Reich aber nur dazu, die Entschädigung dann unverzüglich auszuzahlen, wenn der Geschädigte Ersatz beschaffen oder eine beschädigte Sache instand setzen will oder der Ersatz zur Deckung des Lebensbedarfs erforderlich ist

1020 „Verordnung über das Sonderstrafrecht im Kriege und bei besonderem Einsatz (Kriegssonderstrafrechtsverordnung)" vom 17.8.1938, RGBl. I 1938, S. 1455.

1021 So z. B. der Beitrag von Keiser, Bankwirtschaft 1943, S. 207 ff.; Weber, Adolf, beschreibt dass ihm für einen Beitrag zur Kriegsfinanzierung noch 1943 „volle Meinungsfreiheit" zugesichert worden sei. Dennoch publiziert er seine Untersuchung, jetzt unter dem Titel, „Wohin steuert die Wirtschaft", sicherheitshalber erst nach der Kapitulation, Vorbemerkung, S. 7. Weitere Nachweise zu Beiträgen zur Kriegsfinanzierung bei Möller, S. 7 (dort Anm. 3).

(Abs. 1).[1022] Für alle übrigen Schäden trifft § 9 KSSchVO keine Bestimmung, so dass davon auszugehen ist, dass der Entschädigungsanspruch gegen das Reich mit dem Schadensfall entsteht.

1. Art des Anspruchs – Versicherung des Staates zugunsten seiner Bürger

Inhaltlich entspricht die in § 1 Abs. 1 S. 1 KSSchVO vorgesehene Entschädigung dem Versicherungsvertragsrecht: Die Ersatzbedingungen entsprechen denen des VVG von 1908[1023] und den Bewertungsregeln der Feuerversicherer, abgesehen vom nach § 4 Abs. 1 KSSchVO möglichen Abzug „neu für alt".[1024] Der Staat versichert die Bürger (bzw. „Volksgenossen") gegen die Kriegsgefahren. Weil kein Entschädigungshöchstbetrag vorgesehen ist, handelt es sich um eine Ersatzzahlung und nicht um eine möglicherweise geringer zu bemessende, freiwillige Sozialleistung.

Anders als § 1 Abs. 1 S. 1 KSSchVO vermuten lässt, wird dem Geschädigten regelmäßig kein Kriegsschadenersatz sofort nach dem Schadensereignis zugestanden. Weil der Anspruch wegen § 1 Abs. 1 S. 2 KSSchVO und der engen Auslegung von § 9 KSSchVO, den Anspruch nur in Ausnahmefällen sofort fällig ist, erhalten Geschädigte nur eine „Option auf die Zukunft". Das ist dieselbe Option, die das Kriegsleistungsgesetz von 1873 und dem Kriegsschädenfeststellungsgesetz von 1916 während des 1. Weltkrieges gewähren, sofern der Anspruch nicht sofort erfüllt wird. Der Zeitpunkt der Erfüllung nach § 1 Abs. 1 S. 2 KSSchVO wird bis zur Kapitulation nicht genannt. Spätestens mit Beginn des von *Goebbels* proklamierten „totalen Kriegseinsatzes" hat jeder „Volksgenosse"

1022 Kein Anspruch auf unverzügliche Auszahlung besteht nach § 9 Abs. 1 Nr. KSSchVO aber, wenn Ersatzbeschaffung oder Reparatur volkswirtschaftlich nicht gerechtfertigt ist.

1023 Oben, Anm. 931 (S. 179). Insbesondere gilt dies für § 1 Abs. 1 VVG (der entstandene Vermögensschaden ist zu ersetzen), §§ 62, 63 VVG, nach denen den Geschädigten die Pflicht trifft, den Schaden so gering wie möglich zu halten, und für § 52 i. V. m. § 86 VVG, nach denen grundsätzlich der Wert der Sache für die Entschädigung maßgebend ist, bei Haushaltsschäden allerdings statt dessen der Wiederbeschaffungswert. Anders aber § 49 VVG, der eine Entschädigung alleine in Geld vorsieht und § 94 VVG zur Verzinsungspflicht der Versicherungssumme.

1024 So nach Büchner-Hoffmann[4], S. 55. Dabei ist allerdings zu berücksichtigen, dass auch nach dem Versicherungsvertragsgesetz bei Haushaltswaren, die zum Wiederbeschaffungswert versichert werden (§ 86 VVG), eine „billige Berücksichtigung" der Abnutzung erfolgen kann.

sein gesamtes Vermögen und selbst sein Leben für den Krieg einzusetzen.[1025] Wann der „Volksgenosse“ Ersatz für seine Schäden erhält, bleibt ungeregelt. In der Bevölkerung dürfte die Meinung vorgeherrscht haben, dass dies nicht mehr geschehen werde.[1026] Die Anweisung in § 9 Abs. 5 KSSchVO, den Anspruch grundsätzlich nicht fällig zu stellen, führt folglich dazu, dass der Geschädigte seinen Anspruch gegen das Reich verliert.

Unabhängig von der Frage, ob die Reichsführung darüber nachdenkt, die Ansprüche zu erfüllen, ist spätestens mit dem 8. Mai 1945 davon auszugehen, dass die durch § 1 i. V. m. § 9 KSSchVO gewährte „Option“ nicht eingelöst wird. Somit hat bis zum Kriegsende nur derjenige einen Schadenersatzanspruch gegen das Reich, der einen Schaden unter 1 000 RM (ab Juli 1944: 500 RM[1027]) erlitten hat oder dessen Schaden unter § 9 Abs. 1–4 KSSchVO fällt, soweit der Anspruch bereits erfüllt ist.[1028] Bei allen größeren Schäden besteht der Anspruch gegen das Reich nur dem Grunde nach. Damit entspricht der Anspruch nach der KSSchVO der Regelung des KFG von 1916.

a) „Nationalsozialistische Kampf- und Opfergemeinschaft“

Gegen einen *öffentlich-rechtlichen* Anspruch gegen das Reich spricht die regelmäßig anzutreffende Berufung auf die „nationalsozialistische Kampf- und Opfergemeinschaft.“ Das zeigt, dass nicht das Reich Schuldner des Ersatzanspruchs sein soll, sondern die „Kampf- und Opfergemeinschaft“, zu der nur die sog. Volksgenossen unter Ausschluss von Ausländern und Juden gehören. Mit dem Verweis auf diese Gemeinschaft wird vielmehr auf die Idee des zivilrechtlichen Ausgleichs nach der *lex rhodia* zurückgegriffen:

Der Einzelne muss zur Erfüllung seiner Pflichten aus der nationalsozialistischen „Volksgemeinschaft“ und der „Kampf- und Opfergemeinschaft“ Lasten auf sich nehmen, während des Krieges insbesondere Kriegsschäden. Weil die

---

1025 Dies nach der sog. „Sportpalastrede“ Goebbels‘ vom 18.2.1943. Obwohl ohne Rechtsfolge, ist die Formel „totaler Krieg“ gleichwohl im Folgenden Maßstab für jegliches Verwaltungshandeln. Vgl. dazu die von Ley, S. 237 ff., genannten Ansprüche. Zur Umsetzung des „totalen Krieges“ vgl. die Ausführungen in den von Fröhlich herausgegebenen Tagebüchern von Goebbels, insbesondere die Einträge zum 7.1.1943 (Z. 110 ff.), 8.1.1943 (Z. 231 ff.), 9.1.1943 (Z. 153 ff., 321 ff.), 12.1.1943 (Z. 143), 17.1.1943 (Z. 162 ff.), 23.1.1943 (Z. 371 ff.) und zum 5.2.1943 (Z. 215 ff.).

1026 Vgl. dazu die von Herbst, S. 188 ff., ausgewerteten Stimmungsberichte des NSDAP-Sicherheitsdienstes.

1027 Siehe oben, Anm. 980 (S. 188).

1028 Das erkennt auch das LAG noch an, Schäden, die die KSSchVO zu wenigstens 50 % ersetzt hat, werden nach § 8 Abs. 2 Nr. 4 FestG nicht festgestellt und nach § 238 LAG nicht berücksichtigt.

Gemeinschaft gemeinsam Gefahren ausgesetzt ist und zugleich von der Erfüllung der Pflichten der Gemeinschaft durch Einzelne profitiert, muss die „Volksgesamtheit" diese Lasten gleichmäßig tragen. Der Geschädigte erhält folglich einen Ausgleichsanspruch gegen die „Volksgemeinschaft", wenn und soweit die persönliche Belastung größer ist als der Schaden, den die übrigen Mitglieder der „Volksgesamtheit" bzw. „Opfergemeinschaft" erleiden. Der Geschädigte wird ab der 6. DVO[1029] ausdrücklich darauf hingewiesen, dass sein Schaden in das Verhältnis der Schäden Dritter zu setzen ist: Bei einem Luftangriff, „der zahlreiche Volksgenossen um Haus und Heim gebracht hat", ist die Geltendmachung einzelner Sachschäden verwehrt.[1030] Außerdem wird der Schaden ins Verhältnis zum Vermögen des Geschädigten gesetzt, um geringfügige Schäden vom Ersatz auszuschließen.[1031] Auch diese „Schadensrelation" spricht gegen die Annahme, bei § 1 Abs. 1 KSSchVO handele es sich um eine öffentlich-rechtliche Anspruchsgrundlage auf Schadenersatz gegen das Reich.[1032] Statt dessen werden die Belastungen verteilt. Dasselbe gilt für die Verpflichtung der Wirtschaftsbetriebe, den Wettbewerbern zu helfen: Dadurch treten die betroffenen Unternehmen in die „Kampf- und Opfergemeinschaft" ein und Belastungen werden nach *rhodischem* Vorbild verteilt, aber nicht vom Staat übernommen.

Dem entspricht auch die nach 1933 anzutreffende Auffassung, im Staatsrecht nicht mehr von einem Staat-Bürger-Verhältnis auszugehen, sondern den „Staat" durch die „Volksgemeinschaft" zu ersetzen.[1033] Demnach verliert der bis zur Machtergreifung 1933 als juristische Person auftretende Staat, der als solcher in Beziehung zu seinen Bürgern steht, seine Bedeutung. Besonders kommt das im „Gesetz zur Sicherung der Einheit von Partei und Staat"[1034] vom Dezember 1933 zum Ausdruck; das „Prinzip der Volksgemeinschaft und der Führung"[1035] ersetzt den Staat als „Gegenteil der Gemeinschaftsvorstellung". Schon im Herbst 1933 erklärt *Hitler*, dass nicht (mehr) das Reich völkerrechtliche Ver-

1029 Vgl. oben, F.I.5 (S. 187).

1030 Vgl. oben, F.I.5 (S. 187).

1031 So außerdem ein Beschluss des RKA vom 21.7.1943, abgedruckt in DV 1943, S. 306 (306 f.).

1032 Deutlich Reuß, I A II: „Besondere Kriegsschäden … müssen von der Volksgesamtheit ausgeglichen werden, da es sich hier um Vermögensopfer handelt, die der Einzelne im Interesse des ganzen Volkes bringen muss und die nicht durch gleich schwere Opfer der übrigen Volksgenossen ausgeglichen werden."

1033 Vgl. zu dieser Feststellung die Hinweise Stolleis' zum Umgang mit dem Begriff „Staat", S. 325 ff. (insbesondere S. 328 f.).

1034 „Gesetz zur Sicherung der Einheit von Partei und Staat" vom 1.12.1933, RGBl. I 1933, S. 1016 ff.

1035 So Höhn, S. 31, 33.

träge schließe, sondern die Volksgemeinschaft.[1036] Weil die Volksgemeinschaft den Staat als Vertragssubjekt ersetzt, ist die Volksgemeinschaft Schuldnerin von Ansprüchen.[1037] Der Staat fällt bei dieser Betrachtung weg.[1038]

Auch die nach 1940 vorgenommene Erweiterung des Geltungsbereichs der KSSchVO auf sog. „Volkstumsschäden" spricht dafür, die KSSchVO als Grundlage für Sozialleistungen im (Kriegs-)Schadensfalle und nicht als Anspruchsgrundlage bei Kriegsschäden gegen das Reich anzusehen. Insbesondere die Volkstumsschädenverordnungen ersetzen keine Kriegsschäden, sondern Schäden, die den Volksgenossen in Ausübung ihrer Funktion als Volksgenossen entstehen: Die Volksgemeinschaft haftet, sofern sie nicht in der Lage ist, das Vermögen des Volksgenossen zu schützen.[1039] Auch die Tatsache, dass nur ein nicht „überwundener" Schaden ersetzt wird, lässt auf eine soziale, politisch motivierte Beihilfe schließen – bereits die Terminologie ist bemerkenswert. Das Reich begründet keinen Anspruch, sondern unterstützt dort, wo es als erforderlich angesehen wird.

b) Sozialleistungscharakter des „Anspruchs"

Das nationalsozialistische Kriegsschädenrecht soll keine Ersatzpflicht begründen, auf die der Volksgenosse Anspruch hat. Da das Reich stets nur eingreift, wo es notwendig ist – sei es zur Sicherung des Lebensunterhaltes des Geschädigten, zur Erhaltung der Versorgung des Reichs mit Nahrungsmitteln oder Waffen (unter dem Aspekt „was nützt dem deutschen Sieg"[1040]) oder zur Aufrechterhaltung der Moral – hat das Kriegsschädenrecht den Charakter einer – lenkenden – Sozialgesetzgebung.[1041] Besonders deutlich ist das bei Hausratsschäden: Insoweit kann Ersatz auch über den tatsächlich eingetretenen Schaden hinaus gewährt werden, um den Geschädigten wieder ein geordnetes Leben zu ermöglichen. Folglich handelt es sich um eine Sozialleistung, nicht um Schadenersatz. Umgekehrt verfährt das Reich bei Liebhaberwerten; hier muss der Geschädigte ggf. funktional adäquaten, aber geringerwertigen Ersatz anneh-

1036 Vgl. die Rede Hitlers vom 14.10.1933, zitiert bei Höhn, S. 16: Hitler will demnach nicht mit Unterhändlern von Staaten Pakte schließen, sondern er wünscht „mit Männern abzuschließen, die selbst hundertprozentig als Engländer, Franzosen oder Polen denken und für ihre Nation handeln."

1037 Zum Begriff „Staat" während der NS-Zeit vgl. Schmitt, JW 1934, S. 713 ff.

1038 Dem entspricht die Haltung besonders linientreuer Juristen, den Gegensatz zwischen öffentlichem Recht und Privatrecht als „überwunden" anzusehen. Vgl. die Nachweise bei Stolleis, dort Anm. 130 (S. 338).

1039 Siehe oben, F.I.1.c)cc) (S. 175).

1040 So Stuckart, DV 1941, S. 6 (11).

1041 Das wird auch ausdrücklich so dargestellt von Büchner-Hoffmann[4], S. 2.

men.[1042] Das ist nur möglich, weil nicht Schadenersatz, sondern Sozialleistungen gewährt werden.

Das offenbart auch das unsystematische Vorentschädigungsverfahren während der Geltung der SSchFVO: In den „Freimachungsgebieten“ und bei „Fliegerschäden“ wird bei reinen Vermögensschäden Ersatz gewährt, auch ohne dass ein Sachschaden entstanden ist. Gleichzeitig werden außerhalb dieser Spezialvorschriften nach der SSchFVO keine Nutzungsschäden festgestellt, obwohl sie den Sachschäden bedeutend näherstehen als weitere Vermögensschäden. Schließlich wird der Sozialleistungscharakter auch bei der Zweckbindung der Entschädigung erkennbar, die den Geschädigten zwingt, die Geldentschädigung zum Ersatz der zerstörten Gegenstände zu verwenden. Schadenersatz im Rechtssinne hat keine Zweckbindung, sondern ist dem Gläubiger zur freien Verwendung überlassen.

Die Behandlung von Ausländern bestätigt ebenfalls den Sozialleistungscharakter. Obwohl auf dem Reichsgebiet prinzipiell auch Ausländer Kriegsschädenersatz erhalten können, zeigt die regelmäßige Versagung, dass der Staat Schadenersatz nicht wegen eines hoheitlichen Eingriffes leistet, sondern um die eigenen Staatsbürger („Volksgenossen“) zu unterstützen. Dies gilt insbesondere in den eingegliederten Ostgebieten, denn andernfalls müsste das Reich bspw. auch polnischen Staatsbürgern Schadenersatz leisten, wenn ihre Sache dort belegen ist.

Damit unterscheidet sich die nationalsozialistische Kriegsschadensgesetzgebung im Ergebnis kaum[1043] vom Kriegsschädenrecht des 1. Weltkriegs: Erneut besteht ein Anspruch dem Grunde nach, ohne dass der Geschädigte die Möglichkeit hat, das Reich zur Zahlung zu zwingen; vielfach bleibt es daher bei einer Feststellung analog zur Kriegsschädenfeststellung nach dem KFG 1916. Das nationalsozialistische Kriegsschädenrecht entspricht mit seiner Prämisse, dort zu helfen, wo es am dringlichsten ist, am ehesten der „Unterstützung“, die der preußische König Friedrich Wilhelm III. nach den Koalitionskriegen einzelnen, während des Krieges besonders geschädigten Gemeinden zukommen lässt.[1044] Einen durchsetzbaren Anspruch des Kriegssachgeschädigten auf vollen Kriegsschädenersatz begründen weder das Vorentschädigungsverfahren nach der SSchFVO noch § 1 KSSchVO.

1042 Vgl. das Beispiel zum Ersatz „wertvoller italienischer Streichinstrumente“ oben, Anm. 941 (S. 181).

1043 Zu diesen Ausnahmen zählt insbesondere die *de lege lata* vorgesehene Entschädigung von Nutzungs- und sonstigen Vermögensschäden.

1044 Dazu siehe oben, C.III.1.b)aa) (S. 59). Vgl. damit den frappierend ähnlichen „Aufruf des Führers“ zur Rückkehr in die freigemachten Gebiete“ (oben, Anm. 882 (S. 168)).

2. „Typisches nationalsozialistisches Unrecht"?

Obwohl die Kriegsschädengesetzgebung des 3. Reiches auf Juden, „jüdische Unternehmen", Ausländer und Unternehmen mit ausländischer Beteiligung nicht anzuwenden ist, kann sie nicht als spezifisches nationalsozialistisches Unrecht angesehen werden. Zwar ist eine nach dem „Rassekriterium" differenzierte Anwendung (§ 31 KSSchVO) Unrecht; gleiches gilt für die pauschale Haftung jüdischer Bürger für die Aufwendungen des Staats zugunsten „jüdischem Vermögens". Zu berücksichtigen ist jedoch, dass das nach 1939 geltende Kriegsschädenrecht im Wesentlichen objektiven Kriterien folgt, die jedenfalls nicht als spezifisches *nationalsozialistisches* Unrecht angesehen werden können. Dies gilt besonders, weil ein Anspruch im Rechtssinne auf Kriegsschädenersatz auch bis zum Ende des 1. Weltkrieges nicht uneingeschränkt anerkannt ist. Abgesehen von der Ungleichbehandlung von Juden sehen die KSSchVO und ihre Nebengesetze keine Ungleichbehandlung aufgrund einer Zugehörigkeit zur NSDAP oder einer angegliederten Organisation oder aufgrund von Rasse oder Glauben vor.[1045] Aus diesem Grunde heben weder der Alliierte Kontrollrat noch andere Besatzungsorgane die KSSchVO auf.[1046]

1045 Vgl. die Definition nationalsozialistischen Unrechts im Gesetz Nr. 1 („Aufhebung von Nazi-Gesetzen"), Art. II, Amtsblatt des Alliierten Kontrollrats vom 20.9.1945, Nr. 3 (S. 6). Diese Definition begründet allerdings auch dann „Unrecht", wenn Unterschiede aufgrund der Staatsangehörigkeit gemacht werden. Insoweit ist allerdings zu berücksichtigen, dass die KSSchVO darauf abstellt, ob „Gegenseitigkeit" gewahrt ist.

1046 Vgl. das Gesetz Nr. 1 („Aufhebung von Nazi-Gesetzen"), Amtsblatt des Alliierten Kontrollrats vom 20.9.1945, Nr. 3 (S. 6); § 31 KSSchVO wird, obwohl im Gesetz Nr. 1 nicht ausdrücklich genannt, nach Art. II des Gesetzes aufgehoben. Ebenso Boyens (Steuerfragen), S. 14 (17).

G. Wege zum Lastenausgleichsgesetz von 1952

Mit einem Anspruch, der regelmäßig nicht fällig ist, gegen einen Staat, der durch eine „Volksgemeinschaft" ersetzt ist, endet die nationalsozialistische Gesetzgebung zur Behandlung von Kriegsschäden im August 1944. Weitere Gesetzgebungsaktivitäten sind nicht nachzuweisen. Das hätte auch kaum noch Aussicht auf Erfolg gehabt. Obwohl die deutsche Rüstung im Juli 1944 das Maximum ihrer Produktivität während der Kriegszeit erreicht,[1047] führen nahezu pausenlose Luftangriffe der Alliierten auf die deutschen Städte dazu, dass die Verwaltung die Kriegsschäden nicht mehr erfassen kann.[1048]

Hinzu kommt die Besetzung des Reichsgebietes: Ab Oktober 1944 erreichen alliierte Truppen die Reichsgrenzen von 1937; am 21. Oktober 1944 besetzen die Amerikaner Aachen als erste deutsche Großstadt. Sowjetische Truppen erobern erstmals am 27. Oktober 1944 Ortschaften im nördlichen Ostpreußen. Am 21. Januar 1945 beginnt die Großoffensive auf Ostpreußen, die binnen drei Monaten die sowjetischen Truppen mit ihren Verbündeten bis nach Berlin bringt. Insbesondere die Ostfront wird schwer umkämpft, zudem werden dort viele Ortschaften mutwillig auch dann in Brand gesteckt, wenn sie das Kriegsinferno überstehen.[1049] Auch der deutsche Befehl, Festungen bis zur buchstäblich letzten Patrone zu verteidigen, zerstört viele Städte, so beispielsweise Aachen, Königsberg, Breslau und Berlin.

Die Alliierten sind durch ihren Vormarsch im Westen auch in der Lage, Luftangriffe auf Städte im Osten durchzuführen, so zum Beispiel auf Dresden im August 1944. Das zerstört zu Kriegsende auch Orte, die bis zu diesem Zeitpunkt kaum von Luftangriffen bedroht sind. Ein wesentlicher Teil der Kriegssachschäden im Reichsgebiet wird folglich erst in den letzten Kriegsmonaten verursacht.

I. Situation bei Kriegsende 1945

Zu der von den Nationalsozialisten ausgelösten menschlichen Katastrophe[1050] kommt eine wirtschaftliche. Der nationalsozialistische Staat finanziert den 2. Weltkrieg auf Kredit, obwohl eine Kriegsfinanzierung über Kriegsanleihen wie im 1. Weltkrieg unmöglich ist: Den Bürgern ist aufgrund des 1. Weltkriegs

1047 So nach den Statistiken von Jacobsen, Nr. 142–145 (S. 403 ff.).

1048 Vgl. die ausdrücklich nicht in der Tagespresse zu veröffentlichende Anweisung (sic!) oben, Anm. 981 (S. 188).

1049 Vgl. bspw. den Augenzeugenbericht von Kopelew, S. 85 ff.

1050 Vgl. die Darstellung der Situation bei Kriegsende 1945 oben, A (S. 1).

noch bewusst, wie schnell Kriegsanleihen wertlos werden können.[1051] Statt dessen bedient sich der Staat einer indirekten Kriegsfinanzierung, indem er die Kreditinstitute verpflichtet, die Bareinlagen der Bürger in Reichstiteln anzulegen. Zugleich ist dem Bürger nach § 1 Abs. 2 Kriegswirtschaftsverordnung[1052] bei Strafandrohung der Besitz größerer Mengen Bargeldes verboten.[1053] Wegen der Zwangsbewirtschaftung der meisten Konsumgüter während des Krieges ist es kaum möglich, Geld auszugeben. Daher besteht nahezu ausschließlich die Möglichkeit, Bargeld als Spareinlagen an die Banken abzugeben. Damit schließt sich ein Kreis, der später die Bezeichnung „geräuschlose Kriegsfinanzierung“ trägt.[1054] Das führt zu Kriegsende zu einer verbrieften Reichsschuld in Höhe von knapp 374 Milliarden RM.[1055] Hinzu kommen Verpflichtungen bspw. aus nicht abgerechneten Rüstungsaufträgen und aus der KSSchVO, deren Höhe nach Schätzungen aus den Jahren 1945 und 1946 zwischen 400 und 710 Milliarden RM beträgt, darunter Kriegsschäden in Höhe zwischen 130 und 220 Milliarden RM.[1056] Damit besteht eine Reichsschuld, die bei der Beantwortung der Frage, ob und in welchem Umfang die Kriegssachgeschädigten einen Anspruch gegen das Reich haben, nicht ohne Berücksichtigung bleiben kann.

II. Maßnahmen in den westlichen Besatzungszonen nach Kriegsende

1. Verwaltungshandlung nach der Kapitulation

Trotz der Kapitulation am 8. Mai 1945 und der vollständigen Besetzung des Reiches werden zumindest in den Westzonen weiterhin Entschädigungszahlungen nach der KSSchVO geleistet, soweit Reichsmittel vorhanden sind.[1057] Die Alliierten verbieten mit der Übernahme der Regierungsgewalt[1058] Zahlungen aus

1051 Dieben, FA NF 11, S. 656 (659 f.).

1052 „Kriegswirtschaftsverordnung“ vom 4.9.1939, RGBl. I 1939, S. 1609.

1053 § 1 Abs. 2 KriegswirtschaftsVO begründet die Strafandrohung beim Zurückhalten von „Geldzeichen ohne gerechtfertigten Grund“.

1054 Dieben, FA NF 11, S. 656 (661), bezeichnet das Verfahren als Treibjagd.

1055 So die Berechnung durch das Reichsfinanzministerium vom 30.10.1945, zit. nach Dieben, FA NF 11, S. 656 (656).

1056 Zahlen nach Schillinger, S. 8.

1057 Nachweise für die Städte Duisburg und Stuttgart sind abgedruckt in DdK, Bd. II / 1, S. 587 f. Für die sowjetische Zone gibt es keine entsprechenden Angaben.

1058 „Erklärung in Anbetracht der Niederlage Deutschlands und der Übernahme der obersten Regierungsgewalt in Deutschland“ vom 5.6.1945, Amtsblatt des Kontrollrats in Deutschland, Ergänzungsblatt Nr. 1, S. 7.

der Reichskasse erst im Sommer 1945.[1059] Ab dieser Zeit sind die Geschädigten und insbesondere die Flüchtlinge auf die allgemeine Sozialfürsorge angewiesen, die in den Besatzungszonen nicht einheitlich, sondern im Zuge des Neuaufbaus der Behörden durch die Besatzungsmächte regional organisiert wird. Zunächst müssen die Behörden den Zustrom an Flüchtlingen regeln und für Unterkunft sorgen; das ist mitunter nur mittels Gewalt möglich.[1060] Auch nehmen die Länder und Besatzungszonen unterschiedlich hohe Flüchtlingsquoten auf.[1061]

Die Zahlungsverbote werden zum Winter 1945/1946 hin gelockert, so dass vor allem Handwerker, die im Auftrag von Gemeinden Reparaturen an beschädigten Gebäuden durchführen, ihre Forderungen gegen das Reich geltend machen können. Ab Ende des Jahres 1945 wird die behördliche Feststellung von Kriegsschäden wieder systematisch durchgeführt.[1062] Insgesamt leisten die Behörden – so wird aus den wenigen vorhandenen Zahlen extrapoliert – bis zur Währungsreform am 20. Juni 1948 in den westlichen Besatzungszonen noch etwa 38 Milliarden RM Entschädigung aufgrund der KSSchVO.[1063]

Ungeachtet dieser Zahlungen gehen einzelne Behörden davon aus, dass die endgültige Entschädigung der Kriegsschäden aus dem 2. Weltkrieg erst zu einem deutlich späteren Zeitpunkt stattfinden werde.[1064] Mit Auflösung der Reichsgewalt sei die Rechtsgrundlage für Entschädigungszahlungen entfallen.[1065] Ob ein Geschädigter nach der Kapitulation noch Mittel aus der Reichs-

---

1059 Der Zeitpunkt ist in den Besatzungszonen unterschiedlich, vgl. Neuhoff (KSSchVO), S. 583 (583), sowie die dazu abgedruckten Dokumente für die Auszahlungsverbote, DdK, Bd. II / 1, S. 588–590. Ausnahmen gelten für Juden, um sie nicht erneut zu benachteiligen (dazu oben, F.I.3, S. 184); siehe die beispielhaft abgedruckte Anweisung für Schwäbisch Hall, DdK, Bd. II / 1, S. 590.

1060 Zur Ankunft und Unterbringung der Flüchtlinge und Vertriebenen unmittelbar nach Kriegsende vgl. die Darstellung bei Kossert, S. 47 ff.

1061 Vgl. die Darstellung bei Kossert, S. 87 f.

1062 Neuhoff (KSSchVO), S. 583 (586), ebenso Boyens (Steuerfragen), S. 14 (28 f.).

1063 Neuhoff (KSSchVO), S. 583 (587), errechnet diese Zahlen aus den Auszahlungen der Städte Düsseldorf und Stuttgart, vgl. die Statistiken ebendort, S. 606. Die Summe ist mit Vorsicht zu behandeln, weil sie die oben unter Anm. 7 (S. 2) angegebenen Sachschadensschätzungen übersteigt. Zu berücksichtigen ist der Kaufkraftverfall der Reichswährung.

1064 So bezeichnet bspw. die Landesverwaltung von Württemberg den in der KSSchVO normierten öffentlich-rechtlichen Ersatzanspruch der Geschädigten als „mindestens zunächst nicht mehr feststellbar", VO der Landesverwaltung, Inneres, über die vorläufige Regelung der Feststellung und Entschädigung von Kriegsschäden vom 15.6.1947, abgedruckt in DdK II / 1, S. 604 f.

1065 Die Verordnung (Anm. 1064) erklärt, dass die Feststellung von Kriegsschäden weiterhin nach der KSSchVO zu geschehen habe.

kasse erhält, hängt also vom Zufall ab; von einem geordneten Verwaltungshandeln zur Befriedigung von Ansprüchen aus der KSSchVO kann nicht gesprochen werden. Die Entschädigung nach der KSSchVO wird im Lastenausgleich nicht berücksichtigt.[1066]

2. Gesetzgeberische Maßnahmen

a) Währungsreform 1948

Eine erste Maßnahme zur Verteilung der Kriegsfolgen ist in den drei Westzonen die Währungsreform im Sommer 1948 durch die Gesetze zur Neuordnung des Geldwesens (WährungsG, UmstG). Nach § 2 Abs. 1 bzw. § 16 UmstG werden Reichsmarkbeträge im Verhältnis 10:1 auf die nach § 1 Abs. 1, 2 WährungsG neu eingeführte Deutsche Mark (DM) der Bank deutscher Länder umgestellt. Die Abwertung der Reichsmark auf grundsätzlich 10 % ihres Nennwertes ist wegen der durch die Kriegsfinanzierung entstandenen Überschuldung des Reiches notwendig. Entgegen dem Wunsch vieler an den Währungsreformplänen Beteiligter wird mit den Währungsgesetzen in den Westzonen kein Lastenausgleich durchgeführt, die Währungsgesetze enthalten auch keine sozialen Maßnahmen.

Aus diesem Grund wird der Lastenausgleich den Deutschen in Abs. 5 der Präambel des WährungsG als „vordringliche, bis zum 31. Dezember 1948 zu lösende Aufgabe" übertragen. § 29 UmstG ordnet an, dass bis zum 31. Dezember 1948 „zur Durchführung des Lastenausgleichs … besondere Vermögensabgaben … einem … Ausgleichsfonds zuzuführen sind". Auch Verluste aus der Geldreform sollen berücksichtigt werden. Die Währungsgesetze sind also der Beginn des eigentlichen Lastenausgleichs.[1067]

Guthaben des Reiches werden bei der Währungsreform nach §§ 2 Abs. 2, 9 i. V. m. § 1 Abs. 1 Nr. 1 lit. c (ee) UmstG gelöscht. Reichsverbindlichkeiten bleiben bestehen (§ 14 Abs. 1 Nr. 1 UmstG).[1068]

Zunächst verstärkt die Währungsreform die Spannungen zwischen den Flüchtlingen aus den Gebieten östlich von Oder und Neiße und den Einheimischen: Nur Guthaben bei Banken und Sparkassen in den westlichen Besatzungszonen (sog. Währungsgebiet, § 1 Ziff. 5 UmstG) werden auf Deutsche Mark

1066 So nach dem „Rundschreiben des Bundesausgleichsamts betr. zuviel gezahlte Entschädigungen nach der Kriegssachschädenverordnung" vom 19.12.1953, abgedruckt bei Harmening, Anl. 1 zu § 373 LAG.

1067 So auch Weißer, FA (N.F.) 16, S. 62 (66).

1068 Das UmstG sagt nichts darüber aus, was mit den Reichsmark-Verbindlichkeiten geschehen soll, vgl. dazu auch BGHZ 2, 300 (301).

umgestellt.[1069] Vor allem die Flüchtlinge führen bei Instituten in den Ostgebieten Sparguthaben, auf die sie nicht mehr zugreifen können – vielfach existieren die Kreditinstitute nicht mehr.[1070] Erst ab April 1952 ermöglicht das WährungsausgleichsG, den Verlust von Spareinlagen bei Banken und Sparkassen östlich der Oder-Neiße-Grenze geltend zu machen. Anspruch auf „Ausgleich“ des Sparguthabens haben aber nur Vertriebene („Vertriebener Sparer“, § 2 Abs. 1 Nr. 1 WährungsausgleichsG).

b) Hypothekensicherungsgesetz 1948

Das erste Gesetz, das Kapital zugunsten der Geschädigten sammelt, ist das Hypothekensicherungsgesetz (HypSiG). Das kurz nach der Währungsreform vom Wirtschaftsrat beschlossene und rückwirkend zum 1. Juli 1948 in Kraft gesetzte HypSiG belastet Grundstücke nach § 1 Abs. 1 HypSiG mit einer Grundschuld in Höhe des Betrages, um den der Nennbetrag einer auf dem Grundstück liegenden Grundschuld in Reichsmark den Umstellungsbetrag in Deutscher Mark übersteigt.[1071] § 3 HypSiG stellt die Umstellungsgrundschuld vorläufig dem Lastenausgleich zur Verfügung und bindet damit einen ersten Teil der Mittel zugunsten des späteren Lastenausgleichsfonds. Damit wirkt das HypSiG zugunsten der Geschädigten, ohne Ansprüche zu begründen.

c) Soforthilfegesetz 1949

Erste Leistungen für die Geschädigten stellt das Soforthilfegesetz (SHG)[1072] vom Sommer 1949 bereit. Das SHG verwirklicht die Verpflichtung, die die alliierten Behörden den Deutschen in der Präambel zum WährungsG auferlegt haben.[1073] Weil die britischen und amerikanischen Behörden das rechtzeitig[1074] am

1069 Nur die Post stellt auch die Postsparbücher, die bei Postämtern in den Gebieten östlich der Oder-Neiße-Linie geführt werden, auf Deutsche Mark um, weil die Post als Geldinstitut im Währungsgebiet behandelt wird, § 1 Abs. 1 Nr. 1 UmstG.

1070 Nur in der sowjetischen Besatzungszone werden Bankguthaben auch von Instituten östlich der Oder-Neiße-Linie umgestellt. Der Befehl der Sowjetischen Militär-Administration Nr. 111/1948, dort Nr. 7 f), abgedruckt im ZVOBl. (sowjetische Zone) 1948, S. 217, differenziert nicht zwischen Geldinstituten innerhalb und außerhalb der sowjetischen Besatzungszone, wenngleich spezielle Vorschriften über den Umtausch dieser Guthaben erst später erlassen werden.

1071 Vgl. oben, A.I.1 (S. 4).

1072 Zu den einzelnen Nachweisen in den Besatzungszonen vgl. oben, Anm. 28 (S. 7).

1073 Vgl. oben, G.II.2.a) (S. 204).

1074 Absatz 5 der Präambel des WährungsG verlangt, dass die deutschen Behörden „die Regelung des Lastenausgleichs“ bis zum 31.12.1948 vornehmen.

14. Dezember 1948 vom Wirtschaftsrat verabschiedete „Erste Gesetz zum Ausgleich von Kriegs- und Kriegsfolgeschäden (1. Lastenausgleichsgesetz)" nicht genehmigen, wird dieses Gesetz nach den Wünschen der Besatzungsmächte umgearbeitet und nach Zustimmung von Wirtschafts- und Länderrat als „Soforthilfegesetz" am 8. August 1949 in Kraft gesetzt.[1075]

Gegen das 1. Lastenausgleichsgesetz wenden die Alliierten ein, dass ausländisches Vermögen in den Westzonen zur Finanzierung der Soforthilfe herangezogen wird.[1076] Außerdem ist ihnen die Entschädigungsleistung zu gering. Daher verlangen sie, dass weder Vermögen von Staatsangehörigen der Länder der Vereinten Nationen zur Soforthilfe herangezogen, noch der Begriff „Lastenausgleich" verwendet werden dürfe.[1077] Mit der Genehmigung des überarbeiteten SHG überlassen die Militärregierungen die Verantwortung für den endgültigen Lastenausgleich den deutschen Behörden.[1078]

Wesentlicher Gegenstand des SHG ist eine sog. Soforthilfeabgabe (§ 14 SHG) in Höhe von regelmäßig 3 % des Vermögens (§ 16 SHG) bis hin zu 15 % (bei sog. betrieblichem Vorratsvermögen, § 18 SHG). Die Soforthilfeabgabe wird einem Sonderfonds zugeführt (§ 48 SHG – „Soforthilfefonds"). Die Mittel aus dem Soforthilfefonds sind ausschließlich als Soforthilfe an Geschädigte (§§ 30 ff. SHG) zu verwenden (§§ 48 Abs. 2, 32 SHG). An erster Stelle der Geschädigten stehen die Flüchtlinge (§ 31 Nr. 1 SHG),[1079] ihnen folgen Kriegssachgeschädigte (§ 31 Nr. 2 SHG), Währungsgeschädigte (§ 31 Nr. 3 SHG) und politisch Verfolgte (§ 31 Nr. 4 SHG). Die Soforthilfe ist eine Unterhaltshilfe (§ 32 Abs. 1 Nr. 1 SHG), auf die nach § 40 SHG Rechtsanspruch besteht. Die Soforthilfe beträgt 70 DM pro Monat (§ 36 Abs. 1 SHG), geringer kann sie als Beihilfe bei Sach- und Währungsgeschädigten ausfallen (§ 37 SHG). Obwohl die Soforthilfe kein Schadenersatz im Rechtssinne ist, darf die ausgezahlte Summe nicht höher sein als Schaden entstanden ist (§ 33 SHG). Der Rechtsanspruch macht die Geschädigten zu staatlichen Rentenempfängern, um zum Ausdruck zu bringen, dass insbesondere die Flüchtlinge keine Wohlfahrtsempfänger sind; vielmehr handelt es sich um Personen, die infolge der Kriegsereignisse ei-

---

1075 Abgaben und Leistungen werden nach §§ 17 Abs. 1, 39 SHG rückwirkend ab dem 1.4.1949 erhoben und erbracht.

1076 Vgl. „Der endgültige Lastenausgleich", S. 9, Rdn. 9.

1077 Das Schreiben der Militärregierungen ist abgedruckt in LAG I/1, S. 125 f.

1078 So Wenzel, S. 58 f.

1079 Das SHG bezeichnet als „Flüchtling", wer seinen Wohnsitz vor dem 1.9.1939 in einem Bereich außerhalb der vier Besatzungszonen hat. Später wird für diese Personengruppe allgemein der Begriff „Vertriebener" verwendet, vgl. § 11 LAG.

nen Rechtsanspruch auf Zahlung von Unterhaltshilfe haben.[1080] Folgerichtig besteht kein Anspruch auf die Soforthilfe, wenn ein Flüchtling seinen Wohnsitz erst nach dem 31. Dezember 1937 in ein von der Wehrmacht besetztes oder in den deutschen Einflussbereich gezogenes Gebiet verlegt hat, „um die ... militärische oder politische Lage auszunutzen“ (§ 31 Nr. 1, 2. HS SHG).[1081] Zugleich schafft die Soforthilfe (und später der Lastenausgleich) neue Spannungen, weil die Rente eine Sicherheit bei Wiederaufbau oder Neuansiedelung begründet, die bspw. ein nicht-vertriebener Wettbewerber nicht hat.[1082]

Außerdem können die Geschädigten Ausbildungs-, Aufbau- und Hausratshilfen (§ 32 Abs. 1 Nr. 2 SHG) erhalten, hinzutreten kann eine Gemeinschaftshilfe (§ 32 Abs. 1 Nr. 3 SHG), wenn der Geschädigte gewerblich tätig werden will (§§ 46, 47 SHG). Ein Anspruch auf diese Hilfen besteht nicht.

3. Pläne und Diskussion in den westlichen Besatzungszonen

a) Pläne zum Umgang mit der Reichsschuld

Die Diskussion um die Behandlung der Kriegsfolgen betrifft zumeist die Abwicklung der gesamten inneren Reichsschuld, bei der die Kriegsschäden lediglich einen Teil ausmachen.[1083] Der Rechtsanspruch auf Entschädigung von Kriegsschäden wird nicht problematisiert. Die Flüchtlinge und Vertriebenen werden anfangs auch nicht eigenständig erfasst, sondern als besonders stark betroffene Gruppe von Sachgeschädigten angesehen. Dies dürfte mit der Erwar-

---

1080 So bereits die Begründung zum Entwurf des „Ersten Gesetzes zum Ausgleich von Kriegs- und Kriegsfolgeschäden (Erstes Lastenausgleichsgesetz)“, Drs. Wirtschaftsrat, Nr. 687 (10.11.1948), zu § 35, ebenso Kitz / Raue, S. 147. Schillinger, S. 143 f., 292, geht davon aus, dass der durch das Soforthilfegesetz begründete Rechtsanspruch den wohl größten Beitrag zur Rehabilitation der Geschädigten geleistet habe, weil er die Vertriebenen vom Stigma der Abhängigkeit von der allgemeinen Sozialfürsorge befreit habe.

1081 Der Ausschluss wird aufgrund eines Antrags des Ausschusses des Wirtschaftsrates in das SHG aufgenommen, der Antrag ist abgedruckt in LAG I/1, S. 115 f. Bezeichnenderweise wird diese Voraussetzung durch das LAG später fallengelassen.

1082 Daraus resultierender Neid zeigt bspw. in der aus den 1950er Jahren kolportierte Witz, „Wie nennt man jemanden, der ein Auto hat? – ‚Autobesitzer‘. Wie nennt man jemanden, der ein Haus hat? – ‚Hausbesitzer‘. Wie nennt man jemanden, der eine Fabrik hat? – ‚Fabrikbesitzer‘. Wie nennt man jemanden, der ein Auto, ein Haus und eine Fabrik hat? – ‚Flüchtling‘ “. Eine andere Version des Witzes liefert Härte, S. 5.

1083 Schillinger, S. 31, meint, dass der Lastenausgleich vielfach nur als eine flankierende Maßnahme einer Geldreform verstanden worden sei.

tung zusammenhängen, dass die Vertriebenen alsbald in ihre Heimat zurückkehren werden, wo ihre Sachschäden entsprechend den Plänen in den Westzonen reguliert werden sollten: Noch das nordrhein-westfälische Flüchtlingsgesetz vom Juni 1948 erklärt, dass nur die Rückkehr in die Ostgebiete die Not der Vertriebenen beseitige.[1084]

Das deckt sich mit der Hoffnung vieler Flüchtlinge, die zunächst nicht an einen Neuanfang in der Fremde denken.[1085] Erst im Juli 1945 sperren die polnischen Behörden anlässlich der Potsdamer Konferenz die Brücken über Oder und Neiße. Insbesondere die Sowjets schicken Flüchtlinge zurück in die Heimat, weil ihnen deren Versorgung in der sowjetischen Besatzungszone kaum möglich ist.[1086] Zugleich wird den Vertriebenen in allen Besatzungszonen zunächst verboten, sich als eigenständige Gruppen zu organisieren;[1087] in den westlichen Besatzungszonen vor allem auf Antrag deutscher Behörden.[1088] Vertriebene können vielfach nur unter dem Dach der Kirchen oder getarnt zusammenkommen.[1089] Hinzu kommt, dass sie aufgrund ihrer Verluste häufig nur von der Hand in den Mund leben, was die Möglichkeit der Beteiligung an der Zukunftsplanung einschränkt.[1090]

Vor allem in den frühen Plänen zum Umgang mit den Kriegsfolgen spielen Flüchtlinge und Sachgeschädigte keine Rolle.[1091] Der sog. Binder-Plan vom Juli 1945 erklärt nur in einem Nebensatz, dass es möglich sei, „den Ansprüchen der sozialen Gerechtigkeit durch *Anerkennung der Kriegssachschäden* ... Rechnung zu tragen."[1092] Die sog. Skizze G der Gewerkschaften behandelt im September 1945 nur „Flieger- und Auslandsschäden" und erwähnt weder Flüchtlinge noch

---

1084 Vgl. die amtliche Einleitung zum „Flüchtlingsgesetz" vom 2.6.1948, GVBl. NRW 1948, S. 216.

1085 Vgl. die Augenzeugenberichte bei Franzen, S. 120 ff., sowie in der Retrospektive Neuhoff (Fundamente), S. 129 (130).

1086 So Kossert, S. 28 ff.

1087 Vgl. Schillinger, S. 71 m. w. N.

1088 Zum Antrag der Ministerpräsidenten der britischen Zone vom 25.1.1946 vgl. Schillinger, S. 72, dort Anm. 235. Neuhoff (Fundamente), S. 129 (129), bezeichnet das als „undemokratische Haltung der Demokraten".

1089 Kossert, S. 139 f., ebenso Schillinger, S. 75.

1090 Vgl. Neuhoff (Fundamente), S. 129 (130). Dennoch bilden Flüchtlinge, sofern sie die Möglichkeit dazu haben, auch unmittelbar nach Kriegsende Initiativgruppen, vgl. Schillinger, S. 71.

1091 Wesentliche Pläne und Gutachten sind abgedruckt bei Möller, der vermutet, nahezu sämtliche Äußerungen aus der Frühzeit erhalten zu haben, mit Ausnahme von Plänen aus dem Bereich der sowjetischen Besatzungszone (S. 5 ff.). Nicht abgedruckte Pläne erschließt Möller über ein Register (S. 507 ff.).

1092 Binder-Plan, abgedruckt bei Möller, S. 38 (39).

deren Ansprüche.[1093] Sofern Pläne aus der Zeit nach der Kapitulation die Kriegsschäden ansprechen, wird zumeist ohne Begründung ein Anspruch angenommen,[1094] abgelehnt[1095] oder das Problem übergangen.[1096]

Bis in die Beratungen des LAG wird der Entwurf des späteren Präsidenten der württemberg-badischen Landeszentralbank, *Otto Pfleiderer*, vom März 1946 diskutiert: *Pfleiderer* folgt einem Plan des Finanzexperten *Keiser* vom Dezember 1945[1097] und schlägt vor, Berechtigte und Verpflichtete über Zertifikate zusammenzuschließen: Die öffentliche Hand schulde bei verlorenem Sachvermögen kein Geld, sondern die Wiederherstellung.[1098] Die Geschädigten erhalten daher kein Geld, sondern verzinsliche Zertifikate. Weil auch die Abgaben nicht in Geld, sondern in Form von Zertifikaten zu leisten sind, müssen die Abgabepflichtigen Zertifikate von den Geschädigten erwerben. *Pfleiderers* Überlegung

---

1093 „Skizze G“, abgedruckt bei Möller, S. 46 (53).

1094 Die im Folgenden dargestellten Pläne und Gutachten sind abgedruckt bei Möller. Vgl. die Gutachten Höpker-Aschoff (August 1945), S. 64 (65 – Verpflichtung zur Zahlung aber Frage nach Höhe des Anspruchs); Veit (August 1945), S. 73 (79 – Kriegsschäden sollen „anerkannt“ werden); Mattes (September 1945), S. 89 (99 – grundsätzliche Anerkennung ist Voraussetzung für raschen Wiederaufbau); Keiser (Dezember 1945), S. 142 (150); Pfleiderer (März 1946), S. 181 (190 – die öffentliche Hand schuldet keinen Geldbetrag, sondern die naturale Wiederherstellung zerstörten oder weggenommenen Sachvermögens). Auch der sog. Ministerpräsidenten-Entwurf der Ministerpräsidenten der Länder der amerikanischen Besatzungszone vom März 1946 geht davon aus, dass die Forderungen aus Kriegs- und Verdrängungsschäden von der Gesamtheit anzuerkennen seien, ebenda, S. 196 (201 sub. X). Schmidt (Juli 1946) will „in Höhe des Entschädigungsanspruchs“ ein Sonderzertifikat ausstellen lassen, dessen Wert später zu bestimmen sei (ebenda, S. 261 (268)).

1095 So der sog. Konstanzer Plan (Oktober 1945), abgedruckt bei Möller, S. 109 (110 – Ansprüche aus der KSSchVO erlöschen, Flüchtlinge und Vertriebene erhalten eine Einmalzahlung in Höhe von 6 000 RM). Ähnlich radikale Pläne zu Lasten der Geschädigten sind nicht zu erkennen.

1096 So die Denkschrift Bitter (Oktober 1945), abgedruckt bei Möller, S. 103 (106 – Unterstützung nur bei Hilfsbedürftigkeit) und das sog. Schumacher-Gutachten, S. 158 (160 – Fortführung der Entschädigung für Fliegerschäden unter stärkerer Berücksichtigung sozialer Aspekte); ebenso der Hoffmann-Plan (Mai 1946), ebenda, S. 255 (keine Erwähnung im Rahmen der Reichsschuld); und aus dem Gebiet der sowjetischen Zone der sog. A. L.-Plan (August 1946), ebenda, S. 273. Der sog. Warenmark-Plan (Januar 1947) erklärt, dass alle Geschädigten mit 25 % abzufinden seien, während alle Sachwerte mit 75 % zu belasten seien, um einen gerechten Ausgleich herzustellen (ebenda, S. 335 (336)). Der Vier-Mächte-Vorschlag vom Mai 1947 verlangt einen Plan, der „möglicherweise“ auch Kriegsschädenforderungen und Verluste in abgetretenen Gebieten umfassen soll (ebenda, S. 342 (342)).

1097 Der Plan von Keiser ist abgedruckt bei Möller, S. 143 ff.

1098 Pfleiderer-Plan, abgedruckt bei Möller, S. 181 (190).

besteht darin, dass die Abgabepflichtigen durch die Hingabe von Sachwerten, vor allem aber von Unternehmensbeteiligungen, die Zertifikate erwerben. Dies schone die Leistungsfähigkeit der Betriebe[1099] und der Sachwertcharakter der Entschädigungsansprüche bliebe erhalten. Das sei psychologisch wichtig: Die Anwartschaft auf einen Sachwert habe für Geschädigte nahezu denselben Wert wie die Sache selbst, während der „labile Charakter einer Geldforderung" dazu treibe, die Forderung zu realisieren.[1100] In einer zweiten Phase der Kriegsschädenregulierung seien dann Haftungsgemeinschaften zu bilden, in der einzelne Industriezweige und Risikogruppen untereinander einen Ausgleich herbeiführen. Dazu gehörten bspw. die Hausbesitzer („Stadtschaften"), Industriezweige („Industrieschaften") oder die Landwirtschaft.[1101] Nur Hausratsschäden habe der allgemeine Finanzhaushalt zu übernehmen, weil insoweit fast das gesamte Volk betroffen sei.[1102]

Dass die frühen Pläne zum Umgang mit Schäden und Reichsschulden kaum die Frage eines Anspruchs der Sachgeschädigten und Flüchtlinge behandeln, dürfte daran liegen, dass ein wesentlicher Teil der Pläne zum Umgang mit der Reichsschuld bereits während der Kriegszeit vorbereitet und nur nicht veröffentlicht wird. So lassen sich die Plötzlichkeit der Diskussion und der Reifegrad der Überlegungen erklären, die trotz widriger Umstände schon ab der Kapitulation zur Verfügung stehen.[1103] Der Ansatz erklärt auch, warum die Flüchtlingsfrage kaum angesprochen wird – sie entsteht erst ab Januar 1945, als auch im Westen des Reiches wegen des raschen Vormarschs der Alliierten kaum noch über einen Ausgleich nachgedacht wird. Dass die Kriegsfinanzierung und die Reichsschuld bereits während des Krieges diskutiert werden, beweisen bis in das Jahr 1943 im Reich publizierte Aufsätze[1104] und nachfolgende Berichte.[1105]

Dass die Fragen der Geschädigten auch in späteren offiziellen Stellungnahmen ignoriert werden, belegt ein Memorandum der Reichsbankleitstelle Hamburg vom März 1948: Dort wird unter dem Begriff „Lastenausgleich" nur der

1099 Pfleiderer-Plan, abgedruckt bei Möller, S. 181 (191).

1100 Pfleiderer-Plan, abgedruckt bei Möller, S. 181 (190).

1101 Pfleiderer-Plan, abgedruckt bei Möller, S. 181 (191).

1102 Pfleiderer-Plan, abgedruckt bei Möller, S. 181 (192).

1103 Ebenso Möller, S. 6. Vgl. auch die Aufstellung und kurze Auswertung der Pläne ebenda, Anlage 1, S. 507 ff.

1104 Vgl. oben, Anm. 1021 (S. 194).

1105 In seinem Vorwort erklärt Weber, Adolf (S. 7), bereits Anfang 1943 um eine Stellungnahme zur Geldordnung nach dem Krieg gebeten worden zu sein, zu der ihm volle Meinungsfreiheit zugesichert worden sei. Der Bericht erscheint erst 1946, nachdem noch vor Kriegsende erstellte Korrekturabzüge zur Diskussion in der sog. Volkswirtschaftlichen Arbeitsgemeinschaft Anfang Mai 1945 verwendet werden.

Ausgleich unterschiedlicher Belastungen von Bar- und Sachwertinhabern aufgrund der Währungsreform verstanden; Kriegsschäden werden nicht erwähnt.[1106]

b) Tätigkeiten offizieller Stellen

Zeitversetzt beginnen „offizielle“ Stellen in den westlichen Besatzungszonen, sich mit der Währungsreform und dem Lastenausgleich zu beschäftigen. In der britischen Zone tagen im Sommer 1945 deutsche Verwaltungsspitzen und veröffentlichen im November 1945 das sog. Detmolder Memorandum,[1107] das als erste offizielle Stellungnahme deutscher Verwaltungen zum Lastenausgleich gilt. Eine ähnliche Stellungnahme aus der US-amerikanischen oder französischen Besatzungszone existiert nicht.[1108] Amerikanische Überlegungen finden sich im sog. Colm-Dodge-Goldsmith-Plan (CDG-Plan) vom Mai 1946.[1109] Im August 1946 fordert die britische Besatzungsregierung den (deutschen) Zonenbeirat, eine Art Vorparlament, zu einer Stellungnahme über die Währungsreform auf, die im September 1946 als Zonenbeiratsgutachten veröffentlicht wird. Nach der Zusammenlegung der britischen und amerikanischen Besatzungszone zur sog. Bizone arbeitet die dort gegründete „Sonderstelle Geld und Kredit“ den „(Bad) Homburger Plan“ vom April 1948 aus.

aa) Detmolder Memorandum, November 1945

Das Detmolder Memorandum vom November 1945 behandelt Kriegsschäden nur kurz und stellt fest, dass die Verpflichtungen des Reiches gegenüber den Kriegsgeschädigten[1110] zusammen mit der übrigen inneren Reichsschuld größer als das Volksvermögens vor dem Kriege sei. Unmöglich sei daher, den „Kriegsgeschädigten auch nur annähernd den realen Gegenwert dessen zu geben … was sie durch den Krieg verloren haben.“[1111]

1106 Vgl. das Memorandum der Reichbankleitstelle Hamburg (Hauptverwaltung der Reichsbank für die britische Zone) vom März 1948, abgedruckt bei Möller, S. 386 (394 f.).

1107 Vgl. das Detmolder Memorandum, abgedruckt bei Möller, S. 161 ff.

1108 Vgl. Möller, S. 7 m. w. N.

1109 Colm, Gerhard, Dodge, Joseph M. und Goldsmith, Raymond W. (im Auftrag des stellvertretenden US-Militärgouverneurs für Deutschland), „Plan für die Liquidation der Kriegsfinanzierung und die finanzielle Rehabilitierung Deutschlands“ vom 20.5.1946, abgedruckt in ZfgS 111 (1955), S. 204 ff., im Folgenden zitiert nach der autorisierten deutschen Übersetzung, ebenda, S. 244–284.

1110 Der Begriff bezieht sich insbesondere auf „Luftkriegsgeschädigte und Verdrängte“.

1111 Vgl. das Detmolder Memorandum, abgedruckt bei Möller, S. 116 (126 f.).

bb) Colm-Dodge-Goldsmith-Plan 1946

Der von alliierten und deutschen Finanzexperten ausgearbeitete CDG-Plan vom Mai 1946 wird als Gesetzentwurf veröffentlicht. Er sieht einen Kriegslastenausgleichsfonds vor, der von einer Zwangshypothek auf das gesamte in Deutschland belegene Grundeigentum gespeist wird. Vorgesehen ist eine Hypothek in Höhe von 50 % der „unbelasteten Vermögensanteile des Eigentümers" (Art. IV des Entwurfs). Der Fonds entschädigt Kriegsschäden sowie alle Vermögensverluste, die aufgrund von Verfolgung während der NS-Diktatur entstanden sind, indem Zertifikate ausgegeben werden, die die Geschädigten später einlösen können.[1112] Forderungen infolge von Verfolgungen durch das NS-Regime sind bevorzugt zu behandeln (Art. V des Entwurfs).

Der CDG-Plan sieht ferner eine Abwertung der Reichsmark auf 10 % ihres Nennwertes vor, um die Schulden des Reiches zu liquidieren (Art. II Nr. 1 des Entwurfs). Zusammen mit den Erlösen der Zwangshypotheken soll dieser Währungsschnitt ausreichen, um die Währung zu stabilisieren und die Kriegsverluste auszugleichen, seien sie durch Sachschäden oder durch Währungsverluste entstanden.

cc) Zonenbeiratsgutachten 1946

Auch das Zonenbeiratsgutachten vom August 1946 geht von „Verpflichtungen [des Reiches] ... zum Ersatz der wirtschaftlichen Kriegsschäden" aus. Der Katalog möglicher Geschädigter nennt an vierter Stelle (nach den Geschädigten der Sanierung des Geldwesens und anderen Reichsgläubigern) die Opfer „des Luftkriegs und der Erdkämpfe." „Wirtschaftlich geschädigte Vertriebene" werden erst nach den durch Reparationshandlungen der Alliierten Geschädigten erwähnt. Weil die Vertriebenen „in den überfüllten vier Zonen" keine „gleichwertige Existenz" wiederaufbauen könnten und sie unverschuldet in Not geraten seien, sollen für sie die Grundsätze der Sozialpolitik gelten. Zu beachten sei, dass Ansprüche der Vertriebenen den öffentlichen Haushalt belasteten, also „den Spielraum für Entschädigungen" an die anderen Geschädigtengruppen einengten.[1113] Dennoch sei anders als bei der staatlichen Fürsorge ein Rechtsanspruch auf Rentenzahlung zu begründen.[1114] Einzelne Vorschläge im Rahmen des Zonenbeiratsgutachtens lassen immerhin auf die Vorstellung schließen, dass Ret-

---

1112 So nach der Erläuterung des Entwurfs, ZfgS Bd. 111 (1955), S. 244 (268 f.).

1113 Zonenbeirats-Rahmengutachten, abgedruckt bei Möller, S. 284 (291 f.); das Desinteresse an den Vertriebenen ist deutlich zu erkennen.

1114 Vgl. den Vorschlag Weißer im Rahmen des Zonenbeiratsgutachtens, abgedruckt bei Möller, S. 321 (329).

tung wie Verlust von Besitz häufig vom Zufall abhingen.[1115] Daher seien diejenigen, die nichts oder nur wenig verloren haben, einer allgemeinen Vermögensabgabe zu unterwerfen, um „in ihrer künftigen Vermögenslage der Situation der Geschädigten angepasst [zu] werden.“ Im Krieg erworbener Vermögenszuwachs sei scharf zu besteuern.[1116]

dd) Homburger Plan 1948

Der von deutschen Fachleuten zur Vorbereitung der Währungsreform am 18. April 1948 veröffentlichte sog. Homburger Plan sieht vor, mit der Währungsreform die Reichsmark auf 20 % ihres Nennwertes abzuwerten und zugleich einen allgemeinen Lastenausgleich durchzuführen. Im 5. Abschnitt des Planes werden Ausgleichsabgaben auf das Vermögen erhoben (§§ 26–29), die einer Ausgleichskasse (§ 25) zuzuführen sind. Gläubiger des Reiches erhalten für ihre Forderungen sog. Reichsmark-Liquidationsanteile (§ 24), die je nach Verfügbarkeit auszuschütten sind (§ 30). Auch die durch die Währungsreform Geschädigten gehören zu den Reichsgläubigern, indem auch für die verbleibenden 80 % des Reichsmark-Nennwertes Reichsmark-Liquidationsanteile ausgegeben werden. Vertriebene[1117] und Kriegssachgeschädigte erhalten ebenfalls Reichsmark-Liquidationsanteile (§ 24 Abs. 4, Abs. 5), können bei der Ausschüttung aber bevorzugt behandelt werden (§ 30 Abs. 2 S. 3) so dass Kriegssach- und Währungsschäden gleichgestellt sind.

Obwohl der Homburger Plan die bis dahin reifste Überlegung zum Umgang mit den Reichsschulden ist und ein großer Teil der Beteiligten nach der Veröffentlichung zur Teilnahme am sog. Konklave von Rothwesten zur Ausarbeitung der Währungsreform verpflichtet wird,[1118] findet die Währungsreform 1948 ohne Ausgleich der übrigen Kriegslasten statt. § 6 UmstG übernimmt nur den Vorschlag eines „Kopfbetrags“ (§ 4).

1115 Vgl. den Vorschlag Wrede im Rahmen des Zonenbeiratsgutachtens, abgedruckt bei Möller, S. 303 (314 f.), ebenso der Vorschlag Weißer, ebenda, S. 321 (321 – „die Verteilung von Einkommen und Besitz in Deutschland ist schlechthin sinnlos und das Produkt blinder Zufälle“).

1116 Vorschlag Weißer im Rahmen des Zonenbeiratsgutachtens, abgedruckt bei Möller, S. 321 (331).

1117 Der Homburger Plan differenziert ohne rechtliche Auswirkung zwischen Flüchtlingen und Vertriebenen.

1118 Vgl. zur sog. Konklave von Rothwesten die Darstellung bei Möller, S. 12 ff.

c) Diskussion über den Umgang mit den Kriegsfolgelasten

Außerhalb der Expertenkreise findet die Diskussion um den Lastenausgleich vor allem zwischen den Sachgeschädigten und den Flüchtlingen statt. Auf der Seite der Sachgeschädigten ist Wortführer der im September 1947 gegründete „Zentralverband der Fliegergeschädigten, Evakuierten und Währungsgeschädigten“;[1119] die Vertriebenen treten wegen der Vereinigungsverbote erst kurz vor der Währungsreform mit Landesarbeitsgemeinschaften in die Debatte ein.[1120] Dass die Kriegslasten ausgeglichen werden müssen, wird nicht in Frage gestellt. In der Diskussion, wie der Ausgleich stattzufinden hat, sind vier Pole zu erkennen:

Bezüglich möglicher Leistungen an die Geschädigten ist umstritten, ob eine Hauptentschädigung die Verluste ausgleichen (sog. quotaler Ausgleich) oder ob der Lastenausgleich unabhängig von der Höhe des Vermögensverlustes ausschließlich Leistungen zur Wiedereingliederung der Geschädigten erbringen soll (sog. sozialer Ausgleich). Der Verzicht auf die Hauptentschädigung stellt höhere Beträge für soziale Maßnahmen zur Verfügung, bedeutet aber zugleich, dass die Geschädigten keinen persönlichen Schadenersatz erhalten, sondern nur allgemeine Leistungen zur Wiedereingliederung. Vorkriegsvermögen oder Verluste spielen keine Rolle.

Zur Aufbringung des Kapitals für die Leistungen wird die Frage diskutiert, ob eine Vermögensabgabe für den Lastenausgleich sofort zu erbringen ist oder ob sie in Form einer langfristigen Verrentung stattfinden soll. Eine sofortige Vermögensabgabe ermöglicht kurzfristig hohe Ausgleichsleistungen, während hinsichtlich der Verrentung vielfach behauptet wird, sie schone die Volkswirtschaft. Zugleich bedeutet eine Verrentung der Abgabe, dass auch die Leistungen nur in Rentenform erbracht werden können.[1121]

Um die schwierige Einzelfeststellung der Verluste verzichten zu können, wird vermittelnd vorgeschlagen, die Hauptentschädigung von der „Lebensposition“ abhängig zu machen und zwischen Jüngeren und Älteren, Arbeitnehmern und Unternehmern und nach dem Familienstand zu unterscheiden. Das ermöglicht bspw. einem geflohenen Handwerksmeister, sein Unternehmen erneut zu gründen, obwohl der zurückgelassene Betrieb aufgrund von Abschreibungen keinen hohen Wert hat.[1122] Ferner wird überlegt, die Geschädigten in Schadens-

1119 Vgl. Neuhoff (Reichsschuld), S. 23 (29).

1120 Vgl. Neuhoff (Soforthilfegesetz), S. 33 (37).

1121 Vgl. das Kurzprotokoll über die Tagung der Vertreter der Flüchtlingsverwaltungen und Flüchtlingsbeiräte, abgedruckt in LAG I/1, S. 72–74.

1122 Vgl. die Retrospektive von Weißer, FA (N.F.) 16, S. 62 (68, 71), ausgehend von der Lage im Frühjahr 1954.

klassen einzugruppieren: Auch das vermeidet den Verwaltungsaufwand einer exakten, sog. spitzen Schadensfeststellung. Deutlich wird, warum vor allem Geschädigtenverbände Wert auf ein dem eigentlichen Lastenausgleich vorgeschaltetes Feststellungsgesetz legen: Eine frühe amtliche Feststellung kann einen späteren quotalen Ausgleich auch dann präjudizieren, wenn mangels Ausgleichsmasse im Lastenausgleich zunächst nur soziale Maßnahmen möglich sind, die amtliche Feststellung des Schadens also zunächst keine Rechtsfolge hat.[1123] Jedenfalls könnte die Feststellung Stimmung für einen quotalen Ausgleich machen.[1124] Mit Sorge betrachten viele Geschädigte aus demselben Grund die geringe Abgabequote des SHG (2 % pro Jahr).[1125] Sie sprechen sich gegen die Verrentung der Schuld aus und drängen für einen gerechten Ausgleich auf eine hohe, kurzfristig aus der Sachsubstanz zu erbringende Abgabe.[1126]

Allen Plänen ist gemein, dass die Ausgleichsleistungen nicht aus dem Staatshaushalt, sondern aus einem Sonderfonds bereitgestellt werden sollen, zu dem alle Bürger beitragen.

Hinsichtlich der Frage, wie der Ausgleich durchzuführen ist, sind vor allem in der unmittelbaren Nachkriegszeit zwei einander verwandte Überlegungen populär: einerseits der Ausgleich über Zertifikate oder ähnliche Instrumente außerhalb des Geldkreislaufes, andererseits der Naturalausgleich, bei dem Abgabepflichtige Vermögen direkt an Berechtigte übertragen. Der Naturalausgleich kommt vor allem für vertriebene Bauern in Betracht, denen nur eine Bodenreform zu Lande verhelfen kann. Außerdem wird der Naturalausgleich bei der sog. Hausratsabgabe angesprochen, der die Geschädigten möglichst schnell wieder in die Lage versetzen soll, einen eigenen Haushalt zu führen.[1127] Vor allem Kirchen, karitative und soziale Verbände sprechen sich anfangs für einen Natural-

---

1123 Das lässt sich bspw. aus den „Grundsätzliche[n] Forderungen der Vertriebenen zum Lastenausgleich“, Nr. 1 entnehmen, in der ein Rechtsanspruch auf Entschädigung des Vermögens in der Höhe angenommen wird, wie er nach dem (geplanten) Feststellungsgesetz erkannt wird. Die Forderungen sind ohne Quellenangabe abgedruckt in LAG I/2, S. 346 f.

1124 Vgl. das Protokoll der 1. Sitzung des Lastenausgleichsausschusses der Landesverbände der Heimatvertriebenen und der Gesamtvertretung der Ostvertriebenen vom 22.10.1948 in Wiesbaden und 24.10.1948 in Heidelberg, abgedruckt in LAG I/1, S. 162 f.

1125 Neuhoff (Fundamente), S. 129 (132). Verglichen mit den Abgabesätzen des LAG (6 % bzw. 5 %, § 35 LAG) muss man feststellen, dass die Besorgnis berechtigt gewesen ist.

1126 Vgl. die Zusammenstellung der Arbeitsgemeinschaft der Deutschen Flüchtlingsverwaltungen vom 26.8.1948, abgedruckt in LAG I/1, S. 71 f.

1127 Dies wird bspw. noch in der Besprechung des „Unkeler Kreises“ vom 26.7.1950 gefordert, siehe die in LAG I/2, S. 347 (349) abgedruckte Niederschrift, dort Nr. 6.

ausgleich aus.[1128] Die Geschädigtenverbände unterstützen das, weil sie darauf hoffen, dass ein Naturalausgleich schneller stattfinde als Ausgleichszahlungen. Deshalb fordern die Geschädigten auch die Einbeziehung des Hausrats in den Lastenausgleich. Die sog. Hausratsabgabe sei am einfachsten auf die Geschädigten zu übertragen. Der Hausratsabgabe wird aber unüberschaubarer Verwaltungsaufwand entgegengehalten.[1129]

Die politischen Parteien halten sich mit Stellungnahmen zum Lastenausgleich zurück,[1130] was damit zusammenhängen mag, dass in allen Parteien Flüchtlinge und Sachgeschädigte sind. Nur die FDP steht hinter den Forderungen nach einem quotalen Ausgleich auf Basis der Verluste, während die CDU als Ziel auch die Steigerung des Bruttosozialproduktes nennt.[1131] Für die Gewerkschaften lässt sich kein einheitliches Bild ausmachen; in der Tendenz scheinen sie sich für einen sozial geprägten, auf dem verlorenen Vorbesitz beruhenden Lastenausgleich auszusprechen.[1132] Wirtschaftsverbände bestehen auf der Finanzierung der Ausgleichsabgaben aus dem Wirtschaftsertrag und nicht aus der Vermögenssubstanz, um Unternehmen nicht zu zerschlagen. Alle Seiten legen Wert auf eine schnelle Gesetzgebung, um wirtschaftliche Unsicherheiten zu beseitigen.[1133]

In der Presse ist der Lastenausgleich nur ein Randthema. Die wenigen Publikationen beschränken auf einzelne Aspekte.[1134] Es scheint, dass die Diskussion um den Lastenausgleich ganz vorwiegend unter den Geschädigten stattfindet: Die meisten Beiträge sind Publikationen der Geschädigten- und vor allem der Flüchtlingsverbände.[1135]

1128 Vgl. das „Wort der Evangelischen Kirche in Hessen und Nassau zum Lastenausgleich“, ohne Datumsangabe abgedruckt in LAG I/2, S. 52 (53), ebenso Wenzel, S. 66.

1129 Der Naturalausgleich ist nach Boyens (Steuerfragen), S. 14 (30), vor allem in Berlin in der Diskussion; auch Boyens hält dem entgegen, dass sich ein Naturalausgleich nicht „ohne starke Reibungen“ vollziehen lasse.

1130 Ebenso Neuhoff (Reichsschuld), S. 23 (29), und Schillinger, S. 165.

1131 Wenzel, S. 63.

1132 So ist bspw. Grote-Missmahl, GM 1950, S. 456 (461), für einen Vermögensausgleich, weil die Aberkennung eines Rechtsanspruches für die Geschädigten einen klaren Rechtsbruch bedeutete.

1133 Wenzel, S. 65 f.

1134 Härte S. 138 ff., stellt fest, dass in der Tagespresse und den Wochenzeitungen mit Ausnahme der Vertriebenenpresse das Thema Lastenausgleich „in einem wesentlich geringeren Umfang als erwartet“ kommentiert wird. Die Berichterstattung begleite die Gesetzgebung und beschränke sich zumeist auf Kritik zu Einzelnormen.

1135 Vgl. die im Quellenteil der Dokumentation LAG I/1 (S. 62, 66 ff., 75, 77, 122, 126 f.) und LAG I/2 (S. 221; 235, 236 ff.) abgedruckten Stellungnahmen vor allem aus der Zeitschrift „Selbsthilfe“.

d) Ergebnis: Keine juristische Auseinandersetzung

Eine juristische Auseinandersetzung um die Reichsschulden und die Ansprüche der Geschädigten findet bis zur Gründung der Bundesrepublik Deutschland nicht statt.[1136] Von den offiziellen Plänen gehen nur das Detmolder Memorandum von 1946 und das Gutachten des Zonenbeirats von Ansprüchen der Geschädigten gegen das Reich aus, ohne die Frage zu vertiefen. Das Memorandum setzt die „Verpflichtungen" des Reiches gegenüber den Geschädigten ins Verhältnis zur übrigen Reichsschuld. Das bedeutet, dass die Geschädigten prinzipiell einen Rechtsanspruch gegen das Reich auf Ersatz ihrer Schäden haben. Ähnlich geht das Gutachten des Zonenbeirats von Ansprüchen aus, obwohl diese erst im Anschluss an andere Kriegsschäden genannt werden. Der amerikanische CDG-Plan sieht eine Verteilung der Kriegslasten vor, geht aber auf die Frage eines Anspruchs nicht ein.

Die juristische Fachliteratur zeigt ein ähnliches Bild: Anders als in der finanz- und wirtschaftswissenschaftlichen Literatur lässt sich nahezu keine Stellungnahme nachweisen. *Cahn* geht 1946 dem „Kriegsschadensrecht der Nationen" nach, ohne die Situation in Deutschland nach 1945 zu beleuchten.[1137] *Tietz* hält es 1947 für eine Forderung elementarer Gerechtigkeit, dass die Eigentümer die Kriegsschäden an Häusern nicht allein tragen müssen[1138] und verwendet zur Begründung nationalsozialistisches Gedankengut.[1139] Differenziert stellt *Kitz* im Jahr 1948 Möglichkeiten zum Lastenausgleich gegenüber und schildert deren Probleme. *Kitz* geht von „berechtigten Ansprüchen der Geschädigten" aus und stellt diesen das Erfordernis einer funktionierenden Wirtschaft gegenüber. *Kitz* meint keinen Rechtsanspruch und offen bleibt auch, warum die Ansprüche der Geschädigten „berechtigt" sein sollen.[1140] Wenig später stellt *Kitz* in zwei Abhandlungen das Soforthilfegesetz vor, ohne auf einen Rechtsanspruch einzugehen.[1141] *Boyens* geht 1948 davon aus, dass ein Verzicht auf einen Schadensausgleich der Bevölkerung nichts nütze, aber gegen Recht und Billigkeit versto-

---

1136 Zur Auseinandersetzung mit den Reichsschulden allgemein vgl. oben, G.II.3.a) (S. 207).

1137 Ein zweiter Band, auf den Titel und Inhaltsverzeichnis hinweisen, ist offensichtlich nicht erschienen.

1138 Tietz, NJW 1947/48, S. 249 (249).

1139 Tietz, NJW 1947/48, S. 249 (250), begründet den Ausgleich zugunsten der Hauseigentümer damit, dass der bebaute Grundbesitz für alle Volksgenossen (sic!) eine der wichtigsten Lebensgrundlagen darstelle. Mieter müssten „kraft ihrer Beziehung zum Boden" zum Wiederaufbau beitragen (ebenda, S. 251).

1140 Kitz, DöV 1948, S. 61 (63), nennt lediglich „die berechtigten Ansprüche der Geschädigten".

1141 Kitz, DöV 1948, S. 93 ff., DöV 1949, S. 1 ff.

ße,[1142] und erklärt, dass die Ansprüche aus der KSSchVO nicht erloschen, sondern nur eingefroren seien.[1143] Wegen der veränderten Verhältnisse müssten auch Ansprüche aus der KSSchVO angepasst werden; maßgebend sei der Aufbau der deutschen Wirtschaft.[1144] Weitere Beiträge zum Kriegsschaden sind nicht ersichtlich, nur Einzelfragen werden behandelt.[1145] Es bleibt dem Wirtschaftswissenschaftler *Giersch* überlassen, 1948 nach einem „Ausgleich der Kriegslasten vom Standpunkt sozialer Gerechtigkeit" zu fragen.[1146]

III. Genese des Lastenausgleichsgesetzes in der Bundesrepublik Deutschland

1. Denkschrift des Bundesministeriums der Finanzen 1950

Mit dem Bundesministerium der Finanzen (BMF) stellt Anfang 1950 erstmals eine bundesdeutsche Behörde eine Untersuchung vor: Der sog. Grüne Bericht[1147] analysiert und bewertet verschiedene Möglichkeiten. Obwohl der Bericht keinen Weg zum Lastenausgleich empfiehlt, sind Grundentscheidungen zu erkennen: Abgaben sollen in Geld erbracht werden[1148] und aus dem Vermögensertrag der Schuldner entrichtet werden können;[1149] sie werden einem Sonderfonds zugeführt. Auch die Entschädigung soll in Geld stattfinden. Vorrang haben soziale und volkswirtschaftliche Interessen,[1150] außerdem ist ein Teil des Fonds für soziale Maßnahmen (Wohnungsbau) zu verwenden.[1151] Der Naturalausgleich wird

---

1142 Boyens (Steuerfragen), S. 14 (24), erläutert ebenfalls nicht, weshalb der Verzicht eines Ausgleichs gegen Recht verstoße.

1143 Boyens (Steuerfragen), S. 14 (17, 23).

1144 Boyens (Steuerfragen), S. 14 (31).

1145 So bspw. zur Soforthilfe Megow, MDR 1949, S. 671; Megow soll nach Boyens (Steuerfragen), S. 14 (17), außerdem von einem Fortbestand der Ansprüche ausgehen (der von Boyens dort genannte Beitrag ist nicht nachweisbar).

1146 So der Titel der Dissertation von Giersch.

1147 Warum die Denkschrift, „Der endgültige Lastenausgleich – Ein Bericht des Bundesministeriums der Finanzen", Oberursel 1949, im Gesetzgebungsprozess und in der Literatur später als „Grüner Bericht" bezeichnet wird, lässt sich nicht nachweisen. Zu vermuten ist, dass der grüne Pappeinband der Druckfassung verantwortlich ist.

1148 „Der endgültige Lastenausgleich", Würdigung, S. 76 Nr. 3.

1149 Ebenda, Nr. 6.

1150 Ebenda, S. 77 Nr. 10.

1151 Ebenda, S. 78 Nr. 15.

nur als freiwillige Leistung der Abgabepflichtigen in Betracht gezogen,[1152] wenn er den Bedürfnissen der Geschädigten entspricht.[1153] Der Ausgleich wird über einen langen Zeitraum gestreckt, so dass die Vermögenssubstanz nicht umverteilt werden muss.

Die Frage, ob Geschädigte auch ohne gesetzliche Grundlage einen Anspruch gegen den Bund oder das Reich haben, stellt der Bericht nicht, obwohl er die Ansprüche der Reichsgläubiger aus „bei Kriegsende noch offenen Forderungen aus Lieferungen und Leistungen" und Schäden aufgrund von „Reparationsmaßnahmen, insbesondere der Verluste aus Demontagen und Restitutionen", erwähnt.[1154] Bezüglich der Demontageschäden weist der Bericht darauf hin, dass nach dem 1. Weltkrieg die Verluste aus Zwangslieferungen nach §§ 74, 75 Einl. ALR entschädigt worden seien; das spreche gegen eine Behandlung dieser Schäden im Lastenausgleich.[1155] Insoweit erkennt der Bericht also einen Anspruch der Geschädigten an, obwohl es sich vorwiegend um Schäden handelt, die nach Kriegsende aufgrund alliierter Maßnahmen entstehen. Diese Schäden und die bei Kriegsende noch offenen Forderungen gesondert zu behandeln, dürfte aber kaum vermittelbar sein.

Als Anspruchsberechtigte nennt der Bericht die Flüchtlinge vor den Kriegssach- und Währungsgeschädigten.[1156] Nur Flüchtlinge sollen die Möglichkeit haben, ihre Verluste in den Ostgebieten im Lastenausgleich geltend zu machen, ansonsten gilt bei Sachschäden das Belegenheitsprinzip: Nur Schäden von Bundesbürgern auf dem Gebiet der Bundesrepublik Deutschland (und der Westsektoren Berlins) sind erfasst.[1157]

Im Übrigen erklärt der Bericht, dass der Lastenausgleich kein Vorbild habe: Entschädigungen nach früheren Kriegen seien aus allgemeinen Haushaltsmitteln erbracht worden und hätten den Gedanken an einen Ausgleich außerhalb des Haushalts unter Heranziehung erhalten gebliebener Werte nicht aufkommen lassen.[1158]

Einen kurzfristigen „Ausgleich" der Kriegsverluste sieht die Denkschrift nicht vor: Die Abschöpfung des Vermögensertrags vermeidet den Eingriff in das Bestandsvermögen. Der Abgabeschuldner spürt die Abgabelast daher nur als Sondersteuer. Dem liegt, anders als im Bericht behauptet, als Vorbild die Entschädigung nach dem 1. Weltkrieg zugrunde: Seinerzeit erbringt das Reich die

1152 Ebenda, S. 76 Nr. 3.
1153 Ebenda, S. 77 Nr. 13.
1154 Ebenda, S. 43, Rdn. 112 f.
1155 Ebenda, S. 43, Rdn. 113.
1156 Ebenda, S. 40, Rdn. 100.
1157 Ebenda, S. 46, Rdn. 126; S. 47, Rdn. 129.
1158 Ebenda, S. 40, Rdn. 99.

Leistungen aus dem allgemeinen Haushalt; vor allem die Schlussentschädigung nach dem KSSG ist aber nur möglich, weil das Reich zuvor mittels hoher Steuern nach einem langen Zeitraum wieder einen ausgeglichenen Haushalt erreicht.[1159]

Soweit der Grüne Bericht vorschlägt, die Höhe der Entschädigung nicht vom Kriegsverlust abhängig zu machen („kollektiver Ausgleich"), fehlt ein Vorbild. Eingliederungsmaßnahmen und nicht die Restitution sind die wesentlichen Entschädigungsleistungen dieses Modells; der Ausgleich der Lasten ist auf die Zukunft gerichtet. Obwohl es für den Vorschlag eines kollektiven Ausgleichs „beachtliche volkswirtschaftliche Gründe" gibt, weist der Bericht darauf hin, dass diese „extreme Form kaum vertreten wird." Der kollektive Ausgleichs vermische den Kriegslastenausgleich mit Maßnahmen der Sozialpolitik, dies würde der „psychologischen Situation" der Geschädigten nicht gerecht.[1160]

Während der Bundesrat den Bericht „mit Befriedigung" zur Kenntnis nimmt und die Bundesregierung bittet, „mit größter Beschleunigung" den Gesetzentwurf zum Lastenausgleich vorzulegen,[1161] äußern sich Presse und Öffentlichkeit überwiegend kritisch. Vor allem die Vertriebenen fordern weitergehende Entschädigungen, aber auch im Lastenausgleichsausschuss des Bundestages fordern Parteienvertreter, dass die Entschädigung nicht nur nach sozialen Aspekten durchzuführen sei, sondern auf der Basis der Verluste. Die Entscheidung, zur Finanzierung des Lastenausgleichs nur den Vermögensertrag heranzuziehen, führe dazu, dass keine Umverteilung stattfinde: Auf der Schuldnerseite wirke der Lastenausgleich nicht enteignend, sondern lediglich wie eine hohe Vermögenssteuer.[1162]

2. Schlussbericht der Gutachterkommission

Im Gegensatz zum „Grünen Bericht" gibt die Gutachterkommission des Länderrats im Januar 1950 ausdrückliche Empfehlungen ab: Der Lastenausgleich soll auf der Leistungsseite individuell unter Berücksichtigung der Vorkriegsverhältnisse stattfinden. Eine detaillierte Schadensfeststellung wird für unmöglich gehalten[1163] und daher ebenso abgelehnt wie die Ausschüttung einer festen Ent-

1159 Vgl. die Ausführungen des Reichsfinanzministers zum Entwurf des KSSG oben, Anm. 804 (S. 152).

1160 „Der endgültige Lastenausgleich", Anlage 1, V. Modell D (Kollektiver Ausgleich), S. 84 f.

1161 Beschluss vom 14.4.1950, vgl. Bundesrat, Sitzungsbericht Nr. 18, S. 315 A–C.

1162 Vgl. die Pressedarstellungen in LAG I/2, S. 18 ff. und S. 215–224.

1163 Vgl. den Bericht der Gutachterkommission für den Lastenausgleich, auszugsweise abgedruckt in LAG I/2, S. 224 (227).

schädigungsquote. Die Geschädigten sollten anhand ihrer verlorenen Lebensposition Schädigungsklassen zugeordnet und entschädigt werden.[1164] Außerdem empfiehlt die Gutachterkommission für Leistungen aus dem Lastenausgleich das Zertifikatssystem *Pfleiderers*,[1165] das alleine einen schnellen Ausgleich gewährleiste.[1166] Zur Abgabenseite kann sich die Gutachterkommission nicht einigen.[1167]

Der Schlussbericht hat keine Wirkung: Vertriebene und Finanzexperten lehnen das Zertifikatssystem ab,[1168] weil die Gefahr bestehe, dass Zertifikate zur unkontrollierbaren Zweitwährung werden, die den Kapitalmarkt durcheinanderbringen[1169] und die Inhaber zur schnellen Veräußerung veranlassen.

3. Unkeler Abgeordnetenkreis

Um die Meinung der Koalitionsfraktionen im Gesetzgebungsprozess möglichst früh zu berücksichtigen, setzt der Bundestag im Januar 1950 ein Gremium aus sachkundigen Abgeordneten ein, den nach seinem Tagungsort benannten Unkeler Kreis. Dort treffen sich Abgeordnete mit Fachleuten aus den Ministerien zum Meinungsaustausch.

Nach seiner ersten Beratung[1170] schlägt der Unkeler Kreis einen quotalen Ausgleich mit sozialer Staffelung der Entschädigung vor. Die Höhe der Entschädigung ist vom Schaden abhängig und verhält sich degressiv zur Schadenshöhe. Ferner sollen die Mittel nach sozialer Notwendigkeit verteilt werden und die Geschädigten einen vererbbaren Rechtsanspruch haben. Zur Finanzierung soll eine Vermögensabgabe von 50 % bei einer Annuität von 2 % erhoben wer-

---

1164 Vgl. den Bericht der Gutachterkommission für den Lastenausgleich, auszugsweise abgedruckt in LAG I/2, S. 224 (225).

1165 Vgl. oben, G.II.3.a) (S. 207).

1166 Vgl. den Bericht der Gutachterkommission für den Lastenausgleich, auszugsweise abgedruckt in LAG I/2, S. 224 (230 ff.).

1167 So kritisch Wenzel, S. 76; im Bericht heißt es zurückhaltend, die Kommission sei noch nicht davon durchdrungen, dass schon das letzte Wort gesprochen sei, LAG I/2, S. 224 (230).

1168 Im Vordergrund steht die Frage, ob eine Kommission des Länderrates über die Gründung der Bundesrepublik Deutschland am 23.5.1949 hinaus besteht und ein Gutachten abgeben kann, so Wenzel, S. 75 f.

1169 So bereits im Juni 1949 ein Referentenentwurf „Volkswirtschaftliche Überlegungen zum endgütigen Lastenausgleich" der Verwaltung für Wirtschaft des vereinigten Wirtschaftsgebiets, zit. nach Schillinger, S. 159 f.; die Diskussion später erfolgt mit ähnlichen Argumenten, vgl. ebenda, S. 177.

1170 Die erste Besprechung des Kreises findet in Königsstein statt, so dass diese Besprechung auch als „Königssteiner Konklave" bezeichnet wird, vgl. Wenzel, S. 80.

den. Pauschale Entschädigungen, wie vom Bundesfinanzminister befürwortet, lehnt der Unkeler Kreis ab. Statt dessen soll die Höhe der Entschädigung vom Verlust abhängen und die Flüchtlingseigenschaft berücksichtigt werden.[1171]

4. Vorentwürfe des Bundesministeriums der Finanzen

Am 21. Juni 1950 stellt das BMF einen ersten Vorentwurf zum LAG vor, der (zunächst) nicht veröffentlicht und nur innerhalb ausgewählter Ministerien beraten wird.[1172] Bezeichnenderweise erstellt das BMF den Bericht ohne die Beteiligung des Vertriebenenministeriums oder anderer Ministerien.[1173] Am 17. Juli 1950 folgt ein zweiter Vorentwurf, der im Wesentlichen redaktionelle Änderungen enthält. Erwähnenswert ist nur, dass bei den Ausgleichsleistungen Währungsschäden nicht mehr den Sach- und Vertreibungsschäden gleichgestellt werden und Vertriebene auch Sachschäden geltend machen können, die in den Ostgebieten vor ihrer Flucht oder Vertreibung entstanden sind.[1174] Beide Entwürfe tragen den Charakter von Gesetzentwürfen.

Der erste Entwurf[1175] sieht eine Einteilung der Geschädigten in zehn Schadensgruppen vor, nach denen sich die Hauptentschädigung richten soll. Die Eingruppierung in die höchste Schadensgruppe setzt einen Schaden in Höhe von 100 000 RM voraus, weitere Schäden werden nicht berücksichtigt (Vorentwurf, 3. Teil, §§ 22 Abs. 2, 24 Abs. 1). Vertriebene erhalten einen Zuschlag von 20 %, Kriegssachgeschädigte von 10 % (Vorentwurf, 3. Teil, § 25 Abs. 2 Nr. 1). Weil die Auszahlung der Hauptentschädigung für einen noch zu bestimmenden späteren Zeitpunkt vorgesehen ist, sieht der Entwurf als Vorausleistung eine sog. Eingliederungshilfe vor (Vorentwurf, 3. Teil, §§ 30 ff.). Auf die Eingliederungshilfe besteht kein Anspruch; sie kann zum Wiederaufbau der Existenz gewährt werden, wenn der Geschädigte durch den Schaden seine Lebensgrundlage verloren hat. Die Wiedereingliederungshilfe wird auf die Hauptentschädigung angerechnet (Vorentwurf, 3. Teil, § 37 ff.) und ist folglich ein zinsloses Darlehen auf die Hauptentschädigung.

Außerdem sieht der Entwurf eine Kriegsschadenrente (Vorentwurf, 3. Teil, §§ 38 ff.) als Weiterführung der Soforthilfe vor, wenn der Geschädigte ein be-

---

1171 Vgl. die Beratungsergebnisse der Besprechungen in Unkel/Rhein vom 13.–15.5.1950, abgedruckt in LAG I/2, S. 258 f.

1172 Der Entwurf wird 1966 in LAG I/2, S. 279 ff., vollständig abgedruckt.

1173 So Wenzel, S. 86.

1174 Vgl. LAG I/2, S. 56.

1175 Beschrieben wird im Folgenden der Entwurf vom 21.6.1950, abgedruckt in LAG I/2, S. 279 ff.

stimmtes Alter erreicht hat oder erwerbsunfähig ist und seine Einkünfte einen bestimmten Betrag nicht übersteigen. Obwohl der Entwurf keine Hauptentschädigung vorsieht, wenn der Schaden den Betrag von 500 RM nicht übersteigt (Vorentwurf, 3. Teil, § 22 Abs. 3), können alle Geschädigten Hausratshilfe in Anspruch nehmen, wenn sie bei Hausratsverlusten nicht in der Lage sind, aus eigenen Mitteln Ersatz zu erwerben (Vorentwurf, 3. Teil, §§ 50 ff.).

Einen eigenen Abschnitt widmet der Entwurf der Zertifikatlösung. Hauptentschädigung oder Haushaltshilfe kann auf Antrag des Geschädigten vorzeitig durch Zertifikate geleistet werden (Vorentwurf, 3. Teil, §§ 50–58). Zur Wertsicherung ist vorgesehen, dass die Bundesregierung den Höchstbetrag der in einem Jahr ausgegebenen Zertifikate und die Art der auszugebenden Zertifikate beschränken kann (Vorentwurf, 3. Teil, § 58).

Die Leistungen sollen aus einem Ausgleichsfonds erbracht werden (Vorentwurf, 1. Teil, § 3), der Sondervermögen des Bundes ist. Gespeist wird der Fonds aus insgesamt sechs Ausgleichsabgaben: Eine einmalige Vermögensabgabe und die Vermögenssteuer ziehen vorhandenes Vermögen zum Ausgleich heran. Die sog. Hypothekengewinnabgabe, Sonderabgaben auf Schuldnergewinne aus Schuldverschreibungen und gewerblichen Krediten sowie eine Sonderabgabe auf sog. Vorratsvermögen schöpfen Gewinne ab, die die Währungsreform verursacht:

Die einmalige Vermögensabgabe soll 50 % des Vermögens am Vermögensstichtag (21. Juni 1948, Montag nach der Währungsreform) betragen. Niedrigere Abgaben sind insbesondere für Mietwohnungsgrundstücke (37,5 %) und für land- bzw. forstwirtschaftlich genutztes Vermögen (25 % bzw. 31,25 %) vorgesehen (Vorentwurf, 2. Teil, 2. Abschnitt, § 8). Die Abgabeschuld ist zinslos in gleichmäßigen Vierteljahressätzen über einen Zeitraum von 23 Jahren zu erfüllen (Vorentwurf, 2. Teil, 2. Abschnitt, § 18 Abs. 1), dadurch ergibt sich eine Annuität von ca. 2,17 % bei der einmaligen Vermögensabgabe und zwischen 1,08 % und 1,63 % bei den ermäßigten Abgabesätzen. Dagegen soll die allgemeine Vermögenssteuer 1 % des steuerpflichtigen Vermögens des jeweiligen Jahres betragen (Vorentwurf, 2. Teil, 3. Abschnitt, §§ 2, 8); eine Begrenzung des Erhebungszeitraums sieht der Entwurf nicht vor.[1176] Beide Abgaben bilden die Hauptabgaben zugunsten des Lastenausgleichs, mit ihnen soll das im Krieg erhalten gebliebene Vermögen zugunsten der Geschädigten belastet werden.[1177]

Die Hypothekengewinnabgabe sowie die Sonderabgaben auf Schuldnergewinne und Vorratsvermögen gleichen Differenzen aus, die die Währungsreform

1176 Die Vermögenssteuer soll aber wohl ebenfalls auf einen Zeitraum von 23 Jahren zugunsten des Lastenausgleichs erhoben werden.

1177 Auf die Darstellung von Freibeträgen wird hier wie im Folgenden verzichtet.

1948 durch die Begünstigung von Hypotheken- und gewerblichen Schuldnern verursacht.[1178] Ähnlich besteuert die Sonderabgabe auf sog. Vorratsvermögen die Vorhaltung von Waren im Zeitraum vor der Währungsreform besonders. Maßgebend für die Wertberechnung der Vermögensabgaben sind die steuerlichen Bewertungsvorschriften (Vorentwurf, 2. Teil, 2. Abschnitt, § 5; 3. Abschnitt, § 3).

Indem die Vermögensabgabe über nahezu eine Generation zu erbringen ist, erscheint sie wie im „Grünen Bericht" als eine Sondersteuer auf den Vermögensertrag: Neben der allgemeinen Vermögenssteuer von 1 % ist die Vermögensabgabe bei einer Annuität in Höhe von 1,08 % bis 2,17 % keine spürbare Abgabe. Weil der Entwurf keine Verzinsung der Abgabe vorsieht, ist es für den Schuldner auch nicht wirtschaftlich, die Abgabe sofort vollständig zu erbringen. Ferner ist zu berücksichtigen, dass nur die Vermögenssteuer auf den jeweiligen Vermögensbestand erhoben wird, während die Höhe der Vermögensabgabe vom Bestand am Tag nach der Währungsreform abhängig ist. Die Vermögenssteuer soll bei der Einkommenssteuer abzugsfähig sein (Vorentwurf, 2. Teil, 4. Abschnitt, § 26).

Der Unkeler Abgeordnetenkreis erörtert vorwiegend Einzelfragen des Entwurfs. Die Frage, ob die Geschädigten auch ohne Gesetz einen Anspruch haben, wird nicht angesprochen.[1179] Festgestellt wird, dass der Entwurf darauf ziele, die Belastungen der Abgabepflichtigen auf ein erträgliches Maß zu reduzieren. Im Gegenzug dazu fordert der Unkeler Kreis eine echte Vermögensumschichtung[1180] und verlangt weiterhin eine Abgabeschuld in Höhe von 50 %, auf die keine Ermäßigungen gewährt werden dürfte. Die Abgabeschuld sei mit 2 % jährlich zu tilgen und je nach Nutzungsart zu verzinsen: landwirtschaftlich genutztes Vermögen mit 2 %, als Wohnraum genutztes Vermögen mit 3 % und gewerblich genutztes Vermögen mit 4 %. Auch im Übrigen versucht der Unkeler Kreis, mehr Vermögen zur Abgabe heranzuziehen als der Entwurf.[1181]

In den Ressortbesprechungen der Ministerien werden Einzelfragen des Entwurfs behandelt. Nur der Vertreter des Verkehrsministeriums hält den Entwurf für so unzureichend, dass er ihn nicht als Lastenausgleich, sondern als ein „Ge-

---

1178 So das im Vorentwurf, 2. Teil, 4. Abschnitt, § 1 Abs. 1, dargestellte „Wesen der [Hypothekengewinn-] Abgabe"; dasselbe gilt für die im 5. und 6. Abschnitt dargestellte Obligationen- und Kreditgewinnabgabe.

1179 Vgl. die in LAG I/2, S. 347 ff, 350 ff., abgedruckten Niederschriften der Sitzungen. Zum naturrechtlichen Ausgleichsanspruch vgl. oben, C.IV.2.a) (S. 89).

1180 Vgl. den „Bericht über die Verhandlungen des Unkeler Kreises vom 3.–5.8.1950", abgedruckt in LAG I/2, S. 355 (355).

1181 So nach Nr. 1 des Protokolls der Sitzung vom 26.7.1950, abgedruckt in LAG I/2, S. 347 (348).

setz zur Durchführung bescheidener Hilfsmaßnahmen für die Geschädigten" bezeichnet.[1182]

5. Der Entwurf des Bundesministeriums der Finanzen vom 13. August 1950

Der Entwurf des BMF vom 13. August 1950 ist erstmals durchgehend paragraphiert.[1183] Ansprüche auf Hauptentschädigung, Kriegsschadenrente und Hausratshilfe sind nunmehr vererblich und können verpfändet werden (§ 148).[1184] Damit wird der Lastenausgleich erstmals zur Entschädigung im Rechtssinne und ist keine Sozialleistung mehr, die abhängig von der Person des Geschädigten ist; dieser kann die Entschädigung mittels Verpfändung wirtschaftlich nutzen. Die Hausratsentschädigung (§ 196) setzt nur noch voraus, dass der Geschädigte den Verlust nachweisen kann.[1185] Die Höhe der Hauptentschädigung ist nach weiteren sechs Jahren zu bestimmen (§ 167); bis dahin kann nur die Wiedereingliederungshilfe beantragt werden (§ 174).[1186] Auch bei der von der Hauptentschädigung getrennten, vor allem für viele Kleingeschädigte wichtigen Hausratsentschädigung wird aus einer Sozialleistung, die vom Vermögen des Geschädigten zur Zeit des Antrags abhängt, ein Rechtsanspruch.

Die Abgabesätze entsprechen entgegen den Forderungen des „Unkeler Kreises" der Höhe nach dem Vorentwurf und fallen je nach Nutzungsart geringer aus (§ 12 Abs. 2–3; 25–37,5 %). Eine Verzinsung der Abgaben ist weiterhin nicht vorgesehen (§ 21 Abs. 1).

Nach der vorläufigen Begründung (sic!) zum Entwurf haben die Geschädigten ohne das Gesetz keinen Anspruch: „Ein aus allgemeinen Rechtsgrundsätzen oder bestehenden Gesetzen herzuleitender Anspruch gegen die Bundesrepublik auf Ersatz der unübersehbaren, durch die Katastrophe des Krieges eingetretenen Schäden besteht nicht."[1187] Die Wendung „Katastrophe des Krieges" rückt die Schäden aus dem 2. Weltkrieg in die Nähe von Naturereignissen.

1182 Zit. nach Wenzel, S. 93.

1183 Der Entwurf ist abgedruckt in LAG I/2, S. 388 ff.

1184 Zugleich wird durch § 148 Abs. 2 des Entwurfs die Pfändbarkeit ausgeschlossen.

1185 Der Vorentwurf, 3. Teil, §§ 50 ff. verlangt noch, dass der Geschädigte ohne die Entschädigung nicht in der Lage sei, den Hausrat neu zu erwerben, vgl. oben, G.III.4 (S. 222).

1186 Nach § 167 ist der Grundbetrag bis zum 31.12.1956 festzusetzen.

1187 Vgl. die vorläufige Begründung zum Entwurf eines Gesetzes über einen allgemeinen Lastenausgleich vom 13.8.1950, abgedruckt in LAG I/2, S. 449 (456).

Weitere Besprechungen des „Unkeler Kreises“ zu dem Entwurf finden nicht statt.[1188] Vertriebene Abgeordnete kritisieren die Auszahlung der Hauptentschädigung erst nach sechs Jahren und die Höhe der Rentenbeträge, die Kriegsschaden-Rentenempfänger (zusätzlich) zu Wohlfahrtsempfängern machen könnten. Auch die geringe Annuität hinsichtlich der Ausgleichsabgaben wird nicht gebilligt. Weil Bundeskanzler *Adenauer* es für politisch fragwürdig hält, einen Regierungsentwurf in Bundesrat und Bundestag einzubringen, den die eigenen Abgeordneten in wesentlichen Punkten nicht billigen, beschließt das Kabinett im Dezember 1950 eine einheitliche Belastung des Vermögens mit einer Abgabe in Höhe von 50 % bei einer Annuität von durchschnittlich 2 bis 4 %.[1189]

Auch der Sonderausschuss des Bundesrats ist sich einig, dass mit Rücksicht auf das im Grundgesetz verankerte Prinzip des Privateigentums „und die berechtigten Erwartungen der Geschädigten“ ein rein sozialer Ausgleich nicht in Betracht komme und daher auf eine Hauptentschädigung nicht verzichtet werden könne.[1190] Daher stimmt der Ausschuss dem im Entwurf des BMF vom 13. August 1950 enthaltenen Restitutionsprinzip mit sozialen Aspekten grundsätzlich zu,[1191] obwohl die Länder die Notwendigkeit eines quotalen Ausgleiches unterschiedlich bewerten.[1192] Jedenfalls die Kriegsschadenrente soll als Vollversorgung für jene erhalten bleiben, die bereits nach dem SHG Anspruch haben.[1193] Zugleich ist der Sonderausschuss der Meinung, dass die Länder auf die Vermögenssteuer, die nach dem Entwurf zugunsten des Lastenausgleichs heranzuziehen ist, nicht verzichten könnten.[1194]

6. Der Regierungsentwurf vom 31. Januar 1951

a) Gesetzentwurf

Der von der Bundesregierung am 31. Januar 1951 in den Bundesrat eingebrachte Gesetzentwurf[1195] sieht Ausgleichsleistungen ausschließlich bei Vertreibungs-

1188 So nach LAG I/2, S. 79.

1189 So Wenzel, S. 101.

1190 So der Sonderausschuss Lastenausgleich des Bundesrats, ohne Quellenangabe zusammengefasst dargestellt in LAG I/2, S. 136 (140).

1191 Zit. nach Wenzel, S. 102 (Anm. 141).

1192 Zit. nach Wenzel, S. 102.

1193 So der Sonderausschuss Lastenausgleich des Bundesrats, zusammengefasst und ohne Quellenangabe dargestellt in LAG I/2, S. 136 (137, 138, 140).

1194 So der Sonderausschuss Lastenausgleich des Bundesrats, zusammengefasst und ohne Quellenangabe dargestellt in LAG I/2, S. 136 (138).

1195 Drs. BR 1080/50, im Folgenden zitiert in der gleichlautenden Fassung als Anlage 1b zu Drs. BT I/1800.

und Kriegssachschäden vor (§ 187). Entsprechend den Vorentwürfen können nur im Bundesgebiet entstandene Kriegssachschäden geltend gemacht werden, bei Vertriebenen gehören Sachschäden in den Vertreibungsgebieten zum Vertreibungsschaden (§§ 188 Abs. 2, 7 Abs. 2). Nicht-vertriebene Bundesbürger können Schäden an in der DDR oder in den Ostgebieten belegenem Vermögen im Lastenausgleich nicht geltend machen. Schäden auf dem Gebiet der sowjetischen Besatzungszone bleiben unberücksichtigt, weil die Bundesrepublik Deutschland nicht einseitig Belastungen aus den im gesamten Reichsgebiet entstandenen Schäden übernehmen kann. Im „Verhältnis zwischen der Bundesrepublik Deutschland ... und ... der sowjetischen Besatzungszone ... [obliegt] jedem Teil die angemessene Regelung der Entschädigung für die in seinem Bereich entstandenen Kriegssachschäden."[1196] Vermutlich soll damit ein Ersatz für Enteignungen, Bodenreform und Sozialisierungen durch Sowjets und DDR-Verwaltung abgewendet werden; zudem soll der Lastenausgleich keinen Anlass bieten, aus der DDR in das Bundesgebiet überzusiedeln.

Erweitert wird der Vertriebenenbegriff: Nach § 8 ist dies jeder Deutsche, der am 28. August 1939 oder später seinen Wohnsitz oder dauernden Aufenthalt in den deutschen Gebieten jenseits der Oder-Neiße-Linie oder in Gebieten außerhalb der Grenzen des Deutschen Reiches hat und von dort ausgewiesen oder geflüchtet ist. Die Einschränkung des § 31 Nr. 1, 2. HS SHG hinsichtlich solcher Personen, die ihren Wohnsitz erst nach 1937 in Gebiete außerhalb der Reichsgrenzen von 1937 verlegt haben, um dort die politische oder militärische Lage auszunutzen,[1197] entfällt.

Der Schaden wird zur Berechnung der Hauptentschädigung jetzt 15 enger gestaffelten Schadensgruppen zugeordnet. Der maximal festzustellende Schaden beläuft sich auf 150 000 RM (§ 207 Abs. 1, Schadensgruppe 15). Die Höhe der Hauptentschädigung legt der Gesetzentwurf nicht fest; § 215 Abs. 1 verdeutlicht aber, dass die Entschädigung nur von der Schadensgruppe abhängig ist, weshalb nicht mehr als 150 000 RM Schaden angesetzt werden können.[1198] Die Höhe der Entschädigung soll nach § 215 Abs. 1 ein Gesetz bis Ende 1956 definieren. Vertriebene erhalten einen Zuschlag in Höhe von 10 % auf die Hauptentschädigung, § 215 Abs. 2. Die Feststellung der Hauptentschädigung begründet einen Anspruch, dessen Erfüllung von der Dringlichkeit in der Person des Geschädigten unter Berücksichtigung sozialer und volkswirtschaftlicher Aspekte abhängig ist

1196 Vgl. die Begründung des Regierungsentwurfs, zu § 188 Abs. 3 (Anlage 1b zu Drs. BT I/1800, S. 96).

1197 Vgl. oben, G.II.2.c) (S. 205).

1198 Nach der Begründung zu § 207 (Anlage 1b zu Drs. BT I/1800, S. 105) wird im Höchstfall Entschädigung für verlorenes Vermögen in Höhe von 150 000 RM gezahlt; § 207 ist nicht so deutlich.

(§§ 228, 220).[1199] Kann der Geschädigte sich mittels der Entschädigung eine neue Lebensgrundlage oder Wohnung verschaffen oder Dritte ausbilden, kann er eine Vorauszahlung auf die Hauptentschädigung als „Wiedereingliederungshilfe“ erhalten (§ 222). Maximal sind 15 000 DM Wiedereingliederungshilfe bei einem Schaden von über 150 000 RM vorgesehen (§ 224, Schadensgruppe 15). Sichergestellt ist, dass die Hauptentschädigung nicht geringer als die Wiedereingliederungshilfe sein wird.[1200]

Neben Hauptentschädigung und Wiedereingliederungshilfe sieht der Entwurf eine Kriegsschadenrente und eine Hausratsentschädigung vor. Die Kriegsschadenrente ist die Fortführung der Soforthilfe; sie soll abhängig vom Schaden bis zu einem Betrag von maximal 70 DM pro Monat gezahlt werden (§ 237, Anhang Rententabelle). Besteht Anspruch auf Hauptentschädigung und Kriegsschadenrente, so ist ein Teil der Rente zugleich eine Vorauszahlung auf die Hauptentschädigung (§ 240 Abs. 2). Die Hausratsentschädigung soll gewährt werden, wenn wenigstens 75 % des Hausrats verloren sind und der Geschädigte kein hohes Einkommen oder Vermögen hat (§ 244). Zertifikate ermöglichen den Geschädigten, direkt bei einem Abgabepflichtigen gegen Einreichung des Zertifikats geldwerte Leistungen zu bekommen (§§ 249–253). Die Zuteilung von Zertifikaten setzt voraus, dass der Geschädigte einen Abgabepflichtigen namentlich benennt, der bereit ist, das Zertifikat zu übernehmen. Der Abgabepflichtige kann das Zertifikat zur Abtragung seiner Abgabeschuld verwenden (§§ 249 Abs. 3, 176).

Der Regierungsentwurf sieht dieselben Ausgleichsabgaben vor wie der Vorentwurf vom 13. August 1950 (§ 3). Die Höhe der Vermögensabgabe beträgt jetzt einheitlich 50 % (§ 21). Die Abgabeschuld ist nunmehr zu verzinsen. Als einheitliche Abgaberaten sind pro Jahr bei Betriebsvermögen 6 %, bei Mietwohngrundstücken 4 % und bei land- und forstwirtschaftlich genutztem Vermögen 2 % vorgesehen, wobei die Abgaberaten Tilgung und Zinsen umfassen (§ 21 Abs. 1). Als Laufzeit sind 30 Jahre vorgesehen (§ 23). Die Vermögenssteuer wird für 25 Jahre als Ausgleichsabgabe herangezogen (§ 51).

Die Begründung geht auf die Frage eines Rechtsanspruchs ohne Lastenausgleichsgesetz ein und lehnt einen gewohnheitsrechtlichen Anspruch mit Verweis auf *Cahn* ab.[1201] Auch die staatsbürgerliche Solidarität sei kein Verpflichtungs-

---

1199 Eine Formulierung, die verdächtig an § 9 Abs. 1 KSSchVO erinnert.

1200 Die Höhe der Wiedereingliederungshilfe ist dergestalt zu bemessen, „dass mit der Festsetzung … der Hauptentschädigung in mindestens gleicher Höhe gerechnet werden darf“ (Anlage 1b zu Drs. BT I/1800, S. 105).

1201 Die Begründung des Regierungsentwurfs, Teil 3, 1. Abschnitt Nr. 1 (Anlage 1b zu Drs. BT I/1800, S. 93), verweist auf Cahn, S. 133, der demgegenüber lediglich dem Gedanken entgegentritt, dass der Staat unmittelbar zum Ersatz verpflichtet sei. Vielmehr sei

grund. Eine Verpflichtung des Staates führe lediglich dazu, dass kaum etwas gezahlt werde oder wertlose Banknoten gedruckt würden.[1202] Das in den Ostgebieten zurückgelassene Vermögen (Vertreibungsschäden) könne bei einem Friedensvertrag nicht mit Reparationsforderungen verrechnet werden und sei daher nicht zugunsten der (deutschen) Allgemeinheit geopfert. Im Übrigen sei dieses Vermögen häufig geplündert oder durch Gesetz und Verwaltungsakte von Drittländern konfisziert worden. Unabhängig von der Völkerrechtswidrigkeit erwachse aus diesen Maßnahmen kein Anspruch gegen die Bundesrepublik Deutschland.[1203]

Keinen Anspruch begründe die KSSchVO von 1940: Der „politische Wechsel auf den vom damaligen Regime versprochenen“ Endsieg sei mit dem verlorenen Krieg uneinlösbar geworden, auch sei der Anspruch aus § 8 KSSchVO mit der Währungsreform nicht umgestellt worden.[1204] Eine entschädigungspflichtige Enteignung sei das nicht: Es handele sich nicht um einen Einzeleingriff in subjektive Vermögensrechte. Obwohl gesetzliche Maßnahmen Enteignungen darstellen könnten, bildeten die Sachgeschädigten keinen „individuell bestimmte[n] Kreis von Rechtsträgern“; außerdem seien die durch die Nichtumstellung zu erbringenden Opfer nicht unzumutbar. Eine Berufung auf die dem Art. 14 Grundgesetz (GG)[1205] entsprechende Norm des Art. 153 WRV sei ausgeschlossen, weil Militärgesetze die Währungsreform angeordnet hätten. Eine volle Entschädigung sei mit dem Sinn und Zweck einer Währungsreform unvereinbar. Soweit Naturalersatz geschuldet sei, hafte das Reich.[1206]

Die Bundesrepublik Deutschland hafte selbst dann nicht für Reichsverbindlichkeiten, wenn (Teil-) Identität zwischen Bund und Reich angenommen werde, denn Art. 134 Abs. 4 GG setze ein Bundesgesetz zur Haftungsübernahme vo-

---

Ziel des Kriegsschadensrechts nicht nur das der ausgleichenden Gerechtigkeit, sondern vor allem auch eine Frage der Mittelbeschaffung (Cahn, S. 132).

1202 Begründung Regierungsentwurf, Teil 3, 1. Abschnitt Nr. 1 (Anlage 1b zu Drs. BT I/1800, S. 93).

1203 Begründung Regierungsentwurf, Teil 3, 1. Abschnitt Nr. 1 a) (Anlage 1b zu Drs. BT I/1800, S. 93).

1204 Dabei handelt es sich bei dem Anspruch aus der KSSchVO einerseits nicht um nationalsozialistisches Unrecht, vgl. oben, F.III.2 (S. 200), andererseits ermöglicht § 8 Abs. 1 KSSchVO die Ersatzleistung auch in Natur. Die Währungsreform erfasst den Anspruch auf Leistung in Natur nicht.

1205 „Grundgesetz für die Bundesrepublik Deutschland“ vom 23.5.1949, BGBl. I 1949, S. 1.

1206 Die Begründung des Regierungsentwurfs, Teil 3, 1. Abschnitt Nr. 1 (Anlage 1b zu Drs. BT I/1800, S. 94), verweist auf die Entscheidung des OGHBrZ, DöV 1950, S. 686, und die dort genannten Voraussetzungen, die vom traditionellen Enteignungsbegriff abweichen.

raus. „Offiziöse (sic!) Kundgebungen der Bundesorgane“ könnten keine Reichsverbindlichkeiten anerkennen. Dies gelte erst recht, wenn der Bund nicht mehr als eine Teilordnung im fortbestehenden Reichsverband sei.[1207] Daraus folge, dass „ein unbedingtes und unbegrenztes Recht der ... Geschädigten gegenüber dem Bund nicht anzuerkennen ist.“ Dies gelte insbesondere für Verluste, „die sich als Katastrophenschäden charakterisieren.“[1208] Dennoch müsse der Grundgedanke der Enteignungsentschädigung aufgegriffen werden.[1209] Im Übrigen sei der Gesetzgeber in der Gestaltung des Lastenausgleichs frei.[1210]

Zur Aufgabe des Lastenausgleiches stünden sich zwei Grundauffassungen gegenüber: einerseits der Gedanke, dass der Lastenausgleich Schäden „auf die Schultern aller“ verlagere, anderseits das Ziel, die „ihrer wirtschaftlichen Grundlage beraubten Menschen in den Wirtschaftsprozess und die soziale Gemeinschaft“ einzugliedern.[1211] Der Entwurf vermittele: Leistungen würden nur bei Schäden, und ein Schwerpunkt liege auf sozialpolitischen Eingliederungsmaßnahmen. Ausgleichsleistungen seien nicht vorgesehen, wenn das gerettete Vermögen einen Wert von mehr als 75 000 DM habe oder Betroffene weniger als die Hälfte ihres Vermögens verloren hätten. Folglich sei auch die Hauptentschädigung degressiv gestaffelt.[1212] Nicht begründet wird, warum der Entwurf solchen Vertriebenen Ausgleichsleistungen zukommen lässt, die erst infolge der nationalsozialistischen Politik in die Ostgebiete gezogen sind, um dort die politische Situation auszunutzen. Es wird nur darauf verwiesen, dass § 8 des Entwurfs weitgehend § 31 Nr. 1 SHG entspreche. Das trifft nicht zu.[1213]

Interessant ist die Ablehnung eines Anspruchs für in den Ostgebieten zurückgelassenes Vermögen: Ohne Erörterung, warum ein Anspruch der Geschädigten bestehen könnte, wird der Anspruch abgelehnt, weil nichts zugunsten der

1207 Begründung Regierungsentwurf, Teil 3, 1. Abschnitt Nr. 2 (Anlage 1b zu Drs. BT I/1800) S. 94 f.

1208 So die Begründung Regierungsentwurf, Teil 3, 1. Abschnitt Nr. 3 (Anlage 1b zu Drs. BT I/1800, S. 95) – auf die „Katastrophenschäden“ wird in der weiteren Begründung kein Bezug genommen; erläutert wird auch nicht, warum die Kriegsschäden (Natur-) Katastrophenschäden sein sollen.

1209 Begründung Regierungsentwurf, Teil 3, 1. Abschnitt Nr. 3 (Anlage 1b zu Drs. BT I/1800, S. 95).

1210 So die Überschrift zum 3. Teil, Abschnitt Nr. 3, der Begründung des Regierungsentwurfs (Anlage 1b zu Drs. BT I/1800, S. 95) – die Begründung nimmt darauf aber keinen Bezug.

1211 Begründung Regierungsentwurf, Teil 3, Vorbemerkungen I (Anlage 1b zu Drs. BT I/1800, S. 91).

1212 Begründung Regierungsentwurf, Teil 3, Vorbemerkungen II (Anlage 1b zu Drs. BT I/1800, S. 92).

1213 Vgl. die Diskussion um die Einschränkung oben, G.II.2.c) (S. 205 ff.).

Allgemeinheit geopfert worden sei: Verlorenes Privatvermögen könne nicht mit Reparationsforderungen verrechnet werden. Damit nimmt die Begründung eine Anleihe bei der (nicht genannten) *lex rhodia*. Mangels geretteten Vermögens soll kein Anspruch bestehen. Die Frage stellt sich, warum dann andere Sachschäden ersetzt werden sollen. Die Besinnung auf §§ 74, 75 Einl. ALR hätte zu einem anderen Ergebnis geführt: Das ALR verlangt keine Verknüpfung zwischen Schaden und Rettung, der Schaden muss nur „zum Wohle des gemeinsamen Wesens" eintreten, eine Rettung fordert das ALR nicht. Nicht bestreiten lässt sich, dass die Randgebiete einen „Puffer" bei der Eroberung des Reiches darstellen.[1214]

Auch die Gleichstellung der Kriegsschäden mit „Katastrophenschäden" erstaunt. Die These, dass Kriegsereignisse Naturereignisse sind, ist bereits zur Zeit der Befreiungskriege widerlegt.[1215] Insoweit erweckt die Begründung des Regierungsentwurfs den Eindruck, als sei der 2. Weltkrieg eine zufällige Naturkatastrophe, die über das Land gekommen sei. Unbegründet bleibt, warum bei Katastrophenschäden der Grundgedanke der Enteignungsentschädigung gelten solle.

Offen bleibt auch, warum § 373 Nr. 3 des Entwurfs die KSSchVO ausdrücklich aufhebt, obwohl die KSSchVO keinen Anspruch gegen die Bundesrepublik Deutschland begründen kann, wenn die Bundesrepublik Deutschland nicht für die Reichsschulden haftet.

b) Die Diskussion in den parlamentarischen Gremien

aa) Stellungnahme des Bundesrates

Der Bundesrat lehnt den Regierungsentwurf ab, signalisiert aber Zustimmung, wenn bestimmte Forderungen der Länder erfüllt würden. Insbesondere sei die im Entwurf vorgesehene Hauptentschädigung zugunsten einer langfristigen Eingliederungshilfe zu streichen.[1216] Niedersachsen beantragt, die Vermögensabgabe nicht zu verrenten, sondern sofort fällig zu stellen, um einen Ausgleich der Lasten und nicht lediglich eine Gewinnabschöpfung über mehrere Jahrzehnte herbeizuführen. Der Antrag wird verworfen.[1217]

1214 Deutlich wird dies bereits bei den Schäden, die durch Luftangriffe entstehen – weiter östlich gelegene Städte wie Breslau erreichen die Westalliierten bis Kriegsende kaum.

1215 Vgl. oben, C.II.2.a)aa) (S. 39).

1216 Vgl. die Stellungnahme des Bundesrats zum Entwurf eines Gesetzes über einen Allgemeinen Lastenausgleich, abgedruckt als Anlage 2 zur Drs. BT I/1800, dort Nr. 1 (S. 2).

1217 Vgl. Bundesrat, Sitzungsbericht Nr. 47, S. 39 C (Antrag) und S. 43 D (Abstimmung).

bb) Beschlussfassung im Bundestag

(1) 1. Lesung im Bundestag

In der 1. Lesung des Gesetzentwurfes im Bundestag begründet Bundesfinanzminister *Schäffer* die sittliche Pflicht des deutschen Volkes, „brüderlich zusammenzustehen und eine Notgemeinschaft zu bilden.“ Der Rechtsanspruch auf Hauptentschädigung sei „aus dem Gedanken der Notgemeinschaft als eine *freiwillige* Leistung des Deutschen Volkes übernommen.“[1218] In der Generaldebatte begrüßt die CDU/CSU-Fraktion sowohl die quotalen Entschädigungen als auch die sozialen Leistungen des LAG.[1219] Die SPD kritisiert den im Wesentlichen quotalen Ausgleich des Entwurfs und plädiert für Leistungen vor allem für diejenigen, die infolge einer unsozialen Wirtschaftsgesinnung derzeit nicht fähig seien, ihre Familien zu ernähren. Der Lastenausgleich müsse ohne Rücksicht auf die Schäden vorwiegend zur Wiedereingliederung der Geschädigten dienen.[1220]

Vertriebenenvertreter lehnen den Entwurf ab: Statt einer starren Quote seien kleine Vermögen vollständig und größere anteilig zu erstatten.[1221] Abgeordnete der FDP verlangen einen quotalen Ausgleich, der die Schäden berücksichtige. Dieser Forderung entspreche am besten der Regierungsentwurf.[1222]

(2) Behandlung im Bundestagsausschuss

Auch der Lastenausgleichsausschuss des Bundestages streitet anhand der sog. Hauptentschädigung über die Notwendigkeit eines „quotalen“ oder (nur) „sozialen“ Ausgleichs.[1223] In zweiter Lesung einigt sich der Ausschuss auf eine differenziertere Behandlung: Anstelle der Einteilung in zehn Schadensgruppen sieht

---

1218 Rede des Bundesfinanzminister Schäffer, Sten. Ber. BT, 115. Sitzung vom 31.1.1951, S. 4342 B (Hervorhebung durch den Autor). Ganz ähnlich Vizekanzler Blücher zu Beginn der 2. Lesung, Sten. Ber. BT, 207. Sitzung vom 6.5.1952, S. 8968 B: „sittliche Verpflichtung des ganzen Volkes ... die Lasten des Krieges und seiner Folgen gemeinsam zu tragen.“

1219 Rede des Abgeordneten Kunze (CDU), Sten. Ber. BT, 115. Sitzung vom 31.1.1951, S. 4337 B.

1220 Rede des Abgeordneten Kriedemann (SPD), Sten. Ber. BT, 115. Sitzung vom 31.1.1951, S. 4351 B.

1221 So der Vertriebenenabgeordnete der CDU Kather, Sten. Ber. BT, 115. Sitzung vom 31.1.1951, S. 4354 C.

1222 Vgl. die Rede des Abgeordneten Nöll von der Nahmer (FDP), Sten. Ber. BT, 115. Sitzung vom 31.1.1951, S. 4359 D.

1223 Vgl. nur statt aller die Zusammenfassung des Vorsitzenden des Ausschusses Kunze, Kurzprotokoll der 46. Sitzung des Ausschusses für den Lastenausgleich vom 27.4.1951, abgedruckt in LAG 1/3, S. 259 (260), sowie die Protokolle der folgenden Sitzungen, abgedruckt ebenda, S. 261 ff.

der Ausschuss 23 Schadensstufen vor, wobei die prozentual zu leistende Entschädigung degressiv absinkt. Maximal soll ein Schaden in Höhe von 500 000 RM geltend gemacht werden können, für den 7 % Entschädigung in Deutscher Mark zu gewähren sind, also ein Höchstbetrag von 35 000 DM.[1224] Als sich die Regierungskoalition darauf einigt, keinen Schadenshöchstbetrag, sondern eine degressiv gestaltete Entschädigung vorzusehen, die auch bei großen Schäden maximal 2 % des Schadens ausgleicht, billigt der Ausschuss diese Lösung in 3. Lesung mit knapper Mehrheit. Zugleich wird ein Antrag der SPD verworfen, nur Schäden bis zu einem Höchstbetrag von 150 000 RM anzuerkennen.[1225] Dadurch wird erstmals kein Maximalbetrag mehr festgelegt. Für die Regierungskoalition ist die Streichung der Obergrenze dem Grundsatz des Privateigentums geschuldet; zugleich belastet die Änderung den Ausgleichsfonds wegen geringer Fallzahlen kaum.[1226]

Neu aufgenommen werden in den Beratungen auch die sog. Ostschäden. Es handelt sich um Schäden, die Nichtvertriebenen in den Gebieten jenseits von Oder und Neiße entstanden sind. In der 3. Lesung im Ausschuss wird der Begriff des „Vertriebenen“ an das ebenfalls im Gesetzgebungsprozess befindliche Bundesvertriebenengesetz (BVFG)[1227] angepasst: Als Vertriebene gelten auch jene, die erst nach den Eroberungen der Wehrmacht in die Vertreibungsgebiete gezogen sind. Verlangt wird nur, dass der Geschädigte nach dem Krieg seinen Wohnsitz im Vertreibungsgebiet behalten wollte.[1228] Geändert werden auch die Definitionen zum „Vertreibungsschaden“ und „Kriegssachschaden“, die jetzt den Verlust des Wohnraums und der beruflichen Existenz umfassen. Obwohl

1224 Vgl. das Kurzprotokoll der 105. Ausschusssitzung, abgedruckt in LAG I/3, S. 351 (353) und die Erläuterungen dazu, ebenda, S. 30.

1225 Vgl. das Kurzprotokoll der 112. Ausschusssitzung, abgedruckt in LAG I/3, S. 376 (377 f.).

1226 Prognostiziert wird ein Betrag von 250 Millionen DM, vgl. dazu die Diskussion folgend auf den Redebeitrag des Abgeordneten Ohlig (SPD), Sten. Ber. BT, 209. Sitzung vom 8.5.1952, S. 9141 C ff.

1227 Oben, Anm. 30 (S. 7).

1228 § 31 Nr. 1 SHG schließt diese Personengruppe von dem Erhalt von Hilfeleistungen aus. § 9 des Entwurfs verlangt, dass „aus den Umständen hervorgeht, dass er [der Geschädigte] sich auch nach dem Kriege in diesen Gebieten ständig niederlassen wollte“ (vgl. das Kurzprotokoll der 110. Sitzung des Ausschusses für den Lastenausgleich vom 13.3.1952, abgedruckt in LAG I/3, S. 366 (371).

reine Vermögensschäden,[1229] werden sie erfasst, weil beide Verluste häufig ebenso schwere Auswirkungen wie der Verlust von Sachvermögen hätten.[1230]

Die Höhe der Kriegsschadenrente lehnt der Ausschuss als zu gering ab und sieht daher eine Vollversorgung entsprechend der §§ 35, 36 Abs. 1 SHG vor, damit Betroffene keine zusätzliche Unterstützung durch die öffentliche Fürsorge benötigen.[1231]

Der Ausschuss einigt sich auf eine Präambel für das Gesetz, um die Bedeutung des Lastenausgleichs herauszustellen:[1232] „In Anerkennung des Anspruchs der durch den Krieg und seine Folgen besonders betroffenen Bevölkerungsteile auf einen die Grundsätze der sozialen Gerechtigkeit und die volkswirtschaftlichen Möglichkeiten berücksichtigenden Ausgleich von Lasten und auf die zur Eingliederung der Geschädigten notwendigen Hilfe sowie unter dem ausdrücklichen Vorbehalt, dass die Gewährung und Annahme von Leistungen keinen Verzicht auf die Geltendmachung von Ansprüchen auf Rückgabe des von den Vertriebenen zurückgelassenen Vermögens bedeutet, hat der Bundestag mit Zustimmung des Bundesrates das nachstehende Gesetz beschlossen."

(3) 2. und 3. Lesung im Bundestag

In der 2. Lesung halten sich die Regierungsfraktionen mit Anträgen zurück, damit das Gesetz rasch in Kraft tritt.[1233] Dagegen verlangen Vertreter der SPD, erhalten gebliebenes Vermögen stärker zu belasten.[1234] Die SPD lehnt weiterhin die Hauptentschädigung ab und verlangt ausschließlich soziale Maßnahmen im Lastenausgleich. Weil aber nach den Ausschussberatungen sogar kein Höchstbe-

1229 Das gilt für Mieter; Wohnraum im Eigentum des Geschädigten wird als Sachschaden erfasst.

1230 Vgl. den „Schriftlichen Bericht des Ausschusses für den Lastenausgleich (17. Ausschuss) über den Entwurf eines Gesetzes über einen Allgemeinen Lastenausgleich – Nr. 1800 der Drucksachen –", zu BT-Drs. I/3300, S. 7.

1231 Vgl. das Kurzprotokoll der 27. Sitzung des Ausschusses für den Lastenausgleich vom 8.2.1951, abgedruckt in LAG I/3, S. 225 (226), sowie 39. Sitzung vom 29.3.1952, ebenda, S. 246 ff., und der 103. Sitzung vom 24.1.1952, ebenda, S. 346 ff.

1232 Vgl. das Kurzprotokoll der 109. Sitzung des Ausschusses für den Lastenausgleich vom 12.3.1952, abgedruckt in LAG I/3, S. 362 (363).

1233 Vgl. die Rede des Abgeordneten Nöll von der Nahmer (FDP), Sten. Ber. BT, 207. Sitzung vom 6.5.1952, S.8970 B.

1234 Vgl. die Rede des Abgeordneten Kriedemann (SPD), Sten. Ber. BT, 207. Sitzung vom 6.5.1952, S.8971 B.

trag für die Hauptentschädigung mehr vorgesehen ist, beantragt die SPD jetzt die Wiederherstellung der ursprünglichen Regierungsvorlage.[1235]

Die Frage, ob die Geschädigten auch ohne Lastenausgleichsgesetz einen Entschädigungsanspruch haben, wird nur über die Präambel angesprochen: Keine Mehrheit findet der Antrag, aus der Präambel die Berücksichtigung der „volkwirtschaftlichen Möglichkeiten" zu streichen, um klarzustellen, dass bereits ohne das Lastenausgleichsgesetz ein naturrechtlicher Anspruch der Geschädigten bestehe.[1236] Die Präambel wird in der vom Ausschuss vorgeschlagenen Form Bestandteil des Gesetzes.

Außerdem diskutiert der Bundestag lebhaft die Finanzierung der Kriegsschadenrente. Der ursprüngliche Regierungsentwurf sieht nur eine Unterstützung vor, während die vom Ausschuss vorgesehene Rente auch Kriegsschäden abdeckt.[1237] Zugleich wird erneut die Frage gestellt, ob der Gesetzentwurf zu einem Lasten-„Ausgleich" führe; dem Wortlaut nach müsste ein Ausgleich zu einer Vermögensumschichtung führen.[1238]

In der 3. Lesung des Entwurfs werden vorwiegend redaktionelle Fragen behandelt, obwohl die meisten der in der 2. Lesung abgelehnten Anträge erneut gestellt werden. Die Generalaussprache zeigt, dass die Abgeordneten hinter der Idee des „Lastenausgleichs" stehen, wenngleich dessen Aufgabe weiterhin diskutiert wird: So bemängelt die SPD, der Entwurf werde seiner Aufgabe eines „zweiten Grundgesetzes" im sozialen Bereich[1239] nicht gerecht, weil er größeren Privatbesitz bevorzuge.[1240] Der Lastenausgleich dürfe nicht nur restituieren, sondern müsse vor allem für diejenigen sorgen, die Wohnraum und Arbeitsplatz

1235 Vgl. die Rede des Abgeordneten Ohlig (SPD), Sten. Ber. BT, 209. Sitzung vom 8.5.1952, S. 9141 C–9144 C.

1236 Vgl. den Überblick für die Mitglieder der Bundespressekonferenz des Abgeordneten Kunze als Vorsitzenden des Ausschusses für den Lastenausgleich über die Gesetzesvorlage, „Gesetz über den Lastenausgleich", Drucksache Nr. 3300, abgedruckt in LAG I/3, S. 581 (593). In der 2. Lesung des Gesetzentwurfs werden Antrag und Begründung wiederholt, vgl. den Wortbeitrag Kather (CDU), Sten. Ber. BT, 207. Sitzung vom 6.5.1952, S. 8976 C–D.

1237 Vgl. das Protokoll der Diskussion, Sten. Ber. BT, 210. Sitzung vom 9.5.1952, S. 9196 B–9206 D.

1238 Vgl. die Rede des Abgeordneten Heiland (SPD), Sten. Ber. BT, 210. Sitzung vom 9.5.1952, S. 9196 C.

1239 Vgl. die Rede des Abgeordneten Ollenhauer (SPD), Sten. Ber. BT, 211. Sitzung vom 14.5.1952, S. 9264 C.

1240 Vgl. die Rede des Abgeordneten Ollenhauer (SPD), Sten. Ber. BT, 211. Sitzung vom 14.5.1952, S. 9263 C.

verloren haben.[1241] Die CSU vermutet, dass der Entwurf wohl auf keiner Seite Begeisterung hervorrufen werde, aber dem Bemühen entspreche, die Probleme zu meistern.[1242] Eines Tages könne man das Lastenausgleichsgesetz nach Umfang und Wirkung mit dem BGB vergleichen.[1243] Die FDP hält die Abgabenhöhe für gerade noch vertretbar.[1244]

In der Hoffnung, dass der ihnen nicht ausreichende Entwurf später nachgebessert werde, äußern selbst Vertriebenenvertreter kaum Widerstand.[1245] Wichtig sei, dass der Bund die Ausgleichsleistungen in den ersten Jahren vorfinanziere.[1246] Nur diese Gruppe geht weiterhin von einem „Rechtsanspruch auf gerechte Verteilung der Kriegs- und Kriegsfolgelasten" aus;[1247] zugleich fordern die Abgeordneten eine höhere Belastung des erhalten gebliebenen Vermögens.[1248] Die Anträge aus der SPD sind im Wesentlichen darauf gerichtet, größere Vermögen stärker zum Lastenausgleich heranzuziehen und zugleich die Ausgleichsleistungen in der Spitze zu begrenzen.[1249] Staatliches Vermögen und das Vermögen von Arbeitnehmerverbänden und Gewerkschaften dürfe nicht zum Lastenausgleich herangezogen werden.[1250] Für Streit sorgt daher auch ein Entschließungsantrag von Abgeordneten der Regierungsfraktionen, dem Lastenausgleich in den

1241 Vgl. die Rede des Abgeordneten Kriedemann (SPD), Sten. Ber. BT, 211. Sitzung vom 14.5.1952, S. 9267 D.

1242 Vgl. die Rede des Abgeordneten Schütz (CSU), Sten. Ber. BT, 211. Sitzung vom 14.5.1952, S. 9273 C.

1243 Vgl. die Rede des Abgeordneten Schütz (CSU), Sten. Ber. BT, 211. Sitzung vom 14.5.1952, S. 9271 C .

1244 Vgl. die Rede des Abgeordneten Dr. Atzenroth (FDP), Sten. Ber. BT, 211. Sitzung vom 14.5.1952, S. 9280 B.

1245 So der Abgeordnete Dr. Keller (BHE), Sten. Ber. BT, 213. Sitzung vom 16.5.1952, S. 9389 C.

1246 Vgl. die Rede des Abgeordneten Dr. Kather (CDU), Sten. Ber. BT, 211. Sitzung vom 14.5.1952, S. 9274 C.

1247 Vgl. die Rede des Abgeordneten Dr. Kather (CDU), Sten. Ber. BT, 211. Sitzung vom 14.5.1952, S. 9274 A; der Abgeordnete Keller (BHE) spricht ebenfalls von einer rechtlichen Pflicht (S. 9277 A).

1248 Vgl. die Rede des Abgeordneten Dr. Kather (CDU), Sten. Ber. BT, 211. Sitzung vom 14.5.1952, S. 9274 B, 9274 D, und des Abgeordneten Keller (BHE), der treffend formuliert (S. 9276 C), der Gesetzentwurf mache aus einer Vermögensabgabe eine Vermögenssteuer. Auch die SPD fordert höhere Abgaben, vgl. die Erklärung des Abgeordneten Schoettle zur Schlussabstimmung, Sten. Ber. BT, 213. Sitzung vom 16.5.1952, S. 9385 C.

1249 So bei der Diskussion um § 269 der Abgeordnete Ohlig (SPD), Sten. Ber. BT, 213. Sitzung vom 16.5.1952, S. 9349 D ff.

1250 Vgl. die Rede des Abgeordneten Baur (Augsburg, SPD), Sten. Ber. BT, 212. Sitzung vom 15.5.1952, S. 9300, und die anschließende Diskussion.

Jahren 1952 bis 1954 noch größere Mittel aus dem Bundeshaushalt zuzuführen.[1251] Angenommen wird ein Entschließungsantrag, in Zukunft auch Sowjetzonenflüchtlingen Leistungen ähnlich denen des Lastenausgleichs zukommen zu lassen.[1252]

Bei der Schlussabstimmung am 16. Mai 1952 stimmen in namentlicher Abstimmung 209 von 364 Abgeordneten für den Gesetzentwurf, 109 stimmen dagegen, 11 Abgeordnete enthalten sich. Während die Abgeordneten der CDU/CSU-Fraktion dem Gesetz geschlossen zustimmen, lehnen die Fraktionen von SPD und KPD es geschlossen ab.[1253]

cc) Beschlussfassung im Bundesrat

Weil der Bundesrat nach Art. 77 Abs. 2 GG binnen zweier Wochen den Vermittlungsausschuss anrufen muss, begleitet der vom Bundesrat einberufene Sonderausschuss Lastenausgleich die Sitzungen des Bundestages und der Bundestagsausschüsse und kann bereits am 28. Mai 1952 eine Stellungnahme zum Bundestagsbeschluss abgeben.[1254] Der Bundesrat folgt dessen Empfehlungen im Wesentlichen und wendet sich vor allem gegen die Inanspruchnahme öffentlichen Vermögens für den Lastenausgleichsfonds; außerdem sollten die öffentlichen Haushalte nicht zum Ausgleichsfonds beitragen.[1255] Hinsichtlich der Hauptentschädigung fordert der Bundesrat die Rückkehr zur ursprünglichen Regierungsvorlage und sieht daher eine nach Schadensgruppen gestaffelte Entschädigung vor, deren Grundbetrag höchstens 35 000 DM bei Verlusten über 475 000 RM beträgt. Die Eingruppierung in Schadensgruppen soll vermeiden, dass Geschädigte für jede Feststellung eines (vermeintlichen[1256]) Schadens die

---

1251 Der Antrag der Fraktionen der CDU/CSU, FDP und DP/DPB vom 15.5.1952, Drs. BT I/3373, wird in der Sitzung vom 16.5.1952 kontrovers diskutiert, im Ergebnis aber angenommen (Sten. Ber. BT, 213. Sitzung vom 16.5.1952, S. 9368 A–9380 D, Abstimmung; S. 9411).

1252 Vgl. den Entschließungsantrag der SPD-Fraktion vom 16.5.1952 zu Drs. BT I, Nrn. 1800, 3300, Umdruck Nr. 561, abgedruckt in LAG I/3, S. 915, und die Abstimmung dazu, Sten. Ber. BT, 213. Sitzung vom 16.5.1952, S. 9384 C.

1253 Abstimmungsergebnis, Sten. Ber. BT, 213. Sitzung vom 16.5.1952, S. 9405–9412.

1254 Der Gesetzesentwurf des Bundestages wird dem Bundesrat über die Drs. BR 210/52 zugeleitet, die Stellungnahme des Sonderausschusses Lastenausgleich wird abgedruckt in der Drs. BR 210/1/52.

1255 Vgl. die Stellungnahme des Sonderausschusses Lastenausgleich des Bundesrats, Drs. BR 210/1/52, dort Nr. 18.

1256 Die Überlegung des Berichterstatters Troeger (Hessen) zum Betrug durch Geschädigte (Sten. Ber. BR, 86. Sitzung am 6.6.1952, S. 242 C) ist nicht neu, vgl. die Situation in Sachsen nach den Koalitionskriegen (oben), C.III.1.a)dd) (S. 56).

Verwaltungsgerichte anrufen können.[1257] Der Sonderausschuss stimmt mit dem Bundesfinanzminister überein, der noch im Februar 1952 für eine entsprechende Eingruppierung plädiert hatte.[1258] Im Gegenzug könnten höhere Sozialleistungen erbracht werden.[1259] Vor allem die Unterhaltshilfe nach §§ 35–42 SHG soll auf Dauer fortgeführt werden.[1260] Auch Vertriebene aus der sowjetischen Besatzungszone sollen ihre Verluste in den Gebieten jenseits von Oder und Neiße geltend machen können.[1261]

Niedersachsen fordert weiterhin die sofortige Fälligkeit der Vermögensabgabe, denn der Gesetzentwurf begründe lediglich eine Sondersteuer auf Vermögensgewinne für den Zeitraum von 30 Jahren, die keinen Ausgleich von Lasten herbeiführe.[1262] Nur Schleswig-Holstein beantragt, dem Entwurf in der vom Bundestag beschlossenen Fassung trotz aller Mängel zuzustimmen. Trotz Unterstützung durch Rheinland-Pfalz wird der Antrag abgelehnt.[1263] Anstelle der vom Bundestag vorgesehenen Zuschüsse an den Lastenausgleichsfonds zur Finanzierung der Kriegsschadenrente fordert der Bundesrat eine Ausfallbürgschaft.[1264] Im Übrigen werden Einzelfragen behandelt.[1265]

dd) Behandlung im Vermittlungsausschuss und endgültige Beschlussfassung

Der Vermittlungsausschuss sieht den Zuschuss aus den allgemeinen Haushalten von Bund und Ländern zur Finanzierung des Lastenausgleichsfonds in den ers-

1257 Abstimmungsbericht, Sten. Ber. BR, 86. Sitzung am 6.6.1952, S. 243 A.

1258 Stellungnahme des Sonderausschusses Lastenausgleich des Bundesrats, Drs. BR 210/1/52, dort Nr. 11.

1259 Die vom Bundestag vorgesehene Hauptentschädigung werde dem sozialen Zweck des Lastenausgleichs nicht gerecht, so Berichterstatter Dr. Dudek (Hamburg), Sten. Ber. BR, 86. Sitzung am 6.6.1952, S. 231 D.

1260 Dabei geht es im Wesentlichen um über 70-jährige Geschädigte, die nach Auslaufen des SHG durch die allgemeine Wohlfahrt unterstützt hätten werden müssen, vgl. die Stellungnahme des Sonderausschusses Lastenausgleich des Bundesrates, Drs. BR 210/1/52, dort Nr. 14–15, und die Beschlussfassung im BR, Sten. Ber. BR, 86. Sitzung am 6.6.1952, S. 245 D.

1261 Dem Antrag Schleswig-Holsteins wird zugestimmt, Sten. Ber. BR, 86. Sitzung am 6.6.1952, S. 237 A–C.

1262 Vgl. die Rede des niedersächsischen Abgeordneten Albertz, Sten. Ber. BR, 86. Sitzung am 6.6.1952, S. 232 D.

1263 Siehe das Ergebnis der Abstimmung, Sten. Ber. BR, 86. Sitzung am 6.6.1952, S. 233 D.

1264 Vgl. den entsprechenden Antrag Bayerns und die Diskussion dazu, Sten. Ber. BR, 86. Sitzung am 6.6.1952, S. 234 B–236 B.

1265 Der vollständige Beschluss des Bundesrates zur Anrufung des Vermittlungsausschusses ist abgedruckt in der Drs. BR 210/52.

ten Jahren als das größte Problem an[1266] und einigt sich auf befristete Zuschüsse der Länder zum Lastenausgleichsfonds, wenn die Lastenausgleichsabgaben einen bestimmten Betrag unterschreiten (§ 5a des Entwurfs). Grundsätzliche Fragen zum Lastenausgleich werden nicht erörtert.[1267]

Über die Beschlüsse des Vermittlungsausschusses stimmen der Bundestag am 10. Juli und der Bundesrat am 18. Juli 1952 ab. Das Abstimmungsergebnis im Bundestag entspricht nahezu demjenigen nach der 3. Lesung.[1268] Erklärungen der Parteienvertreter beschränken sich auf die Frage, ob der Vermittlungsausschuss das Gesetz verbessert[1269] oder verschlechtert[1270] habe.[1271] Einig sind sich die Parteien darin, das Gesetz baldmöglichst zu verbessern.[1272] Ein erster Gesetzentwurf zur Änderung des Lastenausgleichsgesetzes wird direkt nach der Abstimmung von den Abgeordneten nahezu aller Fraktionen eingebracht.[1273] Auf eine weitere Aussprache wird verzichtet.

Der Bundesrat stimmt mit Ausnahme Hamburgs dem Gesetz zu. Der Vertreter Niedersachsens erklärt Bedenken gegen das LAG, das nicht zu einer Vermögensumschichtung zwischen Geschädigten und Nichtgeschädigten führe. Niedersachsen stimmt gleichwohl zu, um eine weitere Verzögerung des Gesetzes zum Nachteil der Geschädigten zu vermeiden.[1274] Hamburg lehnt das Gesetz ab, weil der Lastenausgleich die laufenden Einnahmen der Länder und Gemeinden schmälere, anstatt die vom Krieg verschonten Vermögen zu belasten.[1275]

1266 Der Verhandlungsvorschlag des Mitglieds des Vermittlungsausschusses Dudek unterscheidet zwischen „einfachen“, „strittigen“ und „schwierigen“ Fällen, abgedruckt in LAG I/3, Text 30 (S. 1114).

1267 Die Beschlüsse des Vermittlungsausschusses werden dem Bundestag in der Drs. BT I/3548 übersandt.

1268 208 Abgeordnete stimmen dem Gesetz zu, 139 lehnen es ab, sechs enthalten sich der Stimme, vgl. Sten. Ber. BT, 222. Sitzung vom 10.7.1952, S. 9930.

1269 So der Abgeordnete Seuffert (SPD), Sten. Ber. BT, 222. Sitzung vom 10.7.1952, S. 9925 C.

1270 So die Abgeordneten Reismann (FU), Sten. Ber. BT, 222. Sitzung vom 10.7.1952, S. 9925 A, von Brentano (CDU), ebenda, S. 9925 B.

1271 Lediglich der (fraktionslose) Abgeordnete Loritz erklärt, das Gesetz leiste nicht, worauf die Geschädigten einen rechtlichen Anspruch hätten.

1272 Vgl. die Redebeiträge der Abgeordneten Reismann (FU), Sten. Ber. BT, 222. Sitzung vom 10.7.1952, S. 9925 A, von Brentano (CDU), ebenda, S. 9925 B, Seuffert (SPD), ebenda, S. 9925 C.

1273 Drs. BT I/3560; Inhalt ist die Berücksichtigung völkerrechtlicher Vereinbarungen.

1274 Vgl. den Redebeitrag des Mitglieds von Kessel (Niedersachen), Sten. Ber. BR, 89. Sitzung vom 18.7.1952, S. 309 D f.

1275 Vgl. den Redebeitrag des Mitglieds Brauer (Hamburg), Sten. Ber. BR, 89. Sitzung vom 18.7.1952, S. 310 A (310 D).

IV. Auswirkungen des Lastenausgleichs

Für die Geschädigten ändert sich mit dem Inkrafttreten des LAG am 1. September 1952[1276] wenig. Die Kriegsschadenrente nach §§ 261 ff. LAG ersetzt die Soforthilfe, so dass die Geschädigten bei Bedürftigkeit auf eine dauerhafte Leistung vertrauen können und sie nicht der allgemeinen Sozialfürsorge anheimfallen. Die Hausratsentschädigung nach § 293 ff. LAG unterstützt vor allem Flüchtlinge, obwohl auch insoweit der Zeitpunkt der Entschädigung von der Dringlichkeit abhängt (§ 297 Abs. 1 LAG).

Anders als die Hausratsentschädigung ist die Hauptentschädigung (§ 243 ff. LAG) nach § 252 Abs. 2 LAG nicht sofort fällig, sondern von volkswirtschaftlichen Gesichtspunkten abhängig und läuft erst mit der 8. Lastenausgleichsnovelle (8. ÄndG LAG)[1277] ab April 1957 an. Ausgezahlt wird die Hauptentschädigung wegen Feststellungs- und Finanzierungsproblemen erst ab 1959; weitere zwei Jahre später fließen nennenswerte Zahlungen.[1278] Nach der 8. Novelle ist die Hauptentschädigung abhängig von der Dringlichkeit, spätestens aber bis zum 31. März 1979, zu leisten (§ 252 Abs. 1 LAG in der Fassung der 8. Novelle).

Die späte Zahlung lässt die Frage aufkommen, ob die Hauptentschädigung für die Geschädigten noch eine Entschädigung für die materiellen Kriegsverluste ist: Seit Kriegsende sind bis 1959 knapp 15 Jahre vergangen, die Währungsreform liegt elf Jahre zurück. Im schlechtesten Fall vergehen knapp 34 Jahre bis zur Zahlung der Hauptentschädigung 1979. Gut ein Viertel der Berechtigten erlebt die Hauptentschädigung nicht mehr.[1279] Zugleich erlebt die Bundesrepublik Deutschland in dieser Zeit ein bis heute beispielloses Wirtschaftswachstum, an dem die Geschädigten wegen der späten Zahlung der Hauptentschädigung nur begrenzt Anteil haben. Anspruch auf ein Eingliederungsdarlehen nach §§ 254 ff. LAG haben die Geschädigten im Vorfeld der Hauptentschädigung nur, wenn sie „ein Vorhaben nachweisen, durch das sie in den Stand gesetzt werden, an Stelle einer durch die Schädigung verlorenen Lebensgrundlage eine neue gesicherte Lebensgrundlage, für die sie die persönlichen und fachlichen Voraussetzungen erfüllen, zu schaffen …“ (§ 254 Abs. 1 LAG). Näher definiert werden die Voraussetzungen nicht; der Anspruch auf das Darlehen ist abhängig von unbestimmten Rechtsbegriffen. Die Geschädigten sind Inhaber von Ansprüchen, aber für einen weiteren langen Zeitraum wesentlich schlechter gestellt als jene, die

1276 Das Gesetz wird am 18.8.1952 verkündet und tritt nach § 375 Abs. 1 mit dem vierzehnten Tage nach Ablauf des Tages nach seiner Verkündung in Kraft.

1277 Achtes Gesetz zur Änderung des Lastenausgleichsgesetzes (Gesetz nach § 246 LAG – 8. ÄndG LAG) vom 26.7.1957, BGBl. I 1957, S. 809.

1278 Vgl. die Darstellung bei Schillinger, S. 285 f.

1279 Zahlen nach Grosser, S. 319.

ihr Vermögen bewirtschaften, ohne nach persönlichen und fachlichen Voraussetzungen gefragt zu werden. Der Anspruch auf die Hauptentschädigung wird nach § 251 Abs. 1 LAG mit einem Zinssatz von nur 1 % pro Vierteljahr verzinst;[1280] Zinseszinsen sind nicht zu leisten.

Im Vergleich sind die Ausgleichsabgaben bescheiden, obwohl sie nach § 31 LAG 50 % des Vermögens ausmachen (sollen): Vermögensstichtag ist mit dem 21. Juni 1948 der Tag nach der Währungsreform (§ 21 Abs. 1 Nr. 1 LAG). Über 30 Jahre belaufen sich die vierteljährlich zu erbringenden Abgaben auf zwischen 1 % und 1,5 % des am 21. Juni 1948 vorhandenen Vermögens. Die Abgabeschuld wird also mit einer Annuität von 4 % bis 6 % verrentet. Grundlage ist bei Grundvermögen nach § 21 LAG der steuerliche Einheitswert, der bereits 1948 vielfach überholt sein dürfte.[1281] Außerdem liegt in dem Zeitraum, in dem die Vermögensabgabe zu leisten ist, der durchschnittliche Kapitalzinssatz in der Bundesrepublik Deutschland zumeist über 6 %; die Abgabeschuld wird daher nicht marktgerecht verzinst und getilgt[1282] und kann in den meisten Fällen aus dem Vermögensertrag geleistet werden.[1283] Der Wirtschaft wird die Zahlung der Abgabe durch die Inflation erheblich vereinfacht.[1284] Eine Vermögens-„Abgabe“, die zugunsten der Geschädigten zu einer Vermögensverteilung führen könnte, wird entgegen den in § 31 LAG genannten 50 % nicht erhoben, statt dessen wird nur das Einkommen verteilt.[1285] Bereits 1950 führt die Vermögensabgabe noch unter der Geltung des SHG zu einer Belastung des auf die Abgabepflichtigen entfallenden Einkommens aus Unternehmertätigkeit und Vermögen von lediglich 5 % und verringert sich ab diesem Zeitpunkt weiter mit den steigenden Vermögenserträgen.[1286] Aus der von § 31 LAG vorgesehenen Umverteilung von 50 % des Vermögens wird ein der staatlichen Wiederaufbauplanung untergeordnetes „Kriegssteuergesetz“.[1287]

Alle Überlegungen, wie das gerettete Vermögen kurzfristig verteilt werden könnte, werden mit Hinweis auf die wirtschaftliche Leistungsfähigkeit der Bun-

---

1280 Das ergibt einen Zinssatz von etwa 4 % pro Jahr.

1281 Das Missverhältnis zwischen Verkehrs- und Einheitswert berechnet Krumper, S. 70–72, und vermutet eine reale Belastung des Grundvermögens von ca. 20 % bei land- und forstwirtschaftlich genutztem Vermögen, ca. 25 % bei allgemeinem Grundvermögen und ca. 33 % bei Betriebsvermögen. Gallenkamp, VIZ 1999, S. 185 (187), geht demgegenüber in seiner Retrospektive noch 1999 nicht auf das Problem ein.

1282 Krumper, S. 69, vermutet einen durchschnittlichen Kapitalzins von 6,5 % und berechnet daraus eine marktgerechte Annuität von 7,5 %.

1283 So auch Krumper, S. 68.

1284 So bereits im Frühjahr 1954 Weisser, FA (N.F.) 16, S. 62 (74).

1285 Ebenso Krumper, S. 69.

1286 Schillinger, S. 284.

1287 So kritisch Schillinger, S. 298.

desrepublik Deutschland abgelehnt. Dabei lässt sich nachweisen, dass vor allem die Verwendung des Einheitswertes als Berechnungsgrundlage für die Vermögensabgabe dazu geführt hat, dass keine Vermögensabgabe in Höhe von 50 % erhoben wird. Dass die Vermögensberechnung nach den Einheitswerten in vielen Fällen nicht den tatsächlichen Verhältnissen entspricht, ist dem Gesetzgeber 1952 bewusst;[1288] dennoch wird die im „Grünen Bericht" des BMF genannte Maximalbelastung von 50 %[1289] nicht ausgeschöpft. Während die Abgabepflichtigen die Last im Jahr 1952 noch als drückend empfinden, können sie diese Last später gewissermaßen „aus der Portokasse" bestreiten.[1290]

Mit Recht wird der kurz nach dem Krieg propagierte Naturalausgleich[1291] nicht weiter verfolgt und mit der 8. Lastenausgleichsnovelle gestrichen.[1292] Ohne übermäßigen Aufwand ist gebrauchter Hausrat nicht gerecht zu verteilen.[1293] Dagegen wäre ein Naturalausgleich in Gestalt einer Bodenreform die einzige Möglichkeit gewesen, vertriebenen Bauern auf eigenem Land die selbständige Berufsausbildung wieder zu ermöglichen. Dies geschieht jedoch nicht, so dass viele vertriebene Bauern in unselbständige Beschäftigungsverhältnisse wechseln.[1294] Naturalausgleich findet nach §§ 201, 349 LAG nur auf freiwilliger Basis statt. Er wäre für die Abgabepflichtigen wegen der geringen Abgabesätze auch nur wirtschaftlich gewesen, wenn die sofortige Naturalabgabe wesentlich vergünstigt worden wäre. Weil eine Bodenreform nicht stattfindet und die Bewertung des verlorenen Grundbesitzes nach dem Einheitswert ungünstig ist (§§ 12, 13, 19 FestG), gehören die Bauern zu den schärfsten Kritikern des Lastenausgleichsverfahrens.[1295] Insbesondere sie bezweifeln, dass der Lastenaus-

1288 Vgl. das Kurzprotokoll der 110. Sitzung des Ausschusses für den Lastenausgleich, zu § 236, abgedruckt in LAG I/3, S. 366 (369).

1289 „Der endgültige Lastenausgleich", S. 175.

1290 So in einer Gesamtschau Wenzel, S. 207.

1291 So noch die vorläufige Begründung zum Entwurf eines Gesetzes über einen allgemeinen Lastenausgleich vom 13.8.1950, abgedruckt in LAG I/2, S. 449 (449): „... vielfach vorgebrachte Wünsche ...".

1292 Art. 1 § 1 Nr. 97 8. ÄndG LAG.

1293 Bereits die nach § 28 Nr. 1 SHG mögliche Naturalabgabe spielt nach Schillinger, S. 145, in der Praxis keine Rolle, weil nach der Währungsreform 1948 die Geldwirtschaft so stabilisiert ist, dass „eine Rückkehr zu ‚primitiven' Ausgleichsformen undenkbar" erscheint.

1294 Kossert weist darauf hin, dass viele ehemals Selbständige die für die Rentenzahlung notwendige Zahl an Beitragsjahren nicht erreichen können, was sie später noch benachteiligt (S. 105).

1295 Vgl. die Aussagen von Bauern zum Lastenausgleich bei Kossert, S. 101–106.

gleich ein „*herausragendes Beispiel* für *rechtsstaatliche Problemlösungen* und *Verwirklichung* der grundgesetzlichen *Sozialbindung*“ ist.[1296]

Anders als von Nichtgeschädigten vielfach unterstellt, sind die Zahlungen aus dem Lastenausgleichsfonds nicht unangemessen – es wird vermutet, dass im Durchschnitt nur 22 % der Vermögensverluste der Vertriebenen ausgeglichen werden.[1297] Eine Ursache besteht darin, dass auch auf der Leistungsseite die Grundstückswerte für den Verlust nach den steuerlichen Einheitswerten berechnet werden (§§ 12, 13, 19 FestG).[1298] Aufgrund dieser geringen Quote handelt es sich bei den Zahlungen nicht um Entschädigungen im Rechtssinne. Insbesondere gilt das für die Vertreibungs- und Ostschäden: Nicht anders lässt sich die Präambel des LAG deuten, wonach die Inanspruchnahme von Leistungen nach dem LAG keinen Verzicht auf das von den Vertriebenen zurückgelassene Vermögen bedeutet.

Leistungen aus dem LAG sind also vor allem bei den Vertriebenen eine Form sozialer Unterstützung, obwohl ein Rechtsanspruch auf die Hilfe besteht und sie aus einem von den Nicht- und Geringgeschädigten aufgebrachten Fonds geleistet wird. Nur bei Schäden in Höhe von nicht mehr als 4 800 RM (§§ 243, 246 Abs. 2 LAG) kommt der Lastenausgleich einem Schadenersatz nahe. Auch dies gilt aber nicht ohne Einschränkung: Ansprüche auf eine Hauptentschädigung werden erst ab April 1957 erfüllt; durch den Preisanstieg zwischen dem Schadensereignis und der Entschädigung wird die Ersatzleistung weiter gemindert. Als im Jahr 1967 etwa die Hälfte der Hauptentschädigungsansprüche befriedigt ist, hat sich das Preisniveau in der Bundesrepublik im Verhältnis zur Währungsreform (1948) um ca. 48 % erhöht.[1299] Selbst bei einer Entschädigung zu 100 % nach dem LAG ist daher von einer realen Quote von nur ca. 30 % auszugehen.[1300]

Außerdem hängt der Zeitpunkt der Hauptentschädigung von sozialen und wirtschaftlichen Gesichtspunkten ab (§ 252 LAG), was diejenigen, deren An-

---

1296 So aber in der Retrospektive Schaefer, FG BVerwG, S. 551 (552). Hervorhebungen im Original.

1297 Zum Vorwurf der unangemessenen Entschädigungen zuletzt Kossert, S. 101, zu den Zahlen ebenso Görtemaker, S. 172. Nach Neuhoff (Fundamente), S. 129 (147), handelt es sich um das Verhältnis der Summe zwischen der Höhe der Vermögensverluste von Vertriebenen zur Summe der Hauptentschädigungsgrundbeträge. Neuhoff geht bei den Verlusten vom Verkehrswert 1945 aus.

1298 Ebenso Krumper, S. 72.

1299 Vgl. zu den Zahlen Krumper, S. 107.

1300 Vgl. die Tabelle mit fünf Musterfällen und dem Vergleich zwischen den tatsächlichen Entschädigungsquoten mit denen von § 246 Abs. 2 LAG vorgesehenen Quoten bei Krumper, S. 114.

sprüche später erfüllt werden, benachteiligt: Die Verzinsung des Hauptentschädigungsanspruchs von 4 % (§ 250 Abs. 3 LAG) liegt unter dem Kapitalzins. Für Spareinlagen könnte ein Gläubiger außerdem Zinseszinsen beanspruchen.[1301] Auch wenn die Leistungen des Lastenausgleichs an die Gläubiger ins Verhältnis zu den Belastungen der Abgabeschuldner gesetzt werden, ist das Verhältnis der Entschädigung zum Wert des erhalten gebliebenen Vermögens abzüglich der Lastenausgleichsabgaben kaum besser: Weil der Einheitswert zugrunde gelegt und die Abgabe verrentet wird, behält ein Abgabepflichtiger im Ergebnis selbst bei hohen Vermögen bis zum Ende der Abgabeschuld im März 1979 wenigstens 90 % seines Vermögens.[1302] Ein wirklicher Lasten-„Ausgleich" müsste dazu führen, dass die Leistungen und Abgabepflichten bei vergleichbarem Ausgangsvermögen vor dem Krieg zu einem näherungsweise gleichen Endvermögen führen. Ein solcher Angleich geschieht jedoch nicht; eine spürbare Vermögensumschichtung bewirkt der Lastenausgleich nicht.[1303] Mit Befriedigung erkennen Vertriebene nur an, dass wenigstens in der Höhe des durchschnittlichen Vertreibungsschadens (4 800 RM) zu 100 % eine Hauptentschädigung gewährt wird; kritisiert wird, dass sogar nach dem 1. Weltkrieg eine bessere Entschädigung gewährt worden sei.[1304] Noch Ende der 1970er Jahre wird vermutet, viele Vertriebene hätten sich mit den geringen Entschädigungssätzen nur abgefunden, weil sie diese als pauschalierte Nutzungsentschädigung für ihr Grundeigentum ansehen, das noch nicht endgültig verloren sei oder für dessen Enteignung ein völkerrechtlicher Surrogatanspruch bestehe.[1305]

1301 Krumper, S. 109, geht für den Zeitraum von einem durchschnittlichen Kapitalzinssatz von 6,5 % aus. Weil der Kapitalzinssatz bereits einen Inflationszuschlag enthalte, dürfe dieser aber nicht zur Grundlage der Berechnung verwendet werden. Richtig wäre demgegenüber gewesen, den Gläubigern einen Anspruch auf Zinseszinsen zu geben. Der tatsächliche Auszahlungsbetrag bleibe im Jahr 1966 um 22 % hinter einem mit Zinseszins versehenen Entschädigungsanspruch zurück.

1302 Vgl. die Tabellen von Krumper, S. 117 und S. 119, sowie die Herleitung auf S. 115 ff. Schillinger, S. 284, ist vorsichtiger und geht nur von einer effektiven Belastung „weit unter 50 %" aus.

1303 So Erker, S. 7 (7).

1304 So Neuhoff (Fundamente), S. 129 (147). Neuhoff erklärt nicht, warum die Geschädigten bessergestellt worden seien. Zu vermuten ist, dass er vom Schadensgrundbetrag in Höhe von 5 000 RM ausgeht, der nach dem KSSG 1928 1:1 erstattet worden ist (vgl. oben, E.III.2.c) (S. 152).

1305 So Neuhoff (Fundamente), S. 129 (147), der bezüglich des Eigentums der Vertriebenen auf das Urteil des BVerfG zu den Ostverträgen vom 7.7.1975, BVerfGE 40, 141, verweist und zugleich erklärt, dass die vom Lastenausgleich vorgesehenen Grundbeträge selbst als Nutzungsentschädigung nicht ausreichten.

Ihre Schädigung spüren vor allem Vertriebene bis weit in ihr Rentenalter: Viele ehemals Selbstständige sind nach dem Krieg abhängig beschäftigt und erreichen für die Rentenberechnung kaum die gleiche Zahl an Beitragsjahren wie Nichtvertriebene.[1306] Obwohl der Lastenausgleich mit flankierenden Sozialmaßnahmen, insbesondere der Wohnungsbauförderung, für Beruhigung sorgt, dürfte im Wesentlichen der Wirtschaftsaufschwung zur (Wieder-) Eingliederung nach dem Krieg führen. Die Vollbeschäftigung in der Bundesrepublik Deutschland ab Ende der 1950er Jahre und die Mehrung des Wohlstandes führen dazu, dass sich die Probleme vor allem der Vertriebenen geradezu auflösen.[1307] Noch 1954 wird jedoch kritisch angemerkt, dass insbesondere vormals selbstständig Beschäftigte „lediglich einen – unsicheren – Arbeitsplatz" erhalten hätten.[1308]

Die technische Abwicklung des Lastenausgleichs zeigt außerdem die Distanz der Bundesrepublik Deutschland und der Länder zum Lastenausgleich: Die Ausgleichsleistungen werden aus einem von den Ausgleichsabgaben gespeisten Sonderfonds erbracht. Der Fonds ist als Sondervermögen des Bundes (§ 5 LAG) unabhängig vom übrigen Staatshaushalt, seine Verwaltung obliegt dem Bundesausgleichsamt als selbständiger Bundesoberbehörde (§§ 307, 319 LAG). Das bringt zum Ausdruck, dass eine Umschichtung erhaltenen Vermögens auf die Geschädigten stattfindet, zeigt aber zugleich, dass sich der Staat als Verursacher der Kriegsschäden nicht als Schuldner der Ausgleichsleistungen ansieht. Die Struktur der Mittelbeschaffung und -verteilung entspricht sogar der von den Nationalsozialisten propagierten Idee, dass der Kriegsschaden des Einzelnen von der Gesamtheit zu tragen sei.[1309] Die Einrichtung eines vom Staatshaushalt getrennten Fonds macht das geradezu augenfällig; die Gesamtheit leistet Beiträge, die über den Fonds an die Geschädigten fließen. Der Staat beteiligt sich nur freiwillig an der Finanzierung des Fonds, der Gesetzgeber muss jeden Zuschuss aus dem Bundeshaushalt beschließen.[1310] Der Fonds führt also dazu, dass nicht der Staat, sondern das Staatsvolk die Schuldenlast trägt.

Eine Entschädigung für die Kriegssachschäden bringt der Lastenausgleich nicht, es handelt sich eher um eine „gigantische sozialpolitische Befriedungsmaßnahme."[1311] Die Leistungen aus dem Lastenausgleich bleiben „trotz hoher

---

1306 So Kossert, S. 105, m. w. N.

1307 So Schillinger, S. 286, ebenso Kossert, S. 109.

1308 So Weisser, FA (N.F.) 16, S. 62 (78); heute dürfte das anders gesehen werden.

1309 Vgl. oben, F.III.1.a) (S. 196).

1310 Das Reich ist 1916 noch großzügiger: Es verpflichtet sich über § 16 Abs. 1 KFG, die von den Ländern geleistete Vorentschädigung zu erstatten – und das während des Krieges (vgl. oben, E.I.2.a) (S. 121).

1311 So kritisch Kossert, S. 109 m. w. N.

Summen immer sekundär und subsidiär."[1312] Eine Teilung des erhaltenen Vermögens, die viele Geschädigte erwarten, findet infolge der Verrentung der Vermögensabgabe nicht einmal in Ansätzen statt.

1312 Schillinger, S. 286 f. m. w. N.

H. Der Entschädigungsanspruch außerhalb des Lastenausgleichs

Das LAG lässt offen, was mit den bis 1945 entstandenen Ansprüchen aus der KSSchVO oder anderen Reichsschulden geschieht, obwohl § 373 Nr. 3 LAG die KSSchVO aufhebt. Ebenso wenig wird die Frage beantwortet, ob außerhalb des LAG ein Ersatzanspruch bestehen könnte.

I. Haftung der Bundesrepublik Deutschland für Reichsverbindlichkeiten

Weil die KSSchVO ihrem Wortlaut nach einen Ersatzanspruch gegen das Reich begründet und die Alliierten die Verordnung nicht als NS-Unrecht aufheben,[1313] stellt sich die Frage, ob die Gebietskörperschaften, die nach der Kapitulation auf dem Gebiet des Reiches entstehen, das Reichsvermögen vollständig unter Einbeziehung der Passiva übernehmen. Die alliierten Gesetze zur Neuordnung des Geldwesens lassen die Reichsverbindlichkeiten ausdrücklich bestehen und löschen nur die Guthaben des Reiches;[1314] weitere Anordnungen zur Reichsschuld erlassen die Alliierten nicht. Als die Bundesrepublik Deutschland gegründet wird, sind die Reichsschulden folglich nicht erloschen, und es stellt sich die Frage, ob die Reichsgläubiger die Bundesrepublik Deutschland in Anspruch nehmen können.

1. Gesetzliche Regelungen

Artikel 134 Abs. 1 GG sieht vor, dass sämtliches Reichsvermögen Bundesvermögen wird; Abs. 4 GG ermächtigt den Bund, Einzelheiten durch Gesetz zu regeln. Den Streit, ob diese Regelungsbefugnis auch die Möglichkeit umfasst, die Passiva des Reiches gesondert zu behandeln,[1315] hat der Gesetzgeber durch die

1313 Vgl. oben, F.III.2 (S. 200).

1314 Siehe zum Fortbestehen der Reichsverbindlichkeiten oben, G.II.2.a) (S. 204).

1315 Ob Art. 134 Abs. 1 GG auch von Anfang an Passiva des Reiches umfassen sollte, ist inzwischen zwar bedeutungslos, wird aber stets betont, vgl. dazu beispielhaft die Nachweise bei Koch in Sachs, Art. 134 Rdn. 6 (Anm. 19). Der Regelung des Art. 135a GG bedürfte es nicht, wäre der Bund nicht kraft Art. 134 GG ebenfalls Schuldner der Reichsverbindlichkeiten geworden.

Einführung von Art. 135a GG zugunsten der prinzipiellen Übernahme der Passiva entschieden.[1316]

§ 373 Nr. 3 LAG setzt 1952 die KSSchVO für den Geltungsbereich des Grundgesetzes, Berlin (West) und die Gebiete östlich der Oder-Neiße-Linie außer Kraft. Die Behörden werden unterrichtet, dass die Norm nur für die Zukunft gelte und bestehende Ansprüche unangetastet lasse.[1317]

Anders lässt 1957 das Allgemeine Kriegsfolgengesetz (AKfG)[1318] sämtliche Ansprüche gleich welcher Art gegen das Reich erlöschen (§ 1 Abs. 1 AKfG), sofern durch das AKfG oder frühere Rechtsetzung des Bundes oder der Länder (§ 1 Abs. 2 AKfG) nichts anderes bestimmt ist. Die in Art. 134 Abs. 1 GG geregelte Übernahme des vollständigen Reichsvermögens präzisiert das AKfG dahin, dass nur Aktiva des Reiches auf die Bundesrepublik Deutschland übergehen, während der Bund nur dann Schuldner der Passiva wird, wenn dies bis zum Inkrafttreten des AKfG positiv geregelt ist.[1319] Dies ist bei Kriegsschäden nicht der Fall, weil § 373 Nr. 3 LAG nur für die Zukunft gilt.

2. Rechtsprechung

Die veröffentlichte Rechtsprechung in der Bundesrepublik Deutschland hat sich mit materiellen Aspekten des Anspruchs aus § 1 Abs. 1 KSSchVO nicht befasst. Schon vor Inkrafttreten des GG hat sie die Geltendmachung dieser Ansprüche zunächst an der Annahme scheitern lassen, das Deutsche Reich bestehe fort.[1320]

1316 Art. 135a [heute: Abs. 1] Nr. 2 GG wird durch das 9. Gesetz zur Änderung des GG vom 22.10.1957, BGBl. I 1957, S. 1745, dort § 1, eingefügt. Das BVerfG hat Art. 135a GG später als „Legalinterpretation" bezeichnet; die Kompetenz zur Regelung der Passiva des Reiches ergebe sich bereits aus Art. 134 Abs. 4 GG (BVerfGE 15, 126 (140)).

1317 So mit nicht ganz nachzuvollziehender Begründung Harmening, Anm. 3 zu § 373 LAG, konsequent allerdings dazu das „Rundschreiben des Bundesausgleichsamts betr. zuviel gezahlte Entschädigung nach der Kriegssachschädenverordnung" vom 19.12.1953 (MtBl BAA 1954, S. 4), abgedruckt bei Harmening, Anl. 1 zu § 373 LAG. Anders wohl Kühne-Wolf, § 373 sub. 3 f), wonach mit dem LAG sämtliche Ansprüche nach der KSSchVO abgegolten seien (16. Erglfg.).

1318 „Gesetz zur allgemeinen Regelung durch den Krieg und den Zusammenbruch des Deutschen Reiches entstandener Schäden (Allgemeines Kriegsfolgengesetz)" vom 5.11.1957, BGBl. I 1957, S. 1747.

1319 Zur Entscheidung des BVerfG zum AKfG siehe sogleich.

1320 So seit Dienststrafhof beim Personalamt des VgtWiG, NJW 1949, S. 799; OGHBrZ NJW 1950, S. 65 (66); OLG Schleswig, NJW 1951, S. 723 (hinsichtlich vertraglicher Verpflichtungen des Reiches); OLG Hamm, NJW 1953, S. 1710; bereits BGH NJW 1954, S. 1724 bezeichnet dies als ständige Rechtsprechung. Anders LG Kiel, Be-

Der Bundesgerichtshof (BGH) stellt später fest, dass jedenfalls die Länder nicht Rechtsnachfolger des Deutschen Reiches sind,[1321] so dass Ansprüche gegen das Reich nicht gegen die Länder geltend gemacht werden können. Weil das Reich trotz Entstehung der Bundesrepublik als (nicht-handlungsfähige) Rechtsperson bestehen geblieben ist,[1322] könne auch nicht von einer Rechtsnachfolge der Bundesrepublik Deutschland ausgegangen werden.[1323] Konsequenterweise lassen die Gerichte noch im Jahr 1954 Klagen gegen das Reich zu,[1324] sogar als Leistungsklagen;[1325] nur die Zwangsvollstreckung gegen das Reich wird ausgeschlossen.[1326]

Eine Haftung der Bundesrepublik Deutschland über Art. 134 GG für Verbindlichkeiten des Reiches lehnt die Rechtsprechung einhellig ab. Bis zum sog. Staatsbankrotturteil des BVerfG vom 14. November 1962[1327] findet sich noch die Auffassung, dass Art. 134 Abs. 1 GG nur das Aktivvermögen des Reiches

---

schluss vom 28.4.1949, das nach Giese, DRZ 1950, S. 104 (105), von einer Staatensukzession ausgeht.

1321 BGHZ 4, 266 (276).

1322 BGHZ 3, 1 (6), zur Übernahme eines ehemaligen Reichsbeamten durch das Land Schleswig-Holstein. Der BGH argumentiert, solange der Schuldner [das Reich] in seiner Rechtspersönlichkeit „unverändert“ (sic!) fortbestehe, gebe es keinen Raum für Vermögensübergang.

1323 Dagegen geht das LG Frankfurt (Main), NJW 1952, S. 1380 (1381), davon aus, dass das Reich nicht mehr bestehe und die Bundesrepublik Deutschland dessen Rechtsnachfolger geworden sei.

1324 HansOLG HH, MDR 1952, S. 555, ebenso BGH NJW 1954, S. 31: Nach dem LS 1 wird das Reich bei Klagen gegen den Fiskus durch den örtlich zuständigen Oberfinanzpräsidenten vertreten. Dagegen hat das OLG Köln, MDR 1951, S. 689 (690), die Klage gegen das Reich grundsätzlich aufgrund dessen Handlungsfähigkeit als unmöglich angesehen, ebenso OLG Köln (Rheinschifffahrtsobergericht), NJW 1952, S. 1301 (1302), das aus diesem Grund eine Feststellungsklage gegen die Bundesrepublik Deutschland zugelassen hat.

1325 BGH NJW 1954, S. 1724 (1725), mit ausführlicher Begründung zur Zulässigkeit der Leistungsklage.

1326 LG Berlin, NJW 1958, 1047, mit allerdings nicht überzeugender Begründung (S. 1048), weshalb diese unzulässig sei – das preußische „Gesetz über die Zwangsvollstreckung gegen juristische Personen des öffentlichen Rechtes“ vom 11.12.1934, PrGesS. 1934, S. 457, welches die Zwangsvollstreckung ermöglichte, wird durch das „Gesetz über Maßnahmen auf dem Gebiete der Zwangsvollstreckung“ vom 20.8.1953 (BGBl. I 1953, S. 952) nicht außer Kraft gesetzt und zum Untergang des preußischen Staates nimmt das Urteil nicht Stellung. BGH NJW 1954, S. 31 (31), weist bereits darauf hin, dass zwischen Zulässigkeit einer Leistungsklage und Zwangsvollstreckung aus dem Urteil zu unterscheiden sei.

1327 BVerfGE 15, 126 („Staatsbankrott“).

betreffe[1328] oder dass Art. 134 GG nur einen Programmsatz enthalte, der keinen Vermögensübergang begründe.[1329] Der BGH argumentiert, dass Art. 134 Abs. 3 GG keine direkte Vermögensnachfolge in die Passiva vorsehe,[1330] auch gebe es keine gewohnheitsrechtliche Haftung eines Staates für Schulden einer dort zuvor bestehenden Gebietskörperschaft.[1331] § 419 BGB sei im Verhältnis des Reiches zum Bund unanwendbar, weil die Norm einen „Wettlauf" um die Befriedigungsobjekte ermögliche.[1332] Das BVerfG stellt zurückhaltend fest, dass der Wortlaut des Art. 134 Abs. 1 GG sowohl eine Interpretation erlaubt, die Passiva des Reiches einschließe, als auch eine solche, die die Vermögensübernahme auf die Aktiva beschränkt;[1333] zugleich weist das Gericht frühzeitig auf den Unterschied zwischen Reichs- und Bundesregierung hin.[1334] Unabhängig davon berechtige jedenfalls Art. 134 Abs. 4 GG den Bund, die Übernahme der Passiva des Reiches gesondert zu regeln.[1335] Dies sei auch kein Eingriff in Art. 14 GG, da Schuldner der Verbindlichkeiten das Reich sei. Der Bundesgesetzgeber könne daher bestimmen, welche Leistungen auf die Reichsverbindlichkeiten zu erbringen seien.[1336] Deshalb akzeptiert das BVerfG die Wirkung des Art. 135a GG[1337] und des AKfG, nach dem Reichsverbindlichkeiten generell nicht gegen die Bundesrepublik Deutschland geltend gemacht werden können. Einschränkend stellt das Gericht fest, dass der Gesetzgeber der Bundesrepublik Deutschland nicht die Kompetenz habe, das Erlöschen von Reichsverbindlichkeiten anzuordnen; der Bundesgesetzgeber sei auf die staatliche Ordnung der Bundesrepublik Deutschland beschränkt. Aus diesem Grund interpretiert das BVerfG das

1328 So zumindest für das in der ehemaligen britischen Zone belegene Vermögen angenommen von BGHZ 3, 308 (314) = NJW 1952, S. 463 (465); unsicher noch BGHZ 4, 266 (267 – Art. 134 GG sage nichts zu den Verbindlichkeiten des Reiches); OLG Hamm, NJW 1953, S. 1710; OLG Köln, MDR 1951, S. 689 (690); ebenso OGHBrZ NJW 1950, S. 65 (66).

1329 So bspw. OLG Schleswig, NJW 1951, S. 723 (723): „Artikel [134] enthält … nur die Ankündigung, dass eine Übertragung des Reichsvermögens … auf den Bund erfolgen soll". Diesem Gedanken steht schon 1951 Art. 20 Abs. 3 GG entgegen.

1330 BGHZ 8, 169 (173).

1331 BGHZ 8, 169 (176).

1332 BGHZ 16, 184 (187), zur (Teil-) Rechtsnachfolge des Landes Niedersachsen über den Staat Preußen.

1333 BVerfGE 15, 126 (133).

1334 BVerfGE 1, 97 (105).

1335 BVerfGE 15, 126 (134 ff.).

1336 BVerfGE 15, 126 (143).

1337 Eingefügt durch das „9. Gesetz zur Änderung des Grundgesetzes", vom 22.10.1957, BGBl. I 1957, S. 1745.

in § 1 Abs. 1 AKfG angeordnete „Erlöschen“ der Reichsverbindlichkeiten geltungserhaltend als „nachdrückliche Leistungsverweigerung“.[1338]

Reichsverbindlichkeiten sind demnach bis heute nicht erloschen, sondern können lediglich nicht gegen die Bundesrepublik Deutschland geltend gemacht werden.[1339] Umgekehrt hat die Rechtsprechung eine Aufrechnung mit Kriegsschädenforderungen gegenüber der Bundesrepublik Deutschland als Gläubigerin selbst dann nicht zugelassen, wenn Kriegsschäden entstanden, aber (noch) nicht behördlich festgestellt sind. Der BGH begründet seine Rechtsprechung damit, dass mangels förmlichen Feststellungsbescheids kein Anspruch bestehe,[1340] und verwechselt dabei den Unterschied zwischen der Entstehung eines Anspruchs und seiner förmlichen Feststellung.[1341]

Dagegen ist die Rechtsprechung vor allem bei der Funktionsnachfolge einzelner Behörden uneinheitlich: Bei ähnlich gelagerten Sachverhalten (Haftung des Landes für Amtspflichtverletzungen durch die Polizeiverwaltung während des Krieges) bemüht das LG Freiburg den allgemeinen Rechtsgedanken aus § 419 BGB, der die Haftung aufgrund der Vermögensübernahme des Bundes für Reichsvermögen nach Art. 134 GG begründe,[1342] während das OLG Köln in der nach Art. 134 GG vorgesehenen Vermögensübernahme keine vertragliche erkennt.[1343] Der Hessische VGH spricht eine Haftung der Länder für den Fall an, dass diese Aufgaben und Vermögen ganzer Verwaltungszweige übernehmen.[1344] Schließlich geht der BGH bei der Nachfolge von Körperschaften in bestimmte Funktionen (Eisenbahn) von einem Übergang der Ansprüche gegen den Nachfolger aus:[1345] Haftungsgrund sei eine „Hilfskonstruktion“ (sic!), die schlicht

---

1338 BVerfGE 15, 126 (149).

1339 Ein Umstand, den auch die jüngere Rechtsprechung bisweilen übersieht, so bspw. BVerwG NVwZ 2006, S. 354 (354, Abs. Nr. 8), sogar unter Berufung auf die Entscheidung BVerfGE 15, 126.

1340 So BGHZ 5, 352 (355), mit der Begründung, mangels Feststellungsbescheid fehle eine Forderung des Beklagten. Die Beklagte könne, wie von der KSSchVO vorgesehen, auch in Natura entschädigt werden. Offensichtlich ist tatsächlich ein Kriegsschaden entstanden – dann hätte die Klägerin (die Bundesrepublik Deutschland) schlicht einen Feststellungsbescheid erlassen können.

1341 Ebenso Sieveking, MDR 1953, S. 9 (9).

1342 LG Freiburg, MDR 1951, S. 551 (552).

1343 OLG Köln, MDR 1951, 689 (690).

1344 In Hess. VGH, NJW 1951, S. 327 (328), wird das (nicht veröffentlichte) Urteil des Hess. VGH vom 30.3.1949 (075/48) angesprochen, in dem der Senat über eine entsprechende Haftung nachgedacht habe, ohne darüber entscheiden zu müssen.

1345 Der BGH hat eine Funktionsnachfolge hinsichtlich der Deutschen Bundesbahn für die Deutsche Reichsbahn angenommen und vermutet, dass hinsichtlich des Übergangs der Reichspost auf die Bundespost selbiges gelte (BGHZ 4, 266 (277); 16, 184 (187),

dazu diene, dringende Ansprüche auch ohne gesetzliche Regelung durchzusetzen.[1346] Das Vertrauen des Bürgers erfordere, dass bestimmte Ansprüche auch bei einem Wechsel des Funktionsträgers erhalten blieben.[1347] Im Übrigen lässt der BGH den Vermögensübernehmer nur hinsichtlich Lasten, die auf übernommenen Sachen ruhen, haften.[1348] Bei der Übernahme von Sondervermögen des Reiches (Reichspost, Reichsbahn) nimmt das Gericht die Haftung ferner nur an, wenn die Schuld eine räumliche Beziehung zum Sondervermögen in der Bundesrepublik Deutschland hat.[1349]

Im Ergebnis unterscheidet die Rechtsprechung also zwischen einer Rechtsnachfolge im Allgemeinen und einer solchen hinsichtlich einzelner Funktionen, wobei die Begründungsansätze nicht überzeugen: Wenn § 419 BGB mit der Begründung abgelehnt wird, diese Norm ermögliche einen „Wettlauf" um die Befriedigungsobjekte,[1350] argumentiert der BGH ausschließlich mit der Rechtsfolgenseite, ohne den Tatbestand anzusprechen.[1351] Ähnliche Tendenzen zeigt der BGH bei der Haftung für Amtspflichtverletzungen: Wenn ein Land aufgrund von Vertrauen auf Garantien der Reichsgesetze haften soll (vorausgesetzt, der ursprüngliche Funktionsträger ist zahlungsunfähig),[1352] zeigt dies, dass die Frage der Rechtsnachfolge in die Passiva des Reiches mehr von sozialen als von rechtlichen Gesichtspunkten geleitet ist; dogmatisch begründet wird sie nicht.[1353] Die Rechtsprechung zu Art. 134 GG ist also durch unausgesprochene Erwägungen

BGH NJW 1953, S. 381 (381 f.). Vgl. auch die Darstellung der Rspr. bei Scheuner, DVBl. 1950, S. 481 (484).

1346 So nach BGHZ 16, 184 (187 f.), bei der Alimentation von Beamten. Die Entscheidung zugunsten des Klägers dürfte einen sozialen Hintergrund haben.

1347 BGH NJW 1953, S. 381 (383), zur Haftung des Landes Niedersachsen für Amtspflichtverletzungen durch Beamte der Reichsjustizbehörden.

1348 BGHZ 8, 169 (173) = NJW 1953, S. 381 (382).

1349 Nach BGH NJW 1954, S. 1642, haftet die Deutsche Bundesbahn „zur Zeit" (LS) nicht für einen unter der Direktive der Reichsbahndirektion Karlsruhe entstandenen Personenschaden im Elsass. Einen Anspruch aus dem Gesichtspunkt der „sozialen Gerechtigkeit" hält der BGH zwar für möglich (ebenda, S. 1643), sieht sich zur quotenmäßigen Feststellung aber nicht befugt und verweist auf die Gesetzgebung.

1350 Oben, Anm. 1332 (S. 250).

1351 Immerhin ist § 419 BGB ausschließlich bei vertraglichen Vermögensübernahmen anwendbar.

1352 So BGH NJW 1953, S. 381 (383). Das BVerfG hat wenig später bereits die formelle Kraft der Weimarer Verfassung ab 1933 angezweifelt, BVerfGE 2, 237 (248 f.).

1353 Dies sieht BGHZ 16, 184, (187 f.) nicht anders: „Rechtsprechung und Lehre haben in der Erwägung, dass in den Fällen geholfen werden müsse, in denen dem Betroffenen aus sozialpolitischen Gründen ein längeres Zuwarten nicht zuzumuten sei, den Gedanken der Funktionsnachfolge verwendet." Ähnlich Freudenberg, NJW 1954, S. 1785 (1786).

geprägt,[1354] was besonders in der „Hilfskonstruktion“ des BGH[1355] zum Ausdruck kommt. So gesehen erscheint eine Differenzierung zwischen Polizeiverwaltung[1356] (Inanspruchnahme aufgrund des Reichsleistungsgesetzes,[1357] Enteignung staatsfeindlichen Vermögens[1358] – jeweils keine Haftung, da lediglich Vermögen betroffen) und Justizverwaltung (Funktionsnachfolge – Entschädigung für erlittene Haft)[1359] konsequent.

3. Literatur

Ähnlich kontrovers diskutiert die Literatur die Rechtsnachfolge. Nach vor allem auf *Kelsen* zurückgehenden Überlegungen noch vor der Kapitulation und aus der unmittelbaren Nachkriegszeit ist das Deutsche Reich mit der bedingungslosen Kapitulation völkerrechtlich untergegangen,[1360] was zumindest ursprünglich auch der Deutschland-Planung der Alliierten entspricht.[1361] Ein wesentliches Argument *Kelsens* ist, einen Nachfolgestaat nicht mit der politischen Haftung für das NS-Regime zu belasten.[1362] Dagegen setzt sich in Deutschland bis zum Sommer 1947 die These durch, das Reich habe die Kapitulation vom 8. Mai 1945 überdauert und sei lediglich handlungsunfähig.[1363] Ähnlich sieht das Aus-

1354 Ähnlich bereits Krüger, NJW 1952, S. 1283 (1284).

1355 Siehe oben, Anm. 1346 (S. 252).

1356 OLG Köln, MDR 1951, S. 689.

1357 BGHZ 4, 266 (276 f.), BGH NJW 1953, S. 22.

1358 BGHZ 16, 184 (187).

1359 BGHZ 8, 169 = NJW 1953, S. 381.

1360 Siehe Kelsen, AJIL Vol. 38 (1944), S. 689 (passim), AJIL Vol. 39 (1945), S. 518 (518 f.), und die von Stödter, S. 52 f., genannten Nachweise (dort Anm. 42). Während Kelsen hier seine Ansicht vor allem mit der vollen Regierungsübernahme durch die Alliierten begründet, macht er in der New York Times vom 7.9.1947 die Diskontinuität zwischen dem Reich und den ihm folgenden Gebietskörperschaften vor allem an den Gebietsverlusten des Reiches fest (zit. nach Menzel, EA 2 (1947), S. 1009).

1361 So Diestelkamp, NJW 1989, S. 1312 (1312 f.).

1362 Kelsen, AJIL Vol. 38 (1944), S. 689 (692), bezieht sich ausdrücklich auf die Erfahrungen des Versailler Vertrages, der die Entwicklung der Demokratie des Weimarer Staates erheblich beeinflusst habe: „It is well known that political responsibility for the Treaty of Versailles was the main cause of the breakdown of the Weimar Republic and the rise of Naziism.“

1363 Eine entscheidende Zäsur sind die Entschließungen der Deutschen Völkerrechtslehrer auf ihrer ersten Nachkriegstagung in Hamburg am 17.3.1947, abgedruckt bei Menzel, EA 2 (1947), S. 1009 (1014). In Deutschland wird die Theorie vom Untergang des Reiches allerdings weniger in der Fach- als in der Tagespresse vertreten, vgl. den Hinweis bei Loening, DRZ 1946, S. 129 (132), Gönnewein, DRZ 1948, S. 401 (402),

land die Situation.[1364] Entscheidend für den Untergang eines Staates sei das Staatsvolk als Träger der Souveränität.[1365] Die Machtübernahme der Alliierten habe das Reich nicht annektiert.[1366] Diese Ansicht wird sowohl im Konvent von Herrenchiemsee[1367] als auch im Parlamentarischen Rat nicht bezweifelt.[1368] Mit Gründung der Bundesrepublik Deutschland wird demnach kein neuer Staat, sondern auf der Grundlage des fortbestehenden Reiches eine verfassungsrechtliche Neuformung geschaffen,[1369] was von dem Gedanken beeinflusst ist, dass nur ein Provisorium und kein Staat auf Dauer entstehen soll.[1370] Jedenfalls geben beide Überlegungen den Gläubigern des Reiches keine Möglichkeit, die Bundesrepublik Deutschland (oder ihre Länder) für Reichsverbindlichkeiten in Anspruch zu nehmen.[1371]

Abgelehnt wird auch, die Länder (und später die Bundesrepublik Deutschland) als Ausgründungen aus dem Deutschen Reich anzusehen, die als Rechtsnachfolger für das Reich haften müssten.[1372]

---

und die bei Menzel, EA 1947, S. 1009 (1010 ff.) wiedergegebenen Zitate. Kraemer, SJZ 1950, S. 795 (799), geht davon aus, dass der Wegfall des Reiches nach 1945 „nirgends“ angenommen worden sei. Für die Gegenansicht vgl. Jerusalem, Frankfurter Hefte 1947, S. 1254 (1255): „Das Reich ist als Staat … untergegangen.“ Auch Kraske, JR 1949, S. 101 (102), beschränkt die Wirkung der Kapitulation auf die Militärverwaltung, sieht jedoch aufgrund des proklamierten „totalen Kriegs“ große Teile der Zivilverwaltung der Militärverwaltung unterstellt. Schultze-Schlutius, DöV 1950, S. 198 (198), fragt nach dem „Vermögen des ehemaligen Deutschen Reiches“, ohne im Folgenden darauf einzugehen.

1364 Zur amtlichen Stellungnahme der britischen Regierung: Cohn, MDR 1947, S. 178 (179), „Berliner Erklärung“ der Alliierten vom 5.6.1946; Jennings, MDR 1948, S. 3 (4); vgl. im Übrigen Laun, MDR 1947, S. 246 (246) m. w. N.

1365 Stödter, S. 47, 51.

1366 Zinn, NJW 1947/48, S. 9 (12); Scheuner, DVBl. 1950, S. 481 (482, passim); Geiler, S. 12.

1367 So Scheuner, DVBl. 1950, S. 481 (483).

1368 So zusammenfassend Arndt (Rechtsproblem), S. 1, ebenso Diestelkamp, JuS 1980, S. 481 (484). Bereits im Dezember 1947 bezeichnet Menzel, EA 2 (1947), S. 1009 (1016), Kelsens Meinung als „einhellig abgelehnt.“

1369 Scheuner DVBl. 1950, S. 481 (482).

1370 Kritisch vor allem Grewe, DRZ 1949, S. 313 (315).

1371 Kelsen, AJIL Vol. 38 (1944), S. 689 (692), hält dieses Ergebnis aufgrund der Erfahrungen nach dem 1. Weltkrieg auch für wünschenswert, um nicht ein demokratisches Deutschland der Zukunft mit den harten Forderungen der Kriegsgegner des Reiches zu belasten.

1372 So ein Vorschlag von Krüger, SJZ 1950, S. 113 (120), der verlangt, dass der neue Staat alle „raumbezogenen“ Verbindlichkeiten zu übernehmen habe, freilich ohne zu definieren, welche Verbindlichkeiten „raumbezogen“ sind.

Weil nach der Gründung der Bundesrepublik Deutschland und der DDR im Jahr 1949 zwei deutsche Staaten auf dem Gebiet des Reiches Hoheitsrechte in Anspruch nehmen, wird ab 1950 bis zum Ende der DDR davon ausgegangen, zwischen Reich und Bundesrepublik bestehe (Teil-)Identität.[1373] Begründet wird dies mit Aussagen des Grundgesetzes; bereits der Parlamentarische Rat habe sich die Vollmacht gegeben, für jene Deutsche zu handeln, „denen mitzuwirken versagt war".[1374] Außerdem seien Aussagen offizieller Stellen der Bundesrepublik Deutschland bereits im Jahr 1950 anders nicht zu deuten.[1375] Obwohl diese Hypothese einem Fortbestand des Reiches nicht entgegensteht, zwingt sie dazu, die Haftung der Bundesrepublik für Reichsschulden zu klären, weil die Bundesrepublik Deutschland auf Teilen des Reichsgebiets besteht. Wird die Haftung nicht als selbstverständlich angesehen bzw. aufgrund von Art. 134 GG vorausgesetzt,[1376] ist die Überlegung zu finden, dass Identität zwischen zwei Staaten keine unbegrenzte Haftung bedeute: Völkerrechtspraxis und deutsche staatsrechtliche Übung, nach denen eine Haftung nach Gebietsanteilen in Frage komme, seien zwar mangels Teilung des Reiches nicht anwendbar, könnten aber eine Richtlinie darstellen.[1377] Die Veränderungen im Staatsgebiet zwischen dem Reich von 1937 und der Bundesrepublik Deutschland von 1949 werden allerdings auch gegen die Identität von Reich und Bund ins Feld geführt.[1378] Zu

1373 So bereits Grewe, DRZ 1949, S. 313 (315); Giese, DRZ 1950, S. 104 und grundlegend Scheuner DVBl. 1950, S. 481 ff, 514 ff. Zur Wandlung der Diskussion über das Verhältnis der Bundesrepublik Deutschland zum Deutschen Reich vgl. Stern V, S. 1097, mit Nachweisen aus der Literatur. Scheuner, DVBl. 1950, S. 514 (514), hat diese These bereits 1950 als die einzig mögliche dargestellt.

1374 Krüger, SJZ 1950, S. 113 (115), unter Verweis auf die Präambel des GG.

1375 Scheuner, DVBl. 1950, S. 515, betont zugleich, dass diese Aussagen keine „offizielle rechtsverbindliche Anerkennung dieser Identität und insbesondere nicht eine Übernahme der Verbindlichkeiten auf den Bund" enthielten. Für entsprechende Aussagen der Bundesregierung bis zum Jahr 1990 vgl. Hailbronner, JZ 1990, S. 449 (456).

1376 So Loening, DRZ 1946, S. 129 (132), zur Haftung des Landes Thüringen für Schulden des früheren Landes, allerdings ablehnend hinsichtlich Schulden des Reiches (ebenda, dort keine Rechtsnachfolgerschaft). Grewe, DRZ 1949 S. 312 (315), sieht Art. 134 GG als vorwiegend deklaratorisch; nach Giese, DRZ 1950, S. 104 (105), sperrt Art. 131 GG lediglich die Geltendmachung: „Zwingend ergibt sich der Eintritt in die Passiva"; ähnlich Schultze-Schlutius, DöV 1950, S. 198 (199) – Bestimmungen über die Reichsschulden müssen erlassen werden, weil § 14 UmstG darüber schweigt. Nach Reinhardt, NJW 1952, S. 441 (441), gehe die „herrschende Meinung" von einer Haftung aus; Nachweise liefert Reinhardt nicht.

1377 Scheuner, DVBl. 1950, S. 514 (516), ähnlich Reinhardt, NJW 1952, S. 441 (443). Loening, DRZ 1946, S. 129 (132, 133) fordert eine Friedenskonferenz oder die künftige gesamtdeutsche Gesetzgebung zur Lösung dieser Aufgabe auf.

1378 Reinhardt, NJW 1952, S. 441 (442).

Art. 134 GG findet sich auch die Meinung, dass die Norm ohne das angekündigte Spezialgesetz keinen Vermögensübergang begründe.[1379]

Ferner werden die zivilrechtlichen Institute des Konkurses und der Betriebsnachfolge sowie die Haftungsverhältnisse der Vorgesellschaft in Betracht gezogen, die zusammen mit § 419 BGB die Vermögensnachfolge der Bundesrepublik Deutschland begründen sollen: Herrsche zwischen den Rechtsträgern materielle Gleichheit, hindere der Wechsel der Rechtsform, in der sich ein Staat präsentiere, das Fortbestehen der Rechtsverhältnisse nicht. Weil das eine unbegrenzte Haftung des Bundes begründet, müsse der Gesetzgeber zugunsten des Schuldners eine Belastungsgrenze definieren.[1380] Hinsichtlich der Haftung einzelner Vermögensträger scheint die Ansicht zu überwiegen, dass der Nachfolger für Schulden des Vorgängers hafte.[1381] Insoweit werden ebenfalls zivilrechtliche Aspekte des § 419 BGB und der Betriebsnachfolge angeführt.[1382]

Anstatt die Haftung der Bundesrepublik Deutschland für Reichsverbindlichkeiten schlichtweg abzulehnen, worauf die höchstrichterliche Rechtsprechung beharrt, wenn keine besonderen sozialen Belange berührt sind, sind in der Literatur differenzierte Lösungsansätze anzutreffen. Zu erkennen ist das Bemühen, trotz angenommener Identität einer Haftung der Bundesrepublik Deutschland zu entkommen. Es scheint, als sei das Konstrukt „Fortbestand des Deutschen Reiches" vor allem deshalb gewählt worden, um eine starre Haftung, wie sie der Wortlaut von Art. 134 GG andeutet, zu vermeiden. Nachzuvollziehen ist das nicht unbedingt: Gerade wenn das Staatsvolk als Träger der Souveränität eines Staates nicht ausgetauscht wird,[1383] stellt sich die Frage, warum der Nachfolgestaat nicht für Schulden seines Vorgängers haftet.

4. Folgerung

Die möglicherweise von Anfang an unbegründete Hoffnung der Kriegssachgeschädigten, aufgrund der KSSchVO eines Tages[1384] vollen Schadenersatz zu erhalten, erfüllen weder Gesetzgebung, noch Verwaltung oder Rechtsprechung; nicht einmal in der Fachliteratur wird dies gefordert. Vielmehr lehnt die Bundesrepublik Deutschland die Übernahme von Schulden des Reiches und anderer

---

1379 So wohl Kraemer, SJZ 1950, S. 796 (803): „lex imperfecta."

1380 Reinhardt, NJW 1952, S. 441 (443).

1381 So bspw. Giese, DRZ 1950, S. 104 (105), vgl. auch die Nachweise bei Reinhardt, NJW 1952, S. 441 (442).

1382 Vgl. die Nachweise bei Reinhardt, NJW 1952, S. 441, dort Anm. 22 (S. 442).

1383 Dazu vgl. die Überlegung von Stödter oben, Anm. 1365 (S. 254).

1384 Bereits § 1 Abs. 1 S. 2 KSSchVO sieht (lediglich) vor, dass der Zeitpunkt der Entschädigung noch zu bestimmen ist.

Gebietskörperschaften ab, weil Schuldner der Forderungen aus der KSSchVO das Reich sei und die Bundesrepublik Deutschland für das Reich nicht hafte; dies bestätigt die Rechtsprechung. Begründet wird dies vor allem mit dem provisorischen Charakter der Bundesrepublik Deutschland.[1385]

Kriegssachgeschädigte müssen ihren Schaden folglich selbst tragen, ein Anspruch gegen die Bundesrepublik Deutschland wird ihnen nicht zugestanden. Die Bundesrepublik Deutschland behandelt Kriegsschäden also wie Zufallsschäden – nach dem aus dem römischen Recht stammenden Grundsatz, dass der Eigentümer einer Sache die zufällige Beschädigung trägt (*casum sentit dominus*). Rechtsprechung und Literatur sehen die Besitzer geschädigter Kriegsgrundstücke sogar als polizeipflichtig an[1386] und bürden ihnen die zivilrechtliche Verantwortung für die Ruinen auf: Kommen Dritte durch Schutt von Trümmergrundstücken zu Schaden, wenden die Gerichte regelmäßig §§ 836, 838 BGB an.[1387]

Kriegssachschäden behandelt also im Ergebnis ausschließlich der Lastenausgleich. Auf vorkonstitutionelles Recht (WRV, KSSchVO) wird nicht zurückgegriffen. Vielmehr weist der BGH mit dem Hinweis, den Reichsgläubigern dürfe keine Möglichkeit gegeben werden, auf Aktiva des Reiches zuzugreifen,[1388] die Richtung zum sozialen Ausgleich. Erst die konsequente Negation der Haftung des Bundes für Passiva des Reiches eröffnet die Möglichkeit, einen sozialen Lastenausgleich durchzuführen. Die Kriegsschäden werden zusammen mit Ausgleichsmaßnahmen der Währungsreform im Lastenausgleich behandelt, der keinen Schadenersatz im Rechtssinne ist, sondern eine auf die Zukunft gerichtete Unterstützung Geschädigter zum Zwecke der Eingliederung.

Für die Schäden, die dadurch entstehen, dass die Betroffenen bei ihrer Flucht oder Vertreibung Vermögen zurücklassen müssen und dieses Vermögen

---

1385 Vgl. oben, H.I (S. 247).

1386 OVG Münster, Urteil vom 31.1.1951, II A 444/51; OVG Lüneburg, Urteil vom 13.5.1952, I OVG A 76/52, zit. nach DdK IV/1, S. 11 (dort Anm. 50, 51).

1387 Der BGH geht von einer Zustandsverantwortlichkeit des Eigentümers bzw. Verwalters nach § 836 BGB (BGHZ 1, S. 103 (LS. 2 sowie S. 105)) bzw. § 838 BGB (BGHZ 6, S. 315 (319)) aus. Beachtet werden muss, dass in beiden Fällen die Ruine wieder wirtschaftlich genutzt wird. Immerhin erklärt der BGH, dass bei Trümmergrundstücken keine überhöhten Sorgfaltspflichten als Maßstab angesetzt werden dürften (BGHZ 1, 103, LS. 2). Bei einer ungenutzten Ruine entscheidet das LG Hannover, DRZ 1946, S. 91, gegen eine Haftung des Eigentümers, anders im Grundsatz das OLG Frankfurt, NJW 1947/48, S. 426 (428). Die Literatur bestätigt diese Entscheidungen dem Grunde nach, vgl. Müller, Anm. zu LG Hanau, NJW 1947/48, S. 428, NJW 1947/48, S. 429 (429); Diester, NJW 1949, S. 538 (539); deutlich für eine Haftung Ganschezian-Fink, NJW 1950, S. 804 (805, passim).

1388 BGHZ 16, 184 (187).

von den Nachfolgestaaten annektiert bzw. konfisziert wird, kann der Lastenausgleich einen Schadenersatzanspruch im Rechtssinne bereits deshalb nicht zusprechen, weil die Bundesrepublik Deutschland den Status quo im Jahr 1952 nicht anerkennt. Bis zur Wiedervereinigung im Jahr 1990 sieht sie sich nicht berechtigt, über das Gebiet und das Vermögen der Deutschen östlich von Oder und Neiße zu verfügen: Eine Entschädigung der Betroffenen bedeutete eine Anerkennung des Verlustes zumindest des dort belegenen Grundvermögens. Diese Anerkennung behält die Bundesrepublik Deutschland einem Friedensvertrag vor. Die Präambel des LAG betont daher, dass die Gewährung und Annahme von Leistungen keinen Verzicht auf die Geltendmachung von Ansprüchen auf Rückgabe des von Vertriebenen zurückgelassenen Vermögens begründen.[1389]

Das Argument, dass die Bundesrepublik Deutschland als provisorischer Staat auf Deutschlands Boden nicht für die Reichsschulden in Anspruch genommen werden kann, überzeugt spätestens nach der Wiedervereinigung 1990 nicht mehr. Die Bundesrepublik Deutschland wird ausweislich der Präambel des Grundgesetzes als Provisorium gegründet, „um dem staatlichen Leben für eine Übergangszeit eine neue Ordnung zu geben." Staatsauftrag ist „die nationale und staatliche Einheit" zu wahren. Das Provisorium soll sich daher (zunächst) nicht mit Ansprüchen befassen, für die das Reich haftet, dies gilt insbesondere, weil die Bundesrepublik Deutschland nur auf einem Teil des Reiches Hoheitsrechte wahrnimmt.[1390] Das Reich wird als nicht handlungsfähiger Rechtsträger anerkannt – die Bundesrepublik Deutschland nutzt für die in der Präambel des Grundgesetzes genannte Übergangszeit die Aktiva, insbesondere die Immobilen des Reiches. Zu Recht erkennt daher das Bundesverfassungsgericht, dass die Bundesrepublik Deutschland nicht für die Passiva des Reiches hafte. Zugleich erklärt das Gericht aber auch, dass die Bundesrepublik Deutschland nicht berechtigt sei, im AKfG die Passiva des Reiches zum Erlöschen zu bringen; vielmehr könne sie nur die Leistung verweigern.[1391] Weil das Bundesverfassungsgericht zugleich betont, dass der Gesetzgeber der provisorischen Bundesrepublik Deutschland eine gesamtdeutsche Staatsgewalt nicht präjudizieren könne und wolle,[1392] bleiben die Ansprüche gegen das Reich ungeregelt. Das betrifft auch die KSSchVO; § 373 Nr. 3 LAG kann Ansprüche aus der KSSchVO nicht erlöschen lassen.

Mit der Wiedervereinigung am 3. Oktober 1990 entsteht die gesamtdeutsche Staatsgewalt wieder, die das Privileg, nicht Rechtsnachfolgerin des gesamtdeut-

1389 Präambel LAG, 2. HS.

1390 Vgl. oben, H.I (S. 247).

1391 BVerfGE 15, 126 (149), vgl. oben, H.I.2 (S. 248).

1392 BVerfGE 15, 126 (149).

schen Reiches zu sein, nicht genießen kann. Deutlich macht das Art. 4 Nr. 1 Einigungsvertrag:[1393] Die Norm fasst die Präambel des Grundgesetzes neu und hebt Art. 23 GG auf; der Beitritt weiterer Länder zur Bundesrepublik Deutschland ist nicht vorgesehen. *Ganz* Deutschland ist wiedervereinigt. Folglich hätte sich das wiedervereinigte Deutschland bei der Wiedervereinigung den Reichsverbindlichkeiten und damit auch den Ansprüchen aus der KSSchVO stellen müssen.[1394]

II. Schadenersatz kraft ungeschriebener Rechtsgrundsätze

Ob zusätzlich zum Anspruch aus der KSSchVO ein Ersatzanspruch kraft ungeschriebener Rechtsgrundsätze besteht, der ohne Haftungsüberleitung direkt gegen die Bundesrepublik Deutschland geltend gemacht werden könnte, wird nach dem 2. Weltkrieg nicht diskutiert. Die Juristen überlassen die Diskussion um den Lastenausgleich nach 1945 den Finanz- und Wirtschaftswissenschaftlern[1395] und behandeln den Kriegsschadenersatz mit Ausnahme von Einzelfragen nicht. Stattdessen wird die Haftung der Bundesrepublik Deutschland für Verbindlichkeiten des Reiches bis zur Wiedervereinigung 1990 abgelehnt.[1396] Dabei wird selbst in einer Publikation des Bundesvertriebenenministeriums der Anspruch auf Kriegsschädenersatz wenigstens für den Fall einer siegreichen Kriegsführung angenommen: Die KSSchVO von 1940 entspreche „der sich seit 1871 herausgebildeten Rechtsüberzeugung, dass mindestens bei gewonnenen Kriegen volle Entschädigung zustehe."[1397] Belegt wird die Behauptung nicht. Tatsächlich hätten die historischen Belege gezeigt, dass auch verlorene Kriege einen Anspruch auf Ersatz von Kriegssachschäden nach sich ziehen. Die Beachtung dieses Grundsatzes hätte der Lastenausgleichsgesetzgebung eine andere Richtung geben müssen; insbesondere hätte sie nicht vorwiegend dem Erhalt der Wirtschaftsleistung untergeordnet werden dürfen.

1393 Art. 4 Nr. 1 des „Vertrag[s] zwischen der Bundesrepublik Deutschland und der Deutschen Demokratischen Republik über die Herstellung der Einheit Deutschlands", BGBl. II 1990, S. 885.

1394 So Klein, NJW 1990, S. 1065 (1073), zu den Reichsverbindlichkeiten im Vorfeld der Wiedervereinigung.

1395 Vgl. oben, G.II.3.d) (S. 217).

1396 Vgl. oben, H.I.4 (S. 256); nach der Wiedervereinigung 1990 wird die Frage bezeichnenderweise ignoriert.

1397 So Neuhoff (Entschädigungsrecht), LAG I/1, S. 15 (17).

Die Präambel des Lastenausgleichsgesetzes hinterlässt auf den ersten Blick den Eindruck, dass außerhalb einer gesetzlichen Regelung ein Anspruch besteht: „In Anerkennung des Anspruchs der durch den Krieg und seine Folgen besonders betroffenen Bevölkerungsteile auf einen die Grundsätze der sozialen Gerechtigkeit und die volkswirtschaftlichen Möglichkeiten berücksichtigenden Ausgleich von Lasten und auf die zur Eingliederung der Geschädigten notwendige Hilfe ...“[1398] Trotz des Begriffs „Anspruch“ wird der *rechtliche* Anspruch des Geschädigten auf *vollen* Ersatz seiner Kriegsschäden verworfen: Die Präambel stellt nur eine „Hilfe“ in Aussicht, die auf den „Grundsätzen der sozialen Gerechtigkeit“ beruht und dem Geschädigten zur Eingliederung dient. Das LAG reguliert Schäden und keine Ansprüche;[1399] der Ausgleich nach dem LAG ist vor allem in die Zukunft gerichtet („Ausgleich von Lasten“, „Eingliederung“), ohne einen vor dem 2. Weltkrieg bestehenden Zustand wiederherzustellen. Dies bestätigen auch die §§ 243, 246 Abs. 2 LAG; die Hilfe wird degressiv zur Höhe des erlittenen Schaden berechnet.

1. Rechtsprechung

Weil der Ausgleich keinen Schadenersatz begründet, müssen die Verwaltungsgerichtsbarkeit und das BVerfG sich mit der Frage auseinandersetzen, ob den Geschädigten ein Schadenersatzanspruch aus Naturrecht oder überpositivem Recht zusteht. Dies geschieht anhand der Frage, ob Rechtsetzungen vor Erlass des GG an diesem oder an überpositiven Rechten zu messen ist bzw. ob die Gesetzgebung nach Inkrafttreten des GG ggf. überpositiven Maßstäben genügt.

a) Bundesverfassungsgericht

Im Rahmen der Prüfung des Hypothekensicherungsgesetzes aus dem Jahr 1948 stellt das BVerfG fest, dass keine übergesetzliche Norm den Gesetzgeber verpflichte, bei einer dem Wohle der Allgemeinheit dienenden Enteignung eine Entschädigung zuzusprechen.[1400] Die Eigentumsgarantie aus Art. 153 Abs. 2 WRV habe während der nationalsozialistischen Zeit ihren Verfassungsrang verloren und auch mit dem Zusammenbruch im Jahr 1945 nicht wiedererlangt.[1401] Daher seien Rechtsetzungsakte der Zeit vor Erlass des GG bestenfalls am Maßstab der Landesverfassungen zu messen.[1402] Während sich die Entscheidung zu-

1398 Präambel LAG.

1399 So ebenfalls Kühne-Wolff, S. 27a (26. Erglfg. A).

1400 BVerfGE 2, 237 (LS 2 und 253).

1401 BVerfGE 2, 237 (248).

1402 BVerfGE 2, 237 (252), stellt dies anhand verschiedener Landesverfassungen dar.

gunsten des Lastenausgleichs auswirkt, indem sie den entschädigungslosen Abzug von Vermögen nach § 1 Abs. 1 HypSiG zugunsten des Lastenausgleichs bestätigt, vernichtet sie zugleich die Hoffnung der Kriegssachgeschädigten auf eine Art Enteignungsentschädigung für Vermögensverluste während des 2. Weltkrieges: Da während der Zeit des Nationalsozialismus kein grundrechtlich geschütztes Eigentum besteht,[1403] begründet ein Entzug keinen Enteignungsentschädigungsanspruch gegen das Reich, der gegen den Bund geltend gemacht werden könnte.

Zur vom LAG vorgesehenen sozialen Degression erkennt das BVerfG darauf, dass der Gesetzgeber bei Erlass des LAG nicht verpflichtet gewesen sei, sich an die bürgerlich-rechtliche Eigentumsordnung zu halten: ohne das LAG bestünden keine Rechtsansprüche. Der Gesetzgeber sei daher bei der Gestaltung des Kriegsschädenausgleichs in den Grenzen der Verfassung frei und nicht verpflichtet, einen vor dem Kriegsschaden bestehenden Zustand zu restituieren, sondern schlicht an die Grundrechte gebunden.[1404] Die Staaten hätten zwar zu jeder Zeit versucht, bei Not, die aus kriegerischen Ereignissen resultiere, unterstützend tätig zu werden. Die Unterstützungshandlungen seien aber stets Maßnahmen eigener Art gewesen, die mit Schadenersatz im zivilrechtlichen Sinne nicht zu vergleichen seien.[1405] Im Übrigen sieht das BVerfG die Verteilung von Ausgleichszahlungen stets als mit Art. 3 Abs. 1 GG vereinbar an.[1406]

Die Entscheidungen zum Lastenausgleich ordnen sich in die Rechtsprechung des BVerfG zum Nationalsozialismus und zur unmittelbaren Kriegsfolgezeit ein.[1407] Das BVerfG gesteht dem Gesetzgeber einen weiten Ermessensspielraum zu und ermächtigt ihn, die zu verteilenden Mittel auf eine wirksame Hilfe für die Betroffenen zu beschränken,[1408] ohne Verstöße gegen Art. 3 GG oder

---

1403 BVerfGE 2, 237 (248), begründet dies mit verschiedenen Urteilen des RG.

1404 BVerfGE 11, 50 (56), dort allerdings nicht zu § 246 Abs. 2 LAG, sondern zur Hausratsentschädigung bei Ehegatten nach § 293 Abs. 1 LAG: Die Hausratsentschädigung ist aufgrund der gemeinsamen Veranlagung von Ehegatten im Vergleich zu zwei einzeln geltend gemachten Hausratsschäden geringer.

1405 BVerfGE 1, 97 (106), zur Höhe der von der Bundesrepublik Deutschland zu leistenden Hinterbliebenenrente. Deutlich ist die Ablehnung einer staatlichen Rechtspflicht zum Ersatz jeglicher Kriegsschäden.

1406 Vgl. hinsichtlich der Härtefallregelungen des AKfG BVerfGE 15, 126 (150 ff.), hinsichtlich des Ausschlusses juristischer Personen im „Gesetz zur Abgeltung von Reparations-, Restitutions-, Zerstörungs- und Rückerstattungsschäden“ vom 12.2.1969, BGBl. I 1969, S. 105, BVerfGE 41, 126 (174 ff.).

1407 BVerfGE 15, 126 (LS 1), bezeichnet diese als „Probleme, die ihren Ausgang in historischen Vorgängen aus der Zeit vor der Entstehung der Bundesrepublik haben.“

1408 BVerfGE 15, 126 f. (LS 4).

Art. 14 GG anzunehmen.[1409] Das Gericht nimmt keine Ansprüche aus überpositivem Recht an, sondern berechtigt den Gesetzgeber, zugunsten einer (sozialen) Grundsicherung vollständigen Schadenersatz abzulehnen.

b) Bundesverwaltungsgericht

Auch das Bundesverwaltungsgericht (BVerwG) lehnt einen Anspruch Geschädigter auf Entschädigung oder Schadenersatz aus Grundrechten oder überpositivem Recht ab und erkennt alleine das LAG als Anspruchsgrundlage für Leistungen der Bundesrepublik Deutschland an. Erst das LAG habe Ansprüche der Geschädigten gegen die Bundesrepublik Deutschland geschaffen. Die Formulierung, dass ein darüber hinausgehender Rechtsanspruch auf Grund des LAG nicht existiere,[1410] ist missverständlich, denn der Entscheidung lässt sich kein Hinweis entnehmen, dass das BVerwG ohne die Lastenausgleichsgesetzgebung einen übergesetzlichen Anspruch der Geschädigten anerkennt.

Auch die soziale Degression der Entschädigung im Lastenausgleich verletzt nach dem BVerwG weder Art. 14 GG noch Art. 3 Abs. 1 GG. Eine Verletzung von Art. 14 GG schließt das Gericht aus, weil Art. 134 Abs. 4 GG den Bund ermächtigt, Schulden des Reiches nicht zu übernehmen.[1411] Eine Verletzung von Art. 3 Abs. 1 GG liege nicht vor, weil das LAG ein Leistungsgesetz sei.[1412] Bei einem solchen Gesetz stehe dem Gesetzgeber ein weites, nicht eingeengtes Ermessen hinsichtlich der Verteilung der Leistungen zu; im Übrigen hätten für die vom LAG vorgesehene soziale Degression sachliche, den Voraussetzungen des Art. 3 Abs. 1 GG genügende, Gründe vorgelegen.[1413] Auch das BVerwG stellt sich also auf den Standpunkt, dass neben den positivgesetzlich formulierten keine weiteren Ansprüche zugunsten der Geschädigten bestehen – andernfalls müsste das Gericht den Geschädigten Entschädigungsansprüche zubilligen.

c) Bundesgerichtshof

Der BGH argumentiert anders als das BVerfG und das BVerwG: Die Strafsenate begründen mit Naturrecht die Strafbarkeit von Handlungen im 3. Reich, bei denen sich die Angeklagten auf Befehlsnotstand berufen. Der BGH erkennt „... im Bewusstsein aller zivilisierten Völker ein[en] Kernbereich des Rechts, der nach

---

1409 So bspw. auch BVerfGE 27, 253 (254, LS 3 lit. a, b), und S. 271 ff., 286 ff.

1410 BVerwGE 31, 314 (315).

1411 BVerwGE 31, 314 (315 f.).

1412 BVerwGE 31, 314 (316). Der Schluss ist nicht zwingend. Bringt das LAG bestehende Ansprüche gegen den Bund zum Erliegen, ist das LAG (auch) ein Eingriffsgesetz.

1413 BVerwG 31, 314 (316), unter Verweis auf die ständige Rechtsprechung, auch des BVerfG.

allgemeiner Rechtsüberzeugung von ... keiner ... obrigkeitlichen Maßnahme verletzt werden darf". Der Kernbereich umfasst unantastbare Grundsätze menschlichen Verhaltens, die stets rechtlich verbindlich sind. Die Grundsätze ergeben sich aus der Rechtsordnung oder „aus dem jeden ... Machthaber eines zivilisierten Volkes bindenden und verpflichtenden Grundgedanken der Gerechtigkeit und Menschlichkeit, wie er im Bewusstsein aller lebt."[1414] Warum die Grundsätze unantastbar seien und die Machthaber verpflichteten, begründet der Senat nicht.

Der 5. Zivilsenat erklärt, dass auch die Nationalsozialisten grundsätzlich formal gültiges Recht schaffen konnten, weil die „Umwälzung" staatsrechtlich anzuerkennen sei. Voraussetzung sei nur, dass sich die neue Gewalt bis zur verfassungsmäßigen Macht und Anerkennung durchgesetzt habe. Ohne Begründung erklärt der Senat, dies entspreche auch „naturrechtlichen Anschauungen".[1415] Das bedeutet die grundsätzliche Anerkennung des von den Nationalsozialisten gesetzten Rechts. Folglich müsste auch die Art. 153 WRV aufhebende sog. Reichstagsbrandverordnung[1416] wirksam und dadurch das Grundrecht auf Eigentum abgeschafft sein. Gegen diese Interpretation verwahrt sich aber der 1. Zivilsenat in einem Gutachten im Rahmen einer Vorlage zum BVerfG:

Nicht erst das GG gewähre das Grundrecht aus dem Eigentum, es bestehe unabhängig davon und „von jeher". Der Senat setzt sich damit ausdrücklich in Widerspruch zu anderslautenden Entscheidungen des BVerfG.[1417] Die nationalsozialistische Gesetzgebung sei daher nichtig, soweit sie dem entgegenstehe, weil sie die „übergesetzliche Substanz der echten Grundrechte" nicht antasten konnte.[1418] Damit übernimmt der Senat die Rechtsprechung des Großen Senats für Zivilsachen, der ebenfalls von einer Weitergeltung der Verfassungsrechte aus der WRV ausgeht.[1419] Einschränkend stellt der Große Senat fest, die das Eigentumsgrundrecht aus Art. 153 WRV aufhebende Reichstagsbrandverordnung des Reichspräsidenten habe nur diejenigen Enteignungen gerechtfertigt, die

1414 BGHSt 3, 357 (362 f.).

1415 So BGHZ 5, 76 (96); Weinkauff, NJW 1960, S. 1689 (1691), stellt dazu fest, dass diese Annahme „sicher nicht" zutreffe – bezeichnenderweise ebenfalls ohne Begründung.

1416 Art. 153 WRV wird durch die „Verordnung des Reichspräsidenten zum Schutz von Volk und Staat" vom 18. Februar 1933 außer Kraft gesetzt, RGBl. I 1933, S. 83 (sog. Reichstagsbrandverordung).

1417 BGHZ 11, 81 (83), zitiert BVerfGE 2, 237 (248 ff.).

1418 So BGHZ 11, Anhang 81 (84).

1419 Der Große Senat geht nicht auf die übergesetzliche Kraft der Eigentumsgarantie ein, sondern erkennt in Bezug auf die wohlerworbenen Beamtenrechte (die er für eine besondere Form der Eigentumsgarantie hält), dass die nationalsozialistische Gesetzgebung nur den tatsächlichen Herrschaftsbereich, nicht aber die rechtliche Geltung der Garantien eingeschränkt habe, BGHZ 6, 208 (211).

durch den Zweck der Verordnung geboten gewesen seien – „sie ist nach ihrer Überschrift zur Abwehr staatsgefährdender, kommunistischer Gewaltakte erlassen worden“.[1420]

Demnach geht der BGH – anders als das BVerfG und das BVerwG – davon aus, dass der grundrechtliche Schutz des Eigentums die Zeit des Nationalsozialismus überdauert. Nur die Situation, für die der nationalsozialistische Verordnungsgeber ausdrücklich die Aufhebung der Grundrechte verfügt hat („zur Abwehr kommunistischer staatsgefährdender Gewaltakte“), erkennt der BGH kritiklos an, kombiniert damit naturrechtliche Überlegungen mit positivistischen und rechtfertigt *en passant* Maßnahmen aufgrund der Reichstagsbrandverordnung.

Dennoch gilt: Mit der Formulierung, bestimmte Grundrechte wie das Recht aus dem Eigentum hätten eine „übergesetzliche Substanz“,[1421] hätte der BGH in der Nichtberücksichtigung von Ansprüchen aus der KSSchVO eine zu entschädigende Enteignung erkennen können. Entscheiden muss er die Frage nicht.

2. Literatur

Für die Zeit zwischen dem Kriegsende und dem Erlass des LAG lässt sich nur wenig Literatur zur Frage eines übergesetzlichen Anspruchs der Kriegssachgeschädigten finden.[1422] Das ist erstaunlich, weil ein großer Teil der Kriegssachschäden in Deutschland erst ab Mitte 1943 entsteht und sich bis zu diesem Zeitpunkt Literatur zur KSSchVO nachweisen lässt.[1423] Da nach der Kapitulation, basierend auf *Radbruch*, naturrechtlich geprägte Gedanken populär sind, die den Geschädigten einen Anspruch zuweisen könnten, wäre eine intensive Beschäftigung mit der Frage zu erwarten gewesen.[1424] Tragen nach naturrechtlichem Ideal alle Bürger zu gleichen Teilen die Staatslasten, dürfte die Situation nach dem verlorenen Krieg den Anspruch der Geschädigten und unter ihnen besonders der Vertriebenen augenfällig machen.[1425]

Das geschieht jedoch nicht; ähnlich wie bereits in den Entscheidungen des BGH zu erkennen ist, betreffen naturrechtliche Abhandlungen in der Literatur

---

1420 BGHZ 6, 270 (274).

1421 Dazu zählen nicht alle Grundrechte des GG, beispielsweise nicht Art. 3 Abs. 2 GG, so BGHZ 11, Anhang 34 (68).

1422 Untersucht wurden die Zeitschriften NJW (1947–1952), MDR (1948–1952) und DVBl. (1948–1949 als „Deutsche Verwaltung“), 1950–1952), vgl. oben, G.II.3.d) (S. 217).

1423 Zu den Einzelheiten oben, F.II (S. 189).

1424 Zur Anspruchsbegründung aus naturrechtlichen Ansätzen oben, C.IV.2.a) (S. 89).

1425 Siehe die Darstellung der Situation nach Kriegsende 1945 oben, A (S. 1 ff.).

ebenfalls Grundfragen des Rechts, aber keinen konkreten Rechtsinhalt.[1426] Die Geltung des von den Nationalsozialisten gesetzten positiven Rechts begründet die Frage nach dem Naturrecht.[1427] Es bleibt eine kurze Episode und hat auf den ersten Blick eher „spärliche Ergebnisse“:[1428] Einzelne Rechtsnormen werden ebenso wenig besprochen wie Grundsatzfragen bspw. zur Währungsreform, bei der die Abwertung nur von Geldvermögen im Vergleich zu Sachvermögen durchaus Kritik hervorrufen könnte.

Abgesehen von wenigen Ausnahmen, die sich eher auf nationalsozialistisches Gedankengut berufen,[1429] ist keine allgemeine Abhandlung zum Anspruch der Kriegssachgeschädigten zu finden.[1430] Lediglich Einzelfragen aus dem Kriegsschädenrecht werden behandelt, zumeist Fragen des Versicherungsrechts.[1431] Warum keine nennenswerte juristische Diskussion um den Anspruch der Geschädigten stattfindet, lässt sich nicht ergründen. Zu vermuten ist, dass die Beteiligten die Notwendigkeit eines umfassenden Lastenausgleichs anerkennen.[1432] Das mag damit zusammenhängen, dass die Westmächte die Deutschen in den westlichen Besatzungszonen bereits mit der Währungsumstellung in die Pflicht nehmen, den Lastenausgleich bis zum Ende des Jahres 1948 durchzuführen[1433], und so den Beteiligten bewusst ist, dass der Lastenausgleich alle Kriegsverluste erfassen wird.[1434]

1426 Vgl. die bei Kaufmann (passim) angegebenen Fundstellen.

1427 So Kaufmann, Festschrift Gagnér, S. 105 (109).

1428 So Kühl, Freundesgabe Söllner, S. 331 (331).

1429 Einzig findet sich grundlegend Tietz, NJW 1947/48, S. 165 ff., zur Frage von Hypotheken; derselbe, NJW 1947/48, S. 249 ff., zum Ausgleich der Wohnungsschäden.

1430 Wenn, so finden sich Bemerkungen nebenbei: bspw. nach Danckelmann, NJW 1950, S. 676 (678), hafte die Allgemeinheit für Kriegsschäden, „etwa im Rahmen des Lastenausgleichs.“

1431 So bspw. Ostler, NJW 1947/48, S. 83 ff.; Büchner, NJW 1947/48, S. 294 ff.; Büchner, NJW 1950, S. 136 ff.

1432 So Hughes, S. 41. Eindeutig Danckelmann, NJW 1950, S. 676 (676): „Es besteht ... nirgends ein Zweifel, dass die Kriegsschädenansprüche bei der Abwicklung der alten Reichsschulden miterledigt werden müssen.“

1433 Vgl. oben, Anm. 14 (S. 4)

1434 Dafür spricht bspw. der Hinweis von Grauvogel, Anm. zu LG Dortmund, DVBl. 1952, S. 254, DVBl. 1952, S. 255 (S. 256), dass bislang (April 1952) niemand auf die Idee gekommen sei, dass die Eigentümer für die Enttrümmerung ihrer Grundstücke nicht selbst aufkommen müssten; wenn, dann fielen die Kosten dafür in den Lastenausgleich.

Bis heute wird in der Literatur zum Staatshaftungsrecht die Haftung für Kriegsschäden mit zumeist wenigen Worten abgelehnt[1435] oder der Kriegsschaden wird nicht erwähnt.[1436]

III. Stellungnahme – der gewohnheitsrechtlich begründete Anspruch

Dabei handelt es sich beim Lastenausgleich nicht (nur) um eine „Unterstützung in Notzeiten“, die den Grundsätzen sozialer Gerechtigkeit entsprechen soll,[1437] sondern beim Ersatz von Sachschäden um die Erfüllung einer Rechtspflicht, die gewohnheitsrechtlich entstanden ist. Abweichend von der Auffassung des Bundesverfassungsgerichts[1438] ist die Bundesrepublik Deutschland bei der Ausgleichung der Kriegsschäden nicht lediglich an Art. 3 Abs. 1 GG gebunden, denn – anders als noch 1962 in amtlichen Veröffentlichungen behauptet – besteht ein gewohnheitsrechtlicher Anspruch auf Ersatz nicht nur nach gewonnenen Kriegen.[1439] Der Ersatz von Kriegssachschäden ist daher nicht Leistungs-, sondern Eingriffsverwaltung, soweit der Staat seine Bürger nicht vollständig entschädigt, und daher auch an Art. 14 GG zu messen.

Gewohnheitsrecht entsteht durch längere tatsächliche Übung, die eine dauernde und ständige, gleichmäßige und allgemeine ist und von den Beteiligten als verbindlich anerkannt wird.[1440]

1. Vertrauenstatbestand: Die regelmäßige Vergütung von Kriegslasten

Regelmäßig haben Staaten die Kriegslasten ihrer Bürger ausgeglichen oder sogar volle Entschädigung geleistet: Bis zu den Koalitions- und Freiheitskriegen sind Kriegslasten im Wesentlichen die Kriegsleistungen der Untertanen; Sachschäden treten kaum auf. Die Kriegsparteien haben kein Interesse, Ansiedlungen

1435 Vgl. die kurze Begründung von Ossenbühl, S. 127: Der Aufopferungsanspruch sei nur für den *Normalfall* gedacht, staatliche Katastrophenfälle wie namentlich Kriege bedürften besonderer Ausgleichssysteme und -maßstäbe, die in entsprechenden Gesetzen niederzulegen seien (Hervorhebung im Original).

1436 Vgl. jüngst Baldus / Grzeszick / Bernd (passim).

1437 So aber die Präambel des LAG.

1438 Oben, Anm. 1404 (S. 261).

1439 Vgl. den eben in Anm. 1397 (S. 259) genannten Beitrag.

1440 So die Definition nach BVerfGE 34, 293 (303).

zu zerstören, die als Nachtlager dienen und deren Bewohner Kriegsleistungen erbringen. Selbst die Brandschatzung dient nicht primär strategischen Zwecken, sondern der Erbeutung der Reichtümer einer Stadt oder Gemeinde, um den Krieg fortführen zu können. Eine sich über mehrere hundert Kilometer erstreckende Front, die wie im 1. Weltkrieg – bspw. in Elsass-Lothringen, Frankreich und Ostpreußen – auch durch Städte und Gemeinden verläuft, entsteht erst im späten 19. und 20. Jahrhundert und führt zu verheerenden Sach- und Gebäudeschäden.

Kriegslasten sind zunächst vor allem die Kriegsleistungen. Sind Städte oder Gemeinden besonders stark durch Kriegsereignisse in Mitleidenschaft gezogen, leistet schon das Alte Reich – bspw. durch den Erlass von Steuern – Unterstützung.[1441] Leistungen, die Untertanen an eigene Truppen erbringen, werden regelmäßig vergütet.[1442] Diese Praxis wird, soweit ersichtlich, nie in Frage gestellt.[1443] Erst mit den Koalitionskriegen entstehen in größerem Ausmaß Sachschäden, weil systematisch um Städte gekämpft wird; das belegen die Prozesse der Breslauer Vorstädter gegen den Preußischen König.[1444] Zugleich zeigen das Pariser Edikt von 1814[1445] und die Stettiner Holzlieferungsprozesse[1446] den Anteil von Naturallieferungen. Auch die Diskussion um die Verwüstungen im ostpreußischen Ermland nach dem Friedensschluss von Tilsit belegt den Anteil der Kriegsleistungen.[1447] Im Deutsch-Französischen Krieg 1870/1871 werden Sachleistungen bereits nicht mehr angefordert[1448] und der Sachschaden wird zur eigentlichen Kriegslast. Im 1. und 2. Weltkrieg treten Vermögensschäden hinzu.

Werden Untertanen und Bürgern die wesentlichen Kriegslasten vergütet, sind damit zur Zeit der sog. Kabinettskriege vor allem die Kriegsleistungen gemeint.[1449] Erst mit den Befreiungskriegen entstehen nennenswerte Sachschäden. Die preußische Kabinettsorder von 1831 bezeichnet sie (noch) als „Zufälle“ des Krieges und lässt Klagen auf Schadenersatz nicht zu, obwohl einzelne Gemeinden eine besondere Unterstützung erhalten.[1450] Mit dem Deutsch-Französischem

1441 Vgl. oben, C.II.1.c) (S. 35).

1442 Vgl. für Preußen oben, C.II.1.d) (S. 37); eine entsprechende Regelung findet sich bis heute in §§ 20 ff. Bundesleistungsgesetz vom 19.10.1959, BGBl. I 1959, S. 815.

1443 So ebenfalls bereits 1845 Zachariä, S. 204.

1444 Vgl. oben, C.III.1.b)aa)(1) (S. 60).

1445 Vgl. oben, C.III.1.b)aa) (S. 58).

1446 Vgl. oben, C.III.1.b)aa)(2) (S. 62).

1447 Vgl. oben, C.III.1.a)aa)(1) (S. 49).

1448 So (unwidersprochen) im Reichstag der Abgeordnete von Winter, Verhandlungen RT Bd. 27, S. 161 (161).

1449 Vgl. die Darstellung zur Möglichkeit der Versorgung der Heere bei Ortenburg, S. 170 f.

1450 Vgl. oben, C.III.1.b)aa) (S. 59).

Krieg von 1870/1871 ändert sich die Situation, denn die wesentliche Kriegslast sind nunmehr Sachschäden, die das KSG und das ReedereiG ersetzen;[1451] von „Zufällen“ im Sinne der Preußischen Kabinettsorder von 1831 wird im Gesetzgebungsprozess nicht mehr gesprochen. Die Betroffenen können also bis 1871 darauf vertrauen, dass ihre wesentlichen Kriegslasten ersetzt werden – nur die Art der Last verändert sich. Unter diesem Gesichtspunkt ist die Preußische Kabinettsorder von 1831 eine Ausnahmevorschrift: Sie reagiert mit den „Zufällen“ des Krieges auf eine unerwartete Situation während der Befreiungskriege.[1452] Tatsächlich wirkt die Kabinettsorder auch nur für den Zeitraum der Befreiungskriege: Bereits nach dem Deutsch-Französischen Krieg von 1870/1871 werden die von der Kabinettsorder als Zufallsschäden bezeichneten Sachschäden ersetzt. Die anderen sog. Einigungskriege[1453] finden im Wesentlichen nicht auf deutschem Boden statt, so dass kaum Sachschäden im späteren Reich entstehen. Damit erhalten die Geschädigten vor der Reichseinigung regelmäßig die Kriegslasten ersetzt – vor den Befreiungskriegen sind es die Leistungen, danach die Schäden. Die Kriegsschädengesetze nach dem Deutsch-Französischen Krieg und vor allem § 35 KLG bestätigen die Regel, indem Spezialgesetze alle nicht „hinreichend“ ersetzten Schäden behandeln sollen. Gemeint sind die von der Kabinettsorder von 1831 noch als „Zufälle“ bezeichneten Schäden.

Während des 1. Weltkrieges erklärt das Reich, das KFG begründe keinen Rechtsanspruch auf Kriegsschädenersatz (§ 15 KFG). Das entspricht aber nicht den Tatsachen: In § 16 Abs. 1 KFG verpflichtet sich das Reich, für Vorleistungen (Vorentschädigungen) der Länder einzustehen. Weil die wesentlichen Kriegsschäden im Reichsgebiet bei Inkrafttreten des KFG 1916 bereits entstanden und von den Ländern, insbesondere von Preußen, ersetzt sind, erhalten die Sachgeschädigten vollständigen Ersatz. Obwohl weder § 15 KFG noch § 35 KLG einen Anspruch für die Zukunft begründen, dürfen die Sachgeschädigten nun gewöhnlich auf den Ersatz ihres Schadens vertrauen. Dies gilt um so mehr, weil bei Erlass der Haftungsregel des § 16 Abs. 1 KFG das Kriegsende nicht abzusehen ist: Das Reichsheer steht in Russland und im Westen führen das Deutsche Reich und Frankreich einen Stellungskrieg, in Elsass-Lothringen auch auf Reichsgebiet. Seit Frühjahr 1916 tobt um Verdun eine der härtesten Schlachten des 1. Weltkrieges. Das Reich muss zur Kriegsfinanzierung bereits die

---

1451 Vgl. oben, D.I (S. 93).

1452 Vgl. oben, C.III.1.b)aa)(3) (S. 63).

1453 Gemeint sind (neben dem Deutsch-Französischen Krieg von 1870/1871) der Deutsch-Dänische Krieg von 1864 und der Preußisch-Österreichische Krieg von 1866.

4. Kriegsanleihe ausgeben[1454] und gibt dennoch die Ersatzpflicht aus der Hand, indem es sich in § 16 KFG verpflichtet, den Ländern auch zukünftige Vorentschädigungen zu erstatten. Daher entscheiden die Länder mit der Zahlung von Vorentschädigung über die Haftung des Reiches. Das Reich kann weder die Art des Schadens noch die Zeit oder die Höhe der bereitzustellenden Mittel bestimmen. Nach dem im Reichstag gefundenen Kompromiss kann es die Länder nur noch bitten, keine Vorentschädigung zu leisten. Die Sachgeschädigten können also darauf vertrauen, dass das Reich ihren Schaden trägt.

Die Schadensübernahme nach dem verlorenen Krieg entspricht der Entschädigung nach dem gewonnenen Deutsch-Französischem Krieg: Sachschäden entstehen mit Ausnahme Elsass-Lothringens nach 1916 im Reichsgebiet nicht mehr, bereits eingetretene Schäden sind über das Vorentschädigungsverfahren abgegolten und vom Reich übernommen. Schäden in Elsass-Lothringen muss das Reich nach dem Versailler Vertrag erstatten.[1455] Noch 1921 ersetzt das Reich Kriegssachschäden aus den Kolonien vollumfänglich.[1456] Von „Zufällen" im Sinne der preußischen Kabinettsorder von 1831 spricht niemand.

Anders werden Vermögensschäden behandelt: Bei aufgrund der Gebietsabtretungen entstehenden Vermögensschäden leistet das Reich trotz seiner Notlage bis zum Kriegsschädenschlussgesetz 1928 noch Unterstützung. Auch nach dem verlorenen 1. Weltkrieg darf der Sachgeschädigte also darauf vertrauen, dass sein Sachschaden ersetzt wird, während für Vermögensschäden nur Beihilfen gewährt werden.

Die Rechtslage entspricht also im Wesentlichen der nach dem – siegreich geführten – Deutsch-Französischen Krieg 1870/1871, als das Reich zur Finanzierung auf die Kriegsentschädigung Frankreichs zurückgreifen kann. Zu berücksichtigen ist, dass bei den noch nicht erstatteten Schäden die Inflation einen Teil des Ersatzanspruchs vernichtet, weil Grundlage für die Erstattung der Friedenswert ist. Dies betrifft vor allem die in den Kolonien verursachten Sachschäden.

Dieser Rechtslage wird auch während des wiederum verlorenen 2. Weltkrieges zunächst entsprochen: Sachschäden werden nach der KSSchVO grundsätzlich entschädigt, der Anspruch wird nur nicht fällig gestellt. Unter den Vermögensschäden werden ausnahmsweise Nutzungsschäden ersetzt, weil sie Sachschäden nahestehen. Der Geschädigte kann also wiederum darauf vertrau-

---

1454 Die Ermächtigung zur Ausgabe der Kriegsanleihe befindet sich in § 3 „Gesetz, betreffend die vorläufige Regelung des Reichshaushalts für das Rechnungsjahr 1916" vom 30.3.1916, RGBl. 1916, S. 207.

1455 Vgl. oben, E.III.1 (S. 143).

1456 Vgl. oben, E.III.2.a)bb)(2) (S. 146). Das Gesetz ordnet volle Entschädigung des Friedenswertes an.

en, dass sein im Krieg erlittener Sachschaden ersetzt wird; die Entschädigung entspricht im Wesentlichen der nach dem Deutsch-Französischen Krieg und dem 1. Weltkrieg. Bis nach Kriegsende im Mai 1945 leisten die Behörden Entschädigung.[1457]

Wenngleich Zahlungen nur vereinzelt überliefert sind, begründen sie doch einen Vertrauenstatbestand für die Geschädigten: die Behörden erfüllen noch nach der bedingungslosen Kapitulation Reichsverpflichtungen. Es ist davon auszugehen, dass die Verwaltung die Entschädigung leistet, weil sie von einem Anspruch der Geschädigten ausgeht. Von 1871 bis einschließlich 1945 wird also über einen Zeitraum von 74 Jahren Ersatz für Kriegssachschäden geleistet.

2. Verbindliche Anerkennung durch die Beteiligten

Das Versprechen des Reiches in § 35 KLG, die Erstattung von Kriegsschäden zukünftig spezialgesetzlich zu regeln, soweit diese durch das KLG nicht hinreichend ersetzt werden, begründet einen Anspruch gegen das Reich auf den Ersatz von Kriegsschäden. Für die Ablehnung von Kriegsschädenersatz bedürfte es der Norm nicht: In Preußen ist anerkannt, dass die Kabinettsorder von 1831 den Anspruch auf Kriegsschädenersatz sperrt, obwohl §§ 74, 75 Einleitung ALR einen Anspruch begründen. Außerhalb Preußens gibt es keine so weitreichenden Haftungsregeln, so dass keine allgemeine Staatshaftung besteht. § 35 KLG erklärt, dass alle Schäden, die im Übrigen durch das KLG „nicht, oder nicht hinreichend entschädigt werden“, einer besonderen Gesetzesanordnung zu unterwerfen sind. Ziel des Reiches ist also, auch diese Schäden „hinreichend“ auszugleichen. Der Gesetzgeber soll nur bestimmen können, welche Entschädigung „hinreichend“ ist. Dem Grunde nach wird in § 35 KLG ein Anspruch durch das Reich verbindlich anerkannt: Eine unzureichende („nicht hinreichende“) Entschädigung muss das Reich zukünftig gesondert begründen.

Anders lassen sich auch die Aussagen nach Kriegsbeginn 1914 nicht deuten. Regierungsvertreter erklären im Gesetzgebungsverfahren zum KFG, dass sich das Reich mit dem ursprünglichen Gesetzentwurf nicht seiner Entschädigungspflicht entziehe, sondern bis zum Kriegsende lediglich der Umfang des Ersatzes nicht zu bestimmen sei. Im Wesentlichen geht es dabei um das Haftungsverhältnis zwischen dem Reich und den Bundesstaaten und nicht um das „Ob“ der Entschädigung.[1458] Die Weimarer Republik entspricht dieser Pflicht weitmöglichst –

1457 Vgl. oben, G.II.1 (S. 202).

1458 Vgl. oben, E.I.2.e) (S. 126) und insbesondere den in Anm. 667 (S. 128) genannten Kommissionsbericht zum Entwurf des KFG.

der Vorbehalt in § 1 ReichsentlastungsG[1459] wäre unnötig, würde das Reich die Ersatzpflicht nicht anerkennen. Gleiches gilt nach 1940: § 1 KSSchVO begründet einen Anspruch auf vollständigen Schadenersatz, wenngleich die Stundung nach § 9 Abs. 5 KSSchVO dazu führt, dass ein Anspruch nur dem Grunde nach entsteht. Noch nach Kriegsende leisten die Behörden Zahlungen nach der KSSchVO; dies täten sie nicht, würden sie einen Anspruch nicht anerkennen. Die Kriegsentschädigung gibt also stets wenigstens einen Anspruch dem Grunde nach, nur die Höhe steht zur Disposition. Wegen § 35 KLG muss der Gesetzgeber begründen, wenn er Kriegsschäden nicht hinreichend entschädigt; so geschieht es in § 1 ReichsentlastungsG.

Zu Recht wird folglich bis zum Jahr 1962 mehrfach amtlich festgestellt, seit 1871 habe sich die Rechtsüberzeugung herausgebildet, „dass mindestens bei gewonnenen Kriegen volle Entschädigung zustehe."[1460] Die Aussage ist aber verkürzt: Für die wesentlichen Kriegslasten wird immer eine Entschädigung bereitgestellt und dies, weil die Entscheidungsträger der Ansicht sind, damit einer Rechtspflicht zu entsprechen und nicht nur einem Gebot politischer Vernunft. Das belegen insbesondere die Diskussion um das KFG 1916[1461] und um die Entschädigung nach dem 1. Weltkrieg bis zum KSSG 1928.[1462] Ein Reich, das die Entschädigungspflicht nicht dem Grunde nach anerkennt, müsste nicht neun Jahre nach Kriegsende ein Schlussgesetz erlassen. Auch die Kabinettsorder von 1831 schließt den Ersatzanspruch nicht aus. Sie versagt den Ersatz nur bei Zufälligkeiten des Krieges – im 1. wie im 2. Weltkrieg hängt eher vom Zufall ab, wer *nicht* geschädigt wird.

3. Schuldner des Anspruchs auf Kriegsschädenersatz

In den Jahren nach 1871, nach 1916 und nach 1940 hat sich das Reich als Schuldner der Ansprüche auf Kriegsschädenersatz bezeichnet, 1871 und 1940 gegenüber den Bürgern und nach 1916 gegenüber den in Vorleistung tretenden Ländern. 1871 werden die Mittel aus den französischen Reparationen bestritten (§ 1 Abs. 1 KSG); im 1. Weltkrieg und nach 1918 werden die Schadenersatzleistungen aus dem allgemeinen Staatshaushalt erbracht. Nach 1949 wird ein An-

1459 Zum Vorbehalt weiterer Entschädigung nach Wiederherstellung der Leistungsfähigkeit des Reiches in § 1 ReichsentlastungsG siehe oben, E.III.2.b)bb) (S. 149).

1460 Der oben, Anm. 1397 (S. 259), genannte Beitrag von Neuhoff ist ein Nachdruck aus dem ebenso amtlichen Werk „Dokumente deutscher Kriegsschäden", Bd. II/1, S. 512 ff.

1461 Vgl. oben, E.I.2.e) (S. 126).

1462 Vgl. oben, E.III.2.b) (S. 147 ff).

spruch gegen die Bundesrepublik Deutschland abgelehnt, weil Schuldner der Forderungen aus der KSSchVO das Reich sei, für dessen Schulden die Bundesrepublik Deutschland nicht hafte. Begründet wird dies vor allem mit dem provisorischen Charakter der Bundesrepublik Deutschland.[1463]

Die Frage stellt sich, ob dieser Ansatz auch für den gewohnheitsrechtlich begründeten Anspruch auf Kriegsschädenersatz gelten kann. In Betracht kommt, dass die jeweils herrschende Gebietskörperschaft Schuldnerin des gewohnheitsrechtlich begründeten Anspruchs auf Kriegsschädenersatz ist, mit der Folge, dass ein Anspruch unabhängig davon besteht, ob eine Gebietskörperschaft Rechtsnachfolgerin einer früher auf dem Gebiet herrschenden Körperschaft ist. Folge wäre, dass der gewohnheitsrechtlich begründete Anspruch nicht mit dem Argument abgewehrt werden kann, die herrschende Gebietskörperschaft sei nicht Rechtsnachfolgerin der vorherigen.

Bemerkenswert ist, dass seit 1871 regelmäßig nicht die Gebietskörperschaft die Kriegsschäden entschädigt, die zuvor Krieg führt: Das Deutsche Reich wird erst nach dem Friedensschluss in Versailles gegründet; Kriegspartei des Deutsch-Französischen Krieges von 1870/1871 ist Preußen mit Unterstützung durch den Norddeutschen Bund. Obgleich das neugegründete Deutsche Reich die Verfassung des Norddeutschen Bundes im Wesentlichen übernimmt und als dessen Rechtsnachfolger auftritt, bestehen Gebietsunterschiede; das Reich umfasst auch die Staaten südlich der Mainlinie. Außerdem werden die wesentlichen Schlachten des Deutsch-Französischen Krieges nicht auf dem Gebiet des Norddeutschen Bundes geschlagen, sondern in Elsass-Lothringen, das erst nach dem Krieg in das Reich eingegliedert wird. Nur bei Saarbrücken können französische Truppen kurzfristig in Bundesgebiet einmarschieren. Dennoch übernimmt das neugegründete Reich den Ausgleich der Kriegsschäden – näher hätte gelegen, dass Preußen die Schäden ersetzt und bei Frankreich Regress nimmt. Hinzu kommt, dass vor allem die Schäden der Elsass-Lothringer ersetzt werden, die erst mit der Annexion Reichsbürger werden. Zuvor sind sie Staatsbürger des Kriegsgegners und -verlierers Frankreich.

Auch nach dem verlorenen 1. Weltkrieg übernimmt das Deutsche Reich die Haftung für die Kriegsschäden. Unabhängig vom Verhältnis der geleisteten Entschädigung zum Schaden ist das beeindruckend: Das Kaiserreich beginnt und führt einen Krieg, für dessen Schäden die aus einer Revolution entstandene junge Republik aufkommt. Ein demokratischer Staat übernimmt trotz größter finanzieller Belastungen die Haftung für die von einer Monarchie verursachten Kriegssachschäden und begründet mit dem Ersatz für Verdrängungsschäden zu-

1463 Vgl. oben, H.I (S. 247).

sätzlich Ansprüche für Umsiedler aus den ehemaligen Reichgebieten.[1464] Obwohl die Weimarer Republik über den Versailler Vertrag auf große und rohstoffreiche Gebiete des Kaiserreiches verzichten muss und weitere Teile wie das Saarbecken längere Zeit wirtschaftlich nicht nutzen kann, ist im Reichstag die Übernahme der Haftung für die Schäden selbstverständlich. Von „Zufällen" spricht niemand. Selbst als das Reich im Sommer 1923 die Leistungen kürzen muss, behält es den „Grundgedanken angemessener Entschädigung" bei und stellt weitere Entschädigung in Aussicht.[1465] Umstritten sind nur Art und Höhe der Entschädigung, nicht aber, ob die Republik für das Kaiserreich haften muss. Man geht einen anderen Weg, indem das die Ansprüche kürzende ReichsentlastungsG einen Vorbehalt für Zeiten enthält, in denen das Reich wieder zahlungsfähig ist (§ 1 ReichsentlastungsG). Das KSSG löst das Versprechen 1928 ein. Der Unterschied zum LAG ist augenfällig.

Weder 1871 noch nach 1918 ist also der Entschädigung leistende Staat mit dem Staat identisch, der den Krieg geführt hat. Stets leistet die Gebietskörperschaft Ersatz, deren Einwohner geschädigt sind; insbesondere die Weimarer Republik erkennt die Ersatzpflicht über § 1 ReichsentlastungsG ausdrücklich an. Infolge dieser Übung ist Schuldner des gewohnheitsrechtlich begründeten Anspruchs nicht der kriegführende Staat, sondern die Körperschaft, auf deren Gebiet die Bürger geschädigt werden. Das wird dadurch bestätigt, dass die Kriegsschädengesetze nach 1871 und nach dem 1. Weltkrieg nicht nach der Staatsangehörigkeit des Geschädigten differenzieren. Das ist bemerkenswert, weil die Frage nach der Nationalität bspw. während des 1. Weltkriegs diskutiert wird.[1466] Selbst die KSSchVO begründet innerhalb des Reichsgebiets einen Ersatzanspruch grundsätzlich unabhängig von der Staatsbürgerschaft des Geschädigten.[1467]

IV. Folgerung und Ausblick

Am 8. Mai 1945 begründet die KSSchVO einen Ersatzanspruch der Geschädigten, dessen Erfüllung die Bundesrepublik Deutschland bis zum 3. Oktober 1990 verweigern kann, weil das Reich fortbesteht. Zusammen mit anderen Ansprü-

---

1464 Vgl. oben, E.III.2.a)bb)(1) (S. 144).

1465 Vgl. oben, E.III.2.b)bb) (S. 149), und die Diskussion zum ReichsentlastungsG oben, Anm. 790 (S. 150).

1466 Vgl. oben die Diskussion um die Schäden russischer Staatsbürger in Ostpreußen, E.I.3.b) (S. 137).

1467 Zu den Ausnahmen, die dazu führen, dass im Ergebnis doch eine Differenzierung stattfindet, vgl. oben, F.I.3 (S. 184).

chen fällt der Ersatzanspruch aus der KSSchVO gegen das Reich in dessen „Konkursmasse“.[1468] Als Anspruch gegen das Reich er ist zudem grundrechtlich nicht abgesichert.[1469]

Demgegenüber richtet sich der gewohnheitsrechtlich begründete Anspruch stets gegen die jeweils herrschende Gebietskörperschaft und ist damit unabhängig von einer Staatensukzession. Folglich ist der Anspruch auf Kriegsschädenersatz mit Gründung des provisorischen Staates gegen die Bundesrepublik Deutschland gerichtet. Anders als den Anspruch aus der KSSchVO, für dessen Geltendmachung es einer Haftungsüberleitung bedarf, findet die Bundesrepublik Deutschland den gewohnheitsrechtlich begründeten Anspruch bei ihrer Gründung vor, den mit Inkrafttreten des Grundgesetzes Art. 14 GG sichert.

Das bedeutet, dass der Kriegssachschädenausgleich nicht nur an Art. 3 Abs. 1 GG, sondern auch an Art. 14 Abs. 1 GG zu messen ist. Der Staat darf die Entschädigung folglich nicht davon abhängig zu machen, dass Wirtschaftsleistung erhalten bleibt, sondern muss in einem Ausgleichsverfahren das Vermögen der Geschädigten wiederherstellen. Dass der Gesetzgeber zu diesem Zweck auch das erhalten gebliebene Vermögen hoch besteuern kann, hat das Bundesverfassungsgericht bestätigt – eine „Belastungsobergrenze“ gibt es nicht.[1470] Wie weit das Vermögen zu belasten ist, hängt von den Verlusten und nicht vom Erhalt der Wirtschaftsleistung ab.

Ohne zu einem Anspruch auf den Ersatz von Kriegssachschäden Stellung zu nehmen, lehnen auch Rechtsprechung und Literatur in der Bundesrepublik Deutschland seit etwa 2006 Schadenersatzansprüche aufgrund kriegerischer Ereignisse nicht mehr grundsätzlich ab. Die Auffassung des BVerfG, der Aufopferungsgedanke aus §§ 74, 75 Einleitung ALR gelte nur für „Sachverhalte des alltäglichen Verwaltungshandelns“,[1471] wird als „zu pauschal“ bezeichnet: Eine generelle Suspendierung des Staatshaftungsrechts im Kriegsfall sei angesichts der grundgesetzlichen Wertungen nicht möglich.[1472] Die Preußische Kabinettsorder von 1831, auf die der Ausschluss von Kriegsschädenersatz auch nach

1468 Zur Forderung nach einer für alle Forderungen einheitlichen „Konkursdividende“ vgl. BVerfGE 15, 126 (140 f.).

1469 Dazu vgl. oben, H.I.2 (S. 248), insbesondere Anm. 1336 (S. 250).

1470 BVerfGE 115, 97 (113), klärt nicht, ob „erdrosselnde“ Steuern gegen Art. 14 Abs. 1 GG verstoßen. Der Gesetzgeber habe die Eigentumsgarantie mit dem Gebot einer sozial gerechten Eigentumsordnung in ein ausgewogenes Verhältnis zu bringen. Das in Art. 14 GG angelegte Spannungsverhältnis sei vom Gesetzgeber problem- und situationsbezogen *jeweils* zu einem interessengerechten Ausgleich zu bringen (ebenda, 114). Hervorhebung durch den Autor.

1471 So im sog. Distomo-Beschluss, BVerfG EuGRZ 2006, S. 105 (107), Rdn. 28.

1472 So Schmahl, ZaöRV 66 (2006), S. 699 (711 f.).

knapp 200 Jahren noch gestützt wird,[1473] dürfte schon hinsichtlich beider Weltkriege nicht einschlägig sein: Die Kabinettsorder schließt nur Schäden aus, die aus den „Zufällen des Krieges“ resultieren. Man wird die Planmäßigkeit der Sachzerstörungen im 1. und 2. Weltkrieg kaum bestreiten können – für den 2. Weltkrieg sind sie belegt.[1474] Auch in Notzeiten bleibt der Staat an das Recht gebunden; nichts spricht dafür, „die allgemeine Staatshaftung dem Individuum gegenüber auf den ‚Normalfall‘ staatlichen Handelns zu beschränken“.[1475] Das entspricht dem gewohnheitsrechtlich begründeten Satz: Wer Kriegssachschäden erleidet, hat Anspruch auf Ersatz.

1473 So bspw. von Ossenbühl, S. 127. Auch der eben genannte Distomo-Beschluss des BVerfG (oben, Anm. 1471 (S. 274)) beruft sich mit dem Begriff des „alltäglichen Verwaltungshandelns“ auf die preußische Kabinettsorder von 1831, freilich ohne sie zu benennen.

1474 Siehe oben, Anm. 1 (S. 1).

1475 So OLG Köln, NJW 2005, S. 2860 (2862); der BGH lässt in der Revisionsentscheidung ausdrücklich offen, ob nach Inkrafttreten des Grundgesetzes militärische Kriegshandlungen vom Amtshaftungstatbestand des § 839 BGB ausgeschlossen seien, BGHZ 169, 348, Rdn. 20.

I. Zusammenfassung

Die Arbeit zeigt, dass die Verteilung der Kriegslasten bereits vor dem Dreißigjährigen Krieg als Problem erkannt wird: Angesichts der „Türkengefahr“ vor Wien strebt das Heilige Römische Reich eine gleichmäßige Inanspruchnahme der Reichskreise an. Sorge um das (wirtschaftliche) Überleben der Bevölkerung zeigt erstmals während des Dreißigjährigen Krieges das Hessische Mannschaftsregister; zeitgleich wendet sich Hugo Grotius gegen eine „entartete Kriegsführung“, derer sich selbst „rohe Völker“ schämen müssten.[1476]

Bis zu den Koalitionskriegen begründen die Leistungen an die Heere die wesentliche Kriegslast der Bevölkerung. Werden sie vergütet, entsteht den Leistungspflichtigen dadurch kein Schaden; wertlos ist aber vielfach die Vergütung. Schäden entstehen darüber hinaus dadurch, dass die Lieferpflichten den Grundstock an Vieh und Getreide angreifen, den die Bauern zur nachhaltigen Wirtschaft benötigen. Das vor allem führt während des und nach dem Dreißigjährigen Krieg zu Unterversorgung und Seuchen, die zur Verödung ganzer Landstriche beiträgt.[1477]

I. Anteil von Sachschäden ab dem 18. Jahrhundert

Der Sachschaden als Kriegsziel oder zumindest Kriegsfolge ist jüngeren Datums – die Truppen haben kein Interesse, Ortschaften, die ihnen als Schlafstatt und zur Versorgung dienen, zu zerstören. Die sogenannten Kabinettskriege nach dem Dreißigjährigen Krieg verschonen die Bevölkerung von den Kriegslasten. Erst mit dem Siebenjährigen Krieg Preußens gegen Österreich (1756–1763) nehmen strategische Operationen der stehenden Heere größere Landstriche in Anspruch und werden Städte systematisch umkämpft. Die verbesserte Bewaffnung ermöglicht auch kleinen Einheiten, große Zerstörungen hervorzurufen. Jetzt stellt sich die Frage nach einem systematischen Ausgleich, wenn einzelne, gut befestigte Städte quasi stellvertretend für das gesamte Land besonders umkämpft werden. Der Steuererlass des Heiligen Römischen Reichs für einzelne Reichskreise während der Türkengefahr 200 Jahre zuvor ist noch schlichte Notwendigkeit, um die Kreise vor dem Bankrott zu schützen. Nunmehr steht die Frage eines gerechten Ausgleichs im Raum.[1478] Ansätze finden sich in der Literatur in der Frage, ob Anrainer besser ausgebauter Straßen ohne Entschädigung

1476 Siehe oben, C.I (S. 33).
1477 Siehe oben, B.IV.1 (S. 27).
1478 Siehe oben, B.III.2 (S. 24).

dulden müssen, dass die Truppen eher diese Wege nutzen und sie vermehrt für Kriegsleistungen in Anspruch genommen werden. Ihnen wird entgegengehalten, dass bessere Infrastruktur den Handel in Friedenszeiten begünstigt, was für einen natürlichen Ausgleich sorge.[1479]

Jetzt wird der Anteil der Sachschäden an den Kriegslasten größer. Die Verteilung über die *lex rhodia* ist auf den ersten Blick bestechend, indem sie alle Bürger zu Teilhabern einer Gefahrengemeinschaft wie die Frachtführer auf einem Schiff macht. Das kann sich nicht durchsetzen, weil die *lex rhodia* Kausalität zwischen Verlust und Rettung der Güter voraussetzt. Die Kausalität ist kaum nachzuweisen; hinzu kommt die Frage, wer zur Gefahrgemeinschaft gehört. Die Anwendung der *lex rhodia* setzt außerdem die Rezeption in das deutsche Staatsrecht voraus. Zusätzlich muss die Beeinträchtigung rechtmäßig erfolgen; deshalb ist zwischen den durch eigene und durch gegnerische Truppen verursachte Schäden zu differenzieren. Rechtmäßig können die Gegner nicht handeln, sonst führte der eigene Staat einen rechtswidrigen Krieg. Ein weiteres Problem offenbaren Kollateralschäden und Plünderungen, für die kausal kein Gut gerettet wird. Sie – wie alle Schäden, die nicht auf Befehl verursacht werden – werfen die Frage auf, ob der Staat für jeden Kriegsverlust haftet. Diese Fragen führen dazu, dass sich die *lex rhodia* als Anspruchsgrundlage nicht durchsetzen kann. Zu sehr unterscheidet sich die Gefahrgemeinschaft beim Seewurf vom Staat, der Krieg führt.[1480]

Die Naturrechtler können diese Fragen umgehen, indem sie die Gemeinschaft als geschädigt ansehen, so dass alle (Staats-)Bürger die Schäden beseitigen müssen und anteilig in Anspruch genommen werden können. Der Geschädigte wird nur vorläufig belastet und kann nach Kriegsende Ausgleich fordern. Einen ersten umfassenden Vorschlag macht *G. M. Weber* 1798 unter dem Eindruck der Koalitionskriege gegen Frankreich: Nicht die Schäden sind Ausgangspunkt, sondern der Krieg, den die Staaten und nicht die Bürger führen. Der Zusammenschluss in Staaten beteiligt die Bürger an allen Staatsaufgaben. Der Krieg ist Staatsaufgabe, denn er schützt die Bürger vor dem Gegner. Auch ohne ausdrückliche Rechtsgrundlage zur Verursachung von Kriegsschäden darf der Staat das Notrecht (*ius eminens*) in Anspruch nehmen, wenn er andernfalls in seinem Bestand bedroht ist. Wer aufgrund seiner Staatsbeteiligung einen Schaden erleidet, ist daher schadlos zu halten. Mit dieser Argumentation entfällt die Differenzierung nach der Herkunft und der Rechtmäßigkeit des Schadens – jeder Schaden ist zu ersetzen.[1481]

1479 Siehe oben, C.III.2.a)ii) (S. 83).

1480 Siehe oben, C.IV.1.a) (S. 86).

1481 Siehe oben, C.III.2.b) (S. 84).

II. Situation nach der Reichseinigung 1871

Der Deutsch-Französische Krieg 1870/1871 begründet keine neue Diskussion – das Reich entschädigt „Kampf- und Brandschäden“ vollständig und die Vermögensschäden der Reedereien teilweise. Ein Beihilfegesetz unterstützt ohne Rechtsanspruch aus Frankreich ausgewiesene Deutsche. Indem auch Bürger Elsass-Lothringens Schadenersatz erhalten, verwirklicht das Reich erstmals das Territorialprinzip; entschädigt wird der Schaden auf (späterem) Reichsgebiet unabhängig vom Verursacher. Der Ersatz erfolgt aus den Reparationen Frankreichs. Kriegsleistungen werden nicht in Anspruch genommen.[1482]

In Preußen schließt die Kabinettsorder von 1831 die Ersatzpflicht für Kriegsschäden aus. Damit fehlt den Rechtspositivisten eine normative Grundlage. Weil das Ergebnis unbefriedigend ist, suchen sie die Rechtsgrundlage in den aufkommenden Enteignungsgesetzen. Das Reichsgericht nutzt diese zunächst als Rechtsgrundlage auch in Fällen, bei denen das Eigentum nicht auf den Staat übertragen wird, was darauf schließen lässt, dass es in anderen Fällen einer Schädigung durch hoheitliches Handeln und damit auch bei Kriegsschäden ähnlich entscheiden könnte.[1483] Die Literatur lehnt das zumeist ab; treffend erkennt *Anschütz*, dass eine Rechtsgrundlage für Schadenersatz bei rechtmäßigem hoheitlichem Handeln wünschenswert, aber vom Gesetzgeber zu begründen sei.[1484] Ab der Jahrhundertwende erkennt auch das Reichsgericht keinen allgemeinen Ersatzanspruch bei schädigendem Verwaltungshandeln mehr an.[1485]

Jetzt wird auch die Rechtsgrundlage zur Verursachung von Kriegsschäden in Frage gestellt. Das Prinzip der gesetzmäßigen Verwaltung und das Grundrecht auf Eigentum setzen für den Eingriffsakt auch ohne formelle Enteignung eine Rechtsgrundlage voraus. Daher verlangt die Literatur die positive Begründung von Notstandsrechten. Bis zu Beginn des 1. Weltkrieges kommt es dazu nicht.

III. 1. Weltkrieg

Bei Kriegsbeginn 1914 besteht Einigkeit in der Literatur, dass das Recht zur Kriegsführung die Berechtigung umfasst, Schäden zu verursachen. Gut 100 Jahre nach den Befreiungskriegen sind mit Ostpreußen und Elsass-Lothringen erstmals wieder Reichsgebiete nennenswert von Kriegsschäden betroffen. In der

1482 Siehe oben, D.I.4 (S. 96).

1483 Siehe oben, D.II.2 (S. 102).

1484 Siehe oben, D.III.2.b) (S. 109).

1485 Siehe oben, D.IV (S. 114).

Literatur herrscht Einigkeit, dass für Kriegssachschäden kein Schadenersatzanspruch gegen das Reich besteht; zugleich wird nicht bestritten, dass die Geschädigten „berechtigte Ansprüche“ haben, die das Reich erfüllen müsse: Der Schadenersatzanspruch ist nur (noch) der Höhe nach festzulegen. Vermögensfolgeschäden von Sachschäden will die Literatur ersetzt wissen, reine Vermögensschäden hingegen nicht.[1486]

Das Reich verhält sich ambivalent: Die Materialien zum KFG von 1916 zeigen, dass die Verwaltung von einem Schadenersatzanspruch der Geschädigten ausgeht. Der Reichstag will das zunächst noch während des Krieges gesetzlich verankern. Nur mühevoll erreicht die Reichsregierung, dass der Reichstag während des Krieges keine unbegrenzte Zahlungspflicht des Reiches begründet. So kommt es zu dem merkwürdigen Kompromiss, dass das Reich den Schadenersatz ersetzt, den die Länder als Vorentschädigung an die Geschädigten auszahlen. Bis zum Kriegsende 1918 ersetzt das Vorentschädigungsverfahren die wesentlichen Kriegssachschäden, so dass sie in der späteren Diskussion keine Rolle mehr spielen.[1487]

Die Literatur zweifelt die Entschädigungspflicht des Reiches auch nach dem verlorenen Krieg nicht an, obwohl die vorrangig zu befriedigende Reparationslast aus dem Versailler Vertrag kaum Spielraum bietet: Der Reichstag verlangt, den „Grundgedanken angemessener Entschädigung“ beizubehalten.[1488] Er wird nunmehr auch auf Schäden bezogen, die Folge der Gebietsabtretungen sind. Das sind vor allem Vermögensschäden, die Deutschen im Ausland und den ehemaligen Kolonien durch Ausweisung entstehen. Das Reich folgt dem, indem es mit der Schlussentschädigung nach dem KSSG diese Schäden den sog. Liquidationsschäden gleichstellt, zu deren Ersatz der Versailler Vertrag das Reich völkerrechtlich verpflichtet hatte. Beide Schäden werden, degressiv gestaffelt zum Umfang, zumindest anteilig ersetzt.[1489] Damit erkennt das Reich erstmals die Verpflichtung zum Ersatz von Vermögensschäden an, die aus einem Krieg resultieren. Die degressive Entschädigung ist zugleich Vorbild für den Lastenausgleich nach dem 2. Weltkrieg. Die vollständige Entschädigung von Sachschäden über das Vorentschädigungsverfahren noch während des Krieges und die kleiner bemessene Schlussentschädigung der Vermögensschäden nach dem Krieg führen dazu, dass später davon ausgegangen wird, dass das Reich grundsätzlich zum Ersatz von Kriegsschäden verpflichtet ist.[1490] Die Frage, ob der Staat nach

1486 Siehe oben, E.I.3.c) (S. 137).
1487 Siehe oben, E.I.2.f) (S. 129).
1488 Siehe oben, E.III.2.b)bb) (S. 149).
1489 Siehe oben, E.III.2.c) (S. 152).
1490 Siehe oben, E.I.4 (S. 139).

der Weimarer Verfassung für die Schäden des Kaiserreiches haftet, wird nicht gestellt.

IV. 2. Weltkrieg

Der 2. Weltkrieg beginnt für die Deutschen mit reinen Vermögensschäden, als die Umgebung von Trier im September 1939 kurzfristig evakuiert wird. Die Schäden werden 1940 durch Einzelverordnungen ebenso vollumfänglich erstattet wie sog. Fliegerschäden, während übrige Kriegssachschäden nur festgestellt werden. Erst im Oktober 1940 begründet die KSSchVO einen Schadenersatzanspruch gegen das Reich auf Ersatz aller Kriegssachschäden und – in beschränktem Umfang mit Nutzungsausfallschäden – auch von Vermögensfolgeschäden. Der Höchstumfang des Nutzungsersatzes von 3 000 RM pro Monat zeigt indes, dass vor allem Kleingewerbetreibende unterstützt werden sollen. Mit fortschreitenden Zerstörungen mutiert das Verfahren zu einem Vorentschädigungsverfahren, das die „Volksgenossen“ wieder in den kriegswichtigen Produktionsprozess bringen soll.[1491] Kriegsschadcn erleiden die Volksgenossen als Teil der „Nationalsozialistischen Kampf- und Opfergemeinschaft“, folgerichtig ist daher die Erstattung der Kriegsschäden von „Volksgenossen“ auf fremdem Staatsgebiet, während Ansprüche von Ausländern kaum erfüllt und Juden ausgeschlossen werden.

Der Kriegsschadenersatz wird also mit den Grundsätzen der *lex rhodia* begründet; die „Nationalsozialistische Kampf- und Opfergemeinschaft“ ist Haftungsgemeinschaft. Konsequent ist die Einschränkung des Schadenersatzes mit fortschreitendem Krieg, weil das Vermögen der Volksgemeinschaft immer stärker betroffen ist. Obwohl die KSSchVO das nicht explizit erklärt, ist Schuldner des Kriegsschadenersatzes nicht der Staat – dieser wird nach nationalsozialistischer Betrachtungsweise durch die „Volksgemeinschaft“ ersetzt.[1492]

Weil der wesentliche Teil der Kriegsschäden im Reich erst in den letzten beiden Kriegsjahren auftritt und die Verwaltung überfordert, ist das Entschädigungsverfahren zuletzt nur noch ein Feststellungsverfahren, in dessen Rahmen nur Unterstützung und keine Vorentschädigung geleistet wird.[1493]

1491 Siehe oben, F.I.2.b) (S. 181).

1492 Siehe oben, F.III.1.a) (S. 196).

1493 Siehe oben, F.III.1 (S. 195).

V. Nachkriegszeit

Nach Kriegsende 1945 fallen die Kriegssachschäden zusammen mit den Verlusten der Flüchtlinge und Vertriebenen in die Reichsverbindlichkeiten. Die DDR erklärt, als Staat mit anderer Klassenordnung nicht für die Verbindlichkeiten des völkerrechtlich untergegangenen Reiches zu haften, und ersetzt keine Kriegsschäden. Nur Vertriebene erhalten als Wiederansiedelungshilfe Land im Rahmen der sowjetischen Bodenreform.[1494]

Die Bundesrepublik Deutschland übernimmt mit Art. 134 GG auch die Haftung für Reichsverbindlichkeiten. Art. 135a GG ermöglicht, die Verbindlichkeiten nicht vollumfänglich zu erfüllen; das von § 1 AKfG angeordnete „Erlöschen" der Reichsverbindlichkeiten interpretiert das BVerfG geltungserhaltend als „nachdrückliche Leistungsverweigerung."[1495] Die Diskussion um den Ausgleich der Kriegslasten ist zunächst eine allgemeine Diskussion über die Reichsschulden und die Währungsreform 1948; die Kriegssachgeschädigten und darunter vor allem die Flüchtlinge sind zunächst kaum beteiligt. Vier Pole sind in der Diskussion um den Lastenausgleich auszumachen: auf der Leistungsseite, ob die Leistungen das Vorkriegsvermögen restituieren oder nur die Wiedereingliederung unterstützen sollen, und auf der Abgabenseite, ob sie sofort und vollständig oder über einen längeren Zeitraum verrentet zu erbringen sind. Mit Ausnahme der Geschädigtenverbände gehen die Beteiligten davon aus, dass die Bundesrepublik Deutschland nicht zum Ersatz der Kriegsschäden verpflichtet ist.[1496]

Die Entscheidung im LAG zur Verrentung der Abgaben über einen Zeitraum von einer Generation ermöglicht keine umfassende, sofortige Entschädigung. Sie geschieht sozial einerseits, weil die Entschädigung degressiv von der Höhe des erlittenen Schadens abhängt, so dass kleine Verluste vollständig und größere anteilig ersetzt werden, und sozial andererseits, weil Wiedereingliederungsleistungen Vorrang haben vor der Entschädigung, die ihrerseits von der Dringlichkeit bei den Geschädigten abhängt. Die geringe Verzinsung von Abgaben wie Leistungen im Lastenausgleichsprozess bedeutet, dass selbst eine vollumfängliche Entschädigung nach dem Gesetz nicht zum vollständigen Ausgleich des Schadens führt: Zwischen Schadensereignis und Entschädigung liegen im schlechtesten Fall über 30 Jahre. Hinzu kommt, dass Grundstücke nach den vielfach veralteten steuerlichen Einheitswerten bewertet werden. Die wesentliche Eingliederungsleistung übernimmt der Wirtschaftsaufschwung; der

1494 Siehe oben, A.II (S. 9).
1495 Siehe oben, H.I.2 (S. 248).
1496 Siehe oben, G.II.3.c) (S. 214).

Lastenausgleich bleibt sekundär und erfüllt die Erwartung, „ein zweites BGB im sozialen Bereich zu sein", nicht.[1497]

Während das Reich die Schäden des 1. Weltkriegs aus Haushaltsmitteln begleicht, entschädigt die Bundesrepublik Deutschland über den Lastenausgleichsfonds, dem sie Haushaltsmittel nur auf freiwilliger Basis zuweist. Die Bundesrepublik Deutschland erklärt, nicht für die Kriegsschäden verantwortlich zu sein, indem sie das Reich weiterhin als Schuldner der Reichsschulden ansieht, obwohl die Bundesrepublik Deutschland die Aktiva des Reiches nutzt. Die Art der Entschädigung entspricht dem nationalsozialistischen Gedanken, dass die Volksgemeinschaft die Schäden untereinander auszugleichen habe; es ist erneut die Haftungsgemeinschaft der *lex rhodia*. Das Reich war nach dem 1. Weltkrieg großzügiger: Trotz zwischenzeitlicher Stundung der Leistungen betonte es stets die Verpflichtung zum Ersatz der Schäden des 1. Weltkrieges.

VI. Folgerung

Zu erkennen ist bereits vor dem Dreißigjährigen Krieg das Bemühen, die Kriegslasten gleichmäßig zu verteilen, auch wenn es zunächst nicht der Bevölkerung zugute kommen soll. Mit der regelmäßigen Vergütung der Kriegsleistungen als Hauptlast des Krieges erleidet die Bevölkerung zumeist dadurch keine Schäden. Die Literatur fordert stets eine allgemeine Ersatzpflicht, selbst wenn sie *de lege lata* nicht erkannt wird. Da die Kriegsleistungen in dem Moment nicht mehr eingefordert werden, in welchem die Sachschäden ein höheres Ausmaß einnehmen, erscheinen die Sachschäden als Kriegsleistungen in neuem Gewand: Beides sind Kriegsbeeinträchtigungen.

Auch die Kriegssachschäden werden ersetzt, sobald sie ein gewisses Ausmaß erreichen. Einzige Ausnahme sind die Kriege gegen Napoleon, bei denen Preußen den Ersatz durch die Kabinettsorder von 1831 ausschließt, während einzelne Gemeinden Zuschüsse erhalten. Auch wenn die Kabinettsorder noch bis in den 1. Weltkrieg hinein als geltendes Recht angesehen wird, wirkt sie nur für die Befreiungskriege: Die Schäden des Deutsch-Französischen Kriegs von 1870/1871 ersetzt das Reich selbst für die Bewohner Elsass-Lothringens vollumfänglich, ebenso die Sachschäden des 1. Weltkriegs. Die Koalitions- und Befreiungskriege erscheinen damit als Ausnahme, während im Übrigen den Bürgern seit dem Dreißigjährigen Krieg die wesentlichen Kriegsbeeinträchtigungen ersetzt werden. Nur die Form der Beeinträchtigung hat sich gewandelt. Das begründet ein gewohnheitsrechtliches Vertrauen dahingehend, dass der Staat zum

1497 Siehe oben, G.IV (S. 240).

Ersatz von Kriegsschäden verpflichtet ist. Das gilt erst recht unter dem Grundgesetz, das den Staat auch in Not- und damit auch in Kriegszeiten an das Recht bindet. Der Staat haftet folglich jederzeit für Kriegsschäden.

Literaturverzeichnis

Abendroth, Wolfgang, Die Haftung des Reiches, Preußen, der Mark Brandenburg und der Gebietskörperschaften des öffentlichen Rechts für Verbindlichkeiten, die vor der Kapitulation am 8.5.1945 entstanden sind, in: NJ 1947, S. 73.

Anschütz, Gerhard, Die Verfassungsurkunde für den Preußischen Staat vom 31. Januar 1850. Ein Kommentar für Wissenschaft und Praxis, Berlin 1912 (zit. als: Anschütz (VU I)).

Anschütz, Gerhard, Der Ersatzanspruch aus Vermögensbeschädigungen durch rechtmäßige Handhabung der Staatsgewalt. Erste Studie: Staatsgewalt und Einzelrecht im Staate der Gegenwart, in: Verwaltungsarchiv (Band 5) 1897, S. 5.

Anschütz, Gerhard, Der Ersatzanspruch aus Vermögensbeschädigungen durch rechtmäßige Handhabung der Staatsgewalt. Zweite Studie: Der Ersatzanspruch nach dem Gemeinen deutschen Recht, in: Verwaltungsarchiv (Band 5) 1897, S. 28.

Anschütz, Gerhard, Der Ersatzanspruch aus Vermögensbeschädigungen durch rechtmäßige Handhabung der Staatsgewalt. Dritte Studie: Der Ersatzanspruch nach preußischem Recht, in: Verwaltungsarchiv (Band 5) 1897, S. 67.

Anschütz, Gerhard, Lücken in den Verfassungs- und Verwaltungsgesetzen. Skizzen zu einem Vortrage, in: Verwaltungsarchiv (Band 14) 1906, S. 315.

Arndt, Adolf, Der deutsche Staat als Rechtsproblem. Vortrag, gehalten vor der Berliner Juristischen Gesellschaft am 18. Dezember 1959, Berlin 1960 (zit. als: Arndt (Rechtsproblem)).

Arndt, Adolf, Kriegsschädenersatz, in: Das Recht 1914, S. 573.

Autorenkollektiv, Staats- und Rechtsgeschichte der DDR. Grundriß, Berlin 1983 (zit. als: Rechtsgeschichte der DDR).

Bade, Klaus J., Europa in Bewegung. Migration vom späten 18. Jahrhundert bis zur Gegenwart, München 2000.

Baldus, Manfred/Grzeszick, Bernd /Wienhues, Sigrid, Staatshaftungsrecht. Das Recht der öffentlichen Ersatzleistungen, 3. Auflage, Heidelberg 2009.

Beer, Ludwig, Der Ausschluß des Rechtswegs bei Requisitionen in Feindesland, in: JW 1916, S. 981.

Bendix, Ludwig, Streitfragen aus dem Kriegsrecht, in: JW 1915, S. 65.

Berg, Günther Heinrich von, Juristische Beobachtungen und Rechtsfälle. Theil III, Hannover 1810 (zit. als: Von Berg (Beobachtungen III)).

Berg, Günther Heinrich von, Über Kriegsschäden und deren Erstattung vorzüglich in Rücksicht auf Teutschland, in: Teutsches Staats-Magazin, 1. Band, 2. Heft 1796, S. 177.

Berg, Günther Heinrich von, Über Kriegsschäden und deren Erstattung vorzüglich in Rücksicht auf Teutschland, in: Teutsches Staats-Magazin, 2. Band, 2. Heft 1797, S. 297.

Beyer, Bruno, Die Vorentschädigung bei Anwaltskriegsschäden in Ostpreußen, in: JW 1916, S. 1103.

Bischof, Hermann, Das Nothrecht der Staatsgewalt in Gesetzgebung und Regierung, historisch und dogmatisch nach allgemeinem und deutschem Rechte erörtert, Gießen 1860.

Bitter, F.W./Salinger/Paulsdorf, Das Kriegsschädenschlußgesetz, Berlin 1928.

Blumenthal, Otto, Das Gesetz zur Regelung der Liquidations- und Gewaltschäden (Kriegsschädenschlußgesetz). Teil I, in: JW 1921, S. 1967.

Bluntschli, J. C., Allgemeines Staatsrecht, 6. Auflage, Stuttgart 1885.

Böckenförde, Ernst-Wolfgang, Der verdrängte Ausnahmezustand. Zum Handeln der Staatsgewalt in außergewöhnlichen Lagen, in: NJW 1978, S. 1881.

Bodmann, Franz Joseph, Theoretisch-praktische Erörterung der Grundsätze, wonach die Kriegsschäden jeder Art festzustellen, zu erstatten und zu peräquieren sind, Frankfurt am Main 1798.

Boockmann, Hartmut, Lemma Fehde, Fehdewesen, in: Lexikon des Mittelalters, Bd. 4: Erzkanzler bis Hiddensee, Stuttgart und Weimar 1999, Sp. 331.

Boyens, Walter, Der Ausgleich von Einnahmeausfällen gewerblicher Betriebe nach Kriegsschädenrecht, in: DV 1943, S. 113.

Boyens, Walter, Zur Frage der Abgeltung von Kriegsschäden, in: Zeitgemäße Finanz- und Steuerfragen 1948, S. 14 (zit. als: Boyens (Steuerfragen)).

Brodesser, Hermann-Josef/Fehn, Bernd Josef/Franosch, Tilo, Wiedergutmachung und Kriegsfolgenliquidation. Geschichte – Regelungen – Zahlungen, München 2000.

Brombach, Hans, Entschädigungsgrundsätze für Kriegssachschäden, in: DV 1943, S. 161.

Brünneck, Alexander von, Die Eigentumsgarantie des Grundgesetzes, Baden-Baden 1984.

Büchner, Zur Bereinigung der Kriegsschädenfrage in der Sach- und Unfallversicherung, in: NJW 1947/48, S. 294.

Büchner, Franz, Beweislast bei Kriegsschäden in der Feuerversicherung und einigen anderen Versicherungszweigen, in: NJW 1950, S. 136.

Büchner, Franz, Der Sachschaden im Kriegsschädenrecht, in: DV 1940, S. 312.
Büchner, Franz/Hoffmann, Horst, Kriegsschäden-Verordnungen. Kriegssachschäden-Verordnung vom 30.11.1940, Personenschäden-Verordnung vom 10.11.1940 und Durchführungsvorschriften, Originalauflage, Berlin 1941 (zit. als: Büchner-Hoffmann[1]).
Büchner, Franz/Hoffmann, Horst, Kriegsschäden-Verordnungen. Kriegssachschäden-Verordnung vom 30.11.1940, Personenschäden-Verordnung vom 10.11.1940 und Durchführungsvorschriften, 2. Auflage, Berlin 1942 (zit. als: Büchner-Hoffmann[2]).
Büchner, Franz/Hoffmann, Horst/Kobling, Günther, Kriegsschäden-Verordnungen. Kriegssachschäden-Verordnung vom 30.11.1940, Personenschäden-Verordnung vom 10.11.1940 und Durchführungsvorschriften, 4., verbesserte Auflage, Berlin 1944 (zit. als: Büchner-Hoffmann[4]).
Bülow-Cummerow, Preußen, seine Verfassung, seine Verwaltung, sein Verhältnis zu Deutschland, 3. Auflage, Berlin 1842.
Bundesausgleichsamt (Hrsg.), 10 Jahre Lastenausgleich. Ein Zwischenbericht, Bad Homburg v. d. H. 1959 (zit. als: Bundesausgleichsamt (1959)).
Bundesausgleichsamt (Hrsg.), 50 Jahre Lastenausgleichsgesetz. Bilanz einer einmaligen Solidarleistung des deutschen Volkes, Bad Homburg v. d. H. 2002 (zit. als: Bundesausgleichsamt (2002)).
Bundesminister des Innern (Hrsg.), Die Lastenausgleichsgesetze. Dokumente zur Entwicklung des Gedankens, der Gesetzgebung und der Durchführung. Band I/3: Das Gesetz über einen Allgemeinen Lastenausgleich in der parlamentarischen Auseinandersetzung, Bonn 1991 (zit. als: LAG I/3).
Bundesminister für Vertriebene, Flüchtlinge und Kriegsgeschädigte (Hrsg.), Die Lastenausgleichsgesetze. Dokumente zur Entwicklung des Gedankens, der Gesetzgebung und der Durchführung. Band I/1: Soforthilfe und Feststellungsgesetz, Bonn 1962 (zit. als: LAG I/1); Band I/2: Der Regierungsentwurf eines Gesetzes über einen allgemeinen Lastenausgleich, Bonn 1966 (zit. als: LAG I/2)
Bundesminister für Vertriebene, Flüchtlinge und Kriegsgeschädigte (Hrsg.), Dokumente deutscher Kriegsschäden. Band 2, Teilband 1: Soziale und rechtliche Hilfsmaßnahmen für die luftkriegsbetroffene Bevölkerung bis zur Währungsreform, Bonn 1960 (zit. als: DdK II/1); Band 4, Teilband 1: Maßnahmen im Wohnungsbau, für die Evakuierten und die Währungsgeschädigten sowie Rechtsprobleme nach der Währungsreform, Bonn 1964 (zit. als DdK IV/I); Band 5: Bibliographie, Bonn 1961 (zit. als DdK V).,
Cahn, Hans Josef, Das Kriegsschadensrecht der Nationen. Bd. I, Zürich/New York 1957.
Churchill, Winston S., Der zweite Weltkrieg, Bern, München, Wien 1948.

Clausewitz, Carl von, Vom Kriege. Band 1, Berlin 1832.

Cocceji, Heinrich von, Grotius Illustratus seu Commentarii ad Hugonis Grotii de Jure Belli et Pacis Libros Tres. Tomus III, Breslau 1747.

Cohn, Ernst J., Zum rechtlichen Problem Deutschland, in: MDR 1947, S. 178.

Crowhurst, Patrick, The French War on Trade. Privateering 1793–1815 (Studies in Naval History), ohne Ortsangabe 1989.

Dageförde, Otto, Das Kriegsschädenschlußgesetz, Jena 1930.

Dalwigk, Carl von, Juristische Aufsätze für die gegenwärtige Zeit, Frankfurt am Main 1796.

Danckelmann, Haftung für durch Kriegsschäden bedingte Unfälle, in: NJW 1950, S. 676.

Danckelmann, Kriegsschäden an zurückgehaltenen Warenlagern, in: DV 1943, S. 223.

Danckelmann, Private Beweissicherung für das Kriegsschädenverfahren, in: DV 1943, S. 282.

Danckelmann, Vermögensschäden im Kriegsschädenrecht, in: DV 1940, S. 385.

Davies, Norman/Moorhouse Roger, Die Blume Europas. Breslau – Wrocław – Vratislavia. Die Geschichte einer mitteleuropäischen Stadt, München 2002.

Delbrück, Hans, Geschichte der Kriegskunst (Digitale Edition der Buchausgabe von Stilke 1920), Berlin 2002.

Delius, Zulässigkeit des Rechtswegs bei Schadenersatzforderungen, insbesondere Kriegsschäden, in: JW 1917, S. 29.

Detter, Ingrid, The Law of War, 2. Auflage, Oxford/Cambridge 2000.

Dieben, Wilhelm, Die innere Reichsschuld seit 1933, in: Finanzarchiv (Neue Folge Bd. 11) 1949, S. 656.

Diestelkamp, Bernhard, Die Verfassungsentwicklung in den Westzonen bis zum Zusammentreten des Parlamentarischen Rates (1945–1948), in: NJW 1989, S. 1312.

Diestelkamp, Bernhard, Rechts- und verfassungsgeschichtliche Probleme zur Frühgeschichte der Bundesrepublik Deutschland. 1. Teil. Die „Stunde Null“, in: JuS 1980, S. 481.

Diester, Hans, Haftung der Gemeinden für Ruineneinstürze, in: NJW 1949, S. 538.

Dunckelbeck, Zusammenstellung der Rechtsprechung des Reichsausschusses zur Feststellung von Kriegsschäden. 8. Reihe, in: PrVBl. (42) 1921, S. 289.

Ebel, Martin, Kriegssachschäden des Hausbesitzes. Hausratsschäden, Eberswalde, Berlin, Leipzig 1944.

Eger, Georg, Das Gesetz über die Enteignung von Grundeigentum vom 11. August 1874. Erläutert mit Benutzung der Akten des Königl. Preuß. Ministeriums der öffentlichen Arbeiten, 3. Auflage, Breslau 1911.

Eger, Georg, Die Nothwendigkeit einer Revision des Preußischen Enteignungsgesetzes. Abänderungsvorschläge, verbunden mit einer Übersicht der gesammten Rechtsprechung des Ober-Tribunals und des Reichsgerichts in Preußischen Enteignungssachen (1874–1881), Breslau 1881.

Ehrenforth, Werner, Zur Kriegsschäden- und Personenschädenverordnung, in: DJ 1940, S. 1372.

Eichmann, Carl, Der Kriegsschadenersatz nach den Grundsätzen des Zivilrechts. Eine Kritik zum 890. Paragraphen des Glück'schen Pandectencommentars, Altenburg 1813.

Erker, Paul, Die ausgebliebene Eigentumsrevolution. Einführende Bemerkungen und Fragestellungen, in: Rechnung für Hitlers Krieg. Aspekte und Probleme des Lastenausgleichs (Hrsg. von Paul Erker), Heidelberg 2004, S. 7.

Fleiner, Fritz, Institutionen des Deutschen Verwaltungsrechts, 3., vermehrte Auflage, Tübingen 1913.

Fleischmann, Max, Die ersten Friedensverträge. (Ukraine, Rußland, Finnland, Rumänien), in: JW 1918, S. 324.

Franz, Günther, Der Dreißigjährige Krieg und das deutsche Volk. Untersuchungen zur Bevölkerungs- und Agrargeschichte, 4., neubearbeitete und vermehrte Auflage, Stuttgart, New York 1979.

Franzen, K. Erik, Die Vertriebenen. Hitlers letzte Opfer, München 2002.

Freudenberg, Fritz, Rechtsfragen zu Art. 134 Abs. 2 und 3 GG (Reichsvermögen), in: NJW 1954, S. 1785.

Fröhlich, Elke (Hrsg.), Goebbels, Joseph: Die Tagebücher. Teil II: Diktate 1941–1945 (Band 7, Januar–März 1943), München, New Providence, London, Paris 1993.

Fuhrmann, Walter, Kriegsschädenrecht für jedermann. Reichsbeihilfe bei Fliegerschäden, Berlin und Wien 1944.

Gallenkamp, Günter, Der Lastenausgleich, in: NJW 1999, S. 2486.

Gallenkamp, Günter, Der Lastenausgleich - Eine Solidarleistung zur Geschichtsbewältigung wird selbst Geschichte, in: VIZ 1999, S. 185.

Ganschezian-Fink, Haftung der Gemeinden für Trümmerschäden, in: NJW 1950, S. 804.

Geiler, Karl, Die gegenwärtige völkerrechtliche Lage Deutschlands. Vortrag, gehalten in der Wittheit zu Bremen am 28.3.1947, Bremen 1947.

Gierke, Otto von, Das Recht und der Krieg, in: Gruchots Beiträge (Band 59) 1915, S. 3.

Giersch, Herbert, Der Ausgleich der Kriegslasten vom Standpunkt sozialer Gerechtigkeit, Münster 1948.

Giese, Friedrich, Identität und Kontinuität bei Eisenbahn und Post, in: DRZ 1950, S. 104.

Glafey, Adam Friedrich, Recht der Vernunft, 3. Auflage, Frankfurt und Leipzig 1746.

Glück, Christian Friedrich von, Ausführliche Erläuterung der Pandecten nach Hellfeld. Ein Commentar, Theil 14, Abth. 2, Erlangen 1813.

Gönnewein, Deutschlands Rechtslage unter der Besatzung, in: DRZ 1948, S. 401.

Görtemaker, Manfred, Geschichte der Bundesrepublik Deutschland. Von der Gründung bis zur Gegenwart, München 1999.

Grattenauer, Karl Friedrich Wilhelm, Repertorium aller die Kriegslasten, Kriegsschäden und Kriegseinquartierungen betreffenden neueren Gesetze und Verordnungen, nebst vollständiger Litteratur. Ein Handbuch für Juristen, Kameralisten, Einquartierungs-, Municipal-, Servis- und Polizeibeamte (1. Teil), Anhang I, Band 2, Anhang II mit im Band, Breslau 1810.

Grattenauer, Karl Friedrich Wilhelm, Über die Neutralität, Erhaltung und Sicherheit der Bäder und Heilquellen in Kriegszeiten mit besonderer Beziehung auf Schlesien, Breslau 1807 (zit. als: Grattenauer (Schlesien)).

Grauvogel, Anmerkung zu LG Dortmund, DVBl. 1952, 254, in: DVBl. 1952, S. 255.

Grewe, Wilhelm, Das Grundgesetz. Die verfassungsrechtlichen Grundlagen der Bundesrepublik Deutschland. II, in: DRZ 1949, S. 313.

Grimm, Dieter, Deutsche Verfassungsgeschichte 1776–1866. Vom Beginn des modernen Verfassungsstaates bis zur Auflösung des Deutschen Bundes, Frankfurt am Main 1988.

Grosser, Thomas, Die Integration der Heimatvertriebenen in Württemberg-Baden (1945–1961), Stuttgart 2006.

Grote-Missmahl, Lastenausgleich ohne Vermögensausgleich, in: Gewerkschaftliche Monatshefte 1950, S. 456.

Grotius, Hugo, De iure belli ac pacis libri tres. Neudruck der Ausgabe Paris 1625; Tübingen 1950.

Grünwald, Josef, Die deutsche Kriegsschadengesetzgebung, München 1931.

Gut, Fritz, Leitfaden durch das gesamte Kriegssachschädenrecht. Welcher Schaden ist zu ersetzen? Wem ist der Schaden zu ersetzen? Wie ist der Schaden zu ersetzen?, 2., neubearbeitete Auflage, Karlsruhe am Rhein, 1944.

Hachenberg, Juristische Rundschau, in: DJZ 1916, S. 598.

Haegele, Karl, Die ersten Maßnahmen des Landrats als Feststellungsbehörde bei Fliegerschäden, in: DV 1943, S. 159.

Hagemann, Theodor, Ist der Miethsmann eines ganzen Hauses von den Verpflegungskosten, welche die Einquartierung fremder feindlicher Truppen veranlasst hat, freizusprechen?, Celle 1804.
Hailbronner, Kay, Völker- und europarechtliche Fragen der deutschen Wiedervereinigung, in: JZ 1990, S. 449.
Harrasowski, Philipp Harras Ritter von, Der Codex Theresianus und seine Umarbeitungen (Band 1), Wien 1883.
Härte, Benjamin, Der Lastenausgleich im Spiegel der zeitgenössischen deutschen Presse. 1949–1979, Bonn 2010.
Hartmann, Die Beschlagnahme von Forderungen feindlicher Staaten, in: DJZ 1914, S. 1339.
Hartmann, Zweifelsfragen aus dem Kriegsleistungsgesetz, in: JW 1916, S. 1147.
Hattenhauer, Hans, Europäische Rechtsgeschichte, 3., erweiterte Auflage, Heidelberg 1999.
Hatzfeld, Friedrich Heinrich, Praktische Anleitung, wie die Kriegsschäden zu peräquiren, die Schulden zu tilgen und die dadurch erschöpften deutschen Reichsländer wieder in Aufnahme zu bringen sind, Gießen 1789.
Haus, Ernst August, Beyträge zur Berichtigung der rechtlichen Grundsätze über den Ersatz und die Vertheilung der Kriegsschäden, Nürnberg 1801.
Haußmann, Fritz, Schrifttum und Rechtsprechung zum öffentlichen Recht im Kriege, in: JW 1915, S. 1476.
Haußmann, Fritz, Schrifttum und Rechtsprechung zum öffentlichen Recht im Kriege, in: JW 1916, S. 1043.
Heilberg, Anmerkung zu RG JW 1920, S. 783, in: JW 1920, S. 783.
Heilberg, Berliner Anwaltverein. Vortrag in der Sitzung vom 21. Februar 1918, in: JW 1918, S. 210.
Heilberg, Rezension zu Georg Crusen, Kriegsschädengesetze, I. Teil. Die Ende August 1922 geltenden Gesetze und Verordnungen über Entschädigungen und Vergütungen aus Anlaß des Krieges und des Friedensschlusses, Berlin 1922, in: JW 1924, S. 645.
Heiler, Helmut (Hrsg.), Goebbels, Joseph: Reden. Band 2, Düsseldorf 1972.
Heilfron, Das Kriegsschäden-Feststellungsgesetz, in: JW 1916, S. 1156.
Heilfron, Das Reichsgesetz über die Feststellung von Kriegsschäden im Reichsgebiete, in: PrVBl. (37) 1916, S. 685.
Heilfron, Der Gesetzentwurf über die Feststellung von Kriegsschäden im Reichsgebiete, in: PrVBl. (37) 1916, S. 545.
Heilfron, Der Krieg und das Völkerrecht, in: PrVBl. (36) 1914, S. 65.
Heilfron, Die Behandlung der Kriegsschäden im Deutschen Reich und in Österreich-Ungarn, in: JW 1916, S. 730.

Heilfron, Die reichsgesetzliche Regelung des Kriegsschädenersatzes, in: DJZ 1918, S. 418.

Heilfron, Neue Richtlinien für die Behandlung der Kriegsschäden, in: DJZ 1916, S. 1027.

Heilfron, Eduard, Die rechtliche Behandlung der Kriegsschäden in Preußen nach den Freiheitskriegen und die Kabinetts-Order vom 4.Dezember 1831, (1. Band), Berlin 1916.

Heilfron, Eduard, Die rechtliche Behandlung der Kriegsschäden in Preußen nach den Freiheitskriegen bis zum Weltkriege von 1914, (2. Band), Mannheim, Berlin und Leipzig 1918.

Henrychowski, Franz, Das Gesetz zur Regelung der Liquidations- und Gewaltschäden (Kriegsschädenschlußgesetz). Teil II, in: JW 1928, S. 1969.

Herbst, Ludolf, Der totale Krieg und die Ordnung der Wirtschaft. Die Kriegswirtschaft im Spannungsfeld von Politik, Ideologie und Propaganda 1939–1945, Stuttgart 1982.

Hofer, Cuno, Der Schadenersatz im Landkriegsrecht, Tübingen 1913.

Hohenstein, Adolf;,

Goldbaum, Wenzel, Reichsschädengesetze. Textausgabe mit Anmerkungen, Berlin und Leipzig 1922.

Höhn, Reinhard, Die Wandlung im staatsrechtlichen Denken, Hamburg 1934.

Honsell, Heinrich, Römisches Recht, Heidelberg, New York 2001.

Huber, Ernst Rudolf, Deutsche Verfassungsgeschichte seit 1789. Band II: Der Kampf um Einheit und Freiheit 1830 bis 1850, 3., wesentlich überarbeitete Auflage, Stuttgart, Berlin, Köln, Mainz 1988.

Hughes, Michael L., Shouldering the burdens of defeat. West Germany and the Reconstruction of Social Justice, Chapel Hill and London 1999.

Jacobsen, Hans-Adolf, 1939–1945. Der zweite Weltkrieg in Chronik und Dokumenten, 3. durchgesehene und ergänzte Auflage, Darmstadt 1959.

Jellinek, Georg, Allgemeine Staatslehre, Dritte Auflage (1921), siebenter Neudruck, Bad Homburg v. d. H. 1960.

Jennings, R. Y., Die Rechtsnatur der alliierten Besetzung Deutschlands, in: MDR 1948, S. 3.

Jerusalem, Franz Wilhelm, Die völkerrechtliche Stellung Deutschlands, in: Frankfurter Hefte 1947, S. 1254.

Jhering, Rudolf von, Die Reflexwirkung oder die Rückwirkung rechtlicher Thatsachen auf dritte Personen, in: Jherings Jahrbücher für Dogmatik, Neue Folge X, S. 245.

Josef, Eugen, Die Einwirkung des Krieges auf die Privatversicherung, in: Das Recht 1914, S. 602.

Kaiser, Karl, Zur Haftung für öffentliche Schulden aus der Zeit vor der Kapitulation. Diskussionsbeiträge zu dem Aufsatz von Abendroth in „Neue Justiz“, Heft 4/5, S. 73 ff., in: NJ 1947, S. 186.

Kaufmann, Arthur, Die Naturrechtsrenaissance der ersten Nachkriegsjahre, in: Die Bedeutung der Wörter. Studien zur europäischen Rechtsgeschichte. Festschrift für Sten Gagnér zum 70. Geburtstag, herausgegeben von Michael Stolleis zusammen mit Monika Frommel, Joachim Rückert, Rainer Schröder, Kurt Seelmann, Wolfgang Wienand, München 1991, S. 105 (zit. als Kaufmann, Festschrift Gagnér)

Keiser, Günter, Überlegungen zur Nachkriegswirtschaft. Teil IV: Die Sicherung der Vollbeschäftigung, in: Die Bankwirtschaft 1943, S. 207.

Kelsen, Hans, The International Legal Status of Germany to be Established Immediatly Upon Termination of the War, in: AJIL (Vol. 38) 1944, S. 689.

Kelsen, Hans, The Legal Status of Germany According to the Declaration of Berlin, in: AJIL (Vol. 39) 1945, S. 518.

Kirchhoff, Werner, Die Entschädigungspflicht des Staates aus rechtmäßigen Militärhoheitsakten nach gemeinen und preußischem Recht, Greifswald 1918.

Kitz, Wilhelm, Das erste Gesetz zum Ausgleich von Kriegs- und Kriegsfolgeschäden (Erstes Lastenausgleichsgesetz), in: DöV 1948, S. 93.

Kitz, Wilhelm, Das erste Gesetz zum Ausgleich von Kriegs- und Kriegsfolgeschäden (Erstes Lastenausgleichsgesetz) (Fortsetzung), in: DöV 1949, S. 1.

Kitz, Wilhelm, Gedanken zum Lastenausgleich, in: DöV 1948, S. 61.

Kitz, Wilhelm/Rauhe, Ernst, Gesetz zur Milderung dringender sozialer Notstände. Soforthilfegesetz – SHG, Stuttgart und Köln 1949.

Kleeberg, Erich, § 75 Einleitung z. A.L.R. und die Rechtsprechung des Reichsgerichts, Leipzig 1909.

Klein, Eckart, An der Schwelle zur Wiedervereinigung Deutschlands - Anmerkungen zu Deutschlands Rechtslage im Jahr 1990, in: NJW 1990, S. 1065.

Klüber, Johann Ludwig, Die Selbstständigkeit des Richteramtes und die Unabhängigkeit seines Urtheils im Rechtsprechen im Verhältnis zu einer preußischen Verordnung vom 25. Jänner 1823, welche das Recht der Entscheidung aller Streitfragen, betreffend den Sinn, die Anwendbarkeit, oder die Gültigkeit von Staatsverträgen, dem Richteramt entzieht und dem Ministerium der auswärtigen Angelegenheiten zueignet. Mit einem Anhang, betreffend die Frage: ob und wie zu unterscheiden sey, zwischen dem Landesherren und dem Staatsfiscus, dann zwischen landeshoheitlichen und fiscalischen Rechtsverhältnissen, Frankfurt am Main 1832.

Knöpfel, Die Entschädigung privater Auslandsforderungen durch das Reich, in: JW 1920, S. 342.

Koerner, Theodor, Der Kriegsschaden und seine Versicherung. Ein Beitrag zur Einigung deutscher Kraft (Denkschrift zur Begründung einer Kriegsschäden-Versicherungs-Anstalt für Deutschland), Berlin 1867.

Kopelew, Lew, Aufbewahren für alle Zeit!, 2. Auflage, München 1980.

Koropatnicki, Demeter, Die Kriegsschäden und deren Vergütung nach dem österreichischen und deutschen Rechte, 2. Auflage, Leipzig und Wien 1915.

Kossert, Andreas, Kalte Heimat. Die Geschichte der deutschen Vertriebenen nach 1945, 2. Auflage, München 2009.

Köst, Ewald, Kriegsschädenrecht. Personenschädenverordnung und Sachschädenfeststellungsverordnung, (Kommentar mit den Durchführungsbestimmungen und den ergänzenden Gesetzen), Berlin, Leipzig und Wien 1940.

Kraehling, J., Schadenersatz gegen den Reichsfiskus bei Kriegsschäden, in: DJZ 1919, S. 74.

Kraemer, Wilhelm, Die Rechtslage der westdeutschen Reichsgläubiger, in: SJZ 1950, S. 796.

Kraske, Erich, Bedingungslose Kapitulation und Völkerrecht, in: JR 1949, S. 101.

Krüger, Herbert, Bundesrepublik Deutschland und Deutsches Reich, in: SJZ 1950, S. 113.

Krüger, Herbert, Die Sperrwirkungen des Art. 134 GG. (Rechtsnachfolge in Reichsvermögen), in: NJW 1952, S. 1283.

Krumper, Artur, Die Hauptentschädigung im Lastenausgleich der Bundesrepublik Deutschland in finanzwissenschaftlicher und rechtswissenschaftlicher Sicht unter besonderer Berücksichtigung des § 246 Lastenausgleichsgesetz, Erlangen-Nürnberg 1973.

Krzemiński, Adam, Polen im 20. Jahrhundert. Ein historischer Essay, 2. Auflage, München 1998.

Kube, Dagmar, Private Kriegsschäden in der völkerrechtlichen Praxis. Ein Beitrag zur Staatenverantwortlichkeit im Kriege, Heidelberg, 1971.

Kühl, Kristian, Rückblick auf die Renessaince des Naturrechts, in: Geschichtliche Rechtswissenschaft: Ars tradendo innovandoque aequitatem sectandi. Freundesgabe für Alfred Söllner zum 60. Geburtstag, herausgegeben von Gerhard Köbler/Meinhard Heinze/Jan Schapp, Gießen 1990, S. 331 (zit. als Kühl, Freundesgabe Söllner).

Laband, Der Entwurf eines Gesetzes über die Feststellung von Kriegsschäden, in: DJZ 1916, S. 553.

Laband, Paul, Die Entschädigung für Kriegsschäden, in: DJZ 1915, S. 441.

Laband, Paul, Das Staatsrecht des Deutschen Reiches. Band 4, Neudruck der 5. Auflage (Tübingen 1914), Aalen 1964.

Lana Terzi, Francesco de, Von der Luftschiffkunst. Ins Teutsche übersetzt und mit Anmerkungen begleitet von Philipp Lohmeier, Tübingen 1784.

Langrod, Rudolf, Der Kriegsschaden. Zur Frage der für die durch Kriegführung verursachten wirtschaftlichen Nachteile, in: Österreichische Rundschau (Band 41, Heft 4) 1914, S. 152.

Laun, Rudolf, Staats- und Völkerrecht in Deutschland, in: MDR 1947, S. 246.

Lautemann, Wolfgang/Schlenke, Manfred, Geschichte in Quellen. Band 4: Amerikanische und Französische Revolution, München, 1981.

Lauterbach, Wolfgang Adam, De aequitate et extensione legis rhodiae, Tübingen 1671.

Layer, Max, Prinzipien des Enteignungsrechts, Leipzig 1902.

Ley, Robert, Ewige Kette Deutschland. Gedanken aus Reden und Aufsätzen Dr. Leys im dritten und vierten Kriegsjahr, in: Ley (Hrsg.), Die große Stunde, 1943, S. 237.

Liszt, Franz von, Das Völkerrecht, 9., umgearbeitete Auflage, Berlin 1913.

Loening, Edgar, Gerichte und Verwaltungsbehörden in Brandenburg-Preußen, in: Verwaltungsarchiv (Band 3) 1895, S. 95.

Loening, Hellmuth, Rechtsgutachten über die Frage, ob das jetzige Land Thüringen Rechtsnachfolger des früheren Landes Thüringen und des Reiches ist (Auszug), in: DRZ 1946, S. 129.

Lorenz, Maren, Das Rad der Gewalt. Militär und Zivilbevölkerung in Norddeutschland nach dem Dreißigjährigen Krieg (1650–1700), Köln, Weimar, Wien 2007.

Loutsch, Hubert, Kriegsschäden, Versicherung und Staat. Beitrag zur Frage der Versicherung gegen Kriegsschäden, Luxemburg 1915.

Löwenthal, Zur Haftung für öffentliche Schulden aus der Zeit vor der Kapitulation. Diskussionsbeiträge zu dem Aufsatz von Abendroth in „Neue Justiz", Heft 4/5, S. 73 ff., in: NJ 1947, S. 184.

Lux, Walter, Ersatzpflicht für Kriegsschäden, in: DJZ 1914, S. 1346.

Maurer, Hartmut, Allgemeines Verwaltungsrecht, 17. Auflage, München 2009.

Mayer, Otto, Deutsches Verwaltungsrecht. 1. Band, 1. Auflage, Leipzig 1895.

Mayer, Otto, Deutsches Verwaltungsrecht. 2. Band, 3. Auflage, München und Leipzig 1924.

Mayer, Otto, Die Entschädigungspflicht des Staates nach Billigkeitsrecht. Vortrag, gehalten in der Gehe-Stiftung zu Dresden am 19. März 1904, Dresden 1904 (zit. als Mayer (Entschädigungspflicht)).

Meene, Über die Ersatzpflicht für Kriegsschäden, in: Das Recht 1915, S. 64.

Meene, Zu § 2 des Kriegsschädenfeststellungsgesetzes vom 3. Juli 1916, in: PrVBl. (38) 1916, S. 59.

Megow, H., Überblick über das Soforthilfegesetz, in: MDR 1949, S. 671.

Menzel, Eberhard, Zur völkerrechtlichen Lage Deutschlands. Ein Zwischenbericht über den gegenwärtigen Stand der wissenschaftlichen Auseinandersetzungen, in: Europa-Archiv (Band 2) 1947, S. 1009.

Meyer, Ernst, Wer bezahlt die bis zum Waffenstillstand ausgeführten Reparaturen bei Gebäudekriegsschäden?, in: NJ 1949, S. 30.

Meyer, Georg, Lehrbuch des Deutschen Staatsrechts, 4. Auflage, Leipzig 1895.

Meyhöfer, Max, Der Wiederaufbau während des Krieges, in: Der Kreis Lötzen. Ein ostpreußisches Heimatbuch, hrsg. von Max Meyhöfer, Würzburg 1961, S. 135.

Milbradt, Hilmar, Das hessische Mannschaftsregister von 1639. Forschungen zur hessischen Familien- und Heimatkunde, Frankfurt am Main 1959.

Moll, Martin (Hrsg.), „Führer-Erlasse“ 1939–1945. Edition sämtlicher überlieferter, nicht im Reichsgesetzblatt abgedruckter, von Hitler selbst während des Zweiten Weltkrieges schriftlich erteilter Direktiven aus den Bereichen Staat, Partei, Wirtschaft, Besatzungspolitik und Verwaltung, Stuttgart, 1997.

Möller, Hans, Die Diskussion über eine deutsche Währungsreform (1945–1948); in: Möller, Hans (Hrsg.), Zur Vorgeschichte der Deutschen Mark, Tübingen 1961

Möller, Hans (Hrsg.), Zur Vorgeschichte der Deutschen Mark. Die Währungsreformpläne 1945–1948, Tübingen 1961.

Mommsen, Theodor, Römische Geschichte. Vollständige Ausgabe in acht Bänden (Band 3, Viertes Buch: Die Revolution), 2. Auflage, München 1976.

Moser, Johann Jacob, Neues teutsches Staatsrecht. Von denen Teutschen Reichs-Tags-Geschäfften, Nach denen Reichs-Gesetzen und dem Reichs-Herkommen, wie auch aus denen Teutschen Staats-Rechts-Lehrern und eigener Erfahrung; Mit beigefügter Nachricht von allen dahin einschlagenden öffentlichen und wichtige (Band 4.2), Neudruck der Ausgabe Frankfurt am Main 1768, Osnabrück 1967.

Mühlenbruch, G. F., Lehrbuch des Pandekten-Rechts. Nach der Doctrina Pandectarum deutsch bearbeitet. Band 2, 3. Auflage, Halle 1840.

Müller, Arthur, Anmerkung zu LG Hanau, NJW 1947, 428, in: NJW 1947/48, S. 429.

Muttray, Georg, Neue Wege zur Beseitigung von Kriegsfolgen, in: DV 1942, S. 277.

Neuhoff, Hans, Das Entschädigungsrecht vor 1945, in: Die Lastenausgleichsgesetze. Dokumente zur Entwicklung des Gedankens, der Gesetzgebung und

der Durchführung, Band I/1, Soforthilfe und Feststellungsgesetz, Bonn 1962, S. 15 (zit. als: Neuhoff (Entschädigungsrecht)).
Neuhoff, Hans, Das erste Lastenausgleichsgesetz (Soforthilfegesetz), in: Die Lastenausgleichsgesetze. Dokumente zur Entwicklung des Gedankens, der Gesetzgebung und der Durchführung, Band I/1, Soforthilfe und Feststellungsgesetz, Bonn 1962, S. 33 (zit. als: Neuhoff (Soforthilfegesetz)).
Neuhoff, Hans, Der Lastenausgleich aus der Sicht der Vertriebenen, in: Aus Trümmern wurden Fundamente – Vertriebene/Flüchtlinge/Aussiedler. Drei Jahrzehnte Integration, hrsg. von Hans Joachim von Merkatz 1979, S. 129 (zit. als: Neuhoff (Fundamente)).
Neuhoff, Hans, Die Auseinandersetzung um die Reichsschuld bis zum 20. Juni 1948, in: Die Lastenausgleichsgesetze. Dokumente zur Entwicklung des Gedankens, der Gesetzgebung und der Durchführung, Band I/1, Soforthilfe und Feststellungsgesetz, Bonn 1962, S. 23 (zit. als: Neuhoff (Reichsschuld)).
Neuhoff, Hans, Fortgeltung der Kriegssachschädenverordnung nach der Kapitulation, in: Dokumente deutscher Kriegsschäden, Band II, Teilband 1, S. 583 (zit. als: Neuhoff (KSSchVO)).
Neukamp, Kann der Reichsfiskus im Rechtswege auf Ersatz von Kriegsschäden belangt werden?, in: JW 1917, S. 572.
Ortenburg, Georg, Waffe und Waffengebrauch im Zeitalter der Kabinettskriege, Koblenz 1986.
Ossenbühl, Fritz, Staatshaftungsrecht, 5., neu bearbeitete und erweiterte Auflage, München 1998.
Ostler, Fritz, Kriegsschäden und Versicherung, in: NJW 1947/48, S. 83.
Pape, Wie beeinflußt der Krieg unsere Volkswirtschaft?, in: JW 1914, S. 825.
Pausch, Alfons, Türkensteuer im Heiligen Römischen Reich Deutscher Nation. Dokumente aus dem 16. Jahrhundert. Vorgestellt von Dr. Alfons Pausch, Köln 1986.
Paley, William, M. Payley's Grundsätze der Moral und Politik. Aus dem Englischen übersetzt. Mit einigen Anmerkungen und Zusätzen von Christian Garve. 1. Band (Nachdruck der Ausgabe Leipzig 1787), Hildesheim, Zürich, New York 1986.
Pierer, Eugen (Hrsg.), Artikel „Erzgebirgischer Kreis" in Pierer's Universal-Lexikon der Vergangenheit und Gegenwart oder Neuestes Enzyclopädisches Wörterbuch der Wissenschaften, Künste und Gewerbe, Band 5, Altenburg 1858
Popitz, Die Feststellung von Kriegsschäden und die Gewährung von Vorentschädigungen, insbesondere nach den Preußischen ergänzenden Ausführungsbestimmungen für Ostpreußen, in: PrVBl. (38) 1917, S. 605.

Popitz, Zur Frage des Kriegsschädenersatzes, in: Das Recht 1914, S. 654.

Popitz, Johannes, Der Einfluß des Krieges und des Kriegszustandes auf das Staats- und Verwaltungsrecht, in: PrVBl. (35) 1914, S. 869.

Pufendorf, Samuel Freiherr von, Natur- und Völkerrecht. Mit des Weitberühmten Jcti. Johann Nicolai Hertii, Johann Barbeyrac und anderen Hoch-Gelehrten Männern außerlesenen Anmerckungen erläutert und in die Teutsche Sprach übersetzt (Nachdruck der Ausgabe Frankfurt/Main 1711), Teil I und II, Hildesheim, Zürich, New York 2001.

Radloff, Wilhelm, Rechtliche Probleme der Bodenreform, in: NJ 1947, S. 85.

Rauchalles, Heinrich, Die Deutsche Reichsverfassung. Eine Erläuterung der Reichsverfassungsurkunde vom 16.4.1871 mit Anhang und Sachregister, Ansbach 1907.

Rehm, Max, Reichsland Elsaß-Lothringen. Regierung und Verwaltung 1871 bis 1918, Bad Neustadt a. d. Saale 1991.

Reinhardt, Rudolf, Identität und Rechtsnachfolge. Ein Beitrag zur Haftung der Bundesrepublik und ihrer Gebietskörperschaften für Verbindlichkeiten des Reiches und seiner Gebietskörperschaften, in: NJW 1952, S. 441.

Reuß, Wilhelm, Das Kriegsschäden-Recht. Erläuternde Darstellung des gesamten Kriegsschädenrecht nach dem Stande von Anfang Mai 1944 nebst Rechtsprechungsübersicht des Reichs-Kriegsschädenamts und Wortlaut der wichtigsten gesetzlichen Bestimmungen, Stuttgart 1944.

Ritgen, Wolfgang, Der Härteausgleich im Kriegsschädenrecht, in: DV 1943, S. 190.

Ritter, Moritz, Das Kontributionssystem Wallensteins, in: Historische Zeitschrift (Folge 90/Neue Folge 54) 1903, S. 193.

Rosenstock, Die Zerstörung und der Wiederaufbau Ostpreußens, in: PrVBl. (38) 1916, S. 33.

Rövestrunck, Johann Wilhelm, Rechtliches Bedenken von Anlagen, Kontributionen, Kriegssteuern und Schaden und wie solche peraequiert und gleichmäßige Anschläge darüber gemacht werden sollen und können, Marburg 1633.

Sachs, Michael, Grundgesetz. Kommentar 6. Auflage, München 2011 (zit. als: Bearbeiter in Sachs).

Sachsse, H[ugo], Mecklenburgische Urkunden und Daten. Quellen und Urkunden vornehmlich für Staatsgeschichte und Staatsrecht Mecklenburgs, Rostock 1900.

Salm, Hubert, Armeefinanzierung im Dreißigjährigen Krieg. Der Niederrheinisch-Westfälische Reichskreis 1635–1650, Münster 1990.

Schaefer, Karl Heinz, Lastenausgleich. Eine Bewährungsprobe des sozialen Rechtsstaates, in: Verwaltungsrecht zwischen Freiheit, Teilhabe und Bindung: Festgabe aus Anlaß des 25jährigen Bestehens des Bundesverwaltungsgerichts, hrsg. von Otto Bachof; Ludwig Heigl; Konrad Redeker, München 1978, S. 551.

Schaefer, Wilhelm, Urkundliche Beiträge und Forschungen zur Geschichte der Feuerversicherung in Deutschland, (Band II), Hannover 1911 (zit. als: Schaefer (Feuerversicherung)).

Schäffer, Hans, Das Gesetz über die Feststellung von Kriegsschäden vom 3. Juli 1916 (RGBl. 1916, 675), in: Das Recht 1916, S. 583.

Schalfejew, E./Lazarus, J., Kriegsschäden-Schlußgesetz und Härtefondsrichtlinien, Berlin 1928.

Schauer, Entschädigung privater Auslandsforderungen, in: JW 1920, S. 635.

Schenke, Wolf Rüdiger, Die Verfassungswidrigkeit des § 14 III LuftSiG, in: NJW 2006, S. 736.

Scheuner, Verfassungsschutz des Eigentums, in: Reinhardt/Scheuner, 2 Abhandlungen, Tübingen 1954 (zit. als: Scheuner (Verfassungsschutz)).

Scheuner, Ulrich, Die staatsrechtliche Kontinuität in Deutschland. Teil 1, in: DVBl. 1950, S. 481.

Scheuner, Ulrich, Die staatsrechtliche Kontinuität in Deutschland. Teil 2, in: DVBl. 1950, S. 514.

Schickert, Georg, Ostpreußens Feuersozietäten im Wandel zweier Jahrhunderte, Königsberg in Preußen 1924.

Schillinger, Reinhold, Der Entscheidungsprozeß beim Lastenausgleich 1945–1952, Sankt Katharinen 1985.

Schlempp, Hans/Lange, Otto, Reichsleistungsgesetz vom 1. September 1939; Mit den Pferde- und Kraftfahrzeugergänzungsbestimmungen, 4. neubearbeitete und ergänzte Auflage, Berlin 1942.

Schmahl, Stefanie, Amtshaftung für Kriegsschäden, in: ZaöRV 66 (2006), S. 699.

Schmitt, Carl, Nationalsozialismus und Rechtsstaat, in: JW 1934, S. 713.

Schultze-Schlutius, Hans-Gisbert, Das Vermögen des ehemaligen Deutschen Reiches und des ehemaligen Preußischen Staates, in: DöV 1950, S. 198.

Schulze, Robert, Die Kriegsschädenregelung. Textausgabe nach dem Stand vom 1.3.1943, Leipzig 1943.

Schwandt, Johannes, Das deutsche Kriegssachschädenrecht, Berlin, Potsdam, Wien 1944.

Schweitzer, Emil, Besteht nach dem Allgemeinen Landrecht eine Haftung des Staates für Kriegsschäden?, in: JW 1915, S. 271.

Schwickerath, Schließung von gewerblichen Betrieben als Folge des Krieges und die Schadenersatzpflicht des Fiskus, in: JW 1918, S. 155.

Sensburg, Ernst Phillip von, Über Kriegslasten, deren Beurkundung und Ausgleichung, Karlsruhe 1821.

Sieveking, Johannes, Aufrechnung mit Kriegssachschädenforderungen gegenüber dem Reich, in: MDR 1953, S. 9.

Simon, Oskar, Kriegsnutzungsschäden und ihr Ersatz, in: DV 1941, S. 273.

Söllner, Alfred, Einführung in die römische Rechtsgeschichte, 5. Auflage, München 1989.

Standtke, Herbert, Zum gegenwärtigen völkerrechtlichen Status Deutschlands, in: NJ 1952, S. 293.

Stein, Lorenz von, Handbuch der Verwaltungslehre. Zweiter Theil: Das Verwaltungssystem des persönlichen und wirthschaftlichen Lebens, 3., vollständig neu bearbeitete Auflage, Stuttgart 1888.

Stern, Klaus, Das Staatsrecht der Bundesrepublik Deutschland. Band III/1: Allgemeine Lehren der Grundrechte, Teilband 1, München 1988.

Stern, Klaus, Das Staatsrecht der Bundesrepublik Deutschland. Band V: Die geschichtlichen Grundlagen des deutschen Staatsrechts (Die Verfassungsentwicklung vom Alten Deutschen Reich zur wiedervereinigten Bundesrepublik Deutschland), München 2000.

Stieber, Wilhelm, Die Behandlung von Kriegsschäden im Heimatkreisgebiet und in den besetzten Gebieten. Textsammlung der wichtigsten einschlägigen Rechts- und Verwaltungsvorschriften mit Vorbemerkung, Hinweisen und Sachverzeichnis, Berlin 1943.

Stier-Somlo, Rezension zu Heilfron, Die Rechtliche Behandlung der Kriegsschäden in Preußen nach den Freiheitskriegen und die Kabinettsorder vom 4. Dezember 1831, in: PrVBl. (38) 1916, S. 150.

Stödter, Rolf, Deutschlands Rechtslage, Hamburg 1948.

Stolleis, Michael, Geschichte des öffentlichen Rechts in Deutschland. Dritter Band 1914–1945 (Staats- und Verwaltungswissenschaft in Republik und Diktatur), München 1999.

Struben, David Georg, Rechtliche Bedenken. Erster Theil, 2. Auflage, Hannover 1772.

Stryck, Samuel, Specimen Usus modernus Pandectorum. Bd. II, 7. Auflage, Halle an der Saale 1745.

Stuckart, Probleme der Kriegsschäden, in: DV 1941, S. 6.

Stuckart, Wilhelm, Der totale Krieg und die Verwaltung, in: DV 1943, S. 1.

Terraine, John, The Right of the Line: The Royal Airforce in the European War 1939–1945, Ed. Sceptre, 1988.

Thibaut, Anton Friedrich Justus, System des Pandekten-Rechts. Erster Band, Zweyte, durchaus vermehrte und verbesserte Auflage, Jena 1805.

Thöne, Johann Franz, Fundamental-Lehren des preußischen Privatrechts. einschließlich der Abfassungsgeschichte des Allgemeinen Landrechts und der Lehre von dem Besitz und der Verjährung, Leipzig 1833.
Thorau, Peter, Lemma Krieg, in: Lexikon des Mittelalters, Bd. 5: Hiera-Mittel bis Lukanien, Stuttgart und Weimar 1999, Sp. 1525.
Tietz, Ausgleich von Kriegsschäden an bebautem Grundbesitz, in: NJW 1947/48, S. 249.
Tietz, E., Einwirkung von Kriegsschäden auf Hypotheken, in: NJW 1947/48, S. 165.
Traeger, Der Luftschiffkrieg vom Standpunkte des Völkerrechts, in: DJZ 1916, S. 929.
Twenhöven, Jörg, Die Stellung der Legislative im Staatsnotstand. Eine Untersuchung über das Staatsnotrecht in der Demokratie unter besonderer Berücksichtigung des Rechts der Schweizerischen Eidgenossenschaften und der Bundesrepublik Deutschland, Münster 1972.
Ungern-Sternberg, Jürgen von/Ungern-Sternberg, Wolfgang von, Der Aufruf „An die Kulturwelt". Das Manifest der 93 und die Anfänge der Kriegspropaganda im Ersten Weltkrieg, Stuttgart 1996.
Vasquez Menchaca, Ferdinand, Illustrium Controversiarium Aliarumque Usu Frequentium, Frankfurt am Main 1606.
Vogels, Die letzte Sitzung der Kriegshilfskommission, in: PrVBl. (38) 1916, S. 128.
Vogels, Zum Wiederaufbau Ostpreußens, in: PrVBl. (39) 1918, S. 431.
Waldeck, Erich, Die Leistungen des Lastenausgleichs und ihre Finanzierung, in: Bundesministerium der Finanzen (Hrsg.), Die Finanzielle Liquidation des Krieges, Bonn (ohne Jahresangabe), S. 73.
Weber, Adolf, Wohin steuert die Wirtschaft, München 1946.
Weber, Eugen, Die rechtliche Behandlung der Kriegsschäden, Erlangen 1918.
Weber, Georg Michael, Über die Repartition der Kriegsschäden in juristischer und kameralistischer Hinsicht nebst einer kritischen Darstellung aller bisher gemachten Vorschläge, Würzburg 1798 (zit. als: Weber, G. M.).
Webster, Charles Kingsley/Frankland, Noble, The Strategic Air Offensive against Germany, London 1961.
Weck, Die Reichsentschädigungsgesetze, in: JW 1921, S. 1071.
Weck, Kriegsschäden und Ausgleich nach den Notverordnungen vom 28. Oktober 1923, in: JW 1923, S. 1022.
Weck, Hermann, Kriegsschäden und Kriegsschadenersatz, Charlottenburg 1916.
Wedemener, Feststellung von Fliegerschäden, in: RVBl. 1940, S. 681.
Wedgwood, Cicely Veronica, Der 30jährige Krieg, 6. Auflage, München 1994.
Weiland, Ernst, Die deutsche Feuerversicherung und der Krieg, Wien 1915.

Weinkauff, Hermann, Der Naturrechtsgedanke in der Rechtsprechung des Bundesgerichtshofes, in: NJW 1960, S. 1659

Weise, Martin, Das neue Kriegsschädenrecht, in: DV 1941, S. 25.

Weisser, Gerhard, Die Gesetzgebung über den Lastenausgleich. Bemerkungen zu ihrer Geschichte und kritische Analyse ihrer Grundgedanken, in: Finanzarchiv (Neue Folge Bd. 16) 1954, S. 62.

Wenzel, Rüdiger, Die große Verschiebung? Das Ringen um den Lastenausgleich im Nachkriegsdeutschland von den ersten Vorarbeiten bis zur Verabschiedung des Gesetzes 1952, Stuttgart 2008.

Wiegand, Lutz, Der Lastenausgleich in der Bundesrepublik Deutschland 1949 bis 1985, Frankfurt am Main, Bern, New York, Paris 1992.

Wirz, A., Kriegsschädengesetze. Das Verdrängungsschädengesetz, das Kolonialschädengesetz und das Auslandsschädengesetz, Freiburg im Breisgau 1922.

Zachariä, Heinrich Albert, Deutsches Staats- und Bundesrecht. 3. Abtheilung, Göttingen 1845.

Ziegler, Karl-Heinz, Lemma Kriegsentschädigung, in: Handwörterbuch zur Deutschen Rechtsgeschichte, Band 2, herausgegeben von Adalbert Erler, Ekkehard Kaufmann und Wolfgang Friedrich Stammler, Berlin 1978, Sp. 1198.

Zinn, Georg August, Unconditional Surrender, in: NJW 1947/48, S. 9.

Verzeichnis der abgekürzt dargestellten Werktitel

AJIL	American Journal of International Law
DdK	Dokumente deutscher Kriegsschäden
DJ	Deutsche Justiz
DJZ	Deutsche Juristen-Zeitung
DöV	Die Öffentliche Verwaltung
DRZ	Deutsche Rechts-Zeitschrift
DV	Deutsche Verwaltung
DVBl.	Deutsches Verwaltungsblatt
JR	Juristische Rundschau
JuS	Juristische Schulung
JW	Juristische Wochenschrift
JZ	Juristenzeitung
MDR	Monatsschrift für Deutsches Recht

NJ	Neue Justiz
NJW	Neue Juristische Wochenschrift
PrVBl.	Preußisches Verwaltungsblatt
RVBl.	Reichsverwaltungsblatt
SJZ	Süddeutsche Juristenzeitung
VIZ	Zeitschrift für Vermögens- und Immobilienrecht
ZaöRV	Zeitschrift für ausländisches öffentliches Recht und Völkerrecht

Verzeichnis der abgekürzt dargestellten Gesetze

6. DVO	„Sechste Durchführungs- und Ergänzungsverordnung zur Kriegssachschädenverordnung (Vereinfachung des Verfahrens) vom 8.7.1943, RGBl. I, S. 383.
8. ÄndG LAG	„Achtes Gesetz zur Änderung des Lastenausgleichsgesetzes (Gesetz nach § 246 LAG – 8. ÄndG LAG)" vom 26.7.1957, BGBl. I 1957, S. 809.
ABGB	„Allgemeines Bürgerliches Gesetzbuch" vom 1.6.1811, JGS 946.
AKfG	„Gesetz zur allgemeinen Regelung durch den Krieg und den Zusammenbruch des Deutschen Reiches entstandener Schäden (Allgemeines Kriegsfolgengesetz)" vom 5.11.1957, BGBl. I 1957, S. 1747.
ALR	„Allgemeines Landrecht für die Preußischen Staaten", vom 5.2.1794.
AuslSchG	„Gesetz über den Ersatz von Kriegsschäden im Ausland (Auslandsschädengesetz)" vom 28.7.1921, RGBl. 1921, S. 1038.
BeihilfeG	„Gesetz, betreffend die Gewährung von Beihülfen an die aus Frankreich ausgewiesenen Deutschen" vom 14.6.1871, RGBl. S. 253.
BelagerungsG	„Gesetz über den Belagerungszustand", PrGesS. 1851, S. 451.

BGB	„Bürgerliches Gesetzbuch“ vom 18.8.1896, RGBl. 1896, S. 195.
BLG	„Bundesleistungsgesetz“ vom 19.1o.1959, BGBl. I 1959, S. 815.
BVFG	„Gesetz über die Angelegenheiten der Vertriebenen und Flüchtlinge (Bundesvertriebenengesetz – BVFG –)“ vom 19.5.1953, BGBl. I 1953, S. 201.
EmissG	„Zweite Gesetz zur Neuordnung des Geldwesens (Emissionsgesetz)“ vom 20.6.1948 (Gesetz Nr. 62/Verordnung Nr. 159 der Militärregierung Deutschlands.
EntE-VV	„Gesetz über Enteignungen und Entschädigungen aus Anlaß des Friedensvertrages zwischen Deutschland und den alliierten und assoziierten Mächten“ vom 31.8.1919, RGBl. 1919, S. 1527.
EO	„Gesetz über die Festsetzung von Entschädigungen und Vergütungen für Schäden aus Anlaß des Krieges und des Friedensvertrages (Entschädigungsverordnung)“, vom 30.7.1921, RGBl. 1921, S. 1046.
FestG	„Gesetz über die Feststellung von Vertreibungsschäden und Kriegssachschäden – Feststellungsgesetz“, vom 21.4.1952, BGBl. I 1952, S. 237.
FestungsrayonG	„Gesetz, betreffend die Beschränkungen des Grundeigenthums in der Umgebung von Festungen“ vom 21.12.1871, RGBl. 1871, S. 459.
FLG	„Gesetz über die Naturalleistungen für die bewaffnete Macht im Frieden“ vom 24.5.1898, RGBl. 1898, S. 361.
Friedensvertrag (1871)	„Friedens-Vertrag zwischen dem Deutschen Reich und Frankreich“ vom 10.5.1871, RGBl. S. 223.
GebäudeVO	„Zweite Durchführungsverordnung zur SSchFVO (Gebäudeschädenverordnung)“ vom 11.12.1939, RGBl. I 1939, S. 2399.

GewaltschädenVO	„Verordnung über den Ersatz der durch die Abtretung deutscher Reichsgebiete entstandenen Schäden sowie der Kriegsschäden in den ehemaligen deutschen Schutzgebieten und im Ausland (Gewaltschädenverordnung)“, Anlage zur „Verordnung zur Abänderung des Reichsentlastungsgesetzes und des Liquidationsschädengesetzes vom 4. Juni 1923 – RGBl. I S. 305 – und der Gewaltschädengesetze (Verdrängungs--, Kolonial- und Auslandsschädengesetz) vom 28. Juli 1921 – RGBl. I, S. 1021 ff. – in der Fassung der Bekanntmachung vom 10. Juli 1923 – RGBl. I, S. 591 – (Kriegsschädenverordnung)“ vom 28.10.1923, RGBl. I 1923, S. 1015.
GG	„Grundgesetz für die Bundesrepublik Deutschland“ vom 23.5.1949, BGBl. I 1949, S. 1.
Haager Ordnung	„Abkommen, betreffend die Gesetze und Gebräuche des Landkrieges“ vom 18.10.1907, RGBl. 1910, S. 107.
HypSiG	„Gesetz zur Sicherung von Forderungen für den Lastenausgleich“ vom 2.9.1948, WiGBl. S. 87.
KFG	„Gesetz über die Feststellung von Kriegsschäden im Reichsgebiete“ vom 11.07.1916, RGBl. 1916 S. 675 ff.
KLG	„Gesetz über die Kriegsleistungen“ vom 13.6.1873, RGBl. 1873 S. 129.
KolG	„Gesetz über den Ersatz von Kriegsschäden in den ehemaligen deutschen Schutzgebieten (Kolonialschädengesetz)“ vom 28.7.1921, RGBl. 1921, S. 1031.
KriegswirtschaftsVO	„Kriegswirtschaftsverordnung“ vom 4.9.1939, RGBl. I 1939, S. 1609.
KSG	„Gesetz, betreffend den Ersatz von Kriegsschäden und Kriegsleistungen“ vom 14.6.1871, RGBl. 1871, S. 247.
KSSchVO	„Kriegssachschädenverordnung“ vom 30.11.1940, RGBl. I 1940, S. 1547.
KSSG	„Gesetz zur endgültigen Regelung der Liquidations- und Gewaltschäden (Kriegsschädenschlußgesetz)“ vom 30.3.1928, RGBl. I 1928, S. 120.

LAG	„Gesetz über den Lastenausgleich (Lastenausgleichsgesetz – LAG)“ vom 14.8.1952, BGBl. I 1952, S. 446.
LiquSchG	„Gesetz über Entschädigung aus Anlaß des Vertrags von Versailles (Liquidationsschädengesetz)“ vom 4.6.1923, RGBl. I 1923, S. 305.
NachE-RL	„Richtlinien über die Gewährung von Nachentschädigung für Liquidations- und Gewaltschäden (Nachentschädigungsrichtlinien)“, vom 25.3.1925, RMinBl. S. 245.
PrVerf	„Verfassungs-Urkunde für den preußischen Staat“ vom 31.1.1850, PrGesS. S. 17.
RBHG	„Gesetz über die Haftung des Reichs für seine Beamten“, vom 22.5.1910, RGBl. 1910 S. 798.
ReedereiG	„Gesetz, betreffend die Entschädigung der Deutschen Rhederei“ vom 14.6.1871, RGBl. 249. ff.
ReichsentlastungsG	„Gesetz zur Verminderung der Lasten des Reiches aus der Gesetzgebung über die Entschädigung und das Ausgleichsverfahren aus Anlaß des Vertrags von Versailles (Reichsentlastungsgesetz)“, vom 4.6.1923, RGBl. I 1923, S. 305.
RepG	„Gesetz zur Abgeltung von Reparations-, Restitutions-, Zerstörungs- und Rückerstattungsschäden“ vom 12.2.1969, BGBl. I 1969, S. 105.
RLG	Gesetz über Sachleistungen für Reichszwecke (Reichsleistungsgesetz) v. 1.9.1939 (RGBl. I, S. 1645.
RLG	„Gesetz über Sachleistungen für Reichsaufgaben (Reichsleistungsgesetz)“ vom 1.9.1939, RGBl. I 1939, S. 1645.
RV	„Gesetz, betreffend die Verfassung des Deutschen Reichs“, vom 16.4.1871, BGBldB. S. 63.
SHG	„Gesetz zur Milderung dringender sozialer Notstände“ vom 8.8.1949, WiGBl. S. 205.
SSchFVO	„Verordnung über die Feststellung von Sachschäden (Sachschädenfeststellungsverordnung)“ vom 8.9.1939, RGBl. I 1939, S. 1754.

UmstG	„Drittes Gesetz zur Neuordnung des Geldwesens (Umstellungsgesetz)“ vom 20.6.1948 (Gesetz Nr. 63 / Verordnung Nr. 160 der Militärregierung Deutschlands.
VerdrG	„Gesetz über den Ersatz der durch die Abtretung deutscher Reichsgebiete entstandenen Schäden (Verdrängungsschädengesetz)“, vom 28.7.1921, RGBl. 1921, S. 1021.
VSV-Ost	Verordnung über Volkstumsschäden in den eingegliederten Ostgebieten vom 7.2.1941, RGBl. I 1941, S. 85 ff.
VSV-West	„Verordnung über Vermögensschäden aus dem Volkstumskampf im Westen“ vom 30.4.1943, RGBl. I 1943, S. 279 ff.
VV	„Gesetz über den Friedensschluß zwischen Deutschland und den Alliierten und Assoziierten Mächten“, vom 16.7.1919, RGBl. 1919, S. 687.
VVG	„Gesetz über den Versicherungsvertrag“ vom 30.5.1908, RGBl. 1908, S. 263.
WährungsausgleichsG	„Gesetz über einen Währungsausgleich für Sparguthaben Vertriebener“, vom 27.3.1952, BGBl. I 1952, S. 213.
WährungsG	Erstes Gesetz zur Neuordnung des Geldwesens (Währungsgesetz) vom 20.6.1948 (Gesetz Nr. 61 / Verordnung Nr. 158 der Militärregierung Deutschlands.
WRV	„Die Verfassung des Deutschen Reichs“ vom 11.8.1919, RGBl. 1919, S. 1383.
ZuschlagsVO	„Verordnung über die Bewilligung von Zuschlägen auf Grund des Verdrängungs-, des Kolonial- und Auslandsschädengesetzes (Zuschlags-Verordnung)“ vom 31.3.1922, RGBl. I 1922, S. 311.

RECHTSHISTORISCHE REIHE

Die nachfolgende Liste führt die Titel der "Rechtshistorischen Reihe" ab Band 300 auf. Eine vollständige Übersicht aller bisher in der Reihe erschienenen Bücher finden Sie auf www.peterlang.com

Band 300 Jan Kohlmann: Der Marsch zu den Gräbern von Karl und Rosa. Geschichte eines Gedenktages. 2004.

Band 301 Christian Rainer Schlicht: Die kumulative Schuldübernahme in der Rechtsprechung des Reichsgerichts und in der zeitgenössischen Literatur. 2004.

Band 302 Hans Peter Glöckner: Positive Vertragsverletzung. Die Geburt eines Rechtsinstituts. 2006.

Band 303 João Manuel Azevedo Alexandrino Fernandes: Die Theorie der Interpretation des Gesetzes bei Francisco Suárez. 2005.

Band 304 René Funk: Die Wahlprüfung der volksgewählten Abgeordneten der Volksvertretungen im Frühkonstitutionalismus. Eine Untersuchung der Wahlprüfung in den Kammern der Abgeordneten des Großherzogtums Baden, des Königreichs Württemberg und des Großherzogtums Hessen. 2005.

Band 305 Carolin O'Sullivan. Die Ahndung von Rechtsbrüchen der Seeleute im mittelalterlichen hamburgischen und hansischen Seerecht (1301-1482). 2005.

Band 306 Martin Jürgens: Staat und Reich bei Ernst Rudolf Huber. Sein Leben und Werk bis 1945 aus rechtsgeschichtlicher Sicht. 2005.

Band 307 Florian G. Dürselen: Franz Beyerle (1885-1977). Leben, Ära und Werk eines Rechtshistorikers. 2005.

Band 308 Kai Bandilla: Urheberrecht im Kaiserreich. Der Weg zum Gesetz betreffend das Urheberrecht an Werken der Literatur und Tonkunst vom 19. Juni 1901. 2005.

Band 309 Stefan Mieth: Die Entwicklung des Denkmalrechts in Preußen 1701-1947. 2005.

Band 310 Catharina Lodemann: Die Geschichte des französischen *acte de gouvernement*. 2005.

Band 311 Christina Wicke: Kodifikationsbestrebungen und Wissenschaft in Hessen-Darmstadt im vorkonstitutionellen Zeitalter. Zu der Beteiligung der Gießener Rechtsprofessoren an den Gesetzgebungsarbeiten in Hessen-Darmstadt in der Zeit zwischen 1769 und 1820. 2005.

Band 312 Christiane Chlosta: Nur dem Gesetz unterworfen? Eine rechtsgeschichtliche Untersuchung zu Idee und Wirklichkeit richterlicher Gesetzestreue unter besonderer Berücksichtigung der Aufwertungsrechtsprechung und des richterlichen Prüfungsrechts. 2005.

Band 313 Kathrin Dirr: Hoheitsrechtliche Streitigkeiten zwischen den Kölner Erzbischöfen und der Stadt Köln auf Grundlage reichskammergerichtlicher Verfahren des 16. und 17. Jahrhunderts. 2005.

Band 314 Michael Racky: Die Diskussion über Gewaltenteilung und Gewaltentrennung im Vormärz. 2005.

Band 315 Petra Thiemrodt: Die Entstehung des Staatshaftungsgesetzes der DDR. Eine Untersuchung auf der Grundlage von Materialien der DDR-Gesetzgebungsorgane mit zeitgeschichtlichen Bezügen. 2005.

Band 316 Julius F. Reiter: Entstehung und staatsrechtliche Theorie der italienischen *Carta del Lavoro*. 2005.

Band 317 André Book: Die Justizreform in der Frühzeit der Bundesrepublik. Die Beratungen der Kommission zur Vorbereitung einer Reform der Zivilgerichtsbarkeit in den Jahren 1955 bis 1961. 2005.

Band 318 Frank Zentz: Das amerikanische Strafverfahren als Element der Besatzungspolitik in Deutschland. Erziehung zur Demokratie durch den *Court of Appeals* 1948-1955. 2005.

Band 319 Friederike Quaisser: Mietrecht im 19. Jahrhundert. Ein Vergleich der mietrechtlichen Konzeptionen im Allgemeinen Landrecht für die Preußischen Staaten von 1794 und dem gemeinen Recht. 2005.

Band 320 Stefan Burghard: Professor Dr. Wilhelm Kahl – Leben zwischen Wissenschaft und Politik. 2005.

Band 321 Günter Baranowski: Die *Russkaja Pravda* – ein mittelalterliches Rechtsdenkmal. 2005.

Band 322 Christina Schneider: Die SS und das „Recht". Eine Untersuchung anhand ausgewählter Beispiele. 2005.

Band 323 Werner Schubert (Hrsg.): Zivilprozessreform in der Weimarer Zeit. Quellen zur Emminger-Zivilprozessverordnung vom 13.2.1924 und zu den Arbeiten der Zivilprozesskommission des Reichsjustizministeriums (1922-1930). Eingeleitet und herausgegeben von Werner Schubert. 2005.

Band 324 Felix Gaul: Der Jurist Rudolf Isay (1886-1956). Ein verantwortungsbewusster Vermittler im Spannungsfeld zwischen dynamischer Rechtsschöpfung, ökonomischem Wandel und technischem Fortschritt. 2005.

Band 325 Konstanze Braun: Dr. Otto Georg Thierack (1889-1946). 2005.

Band 326 Eckart Klein / Stefan Chr. Saar / Carola Schulze (Hrsg.): Zwischen Rechtsstaat und Diktatur. Deutsche Juristen im 20. Jahrhundert. 2006.

Band 327 Stefan Botor: Das *Berliner Sühneverfahren* – Die letzte Phase der Entnazifizierung. 2006.

Band 328 Andreas Köhler: Die Sorgerechtsregelungen bei Ehescheidung seit 1945. Scheidungsstrafe und verordnete Gemeinsamkeit. 2006

Band 329 Lars Düwel: Die Nichtigkeit und Anfechtbarkeit der Ehe in der Rechtsprechung des Reichsgerichts zwischen 1900 und 1945. 2006.

Band 330 Katalin Polgar: Das Oberappellationsgericht der vier freien Städte Deutschlands (1820-1879) und seine Richterpersönlichkeiten. 2007.

Band 331 Julia Schweitzer: Schiffer und Schiffsmann in den Rôles d'Oléron und im Llibre del Consolat de Mar. Ein Vergleich zweier mittelalterlicher Seerechtsquellen. 2007.

Band 332 Diana-Catharina Kurtz: Das Institut der Adoption im preußischen Allgemeinen Landrecht und im französischen Code civil zwischen Rezeption römisch-rechtlicher Prinzipien und verändertem Familienverständnis. 2006.

Band 333 Dino Joakim Duderstadt: Spiel, Wette und Differenzgeschäft (§§ 762-764 BGB) in der Rechtsprechung des Reichsgerichts und in der zeitgenössischen Literatur. 2007.

Band 334 Ronald Hoffmann: Die Domänenfrage in Thüringen. Über die vermögensrechtlichen Auseinandersetzungen mit den ehemaligen Landesherren in Thüringen nach dem Ersten Weltkrieg. 2006.

Band 335 Joachim Windmüller: *Ohne Zwang kann der Humanismus nicht existieren...* – „Asoziale" in der DDR. 2006.

Band 336 Sven Christian Gläser: Die Mediatisierung der Grafschaft Wertheim. Der juristische Kampf eines kleinen Reichsstandes gegen den Verlust der Landesherrschaft und seine Folgen. 2006.

Band 337 Benjamin Schleyer: Friedrich Wilhelm Bornemann (1798-1864). Eine Juristenkarriere im Preußen des 19. Jahrhunderts. 2006.

Band 338 Die Reform des Ehescheidungsrechts von 1976. Quellen zum Ersten Gesetz vom 14.6.1976 zur Reform des Ehe- und Familienrechts (Parlamentarische Ausschussprotokolle – Anglikanische Denkschrift von 1966 zur Scheidungsrechtsreform – Schlussabstimmung 1969 in der Eherechtskommission des Bundesministeriums der Justiz). Eingeleitet und herausgegeben von Werner Schubert. 2006.

Band 339 Andreas Feld: Das Bayerische Gesetz zum Schutz des Eigentums an Erzeugnissen der Literatur und Kunst gegen Nachdruck vom 15.04.1840. Vorgeschichte und Zustandekommen. 2007.

Band 340 Bernd Wörner: Adelbert Düringers Einfluß als Richter am Reichsgericht in Leipzig auf dem Gebiet des Personengesellschaftsrechts. 2007.

Band 341 Jan Jelle Kähler: Französisches Zivilrecht und französische Justizverfassung in den Hansestädten Hamburg, Lübeck und Bremen (1806-1815). 2007.

Band 342 Jörn Eckert / Pia Letto-Vanamo / Kjell Modéer (Hrsg.): Juristen im Ostseeraum. Dritter Rechtshistorikertag im Ostseeraum 20.-22. Mai 2004. 2007.

Band 343 Ferdinand von Weyhe: A.E. Wassermann. Eine rechtshistorische Fallstudie zur „Arisierung" zweier Privatbanken. 2007.

Band 344 Martin Klaus Römermann: Kündigungen und Kündigungsschutz im Franquismus. 2007.

Band 345 Thomas Hoffmann: Der Landrechtsentwurf David Hilchens von 1599. Ein livländisches Rechtszeugnis polnischer Herrschaft. 2007.

Band 346 Ingo Ullmann: Die rechtliche Behandlung holsteinischer Leibeigener um die Mitte des 18. Jahrhunderts. Dargestellt unter besonderer Berücksichtigung der Schmoeler Leibeigenschaftsprozesse von 1738 bis 1743 sowie von 1767 bis 1777. 2007.

Band 347 Petra Fischer-Langosch: Die Entstehungsgeschichte des Familiengesetzbuches der DDR von 1965. 2007.

Band 348 Lasse O. Johannsen: Die rechtliche Behandlung ausreisewilliger Staatsbürger in der DDR. 2007.

Band 349 Ralf Schlottau: Deutsche Kolonialrechtspflege. Strafrecht und Strafmacht in den deutschen Schutzgebieten 1884 bis 1914. 2007.

Band 350 Hartwig Brandt / Ewald Grothe (Hrsg.): Rheinbündischer Konstitutionalismus. 2007.

Band 351 Nora Lutze: Der Verwandtenunterhalt nach den §§ 1601 bis 1603 und §§ 1610 bis 1612 BGB in der Rechtsprechung des Reichsgerichts. Unter Berücksichtigung der Entstehung des BGB. 2007.

Band 352 Frank Thiäner: Das Verhältnis von Aufsichtsrat und Abschlussprüfern in der rechtshistorischen Entwicklung bis 1937. 2007.

Band 353 Britta Heymann: Ernst Melsheimer (1897-1960). Eine juristische Karriere in verschiedenen staatlichen Systemen. Mitarbeiter im Preußischen Justizministerium in der Weimarer Republik, im Justizministerium Preußens und des Reiches sowie Richter am Kammergericht in der NS-Zeit und Erster Generalstaatsanwalt der Deutschen Demokratischen Republik. 2007.

Band 354 Susanne Adlberger: Wilhelm Kisch – Leben und Wirken (1874-1952). Von der Kaiser-Wilhelms-Universität Straßburg bis zur nationalsozialistischen Akademie für Deutsches Recht. 2007.

Band 355 Moritz Waibel: Josef Berchtold (1833-1894). Ein Leben gegen den Ultramontanismus. 2007.

Band 356 Aline Levin: Erinnerung? Verantwortung? Zukunft? Die Beweggründe für die gemeinsame Entschädigung durch den deutschen Staat und die deutsche Industrie für historisches Unrecht. 2007.

Band 357 Ferdinand Krause: Die hergebrachten Grundsätze des Berufsbeamtentums. Eine rechtshistorische Analyse. 2008.

Band 358 André Tiebel: Die Entstehung der Schutztruppengesetze für die deutschen Schutzgebiete Deutsch-Ostafrika, Deutsch-Südwestafrika und Kamerun (1884-1898). 2008.

Band 359 Holger Ruff: Sittenwidrige Rechtsgeschäfte in der späten Kaiserzeit. Die Entwicklung der reichsgerichtlichen Rechtsprechung zu § 138 BGB von 1900 bis 1914. 2007.

Band 360 Frank Rohrer: Strafjustiz im Dritten Reich und in der SBZ/DDR. Die personelle und organisatorische Neuordnung des Justizapparates in den totalitären Diktaturen (1933-1955) mit ihren Auswirkungen auf die Rechtsprechung zum politischen Strafrecht. 2007.

Band 361 Hans-Georg Knothe / Marc Liebmann (Hrsg.): Gerichtskultur im Ostseeraum. Vierter Rechtshistorikertag im Ostseeraum. 18.-20. Mai 2006 in Greifswald. 2007.

Band 362 Christina Meß: Das Vertragsrecht bei Adam Smith. 2008.

Band 363 Quellen zur dänischen Rechts- und Verfassungsgeschichte (12.-20. Jahrhundert). Herausgegeben von Ditlev Tamm, Werner Schubert und Jens Ulf Jørgensen. 2008.

Band 364 Günter Baranowski: Die Gerichtsurkunde von Pskov. 2008.

Band 365 Mark Spengler: Die Entstehung des Scheckgesetzes vom 11. März 1908. 2008.

Band 366 Ivan Biliarsky / Radu G. Păun (eds./éds.): The Biblical Models of Power and Law. Les modèles bibliques du pouvoir et du droit. Papers of the International Conference, Bucharest, New Europe College 2005. Actes du colloque international, Bucarest, New Europe College 2005. 2008.

Band 367 Thomas A. Roth: Ausgestaltungen der Rechtsfähigkeit im 19. und 20. Jahrhundert. Zur Rechtspersönlichkeit natürlicher Personen in den bedeutenden deutschen Zivilrechtsordnungen. 2008.

Band 368 Björn Alexander Rautenberg: Der Fiskal am Reichskammergericht. Überblick und exemplarische Untersuchungen vorwiegend zum 16. Jahrhundert. 2008.

Band 369 Thorsten Miederhoff: *Man erspare es mir, mein Juristenherz auszuschütten*. Dr. iur. Kurt Tucholsky (1890-1935). Sein juristischer Werdegang und seine Auseinandersetzung mit der Weimarer Strafrechtsreformdebatte am Beispiel der Rechtsprechung durch Laienrichter. 2008.

Band 370 Philipp Nordloh: Kölner Zunftprozesse vor dem Reichskammergericht. 2008.

Band 371 Judith Freund: Die Wechselverpflichtung im 19. Jahrhundert. 2008.

Band 372 Hans-Michael Empell: Gutenberg vor Gericht. Der Mainzer Prozess um die erste gedruckte Bibel. 2008.

Band 373 Rainer Schröder: Die DDR-Ziviljustiz im Gespräch – 26 Zeitzeugeninterviews. 2008.

Band 374 Christian Neschwara: Ein österreichischer Jurist im Vormärz. „Selbstbiographische Skizzen" des Freiherrn Karl Josef Pratobevera (1769-1853). 2009.

Band 375 Stefan Ullrich: Untersuchungen zum Einfluss des lübischen Rechts auf die Rechte von Bergen, Stockholm und Visby. 2008.

Band 376 Johanna Gertrude Schmitzberger: Das nationalsozialistische Nebenstrafrecht 1933 bis 1945. 2008.

Band 377 Christian Brom: Urteilsbegründungen im „Hoge Raad van Holland, Zeeland en West-Friesland" am Beispiel des Kaufrechts im Zeitraum 1704-1787. 2008.

Band 378 Christian Böse: Die Entstehung und Fortbildung des Reichserbhofgesetzes. 2008.

Band 379 Tobias Röhnelt: Timm Kröger. Leben und Werk. 2009.

Band 380 Andrea Elisabeth Sebald: Der Kriminalbiologe Franz Exner (1881-1947). Gratwanderung eines Wissenschaftlers durch die Zeit des Nationalsozialismus. 2008.

Band 381 Angela Kriebisch: Die Spruchkörper Juristenfakultät und Schöppenstuhl zu Jena. Strukturen, Tätigkeit, Bedeutung und eine Analyse ausgewählter Spruchakten. 2008.

Band 382 Nana Ozawa: Louis Adolphe Bridel – Ein Schweizer Professor an der juristischen Fakultät der Tokyo Imperial University. Die geschichtliche Bedeutung der Yatoi zur späten Meijizeit. 2010.

Band 383 Christian Weißhuhn: Alfred Hueck 1889-1975. Sein Leben, sein Wirken, seine Zeit. 2009.

Band 384 Andreas Hunkel: Eduard Dietz (1866-1940) – Richter, Rechtsanwalt und Verfassungsschöpfer. 2009.

Band 385 Meike Guskow: Entstehung und Geschichte der Europäischen Charta der Regional- oder Minderheitensprachen. 2009.

Band 386 Markus J. Jahnel: Das Bodenrecht in „Neudeutschland über See". Erwerb, Vergabe und Nutzung von Land in der Kolonie Deutsch-Südwestafrika 1884-1915. 2009.

Band 387 Matthias Günter Steiner: Die Klöster und ihr Wirken – eine der Wurzeln des Stiftungswesens? 2009.

Band 388 Cornelia Staats: Die Entstehung des Bundes-Immissionsschutzgesetzes vom 15. März 1974. 2009.

Band 389 Cai Niklaas E. Harders: Das Bundesjagdgesetz von 1952 sowie die Novellen von 1961 und 1976. Vorgeschichte, Entstehung des Gesetzes sowie Problemfelder. 2009.

Band 390 Matthias Pohlkamp: Die Entstehung des modernen Wucherrechts und die Wucherrechtsprechung des Reichsgerichts zwischen 1880 und 1933. 2009.

Band 391 Sebastian Baur: *Vor vier Höllenrichtern*... Die Lizentiats- und Doktorpromotionen an der Juristischen Fakultät der Universität Heidelberg. 2009.

Band 392 Christoph Salmen-Everinghoff: Zur *cautio damni infecti*: Die Rückkehr eines römischrechtlichen Rechtsinstituts in das moderne Zivilrecht. 2009.

Band 393 Till Meno Sellschopp: Der Weg zum Revokationsrecht der Ehegatten nach § 1368 BGB. Zugleich ein Beitrag zur Geschichte des ehelichen Güterrechts. 2009.

Band 394 Marc Biermann: Das Staatseigentum an öffentlichen Sachen im Gemeingebrauch in der ersten Hälfte des 19. Jahrhunderts. Die Theorie des reinen Hoheitsrechts an den öffentlichen Sachen von Rudolph von Jhering und Friedrich Ludwig Keller im Zusammenhang mit dem Baseler Schanzenstreit von 1859/62. 2009.

Band 395 Markus Tüxen: Kollegialprinzip oder Einzelrichter. Die Entwicklung des zivilrechtlichen Spruchkörpers bei den Landgerichten sowie den Oberlandesgerichten seit 1879 unter besonderer Berücksichtigung der Reformen von 1974 und 1976. 2009.

Band 396 Adam Polkowski: Die polnische Zivilprozessordnung von 1930/33. Unter Berücksichtigung des deutschen, österreichischen, russischen und französischen Rechts. 2009.

Band 397 Barbara Riedi: Die Porten der Unteren Strasse, ihr Ladungsrecht und der Strassenunterhalt. Rechtshistorische Betrachtungen zur Verkehrs- und Wirtschaftsgeschichte Graubündens. 2009.

Band 398 Stefanie Jessica Loroch: Zeitungsrubrik: Gerichtssaal. Strafprozessberichterstattung in Münster im 19. Jahrhundert (1848-1890). 2009.

Band 399 Dirk Henning Hofer: Karl Konrad Werner Wedemeyer (1870-1934). Ein Juristen- und Gelehrtenleben in drei Reichen. Eine Biographie. 2010.

Band 400 Thomas Simon (Hrsg.): Hundert Jahre allgemeines und gleiches Wahlrecht in Österreich. Modernes Wahlrecht unter den Bedingungen eines Vielvölkerstaates. 2010.

Band 401 Dörte Mentz: Die Beweislastumkehr in der Rechtsprechung des Reichsgerichts. 2010.

Band 402 Werner Schubert (Hrsg.): Oberster Gerichtshof für die Britische Zone (1948-1950). Nachschlagewerk Strafsachen – Nachschlagewerk Zivilsachen. Präjudizienbuch der Zivilsenate. Eingeleitet und herausgegeben von Werner Schubert. 2010.

Band 403 Yong Lei: Auf der Suche nach dem modernen Staat. Die Einflüsse der allgemeinen Staatslehre Johann Caspar Bluntschlis auf das Staatsdenken Liang Qichaos. 2010.

Band 404 Andreas Schwenk: Die Formbestimmung des § 313 BGB a. F. (§ 311 b Abs. 1 BGB n. F.) bei Verträgen über Grundstücke in der Rechtsprechung des Reichsgerichts. 2010

Band 405 René Schorsch: Eberhard Georg Otto Freiherr von Künßberg (1881-1941). Vom Wirken eines Rechtshistorikers. 2010.

Band 406 Ulrike Köbler: Werden, Wandel und Wesen des deutschen Privatrechtswortschatzes. 2010.

Band 407 Björn Florian Faulenbach: Rolle und Bedeutung der Lehre in der Rechtsprechung der Internationalen Gerichtshöfe im zwanzigsten Jahrhundert. 2010.

Band 408 Guangyu Fu: Das Causaproblem im deutschen Bereicherungsrecht. Eine rechtshistorische Untersuchung. 2010.

Band 409 Andreas Kimmelmann: Die Folter im Beweisverfahren der Leges Visigothorum. Chindasvinths Gesetzgebung im Spiegel der westgotischen Rechtsentwicklung. 2010.

Band 410 Jacqueline Schmaltz: Die Entwicklung der Industrie- und Handelskammern. Zwischen Pflicht und Kür. 2010.

Band 411 Hermann Nehlsen: Bayerische Rechtsgeschichte vom frühen Mittelalter bis zum 20. Jahrhundert. 2011.

Band 412 Kathrin Spoerr: Recht und Revolution. Deutsche Ökonomen und ihr Einfluss auf das Recht der Weimarer Republik – eine Zeitschriftenschau 1917-1920. 2011.

Band 413 Moritz von Köckritz: Die deutschen Oberlandesgerichtspräsidenten im Nationalsozialismus (1933-1945). 2011.

Band 414 Annika Lillemor Lara Rabaa: Die Ehe als Rechtsinstitut im Badischen Landrecht von 1810. Unter besonderer Berücksichtigung der gesellschaftlichen Entwicklungen im 19. Jahrhundert. 2011.

Band 415 Christian Hattenhauer / Klaus-Peter Schroeder (Hrsg.): 200 Jahre Badisches Landrecht von 1809/1810. Jubiläumssymposium des Instituts für geschichtliche Rechtswissenschaft der Ruprechts-Karls-Universität Heidelberg und der Heidelberger Rechtshistorischen Gesellschaft vom 23. bis 26. September 2009. 2011.

Band 416 Tobias Alexander Krammerbauer: Die Ministerverantwortlichkeit und die Vorformen sonstiger Verfassungsgerichtsbarkeit in Württemberg zwischen 1815 und 1918. 2011.

Band 417 Werner Schubert (Hrsg.): Quellen zur GmbH-Reform von 1958 bis zum GmbH-Änderungsgesetz von 1980. Eingeleitet und herausgegeben von Werner Schubert. 2011.

Band 418 Gisela Emling: Johannes Heckel. Leben und Wirken (1889-1963). 2011.

Band 419 Jochen Kirschbaum: Die Etablierung der Historischen Rechtsschule an der Ludoviciana (1814-1824). 2011.

Band 420 Sören Koch: Unaufgeforderte Hilfeleistung in Notsituationen. Eine rechtshistorische und rechtsvergleichende Studie zu den zivilrechtlichen Aspekten der Nothilfe mit besonderer Berücksichtigung des Rechts der Geschäftsführung ohne Auftrag. 2011.

Band 421 Friedrich Carl von Savigny: Die Prinzipienfragen in Beziehung auf eine neue Strafprozeß-Ordnung. Ausgearbeitet im Justizministerium für die Gesetzrevision. Eingeleitet und herausgeben von Werner Schubert. 2011.

Band 422 Stephan Faulwetter: Von der Zunft zur Handelskammer. Zur Entwicklung des Gewerberechts in thüringischen Staaten. 2011.

Band 423 Moritz Eisenhardt: Sanierung statt Liquidation. Die Geschichte des Vergleichs zur Abwendung des Konkurses unter besonderer Berücksichtigung der Vergleichsordnung von 1927 und 1935. 2011.

Band 424 Gerd Kleinheyer: Beiträge zur Strafrechtsgeschichte. Herausgeben von Franz Dorn, Mathias Schmoeckel und Jan Schröder. 2011.

Band 425 Ralf Maertens: Das Landgericht Altona (1879-1937) und die Anfänge des Landgerichts Itzehoe (1937-1945). Unter besonderer Berücksichtigung ihrer Tätigkeitsberichte und rechtspolitischen Stellungnahmen. 2011.

Band 426 Mark Friedrich: Ferdinand von Martitz (1839-1921). Rechtshistoriker, Staatsrechtler und Völkerrechtler zwischen dem Ende des Deutschen Bundes und dem Beginn der Weimarer Republik. 2012.

Band 427 Sebastian Krusche: Die Bundesrechtsanwaltsordnung vom 1. August 1959. Vorgeschichte und Entstehung. 2012.

Band 428 Marju Luts-Sootak / Sanita Osipova / Frank L. Schäfer (Hrsg./eds.): Einheit und Vielfalt in der Rechtsgeschichte im Ostseeraum. Unity and Plurality in the Legal History of the Baltic Sea Area. Sechster Rechtshistorikertag im Ostseeraum, 3.-5. Juni 2010 in Tartu (Estland) / Riga (Lettland). 6th Conference in Legal History in the Baltic Sea Area, 3rd-5rd June 2010 Tartu (Estonia) / Riga (Latvia). 2012.

Band 429 Margret R. I. Bootz: Die Hamburger Rechtsprechung zum Arbeitsrecht im Nationalsozialismus bis zum Beginn des 2. Weltkriegs. 2012.

Band 430 Heiko Zech: Die soziale Frage im Konkursrecht 1879-1900. 2012.

Band 431 Jan C. Lorenzen: Das Bundesnaturschutzgesetz vom 20. Dezember 1976. Die Entwicklung des Naturschutzrechtes in Deutschland von den Anfängen bis zur Neukodifikation des Bundesnaturschutzgesetzes von 1976. 2012.

Band 432 Ulrike Ingrid Bernhardt: Geschichte des Weinrechts im Deutschen Kaiserreich (1871-1918). Mit einem Überblick zur Vorgeschichte und Weiterentwicklung bis zur Gegenwart. 2012.

Band 433 Elisabeth Otto: Das Verwaltungsrecht in der SBZ / DDR bis zur Verwaltungsneugliederung im Jahr 1952. 2012.

Band 434 Werner Schubert: Zur Geschichte der Justizverfassung in Schleswig-Holstein im 19. und 20. Jahrhundert. Quellen und Studien. 2012.

Band 435 Stefan Ellenberg: Herrschaft und Reform. Zur Diskussion um die Aktienrechtsreform und den Konzern in der Weimarer Zeit. 2012.

Band 436 Jasmin Sonntag: Gesetzgebung und Verwaltung im Dalbergstaat 1802-1810. 2012.

Band 437 Martin Komusiewicz: Die Diskussion um das Verhältnis von Rechtsanwaltschaft und Notariat seit dem Ende des 18. Jahrhunderts bis zum Erlass der Bundesnotarordnung. 2012.

Band 438 Henriette von Breitenbuch: Karl Neumeyer – Leben und Werk (1869-1941). 2013.

Band 439 Günter Baranowski: Russische Rechtsgeschichte: Texte und Erläuterungen. Teil 1: Von den Anfängen bis 1612/13. 2013.

Band 440 Werner Schubert (Hrsg.): Staatsanwaltschaftsrecht (1934-1982). Quellen zu den Reformprojekten (Organisation – Innerer Dienstbetrieb – Ermittlungsverfahren – Verhältnis der Staatsanwaltschaft zur Polizei) und zur Anordnung über Organisation und Dienstbetrieb der Staatsanwaltschaft (OrgStA). Eingeleitet und herausgegeben von Werner Schubert. 2013.

Band 441 York Zieren: Das Schiedsverfahrensrecht der ZPO (1877-1933) unter Berücksichtigung der Genfer Übereinkommen von 1923 und 1927 sowie der Rechtsprechung des Reichsgerichts. 2013.

Band 442 Stefan Wolf: Das Jenaer Studium der Rechte im Dritten Reich. Zwischen Tradition und nationalsozialistischer Ideologie. 2013.

Band 443 Bernhard Klose: Das Verblassen eines Makels. Das Nichtehelichenrecht der DDR als Teil der gesamtdeutschen Entwicklung. 2013.

Band 444 Peter Opitz-von Bardeleben: Das Generalgouvernement Niederrhein. 2013.

Band 445 Nadine Göppner: Vorgeschichte und Entstehung des Atomgesetzes vom 23.12.1959. 2013.

Band 446 Frank L. Schäfer / Werner Schubert (Hrsg./eds.): Justiz und Justizverfassung / Judiciary and Judical System. Siebter Rechtshistorikertag im Ostseeraum, 3.-5. Mai 2012 Schleswig-Holstein / 7th Conference in Legal History in the Baltic Sea Area, 3rd-5th May 2012 Schleswig-Holstein. 2013.

Band 447 Sandy Schenker: Gegen Täuschungen und Gesundheitsgefährdungen durch schlechte Nahrung. Zur Entwicklung des Nahrungsmittelrechts durch Rechtsprechung und Gesetzgebung zwischen 1871 und 1927. 2013.

Band 448 Youn Seok Choi: Der Besitzerwerb des Erben. Historische Entwicklungen, die Lösung des § 857 BGB und ihre Anwendungsprobleme. 2013.

Band 449 Johannes Kalb: Die innerstädtische Auseinandersetzung in Regensburg am Ende der Reichsunmittelbarkeit. Eine historische und rechtliche Untersuchung. 2014.

Band 450 Thomas Habbe: Lastenausgleich. Die rechtliche Behandlung von Kriegsschäden in Deutschland seit dem 30jährigen Krieg. 2014.

www.peterlang.com